Sabine Schalm

Überleben durch Arbeit?

Reihe Geschichte der Konzentrationslager 1933–1945

Band 10

Sabine Schalm

# Überleben durch Arbeit?

Außenkommandos und Außenlager

des KZ Dachau 1933–1945

Ⓜ | METROPOL

Umschlagbild:
Kartenausschnitt Außenkommandos und -lager des KZ Dachau 1933–1945
© *Sabine Schalm*


ISBN: 978-3-940938-45-9

© 2009 Metropol Verlag
2., überarbeitete Auflage 2012
Ansbacher Straße 70 · D–10777 Berlin
www.metropol-verlag.de
Alle Rechte vorbehalten
Druck: SPPrint Consult, Berlin

# Inhalt

1. Einleitung ......... 11

   1.1. Quellenlage ......... 12
   1.2. Forschungsstand ......... 16
   1.3. Untersuchungsgegenstand und Aufbau der Arbeit ......... 24

2. Das KZ-System im nationalsozialistischen Deutschland ......... 27

   2.1. Entwicklungsgeschichte und Funktionswandel ......... 27
   2.2. Arbeitseinsatz von KZ-Häftlingen ......... 35
   2.3. Das Konzentrationslager Dachau ......... 39

3. Die Entwicklung der Dachauer Außenkommandos und -lager ......... 45

   3.1. Begriffsdifferenzierung ......... 45
   3.2. Entstehung und Schließung ......... 50
      3.2.1. Außenkommando- und Außenlagergründungen ......... 50
      3.2.2. Außenkommando- und Außenlagerschließungen ......... 58
      3.2.3. Räumung im April 1945 ......... 62
      3.2.4. Befreiung ......... 66
   3.3. Chronologie ......... 69
      3.3.1. Eröffnungen 1933–1938 ......... 69
      3.3.2. Eröffnungen und Schließungen 1939–1941 ......... 72
      3.3.3. Eröffnungen und Schließungen 1942 ......... 73
      3.3.4. Eröffnungen und Schließungen 1943 ......... 74
      3.3.5. Eröffnungen und Schließungen 1944 ......... 76
      3.3.6. Eröffnungen und Schließungen 1945 ......... 78
   3.4. Geografische Ausdehnung ......... 79

|  |  |  |
|---|---|---|
| | 3.4.1. Entfernung bis 25 Kilometer | 80 |
| | 3.4.2. Entfernung zwischen 26 und 100 Kilometern | 81 |
| | 3.4.3. Entfernung zwischen 101 und 200 Kilometern | 83 |
| | 3.4.4. Entfernung mehr als 200 Kilometer | 85 |
| 3.5. | Häftlingsbelegung | 85 |
| | 3.5.1. Außenkommandos bis 50 Häftlinge | 87 |
| | 3.5.2. Außenkommandos mit mehr als 50 Häftlingen | 87 |
| | 3.5.3. Außenlager mit weniger als 500 Häftlingen | 88 |
| | 3.5.4. Außenlager mit 500 bis 1000 Häftlingen | 89 |
| | 3.5.5. Außenlager mit mehr als 1000 Häftlingen | 90 |
| 3.6. | Lagertopografien | 91 |
| 3.7. | Resümee | 102 |

**4. Machtstrukturen und Handlungsoptionen** — 105

|  |  |  |
|---|---|---|
| 4.1. | Lagerpersonal | 105 |
| | 4.1.1. Lagerführer | 106 |
| | 4.1.2. Kommandoführer | 108 |
| | 4.1.3. Rapportführer | 111 |
| | 4.1.4. Blockführer | 112 |
| | 4.1.5. Wachmannschaften | 113 |
| | 4.1.6. Zusammensetzung des Lagerpersonals | 115 |
| | 4.1.7. Handlungsoptionen | 119 |
| 4.2. | Arbeitgeber | 121 |
| | 4.2.1. SS | 121 |
| | 4.2.2. Organisation Todt | 123 |
| | 4.2.3. Privatwirtschaft | 124 |
| | 4.2.4. Handlungsoptionen | 129 |
| 4.3. | System der Funktionshäftlinge | 133 |
| | 4.3.1. Aufgaben und Zuständigkeiten | 133 |
| | 4.3.2. Zugang zu Funktionspositionen | 135 |
| | 4.3.3. Privilegien und Handlungsoptionen | 138 |
| | 4.3.4. Selbst- und Fremdwahrnehmung | 145 |
| 4.4. | Zivile Außenwelt | 147 |
| | 4.4.1. Berührungspunkte und Wahrnehmung | 147 |
| | 4.4.2. Handlungsoptionen | 152 |
| 4.5. | Resümee | 153 |

5. Häftlingsgesellschaft .......... 157

   5.1. Nationalitäten .......... 159
      5.1.1. Deutsche .......... 160
      5.1.2. Österreicher .......... 161
      5.1.3. Tschechen .......... 163
      5.1.4. Polen .......... 164
      5.1.5. Russen .......... 165
      5.1.6. Italiener .......... 166
      5.1.7. Franzosen .......... 168
      5.1.8. Ungarn .......... 170
   5.2. Juden .......... 171
   5.3. Zeugen Jehovas .......... 177
   5.4. „Kriminelle" .......... 184
   5.5. Frauen .......... 187
      5.5.1. Frauen in Außenkommandos .......... 191
      5.5.2. Frauen in Außenlagern .......... 192
   5.6. Minderjährige .......... 196
      5.6.1. Kinder .......... 199
      5.6.2. Jugendliche .......... 201
   5.7. Resümee .......... 203

6. Existenzbedingungen .......... 207

   6.1. Verpflegung .......... 207
      6.1.1. Offizielle Rationen und tatsächliche Verpflegung .......... 208
      6.1.2. Belieferung .......... 211
      6.1.3. Zubereitung .......... 213
      6.1.4. Zusätzliche Lebensmittel .......... 214
      6.1.5. Folgen der Mangelernährung .......... 216
      6.1.6. Tauschhandel und Diebstahl .......... 218
      6.1.7. Verbesserte Ernährungslage .......... 220
   6.2. Bekleidung .......... 223
   6.3. Hygiene und medizinische Versorgung .......... 231
      6.3.1. Hygiene .......... 231
      6.3.2. Krankheiten .......... 233
      6.3.3. Krankenreviere .......... 235
      6.3.4. Quarantäne .......... 237

|       | 6.3.5. Arbeitseinsatz und Krankheit | 239 |
|---|---|---|
|       | 6.3.6. Sterbelager | 240 |
| 6.4.  | Arbeit | 241 |
|       | 6.4.1. Land- und Hauswirtschaft | 242 |
|       | 6.4.2. Bombenentschärfung und Trümmerbeseitigung | 244 |
|       | 6.4.3. Bauwesen | 248 |
|       | 6.4.4. Fertigung | 250 |
|       | 6.4.5. Arbeitsbedingungen in Bau- und Fertigungskommandos | 252 |
| 6.5.  | Strafen und Misshandlungen | 256 |
|       | 6.5.1. Disziplinar- und Strafordnung | 256 |
|       | 6.5.2. Strafpraxis | 258 |
|       | 6.5.3. Strafvollzug | 259 |
|       | 6.5.4. Strafmaßnahmen durch Zivilisten | 261 |
| 6.6.  | Widerstand und Solidarität | 263 |
|       | 6.6.1. „Sabotage" | 264 |
|       | 6.6.2. Befehlsverweigerung | 266 |
|       | 6.6.3. Arbeitsverweigerung | 267 |
|       | 6.6.4. Illegale Nachrichten und Waren | 268 |
|       | 6.6.5. Solidarität | 271 |
|       | 6.6.6. Selbstbehauptung | 273 |
| 6.7.  | Flucht | 277 |
|       | 6.7.1. Geglückte Fluchten | 279 |
|       | 6.7.2. Gescheiterte Fluchten | 284 |
|       | 6.7.3. Bestrafung | 285 |
| 6.8.  | Briefkontakte und Besuche | 289 |
| 6.9.  | Tote | 293 |
| 6.10. | Überleben | 298 |
|       | 6.10.1. Parameter des kollektiven Überlebens | 299 |
|       | 6.10.2. Parameter des individuellen Überlebens | 303 |
| 6.11. | Resümee | 306 |

| 7. | Schlussbetrachtung | 311 |
|---|---|---|
| 8. | Dank | 315 |

## 9. Quellen- und Literaturverzeichnis ... 317

9.1. Quellen ... 317
9.2. Literatur ... 320

## 10. Anhang ... 339

10.1. Abkürzungen ... 339
10.2. Abbildungen ... 340
10.3. Tabellen ... 342
    10.3.1. Dachauer Außenkommandos ... 342
    10.3.2. Dachauer Außenlager ... 343
    10.3.3. Außenlagerkomplexe des KL Dachau ... 344
    10.3.4. Arbeitskommandos von Dachauer Außenkommandos und -lagern ... 345
    10.3.5. Keine Außenkommandos und -lager des KL Dachau ... 345
    10.3.6. Chronologie der Dachauer Außenkommandos und -lager ... 346
    10.3.7. Belegung der Dachauer Außenkommandos ... 351
    10.3.8. Belegung der Dachauer Außenlager ... 353
10.4. Register ... 355
    10.4.1. Orts- und Lagerregister ... 355
    10.4.2. Firmenregister ... 361
    10.4.3. Personenregister ... 363
10.5. Karten ... 368
    10.5.1. Evakuierungsmärsche ... 368
    Beiblatt Außenkommandos und -lager des KZ Dachau

# Die Woche

*Montag*
Wir haben sie nicht gezählt, die Sterne
aus Blut
auf den Jacken und auf den Kleidern,
noch die auf der Stirn unserer Kinder,
denn wir sind die Unschuldigen,
verurteilt von einer Gerichtsbarkeit
ohne Robe.

*Dienstag*
Wir haben sie nicht gezählt,
die Kometen der Schläge
auf Rücken und Brust,
noch die verstörten Blicke der Wahn-
sinnigen,
denn wir sind es, die geschlagen werden,
und keiner kann wissen, dass man uns
auslöscht.

*Mittwoch*
Wir haben sie nicht gezählt,
die Sternbilder
von Alptraum und Elend,
die Weigerung zur Unterwerfung,
denn wir haben Visionen
von Ruhe und Vergessen in diesem
Traum des Krieges.

*Donnerstag*
Wir haben sie nicht gezählt,
die Grenzsteine der Wege,
die uns von euch trennen,
Väter, Brüder, Vettern,
noch haben wir die Mörder angezeigt,
denn wir haben unsere Stationen blind
passiert.

*Freitag*
Wir haben sie nicht gezählt,
die Anzahl der Wächter
über unsere Körper, der Flamme bereits
versprochen,
noch die Kinnladen ihrer Hunde,
denn sie besitzen von uns nur Nichtig-
keiten,
ihr Freunde, die ihr über unsere Seele
wacht.

*Samstag*
Wir haben sie nicht gezählt,
die Anzahl unserer Körper,
die wir zum Opfer bringen,
noch die steigende Zahl der Toten,
denn falls einer von uns davonkommen
sollte,
wird sein Zeugnis allein von unseren
Martern berichten.

*Sonntag*
Wir haben sie nicht gezählt,
die Wünsche nach Küssen
von all jenen, die lebend zurückkehren
werden,
noch ihr zu ungestümes Drängen nach
Liebe,
denn unsere schmerzenden, trunkenen
Körper
leben in der Ekstase von Hunger und
Durst.

Fabien Lacombe
Weihnachten 1944/45
im Außenlager Kaufbeuren

# 1. Einleitung

Viele Aspekte der Alltagsgeschichte in den Dachauer Außenkommandos und -lagern sind aufgrund der defizitären Quellenlage offen. Daher war und ist es bis heute entscheidend, dass Überlebende Einblicke in ihre leidvollen Erfahrungen gewähren. Noch Anfang der 1980er-Jahre herrschte in der Geschichtswissenschaft eine ablehnende Haltung gegenüber der als subjektiv verurteilten Oral History. Mittlerweile ist sie durch das Verständnis und den kritischen Umgang mit dieser Quellengattung ersetzt worden.[1] So werden lebensgeschichtliche Interviews als biografische Konstruktionen verstanden, die den äußerst schwierigen und zugleich oft brüchigen Versuch zeigen, das eigene Leben angesichts millionenfachen Mordes als ein Kontinuum zu entwerfen.[2] Aufgabe der Geschichtswissenschaft ist es, die individuellen Lebensgeschichten zu sozialen und gesellschaftlichen Prozessen in Beziehung zu setzen. Dabei stoßen sowohl Geschichtswissenschaft als auch die Zeitzeugen selbst auf die Problematik der Sprache, leidvolle Erfahrungen in Worte zu fassen. Doch die Überbetonung der Unvorstellbarkeit und Unverstehbarkeit des Holocaust führt zu dessen Sakralisierung und steht einer intensiven historischen Erforschung entgegen. Ohne diese jedoch ist keine Konsequenz für das Verständnis und die Gestaltung der Gegenwart und Zukunft möglich.

Grundvoraussetzung für die Auseinandersetzung mit den Geschehnissen im Nationalsozialismus bleibt jedoch die individuelle Bereitschaft, sich auf die unangenehmen und unmenschlichen Inhalte einzulassen. Primo Levi führte die

---

1 Christian Schneider, Geschichtliches zu einem methodischen Modeartikel. Das Interview als sozialwissenschaftliches Forschungsmittel und der historische Ort der Interpreten, in: Mittelweg 36 5 (1996), S. 73–89 (Teil I), Mittelweg 36 6 (1996/97), S. 20–37 (Teil II).

2 Grundsätzlich vgl. Ulrike Jureit, Erinnerungsmuster. Zur Methodik lebensgeschichtlicher Interviews mit Überlebenden der Konzentrations- und Vernichtungslager, Hamburg 1999.

Nichtverbreitung der Wahrheit über nationalsozialistische Konzentrationslager und Massenvernichtung auf die „Feigheit" der deutschen Bevölkerung zurück. Dieses damals wie heute zur Gewohnheit gewordene Verhaltensmuster verhindert, dass auch innerhalb von Familien über die NS-Zeit gesprochen wird. Levi nennt dies „willentliche Unwissenheit",[3] die damals auch aus Furcht um das eigene Leben wegsehen und Stillschweigen bewahren ließ. Dieses Phänomen hat sich, wenn auch aus differenzierten Motiven,[4] nach Kriegsende fortgesetzt und sich besonders eklatant in der Außenlagerforschung gezeigt. Die Ausdehnung des KZ-Systems mit Hunderten von Außenkommandos und -lagern ist bis heute in der öffentlichen Wahrnehmung nicht existent. Dagegen decken zahlreiche Forschungen der letzten Jahre weitreichende Verstrickungen der deutschen Bevölkerung in das KZ-System auf. Auch in dieser Arbeit offenbart sich ein weites Spektrum von Schnittpunkten mit der deutschen Öffentlichkeit. Diese Befunde stehen in offensichtlichem Gegensatz zum allgemeinen Kenntnisstand über die eigene Regionalgeschichte. Sie legen daher einmal mehr den Schluss nahe, dass es sich bis heute um eine ungewollte gesellschaftliche Auseinandersetzung handelt.

In diesem Sinne versteht sich diese Arbeit nicht als eine positionslose Rekonstruktion der Vergangenheit, sondern sowohl als kritische Wissensvermittlung wie auch als ein Instrumentarium für all jene, die sich mit der „willentlichen Unwissenheit" nicht zufriedengeben wollen.

## 1.1. Quellenlage

Die entscheidende Quellengrundlage für diese Arbeit bilden Erinnerungsberichte von ehemaligen Häftlingen und Zeitzeugen, die sich mehrheitlich in Form von unveröffentlichten Manuskripten und Briefen im Archiv der KZ-Gedenkstätte Dachau befinden. Hier sind auch Übersetzungen der Aussagen von ausländischen Inhaftierten und eine umfangreiche Sammlung von Interviews verwahrt. In anderen in- und ausländischen Archiven befinden sich ebenfalls Berichte von ehemaligen Häftlingen der Dachauer Außenkommandos

---

3   Primo Levi, Die Untergegangenen und die Geretteten, München 1990, S. 12.
4   Vgl. Harold Marcuse, Legacies of Dachau. The Uses and Abuses of a Concentration Camp 1933–2001, Cambridge 2001; Harald Welzer/Sabine Moller/Karoline Tschuggnall, „Opa war kein Nazi". Nationalsozialismus und Holocaust im Familiengedächtnis, Frankfurt a. M. 2002.

und -lager.⁵ Diese Quellengattung bleibt die entscheidende Erkenntnisgrundlage für Lager- und Arbeitsalltag der Gefangenen trotz der quellenkritischen Problematik⁶ wie zeitliche Distanz, psychische Verarbeitungsmuster, kollektive und individuelle Erinnerungsbilder und Nachkriegsbiografie. Dies trifft besonders für viele kleine Außenkommandos zu, für die keine anderweitige Dokumentation erhalten geblieben ist. Die Widersprüchlichkeit verschiedener Häftlingsberichte gerade im Falle der Außenkommandos und -lager zeugt von dem Nicht-Vorhandensein einer singulären Lagerrealität und -geschichte. Die individuellen Erfahrungen bilden das Korrektiv zu den pauschal konstatierten Beurteilungen von „gut" oder „schlecht" und „besser" oder „schlechter" in zahlreichen der Außenlagerbeschreibungen der Nachkriegszeit. Zeugnisse in Form von Zeichnungen, Fotografien und Skizzen geben ebenfalls wichtige Einblicke in die Existenzbedingungen sowie Überlebensstrategien Einzelner.

Grundlagen bei der Auswertung von individuellen Schicksalen waren die Häftlingsdatenbank und Bestände im Archiv der KZ-Gedenkstätte Dachau sowie Melde- und Finanzamtsakten aus Stadt- und Staatsarchiven. Darüber hinaus befinden sich im Archiv der KZ-Gedenkstätte Kopien von Zu- und Abgangsbüchern, Stärkemeldungen, Transport- und Überstellungslisten, die vom Internationalen Suchdienst in Arolsen aufbewahrt werden. Die Öffnung der Bestände in Arolsen wird möglicherweise Forschungslücken beispielsweise hinsichtlich der Häftlingssterblichkeit schließen.

Zur Klärung der SS-Hierarchien und Verwaltungsstrukturen wurden Bestände der Reichsbehörden im Bundesarchiv Berlin sowie der ministerialbehördliche Ebene im Bayerischen Hauptstaatsarchiv München eingesehen. Polizeiakten sind für den ehemaligen Gau München-Oberbayern infolge von Luftangriffen nur noch fragmentarisch vorhanden. Wenig ergiebig war die Durchsicht der Akten von Landkreisverwaltungen sowie regionaler und kommunaler

---

5   Zu nennen sind hier: Archiv der KZ-Gedenkstätte Neuengamme (Hamburg), Geschichtsarchiv der Zeugen Jehovas (Selters), Moses Mendelssohn Zentrum (Potsdam), US Holocaust Memorial Museum (Washington DC, USA), Yale Fortunoff Video Archive (Yale University, USA).
6   Vgl. dazu: Thomas Rahe, Die Bedeutung der Zeitzeugenberichte für die historische Forschung zur Geschichte der Konzentrations- und Vernichtungslager, in: Beiträge zur Geschichte der nationalsozialistischen Verfolgung in Norddeutschland 2 (1995), S. 84–98; Jureit, Erinnerungsmuster; Mona Körte, Zeugnisliteratur. Autobiographische Berichte aus den Konzentrationslagern, in: Wolfgang Benz/Barbara Distel (Hrsg.), Der Ort des Terrors. Geschichte der nationalsozialistischen Konzentrationslager, Bd. 1: Die Organisation des Terrors, München 2005, S. 329–344.

Parteibehörden bzw. Stadt- und Gemeindeverwaltungen. Dokumente der SS-Lagerleitungen am Ort der einzelnen Außenkommandos und -lager sind praktisch nicht mehr existent. Nur Einzelstücke sind heute in unterschiedlichen Provenienzen verstreut. Im Zuge der Schließungen von Außenkommandos und -lagern sowie der damit verbundenen Rücküberstellungen von Häftlingen vor Kriegsende wurden Verwaltungsunterlagen vernichtet oder nach Dachau gebracht. Dort erfolgte vor der Befreiung die Verbrennung weiterer Teile der Kommandanturunterlagen.[7] Andere Unterlagen konfiszierten alliierte Soldaten bei der Befreiung. Ein Teil davon wurde in den Dachauer Prozessen der amerikanischen Militärregierung 1946/47 als Beweismaterial verwendet.

Eine wichtige Quelle sind die Vernehmungsprotokolle ehemaliger SS-Täter und Industrieller im Rahmen der Nürnberger Prozesse von 1945 bis 1948. Trotz Rechtfertigungstaktiken und Versuchen, die eigene Schuld zu leugnen, geben sie wesentliche Einblicke in das Zusammenwirken der SS-Bürokratie. Von herausragender Bedeutung für diese Untersuchung war die Durchsicht der Dachauer Prozessakten in den National Archives in Washington DC. War Crimes Investigation Teams befragten schon wenige Tage nach der Befreiung Überlebende in Dachau. Neben KZ-Häftlingen kamen Lagerpersonal, Firmenangehörige, in denen Zwangsarbeiter beschäftigt gewesen waren, und Zivilisten in mehr als 120 zwischen 1945 und 1947 geführten Verfahren und den „Cases not tried" zu Wort. Auch wenn von den Beschuldigten fast ausnahmslos die Täterperspektive transportiert und beibehalten wurde, enthält dieser Bestand die größte Fülle gesammelter Einzelheiten zu Dachauer Außenkommandos und -lagern. Wertvoll waren dabei auch Bilder und Zeichnungen, die in den Beweismittelsammlungen enthalten sind. Gleiches gilt für den „Mühldorf- Prozess", der 1947 gegen 14 Personen des ehemaligen Lagerpersonals von Dachau durchgeführt wurde.

Hervorzuheben sind außerdem die umfangreichen Unterlagen der Zentralen Stelle der Landesjustizverwaltungen in Ludwigsburg, die zwischen den 1960er- und 1980er-Jahren in 137 Verfahren Vorermittlungen zu einzelnen Dachauer Außenkommandos und -lagern führte. Hier sind neben Zeugenaussagen beteiligter Täter, Opfer und Zuschauer auch relevante Kopien aus anderen Archiven, beispielsweise BDC-Unterlagen[8] oder Namenslisten aus Arolsen, gebündelt. Nach

---

7 Vgl. Friedl Volgger, Mit Südtirol am Scheideweg. Erlebte Geschichte, Innsbruck 1984, S. 129.

8 Nach dem Kriegsende wurde das Berlin Document Center (BDC) in Berlin als zentrale Sammelstelle von grundlegenden Unterlagen aus der Zeit des Nationalsozialismus eingerichtet. Die Bestände dienten der Vorbereitung für die Nürnberger Prozesse gegen

der Abgabe an die zuständigen Staatsanwaltschaften erfolgten vor Ort weiterführende Befragungen und Nachforschungen. Im Staatsarchiv München erfolgte die Sichtung weiterer 100 Verfahren der Staatsanwaltschaften München I und II, die sich mit Tatbeständen in Dachauer Außenkommandos und -lagern befassten.

Die Wahrnehmung durch die zivile Außenwelt ist aufgrund der Quellenlage schwer fassbar. Für die Dachauer Außenkommandos und -lager konnten dafür keine zeitgenössischen Quellen herangezogen werden. Ersatzweise wurden einzelne Zeitungsberichte und Entnazifizierungsunterlagen ausgewertet. Dieser Quellenbestand ermöglichte sehr aufschlussreiche Erkenntnisse zum Verhalten Münchner Parteigenossen, die Häftlinge aus Dachau beschäftigten.

Interessante Luftbilder und Hinweise zum Wissensstand der Alliierten hinsichtlich der Existenz von Außenkommandos und -lagern fanden sich in den Strategic Bombing Surveys, die in der Air Photo Library der Universität Keele und dem Londoner Public Records Office einsehbar sind.

Die erhalten gebliebenen und bislang zugänglichen Quellen von Unternehmen, die KZ-Häftlinge einsetzten, sind für den Dachauer Komplex äußerst lückenhaft. Jedoch boten Monats- und Jahresberichte von BMW Einblicke in die Dezentralisierung der Produktion. Die Recherchen im Bayerischen Wirtschaftsarchiv und in Unternehmensarchiven anderer mittelständischen Betriebe blieben erfolglos.

Aufgrund der Vielzahl von Häftlingsberichten und Zeugenaussagen wurden eigene schriftliche Befragungen und Interviews nur in sehr geringem Umfang durchgeführt. Besonders hervorzuheben ist jedoch die erkenntnisreiche Zusammenarbeit mit dem Dachau-Überlebenden und Historiker Stanislav Zámečník.[9]

---

Kriegsverbrecher und standen bis 1994 unter US-amerikanischer Verwaltung bevor sie vom Bundesarchiv Berlin übernommen wurden. Vgl. Robert Wolfe, A Short History of the Berlin Document Center, in: The Holdings of the Berlin Document Center. A Guide to the Collections, Berlin 1994, S. XI–XXII.

9 Stanislav Zámečník, geboren 1922 in Mähren, wurde als 17-Jähriger verhaftet und 1941 ins Konzentrationslager Dachau gebracht, wo er bis zu seiner Befreiung im Jahre 1945 inhaftiert war. In Prag studierte er nach dem Krieg Geschichte und arbeitete ab 1960 am Militärhistorischen Institut. Nach der Niederschlagung des „Prager Frühlings" 1968 unterlag er bis 1989 einem Berufsverbot. Erst danach konnte er seine Forschungen unbehindert fortsetzen. Mit seinen grundlegenden Forschungsergebnissen und als Mitglied des wissenschaftlichen Fachbeirates trug er wesentlich zur Neukonzeption der KZ-Gedenkstätte Dachau bei. Vgl. Stanislav Zámečník, Kein Häftling darf lebend in die Hände des Feindes fallen. Zur Existenz des Himmler-Befehls vom 14./18. April 1945, in: Dachauer Hefte 1 (1985), S. 219–231; ders., Erinnerungen an das „Revier"

## 1.2. Forschungsstand

Die ersten Beschreibungen der Dachauer Außenkommandos und -lager stammen von ehemaligen Häftlingen aus der unmittelbaren Nachkriegszeit.[10] Bis heute sind weitere Publikationen erschienen.[11] Während es sich bei den

> im Konzentrationslager Dachau, in: Dachauer Hefte 4 (1988), S. 128–143; ders., Zur Geschichte des Konzentrationslagers Dachau. Ein Beitrag zu den Materialien für die Neugestaltung der Ausstellung, in: Räume – Medien – Pädagogik. Kolloquium zur Neugestaltung der KZ-Gedenkstätte Dachau, hrsg. vom Haus der Bayerischen Geschichte, Augsburg 1999, S. 71–103; ders., Das frühe Konzentrationslager Dachau, in: Wolfgang Benz/Barbara Distel (Hrsg.), Terror ohne System. Die ersten Konzentrationslager im Nationalsozialismus, Geschichte der Konzentrationslager 1933–1945, Bd. 1, Berlin 2001, S. 13–39; ders., Das war Dachau, 2., überarbeitete Auflage, Frankfurt a. M. 2007.

10 Max Wittmann, Weltreise nach Dachau. Ein Tatsachenbericht nach den Erlebnissen des Weltreisenden und ehemaligen politischen Häftlings Max Wittmann. Aufgezeichnet von Erich Kunter, Stuttgart 1946; Sepp Plieseis, Vom Ebro zum Dachstein, Linz 1946; Hermann E. Riemer, Sturz ins Dunkel, München 1947; Albert Fuchs, Un commando de Dachau, Landsberg am Lech, in: Témoignages Strasbourgeois: De l'université aux camps de concentration, Paris 1947, S. 157–176; Karl Adolf Gross, Zweitausend Tage Dachau. Erlebnisse eines Christenmenschen unter Herrenmenschen und Herdenmenschen, München o. J.

11 Louis Terrenoire, Sursitaires de la mort lente. Chrétiens et communistes organisent une opération-survie dans un camp nazi, Paris 1976; Karl Wagner, Erinnerungen an Neustift. Beitrag zur Geschichte des antifaschistischen Widerstands 1942–1945 in Neustift/Stubai, Karlsruhe 1979; ders., Ich schlage nicht. Beitrag zur Geschichte des antifaschistischen Widerstands 1943 im KZ-Außenlager Dachau-Allach, Karlsruhe 1980; Amicale des Anciens de Dachau (ed.), Allach Kommando de Dachau, Paris 1982; Floris B. Bakels, Nacht und Nebel. Der Bericht eines holländischen Christen aus deutschen Gefängnissen und Konzentrationslagern, Frankfurt a. M. 1982; Martin Wolff, 12 Jahre Nacht – Stationen eines Lebensweges, Siegen 1983; Adam Puntschart, Die Heimat ist weit ... Erlebnisse im Spanischen Bürgerkrieg, im KZ, auf der Flucht, Weingarten 1983; Leo van der Tas, Overleben in Dachau – Evaringen in duitse Gefangenschap, Kampen 1985; Sam Berger, Die unvergesslichen sechseinhalb Jahre meines Lebens 1939–1945, Frankfurt a. M. 1985; Heinrich Fritz, Stationen meines Lebens, Wien 1990; Sigbert E. Kluwe, Glücksvogel – Leos Geschichte, Baden-Baden 1990; Otto Oertel, Als Gefangener der SS, Oldenburg 1990, S. 139–146; Fabien Lacombe, Kaufbeuren. Außenkommando von Dachau. Tagebuchaufzeichnungen, Blöcktach 1995; Solly Ganor, Das andere Leben. Kindheit im Holocaust, Frankfurt a. M. 1997; Edgar Kupfer-Koberwitz, Dachauer Tagebücher. Die Aufzeichnungen des Häftlings 24 814, München 1997; Max Mannheimer, Spätes Tagebuch. Theresienstadt – Auschwitz – Warschau – Dachau, Zürich 2000; David Ben-Dor, Die schwarze Mütze. Geschichte eines Mitschuldigen, Leipzig 2000; Zwi Katz, Von den Ufern der Memel ins Ungewisse. Eine Jugend im Schatten des Holocaust, Zürich 2002; Jehuda Garai, Pécs, Auschwitz, Kaufering. Stationen einer verlorenen jüdischen Jugend, Berlin 2006.

hier genannten vorwiegend um Erinnerungsliteratur Einzelner handelte, setzte sich Eugen Kogon in seiner erstmals 1946 erschienen Studie „Der SS-Staat" systematisch mit den Strukturen der nationalsozialistischen Konzentrationslager auseinander.[12] Dem Phänomen der Außenkommandos und -lager räumte Kogon nur geringen Raum ein, beschrieb jedoch Grundstrukturen des Häftlingseinsatzes außerhalb der Stammlager. Bevor sich die westdeutsche Geschichtswissenschaft mit den Außenkommandos und -lagern zu beschäftigen begann, erfolgte im Zuge der juristischen Strafverfolgung eine erste Annäherung. Im Zusammenhang mit dem Frankfurter Auschwitz Prozess 1963/65 erstellte Martin Broszat ein Gutachten zur institutionellen Entwicklung der Konzentrationslager.[13] Den Arbeitseinsatz von KZ-Häftlingen außerhalb der Stammlagergrenzen beschrieb er dabei vordringlich als eine Entwicklung in der zweiten Kriegshälfte und hob seinen Gegensatz zum ideologischen Vernichtungsgedanken hervor. Grundlegend dabei war die von Broszat gelieferte Beschreibung der bürokratischen Abwicklung des Arbeitseinsatzes von KZ-Häftlingen in Rüstungsbetrieben. Die ersten Arbeiten mit ökonomischer Fragestellung zur KZ-Zwangsarbeit entstanden ebenfalls in den 1960er-Jahren, blieben aber weitgehend ohne Rezeption.[14] Falk Pingel beleuchtete 1978 die Ursachen für den verstärkten Arbeitseinsatz von KZ-Häftlingen. Er rückte erstmals die Existenzbedingungen der Gefangenen in den Mittelpunkt.[15]

Detailliertere Erkenntnisse zu den KZ-Außenkommandos und -lagern erbrachte in der Bundesrepublik erst in den 1980er-Jahren die Erforschung der sogenannten Geschichte von unten. Vorangetrieben durch engagierte Einzelpersonen, Geschichtswerkstätten, Verfolgten-Verbände, Bürgerinitiativen und Schülerprojekte, erfolgte die Lokalisierung von Häftlingsunterkünften und Arbeitseinsatzorten, die Befragungen von Zeitzeugen und Untersuchungen

---

12  Eugen Kogon, Der SS-Staat. Das System der deutschen Konzentrationslager, München 1946.
13  Martin Broszat, Nationalsozialistische Konzentrationslager 1933–1945, in: Hans Buchheim/Martin Broszat/Hans-Adolf Jacobsen/Helmut Krausnick (Hrsg.), Anatomie des SS-Staates, München 1967.
14  Enno Georg, Die wirtschaftlichen Unternehmungen der SS, Stuttgart 1963; Dieter Petzina, Autarkiepolitik im Dritten Reich. Der nationalsozialistische Vierjahresplan, Stuttgart 1968.
15  Falk Pingel, Häftlinge unter SS-Herrschaft. Widerstand, Selbstbehauptung und Vernichtung, Hamburg 1978.

zur Verstrickung der kommunale Verwaltung.[16] Seither gab und gibt es an verschiedenen Orten regionale Initiativen zur Erforschung der lokalen Geschichte.[17]

16  Zu Dachauer Außenkommandos und -lagern vgl. Gernot Römer, Für die Vergessenen. KZ-Außenlager in Schwaben – Schwaben in Konzentrationslagern. Berichte, Dokumente, Zahlen und Bilder, Augsburg 1984; Oswald Burger, Nationalsozialismus in Überlingen und Umgebung. Materialien, Friedrichshafen 1984; ders., Zeppelin und die Rüstungsindustrie am Bodensee, Teil 1 & 2, in: 1999. Zeitschrift für Sozialgeschichte des 20. und 21. Jahrhunderts 1 (1987), S. 8–49 und 2 (1987), S. 52–87; ders., Der Stollen, Überlingen 1996; Christa Tholander, Fremdarbeiter 1939 bis 1945. Ausländische Arbeitskräfte in der Zeppelin-Stadt Friedrichshafen, Essen 2001.

17  Friedensforum Ellwangen (Hrsg.), Vernichtung und Gewalt. Die KZ-Außenlager Ellwangen, Ellwangen 1987; Christin Taege, Allach – Ein Außenlager des Konzentrationslagers Dachau, in: Landeshauptstadt München (Hrsg.), Verdunkeltes München. Geschichtswettbewerb 1985/86, München 1987, S. 98–107; Maximiliane Schubert, Blindgängerbeseitigung durch KZ-Häftlinge, in: Hans Fegert, Luftangriffe auf Ingolstadt, Kösching 1989, S. 84 f; Georg Spitzlberger, Das Außenkommando Landshut des Konzentrationslagers Dachau, in: Verhandlungen des Historischen Vereins für Niederbayern, Landshut 1988–1989, S. 151–162; Hans-Günter Richardi, Leben auf Abruf. Das Blindgängerbeseitigungs-Kommando aus dem KL Dachau in München 1944/45, Dachau 1989; Friedbert Mühldorfer, Traunstein. Widerstand und Verfolgung 1933 bis 1945, Ingolstadt 1992; Dietmar Seiler, Die SS im Benediktinerstift. Aspekte der KZ-Außenlager St. Lambrecht und Schloß Lind, Graz 1994; Wolfgang Kucera, Fremdarbeiter und KZ-Häftlinge in der Augsburger Rüstungsindustrie, Augsburg 1996; Georg Metzler, Geheime Kommandosache. Raketenrüstung in Oberschwaben, Das Außenlager Saulgau und die V2 (1943–1945), Bergatraute 1996; Stefan Plöchinger (Hrsg.), Vergessen? Verdrängt? Verarbeitet?, München 1996; Günter Falser, Die NS-Zeit im Stubaital, Innsbruck 1996; Alfred Hoffmann, Verschwunden, aber nicht vergessen. KZ-Nebenlager in der Polizeischule Heidenheim. Eine Dokumentation, Heidenheim 1996; Peter Müller, Das Bunkergelände im Mühldorfer Hart. Rüstungswahn und menschliches Leid, Mühldorf 1999; Zdenek Zofka, „... erinnert nichts mehr an die Geschichte". Das KZ-Außenlager Burgau, in: Bayerische Landeszentrale für politische Bildungsarbeit (Hrsg.), Spuren des Nationalsozialismus. Gedenkstättenarbeit in Bayern, München 2000, S. 122–129; Wolfgang Quatember, Ein KZ Außenkommando von Dachau in Bad Ischl, in: Zeitschrift des Vereins Widerstandsmuseum Ebensee, Nr. 55, Dezember 2001; Wolfgang Wintersteller, KZ Dachau – Außenlager Hallein, Hallein 2003; Anita Farkas, Geschichte(n) ins Leben holen. Die Bibelforscherinnen des Frauenkonzentrationslagers St. Lambrecht, Graz 2004; Sabine Schalm, KZ-Häftlinge in der Nachbarschaft, in: dies./Elsbeth Bösl (Hrsg.), Sendling 1933–1945. Beiträge zur Geschichte des Stadtteils im Nationalsozialismus, Augsburg 2005, S. 33–36; Rozalija Sokola (Hrsg.), 30. April 1945. Ende und Anfang. Vom KZ-Außenlager Allach zur Siedlung München-Ludwigsfeld, München 2005; Reinhard Haiplik, Pfaffenhofen unterm Hakenkreuz, Stadt und Landkreis zur Zeit der nationalsozialistischen Herrschaft, Pfaffenhofen, 2. erweiterte Auflage 2005, S. 202 ff.

Im Vergleich zu ihren westdeutschen Kollegen nahmen sich die Historiker in der DDR früher Teilen dieser Thematik an. Wenngleich in Ostdeutschland die Geschichte der Konzentrationslager als kommunistische Partei- und Widerstandsgeschichte beschrieben wurde,[18] spielte die Ausbeutung der Arbeitskraft durch kapitalistische Unternehmen eine wesentlich dominantere Rolle. Diese Sicht auf das KZ-System lenkte somit früher das Augenmerk auf den Häftlingszwangsarbeitseinsatz in der Kriegsproduktion.[19] Andererseits ist auch hier zu berücksichtigen, dass der Blick auf die Themen „Kommunistischer Widerstand" und „Kapitalismuskritik" verengt blieb.[20]

Die westdeutsche Geschichtswissenschaft begann in den 1980er-Jahren erst zögerlich, sich mit den Dachauer Außenkommandos und -lagern auseinanderzusetzen. Gründe für die Vernachlässigung mögen unter anderem die damals noch ausstehende Stammlagerforschung sowie die vergleichsweise kurze Existenzdauer und die geringen Belegungszahlender Außenkommandos[21] gewesen sein. Hinzu kommt, dass nach deren Schließung vielerorts sehr schnell keine baulichen Überreste mehr sichtbar waren. Ein weiterer Grund ist die bis heute fortbestehende mangelnde Bereitschaft von Vertretern der lokalen Politik, Verwaltung und Öffentlichkeit, sich mit weniger ruhmreichen Aspekten der lokalen Geschichte auseinandersetzen zu wollen. In diesem Zusammenhang wird verständlich, warum bis heute lieber von „Arbeitslagern" gesprochen und die Existenz eines KZ-Außenkommandos oder Außenlagers am Ort verharm-

---

18  Vgl. Heinz Albertus, Buchenwalder Antifaschisten. Biographische Skizzen, Weimar-Buchenwald 1987; Monika Knop, Spanienkämpfer im antifaschistischen Widerstand im KZ Sachsenhausen, Oranienburg 1986; Barbara Kühle, Stärker als der Tod. Erlebnisse gemeinsamen Widerstandskampfes und internationaler Solidarität mit sowjetischen Kriegsgefangenen und Zwangsverschleppten im KZ Sachsenhausen gegen die Vernichtungsstrategie des faschistischen deutschen Imperialismus, Oranienburg 1987.
19  Laurenz Demps, Zum weiteren Ausbau des staatsmonopolistischen Apparates der faschistischen Kriegswirtschaft in den Jahren 1942 bis 1945 und zur Rolle der SS und der Konzentrationslager im Rahmen der Rüstungsproduktion, dargestellt am Beispiel der unterirdischen Verlagerung von Teilen der Rüstungsindustrie, Diss., Berlin (Ost) 1970; Hans Brenner, Zur Rolle der Außenkommandos des KZ Flossenbürg im System der staatsmonopolistischen Rüstungswirtschaft des faschistischen deutschen Imperialismus und im antifaschistischen Widerstandskampf 1942–1945, Diss., Dresden 1982.
20  Stefanie Endlich/Wolf Kaiser, KZ-Häftlinge in der Reichshauptstadt. Außenlager in Berlin, in: Dachauer Hefte 12 (1996), S. 231 f.
21  Für die auch in diesem Kapitel vorgenommene Differenzierung von Außenkommandos und -lagern vgl. Kapitel 3.1. Begriffsdifferenzierung.

lost wird.[22] Mit den seit 1985 erscheinenden Dachauer Heften wurden sowohl wissenschaftliche Einzelstudien[23] veröffentlicht als auch Überlebenden[24] eine Publikationsplattform eröffnet. In den Jahren 1999 und 2000 erschienen die Bände 15 „Zwangsarbeit" und 16 „KZ-Außenlager – Geschichte und Erinnerung", die Beiträge zu einzelnen Dachauer Außenkommandos und -lagern enthalten.[25]

Edith Raim legte 1992 mit ihrer Dissertation zu den Außenlagern der Untertageverlagerung in Kaufering/Landsberg und Mühldorf die einzige tief gehende wissenschaftliche Studie zu zwei Dachauer Außenlagerkomplexen vor.[26] Ihr Verdienst war neben der Lokalisierung der einzelnen Lager vor allem die Kontextualisierung dieser Außenlager in Untertageverlagerungsprojekte für

22 Eine Studie über die Vernachlässigung der Rezeption von Außenkommandos und Außenlagern nach 1945 müsste auch überprüfen, inwieweit dafür gerade die engen Verbindungen zwischen Unternehmen und Zivilgesellschaft zu den Außenkommandos und -lagern verantwortlich waren.

23 Vgl. Zofka, Allach, S. 68–78; Hans-Günter Richardi, Der gerade Weg. Der Dachauer Häftling Karl Wagner, in: Dachauer Hefte 7 (1991), S. 52–86; Ludwig Eiber, KZ-Außenlager in München, in: Dachauer Hefte 12 (1996), S. 58–80; Hans Holzhaider, „Schwester Pia" Nutznießerin zwischen Opfern und Tätern, in: Dachauer Hefte 10 (1994), S. 101–114; Angelika Heider, Mücken – Fliegen – Flöhe. Das Entomologische Institut des „SS-Ahnenerbe" in Dachau, in: Dachauer Hefte 15 (1999), S. 99–115; Gabriele Hammermann, Die Dachauer Außenlager um Mühldorf, in: Dachauer Hefte 15 (1999), S. 77–98; Albert Knoll, Die Porzellanmanufaktur München-Allach. Das Lieblingskind von Heinrich Himmler, in: Dachauer Hefte 15 (1999), S. 116–133; Alexander Schmidt, Eine unauffällige Geschichte. KZ-Außenlager in der Region Nürnberg, in: Dachauer Hefte 15 (1999), S. 153–173; Dirk Riedel, Der „Wildpark" im KZ-Dachau und das Außenlager St. Gilgen, in: Dachauer Hefte 16 (2000), S. 54–70.

24 Vgl. Ladislaus Ervin-Deutsch, Nachtschicht im Arbeitslager III in Kaufering, in: Dachauer Hefte 2 (1986), S. 79–122; Ella Lingens, Ärztin in Auschwitz und Dachau. Erinnerungen, in: Dachauer Hefte 4 (1988), S. 22–58; Erwin R. Tichauer, Ich ergebe mich. Das Ende einer KZ-Haft in Ampfing, in: Dachauer Hefte 13 (1997), S. 92–98; Ladislaus Ervin-Deutsch, Palaver. Zwischen Befreiung und neuem Leben, in: Dachauer Hefte 13 (1997), S. 181–199; Anton Jež, Der Stollen war unser Unglück und unser Glück. Erinnerungen an das KZ-Außenkommando Überlingen/Aufkirch, in: Dachauer Hefte 15 (1999), S. 46–53; Dimitrijus Gelpernas, Landsberg – Kaufering – Augsburg: Städte wie alle anderen? Bericht eines aus Litauen Deportierten, in: Dachauer Hefte 12 (1996), S. 255–277; Dmitro Wolochowski, Zwei Erzählungen, in: Dachauer Hefte 17 (2001), S. 157–161; Katz, Todesmarsch, S. 200–211; Henrik Mordechai Gidron, Befreiung und Rückkehr nach Ungarn. Bericht eines Vierzehnjährigen, in: Dachauer Hefte 21 (2005), S. 153–178; Robert Savosnick, Ich wollte nicht sterben, Dachauer Hefte 22 (2006), S. 127–145.

25 Dachauer Hefte 15 (1999) und Dachauer Hefte 16 (2000).

26 Edith Raim, Die Dachauer KZ-Außenkommandos Kaufering und Mühldorf. Rüstungsbauten und Zwangsarbeit im letzten Kriegsjahr 1944/45, Landsberg/Lech 1992.

die Rüstungsfertigung. 2010 fasste Ludwig Eiber seine Forschungen zum Außenlagerkomplex Kaufering/Landsberg kompakt zusammen und berücksichtigte dabei auch die Nachwirkungen.[27] Im gleichen Jahre widmete die KZ-Gedenkstätte Dachau den sieben im Außenlager Kaufering I geborenen Kindern und ihren Müttern die Ausstellung „Sie gaben uns wieder Hoffnung".[28]

Seit der Neugestaltung der KZ-Gedenkstätte Dachau steht den Besuchern eine Datenbank mit den grundlegenden Informationen zu den Einsatzorten von KZ-Häftlingen außerhalb des Stammlagers zur Verfügung. Im Jahr 2000 legte Ludwig Eiber die Ergebnisse einer ersten Auswertung der Datenbank vor.[29] Das Dokumentationszentrum Oberer Kuhberg initiierte 2003/04 ein Forschungsprojekt zu den Außenkommandos in Unterfahlheim und Ulm.[30]

Mit dem Gedenkbuch für die Toten des Konzentrationslagers Dachau, das 2011 von der KZ-Gedenkstätte Dachau nach langjährigen Recherchen publiziert wurde, sind nun detaillierte Angaben zu den Todesopfern möglich.[31]

Für andere Konzentrationsstammlager erschienen in den letzten Jahren ebenfalls Studien zu einzelnen Außenkommandos oder -lagern.[32] Bernhard Strebel berücksichtigte in seiner Monografie zum Konzentrationslager Ravensbrück auch die Frauenaußenkommandos, die nach einer organisatorischen

27 Ludwig Eiber, Hitlers Bunker – Hitlers Gefangene: Die KZ-Lager bei Landsberg, in: Volker Dotterweich/Karl Filsner (Hrsg.), Landsberg in der Zeitgeschichte. Zeitgeschichte in Landsberg, München 2010, S. 311–349.
28 Sabine Schalm/Eva Gruberová, „Sie gaben uns wieder Hoffnung". Schwangerschaft und Geburt im KZ-Außenlager Kaufering I, Ausstellungskatalog hrsg. v. KZ-Gedenkstätte Dachau, Dachau 2010.
29 Eiber, KZ-Außenlager, S. 58–80; ders., Außenlager des Konzentrationslagers Dachau. Bestandsaufnahme – Perspektiven, in: Bayerische Landeszentrale für politische Bildungsarbeit (Hrsg.), Spuren des Nationalsozialismus. Gedenkstättenarbeit in Bayern, München 2000, S. 111–121.
30 Sabine Schalm, Unterfahlheim: Fischzuchtanlage der SS und Außenlager des KZ Dachau, in: Mitteilungen des Dokumentationszentrums Oberer Kuhberg e. V. Nr. 40, Ulm 2003, S. 6–9; dies., KZ-Häftlinge in der Magirus AG, Ulm, in: Mitteilungen des NS-Dokumentationszentrums Oberer Kuhberg e. V. Nr. 41, Ulm 2004, S. 6 ff.
31 KZ-Gedenkstätte Dachau (Hrsg.), Gedenkbuch für die Toten des Konzentrationslagers Dachau, Dachau 2011.
32 Marc Buggeln, Arbeit und Gewalt. Das Außenlagersystem des KZ Neuengamme, Göttingen 2009; Andreas Weigelt, Judenmord im Reichsgebiet, Lieberose: Außenlager des KZ Sachsenhausen, Berlin 2011; Stiftung Brandenburgische Gedenkstätten (Hrsg.), Die Außenlager des Konzentrationslagers Sachsenhausen und Ravensbrück. Vorträge und Manuskripte des Workshops vom 17. und 18. 10. 2003 in der Internationalen Jugendbegegnungsstätte Ravensbrück, o. O. 2004. Zum Außenlagerkomplex des KZ Flossenbürg entsteht derzeit eine Untersuchung von Ulrich Fritz.

Umstrukturierung im September 1944 dem KZ Dachau zugeordnet wurden.[33] Zu den Frauenaußenkommandos mit Zeuginnen Jehovas finden sich wichtige Hinweise bei Detlef Garbe.[34] Als einer der ersten befasste sich Björn Kooger mit der Frage um verbesserte Existenzbedingungen von weiblichen Gefangenen in den Außenlagern der Rüstungsindustrie in Beendorf und Morsleben.[35] Hans Ellger untersuchte Zwangsarbeit und weibliche Überlebensstrategien in den Frauenaußenlagern des Konzentrationslagers Neuengamme.[36]

Die umfassende Darstellung des Lagerkomplexes Mittelbau-Dora von Jens-Christian Wagner ist für Vergleiche der strukturellen Entwicklungslinien mit den Dachauer Außenlagern der Untertageverlagerung von großer Relevanz.[37]

Zu Beginn der 1990er-Jahre setzte zudem eine Forschungskontroverse um das Spannungsverhältnis von wirtschaftlichem Interesse an der Häftlingsarbeitskraft und der ideologischen Vernichtungsabsicht ein. Falk Pingel hatte die zunehmende ökonomische Bedeutung der KZ-Zwangsarbeit gegen Kriegsende betont und damit auch die graduelle Verbesserung der Existenzbedingungen von bestimmten Häftlingsgruppen in der Rüstungsfertigung erklärt.[38] Dagegen klassifizierte Hermann Kaienburg die mangelhafte Versorgung der KZ-Häftlinge als keine unmittelbare Kriegsfolge, sondern legte dem Häftlingszwangsarbeitseinsatz ein von der NS-Führung intendiertes Konzept „Vernichtung durch Arbeit" zugrunde.[39] Jens-Christian Wagner widersprach dem intentionalistischen Charakter in Kaienburgs Argumentation und verwies darauf, dass zwischen „Vernichtung" und „Arbeit" kein Spannungsverhältnis zu sehen sei, sondern vielmehr eine variabel angewendete Form des Häftlingsarbeitseinsatzes.[40]

33 Bernhard Strebel, Das KZ Ravensbrück. Geschichte eines Lagerkomplexes, Paderborn 2003, S. 441 ff.
34 Detlef Garbe, Zwischen Widerstand und Martyrium. Die Zeugen Jehovas im „Dritten Reich", München 1999, zum AK Hausham vgl. S. 457.
35 Björn Kooger, Rüstung unter Tage. Die Untertageverlagerung von Rüstungsbetrieben und der Einsatz von KZ-Häftlingen in Beendorf und Morsleben, Berlin 2004.
36 Hans Ellger, Zwangsarbeit und weibliche Überlebensstrategien. Die Geschichte der Frauenaußenlager des Konzentrationslagers Neuengamme 1944/45, Berlin 2007.
37 Jens-Christian Wagner, Produktion des Todes. Das KZ Mittelbau-Dora, Göttingen 2001.
38 Pingel, Häftlinge, S. 130–139.
39 Hermann Kaienburg, Vernichtung durch Arbeit. Der Fall Neuengamme. Die Wirtschaftsbestrebungen der SS und ihre Auswirkungen auf die Existenzbedingungen der KZ-Gefangenen, Bonn 1990, S. 16 f.
40 Jens-Christian Wagner, Noch einmal: Arbeit und Vernichtung. Häftlingseinsatz im KL Mittelbau-Dora 1943–1945, in: Norbert Frei/Sybille Steinbacher (Hrsg.), Ausbeutung – Vernichtung – Öffentlichkeit. Neue Studien zur Geschichte der nationalsozialistischen Lagerpolitik, München 2000, S. 40 f. Zu dieser Kontroverse vgl. auch:

Zur Thematik Arbeitseinsatz in den Konzentrationslagern bündelte der 1998 von Ulrich Herbert, Karin Orth und Christoph Dieckmann herausgegebene Sammelband die entsprechenden einschlägigen Forschungsergebnisse.[41] Während Hermann Kaienburg die wirtschaftlichen Unternehmungen der SS in seiner Studie detailliert beleuchtete,[42] ist die unternehmensgeschichtliche Perspektive der Privatwirtschaft, in der Dachauer KZ-Häftlinge eingesetzt waren, bisher noch kaum Gegenstand wissenschaftlicher Untersuchungen gewesen. Erkenntnisse zur Zwangsarbeit bei der Messerschmitt AG und den Dornier Werken sind nach wie vor Forschungsdesiderate. Nach jahrelanger Abwehr von Seiten der BMW-Konzernleitung unternahmen MTU und BMW im Jahr 2006 gemeinsam einen ersten Schritt hinsichtlich der Auseinandersetzung mit der jeweiligen Firmengeschichte.[43] Die Münchner Lodenfrey GmbH beauftragte im Zuge der Entschädigungsdebatte um NS-Zwangsarbeit einen Historiker mit der Bearbeitung der Unternehmensgeschichte.[44]

Mit dem 2005 erschienenen zweiten Band der von Wolfgang Benz und Barbara Distel herausgegebenen Reihe „Der Ort des Terrors. Geschichte der nationalsozialistischen Konzentrationslager" wurde erstmals das gesammelte Wissen

Rainer Fröbe, „Vernichtung durch Arbeit?" KZ-Häftlinge in Rüstungsbetrieben an der Porta Westfalica in den letzten Monaten des Zweiten Weltkrieges, in: Joachim Meynert/Arno Klönne (Hrsg.), Verdrängte Geschichte, Verfolgung und Vernichtung in Ostwestfalen 1933-1945, Bielefeld 1986, S. 221-320; Ulrich Herbert, Arbeit und Vernichtung. Ökonomisches Interesse und Primat der „Weltanschauung" im Nationalsozialismus, in: ders. (Hrsg.), Europa und der Reichseinsatz. Ausländische Zwangsarbeiter, Kriegsgefangene und KZ-Häftlinge in Deutschland 1938-1945, Essen 1991, S. 384-426; Georg Wysocki, Arbeit für den Krieg. Herrschaftsmechanismen in der Rüstungsindustrie des „Dritten Reiches". Arbeitseinsatz, Sozialpolitik und staatspolizeiliche Repression bei den Reichswerken „Hermann Göring" im Salzgitter-Gebiet 1937/38 bis 1945, Braunschweig 1992, S. 146; Manfred Grieger, „Vernichtung durch Arbeit" in der deutschen Rüstungsindustrie, in: Torsten Heß/Thomas A. Seidel (Hrsg.), Vernichtung durch Fortschritt am Beispiel der Raketenproduktion im Konzentrationslager Mittelbau, Bad Münstereifel 1995, S. 43-60; Mark Spoerer, Zwangsarbeit unter dem Hakenkreuz. Ausländische Zivilarbeiter, Kriegsgefangene und Häftlinge im Deutschen Reich und im besetzten Europa 1939-1945, Stuttgart/München 2001, S. 180 f.

41  Ulrich Herbert/Karin Orth/Christoph Dieckmann (Hrsg.), Die nationalsozialistischen Konzentrationslager, Bd. 2: Sektion 4, Frankfurt a. M. 2002.
42  Hermann Kaienburg, Die Wirtschaft der SS, Berlin 2003.
43  Constanze Werner, Kriegswirtschaft und Zwangsarbeit bei BMW, München 2006; Till Lorenzen, BMW als Flugmotorenhersteller 1926-1940. Staatliche Lenkungsmaßnahmen und unternehmerische Handlungsspielräume, München 2008.
44  Gernot Brauer, Lodenfrey in der NS-Zeit, München 2003.

über die einzelnen Dachauer Außenkommandos und -lager gebündelt.[45] Zu jedem bis dato bekannten Einsatzort von Dachauer KZ-Häftlingen außerhalb der Stammlagergrenzen findet sich hier ein Eintrag. Damit wurde eine wesentliche Lücke in der wissenschaftlichen Bearbeitung geschlossen.

Gleichzeitig fehlt aber bislang noch immer eine Untersuchung der Struktur des Gesamtkomplexes der Dachauer Außenkommandos und -lager, die überregionale Entwicklungstendenzen berücksichtigt und die einzelnen Standorte in den Kontext des nationalsozialistischen KZ-Systems stellt.

## 1.3. Untersuchungsgegenstand und Aufbau der Arbeit

Das erste Dachauer Außenkommando ist bereits 1933 nachweisbar und bildet den Anfang von Häftlingseinsätzen mit Unterkunft außerhalb des Stammlagers, die bis zum Kriegsende immer differenziertere Formen angenommen haben. Somit ermöglicht der Blick auf die Dachauer Außenkommandos und -lager grundlegende Erkenntnisse für die Entwicklungsgeschichte von KZ-Zwangsarbeit. Die erschienene Literatur zu Dachauer Außenkommandos und -lagern zeigt überwiegend Ausschnitte einzelner Standorte und führt mancherorts zu Schlussfolgerungen, die zwar aus der Regional- oder Einzelfallperspektive schlüssig erscheinen, jedoch in den Gesamtzusammenhang eingebettet werden müssen. Von diesem bislang fehlenden Forschungsansatz geht die hier vorliegende Untersuchung über Organisation und Struktur der Dachauer Außenkommandos und -lager aus. Überregionale Tendenzen werden in die Analyse miteinbezogen und die einzelnen Standorte in den Kontext des KZ-Systems gestellt.

Die Arbeit gliedert sich in vier Teile. Zunächst geht es um die Entwicklung und die Dimension des Gesamtkomplexes der Dachauer Außenkommandos und -lager. Dies beinhaltet nach einer Begriffsdifferenzierung die Untersuchung der Hintergründe von Eröffnungen und Schließungen sowie die chronologische und geografische Ausdehnung. Darüber hinaus werden die Häftlingsbelegung und die Topografien vor Ort dargelegt. Im zweiten Teil stehen die Machtstrukturen und Handlungsoptionen der führenden Akteure

---

45 Wolfgang Benz/Barbara Distel (Hrsg.), Der Ort des Terrors. Geschichte der nationalsozialistischen Konzentrationslager, Bd. 2: Frühe Lager, Dachau, Emslandlager, München 2005.

im Zentrum. Die Hierarchieebenen des Lagerpersonals werden ebenso dargestellt wie die wesentlichen Arbeitgeber von Dachauer Außenkommandos und Außenlagerhäftlingen kategorisiert. Weiter werden das Häftlingsfunktionspersonal als Macht- und Organisationsfaktor in den Außenkommandos und -lagern beleuchtet sowie die Wahrnehmung durch die zivile Außenwelt thematisiert. Bei der Untersuchung dieser einzelnen Akteursgruppen schließt sich jeweils die Frage nach den Handlungsspielräumen an. Im dritten Teil steht die Häftlingsgesellschaft im Mittelpunkt. Einerseits geht es hier um die nationale Zusammensetzung und eine eingehende Betrachtung einzelner Häftlingsgruppen. Andererseits verbinden sich damit Fragen nach Zuweisungspraxis und spezifischen Haftbedingungen wie auch Vernichtungsdruck. Im letzten Teil dieser Arbeit werden die Existenzbedingungen der Gefangenen im Arbeits- und Lageralltag beleuchtet. Anhand dieser Ergebnisse offenbart sich die Vielfalt der Ausprägungsformen von Dachauer Außenkommandos und -lagern besonders eklatant und ermöglicht am Ende unter Berücksichtigung der Sterblichkeit die Entwicklung der Parameter des individuellen und kollektiven Überlebens in diesem System.

Da dieser Arbeit eine Begriffsdifferenzierung zwischen Außenkommandos in Abgrenzung zu Außenlagern zugrunde liegt, ist eine gewisse sprachliche Schwerfälligkeit und Wiederholung dieser Terminologien nicht zu vermeiden, die jedoch einer bewussten Wortwahl entspringt. Ebenso verhält es sich mit Redundanzen bezüglich der handelnden Akteure. Da bislang noch keine Untersuchung zu Lagerpersonal und Arbeitgebern der Dachauer Außenkommandos und -lager vorliegt, werden ihre Machtstrukturen und Handlungsoptionen im Kapitel vier beleuchtet. Gleichzeitig tauchen partiell im Kapitel Existenzbedingungen Hinweise zu jenen Akteuren auf. Diese Redundanz ist bewusst gewählt, da die Beschreibung der durchweg schlechten Existenzbedingungen per se wichtig, vor allem aber im Spannungsverhältnis der möglichen Handlungsspielräume erkenntnisfördernd zum Verständnis des KZ-Systems ist.

Die im Text verwendeten Direktzitate wurden zur leichteren Lesbarkeit grammatikalisch verbessert, auf die Übersetzung englischer und französischer Aussagen wurde jedoch zur Beibehaltung der sprachlichen Authentizität verzichtet.

# 2. Das KZ-System im nationalsozialistischen Deutschland

## 2.1. Entwicklungsgeschichte und Funktionswandel

Bislang bekannt sind etwa 100 Konzentrationslager und 30 Schutzhaftabteilungen in Justiz- und Polizeigefängnissen, die zwischen März und April 1933 entstanden und als frühe Lager charakterisiert werden.[1] Tatsächlich waren es wohl noch mehr. Die rechtliche Grundlage für die Verhaftungen durch SA- und SS-Trupps, die „Schutzhaft", bildete die „Verordnung zum Schutz von Volk und Staat", die am 28. Februar 1933 nach dem Reichstagsbrand weite Teile der Weimarer Verfassung und insbesondere den Rechtsanspruch auf das Grundrecht der persönlichen Freiheit außer Kraft setzte.[2]

Dieser frühe Lagertypus ist noch nicht als einheitlich konzipiertes, nationalsozialistisches Konzentrationslager zu charakterisieren, weist aber Gemeinsamkeiten bezüglich Lebens- und Haftbedingungen mit den späteren Konzentrationslagern auf.[3] Die meisten dieser frühen Lager wurden bis 1934 aufgelöst. Die Schließungen waren Folge der Stabilisierung des nationalsozialistischen Regimes und der Machterweiterung der SS.

Statt den rechtlichen Ausnahmezustand der „Schutzhaft" 1934 aufzuheben und die Gefangenen in die staatlichen Gefängnisse und Zuchthäuser zu

---

1   Studien zu frühen Konzentrationslagern zusammengefasst in: Benz/Distel, Ort des Terrors, Bd. 2; dies., Terror ohne System; dies., Herrschaft und Gewalt. Frühe Konzentrationslager 1933–1939, Berlin 2002; dies., Instrumentarium der Macht. Frühe Konzentrationslager 1933–1937, Berlin 2003; Carina Baganz, Erziehung zur „Volksgemeinschaft"? Die frühen Konzentrationslager in Sachsen 1933–1934/37, Berlin 2005.
2   Zur „Schutzhaft" vgl. Klaus Drobisch/Günther Wieland, System der NS-Konzentrationslager 1933–1939, Berlin 1993, S. 25–36.
3   Ebenda, S. 11–140; Johannes Tuchel, Konzentrationslager. Organisationsgeschichte und Funktion der „Inspektion der Konzentrationslager" 1934–1938, Boppard 1991, S. 38–45.

überführen, forcierte Reichsführer SS Heinrich Himmler die Herausbildung des Systems der nationalsozialistischen Konzentrationslager und damit die Institutionalisierung des Terrors. Ihm war es bis Mitte 1934 gelungen, mit der Vereinigung der Politischen Polizei die Konzentrationslager seiner uneingeschränkten Verfügungsgewalt zu unterstellen.[4]

Für die Ausgestaltung des KZ-Systems war vor allem SS-Oberführer Theodor Eicke, seit 26. Juni 1933 Kommandant des KZ Dachau, entscheidend. Eicke beendete im Oktober 1933 durch die Einführung der „Disziplinar- und Strafordnung für das Gefangenenlager" und die „Dienstvorschriften für die Begleitpersonen und Gefangenenbewachung"[5] die bis dato improvisierten Verhältnisse. Seit 1934 fanden diese Lagerordnung und Eickes Organisationskonzept in allen Konzentrationslagern Anwendung und manifestierten ein festes Reglement für Gewalt und Terror. Mit der Beendigung der Phase der frühen Lager begann die Reorganisation und Zentralisierung der bestehenden Lager. Dies führte zu Schließungen oder zu Umstrukturierungen nach dem „Dachauer Modell".[6] Mit der im Juni 1934 gegründeten Dienststelle Inspektion der Konzentrationslager (IKL) unter Leitung von Theodor Eicke war nun die Organisation, Verwaltung und Wirtschaftsführung der staatlichen Konzentrationslager gebündelt. Im Juni 1935 bestimmte Hitler den Ausbau der SS-Wachmannschaften in den Konzentrationslagern und mit Wirkung zum 1. April 1936 die Finanzierung der Konzentrationslager durch öffentliche Gelder. Damit war die Grundsatzentscheidung für ein dauerhaftes Fortbestehen der Konzentrationslager gefallen.[7]

Parallel dazu etablierte sich die Inspektion der Konzentrationslager als Kontroll- und Lenkungsorgan aller Konzentrationslager, die als übergeordnete Aufsichtsbehörde zwischen 1936 und September 1939 ein zentralisiertes System der Konzentrationslager forcierte. Im Zuge dieser Maßnahmen wurden 1936 und 1937 zahlreiche Lager geschlossen und sukzessive neue Lager errichtet. Den Neugründungen lag nun eine planmäßige und strukturierte Vorgehensweise zugrunde, die sich auch in dem eigens entwickelten architektonischen Konzept

---

4   Vgl. Johannes Tuchel, Organisationsgeschichte der „frühen" KZ, in: Benz/Distel, Instrumentarium der Macht, S. 9–26, hier: S. 20.
5   Für das KL Dachau nur unvollständig erhalten im DaA, abgedruckt in: Zámečník, Das war Dachau, S. 406–412.
6   Tuchel, Konzentrationslager, S. 161 f.
7   Johannes Tuchel, Planung und Realität des Systems der Konzentrationslager 1934–1938, in: Herbert/Orth/Dieckmann, Konzentrationslager, Bd. 1, S. 46 f.

des KZ Sachsenhausen zeigt. Hier entstanden erstmals neue Gebäude mit räumlich-funktionaler Trennung von Schutzhaftlager, Kommandantur, Lagerwerkstätten, Kasernen der SS-Wachverbände und Wohnsiedlung der Mitglieder des Kommandanturstabes.[8]

Nach Sachsenhausen im Sommer 1936 folgten in den nächsten Jahren weitere Konzentrationslager: Buchenwald (Juli 1937), Flossenbürg (Mai 1938), Mauthausen (August 1938), Ravensbrück (Mai 1939). Auch auf der organisatorischen Ebene waren nun die „Konzentrationslager der zweiten Generation"[9] einheitlich in sechs Abteilungen strukturiert: Kommandantur/Adjutantur, Politische Abteilung, Schutzhaftlager, Verwaltung, Lager- oder Standortarzt und Wachtruppe. Anfang der 1940er-Jahre kam noch die Abteilung Arbeitseinsatz hinzu.

Mit dieser Reorganisation zeichnete sich ein erster Funktionswandel der Konzentrationslager ab. Während in den ersten Jahren die Inhaftierung und Umerziehung von politischen Gegnern, vor allem Kommunisten, Sozialisten, Sozialdemokraten und Gewerkschaftern, im Vordergrund stand, zeigten die Einweisungen in die Konzentrationslager seit dem Jahr 1935 einen neuen „sozialrassistischen" Aspekt. In mehreren Verhaftungswellen wurden „Berufsverbrecher", „Gewohnheitsverbrecher", „Asoziale" und Homosexuelle, also alle diejenigen, die von der nationalsozialistischen Staats- und Volksnorm als „volksschädigende Elemente" deklassiert wurden, in die Konzentrationslager eingeliefert.[10] Als Folge der Novemberpogrome 1938 erfolgte im Deutschen Reich vorübergehend die Einweisung von mehr als 26 000 Juden in die Konzentrationslager.[11] Im August 1939 befanden sich in den damals sechs nationalsozialistischen

---

8   Stefanie Endlich, Die äußere Gestalt des Terrors. Zu Städtebau und Architektur der Konzentrationslager, in: Benz/Distel, Ort des Terrors, Bd. 1, S. 210–229; Ulrich Hartung, Gestalterische Aspekte von NS-Konzentrationslagern unter besonderer Berücksichtigung des SS-Musterlagers Sachsenhausen, unveröffentlichte Magisterarbeit, Düsseldorf 1994, DaA 35 556.

9   Sigrid Jacobeit, Zur Arbeit weiblicher Häftlinge im Frauen-KZ Ravensbrück, in: Hermann Kaienburg (Hrsg.), Konzentrationslager und deutsche Wirtschaft 1939–1945, Opladen 1996, S. 199.

10  Zur Verfolgung von „Asozialen" vgl. Wolfgang Ayaß, „Asoziale" im Nationalsozialismus, Stuttgart 1995; zur Verfolgung von „Berufsverbrechern" vgl. Patrick Wagner, „Vernichtung der Berufsverbrecher". Die vorbeugende Verbrechensbekämpfung der Kriminalpolizei bis 1937, in: Herbert/Orth/Dieckmann, Konzentrationslager, Bd. 1, S. 87–110; zur Verfolgung von Sinti und Roma vgl. Michael Zimmermann, Rassenutopie und Genozid. Die nationalsozialistische „Lösung der Zigeunerfrage", Hamburg 1996.

11  Vgl. Wolfgang Benz, Mitglieder der Häftlingsgesellschaft auf Zeit. „Die Aktionsjuden" 1938/39, in: Dachauer Hefte 21 (2005), S. 179–196.

Konzentrationslagern Buchenwald, Dachau, Flossenbürg, Mauthausen, Ravensbrück und Sachsenhausen 21 400 Gefangene.[12]

Bereits in den ersten Septembertagen 1939 kam es zu einem weiteren Funktionswandel der Konzentrationslager, als diese auf Weisung von Hitler und Himmler zu Exekutionsstätten der Sicherheitspolizei avancierten.[13] Damit waren die Konzentrationslager nicht mehr ausschließlich Instrument der Herrschaftssicherung, sondern wurden zu Hinrichtungsorten für Gefangene, die entweder gar nicht oder in der Justiz entzogenen Schnellverfahren verurteilt worden waren.

Infolge des deutschen Überfalls auf Polen setzte eine Expansion des nationalsozialistischen KZ-Systems ein. Mit Auschwitz (Mai 1940) wurde ein neues Konzentrationslager errichtet; Außenlager des KZ Sachsenhausen wie Neuengamme (Januar 1940), Groß-Rosen und Natzweiler-Struthof (beide Mai 1941) wurden zu eigenständigen Konzentrationslagern erhoben.

In den Jahren 1940 und 1941 wurde von den Nationalsozialisten auch der Kampf gegen die Kirchen im Reich verstärkt, und so erreichten die Verhaftungen von katholischen und evangelischen Geistlichen sowie Bischöfen in dieser Zeit ihren Höchststand.[14] Die größte Häftlingsgruppe nach Kriegsbeginn machten aber Ausländer aus den besetzten Gebieten aus. Die deutschen Gefangenen stellten bald eine Minderheit in den Konzentrationslagern dar, und bis Kriegsende sank ihre Zahl in den großen Konzentrationslagern auf etwa fünf bis zehn Prozent.[15]

In allen Konzentrationslagern traten nach Kriegsbeginn eine Überbelegung mit Gefangenen sowie eine Verschärfung der Haftbedingungen ein. Die Verpflegungssätze wurden verringert, gleichzeitig nahmen Willkürmaßnahmen und Misshandlungen zu. Im Lageralltag wurde die Hierarchisierung der Häftlinge nach Nationalitäten von Seiten der SS immer deutlicher. All dies spiegelte sich in der erhöhten Sterblichkeit in den Konzentrationslagern wider, von der vornehmlich jüdische und slawische Häftlinge betroffen waren.[16]

12 Drobisch/Wieland, Konzentrationslager, S. 339.
13 Runderlass des Reichsführer SS Heinrich Himmler, 3. 9. 1939, BArchB, Slg. Schumacher 271.
14 Grundsätzlich zu Dachau vgl. Eugen Weiler, Die Geistlichen in Dachau sowie in anderen Konzentrationslagern und Gefängnissen. Nachlass von Pfarrer Emil Thoma, Mödling 1971.
15 Karin Orth, Das System der nationalsozialistischen Konzentrationslager. Eine politische Organisationsgeschichte, Zürich 2002, S. 105.
16 Pingel, Häftlinge, S. 91–96.

In den Jahren 1941/42 zeichnete sich innerhalb des KZ-Systems ein neuerlicher Wandel ab. Spätestens im Herbst 1941 war die deutsche „Blitzkriegstrategie" im Osten gescheitert und ein generelles Umdenken in der deutschen Kriegswirtschaft erforderlich. Damals kam es zu ersten Versuchsprojekten des KZ-Arbeitseinsatzes, um Häftlinge für Rüstungszwecke abzustellen. Zuvor jedoch fanden zwischen April 1941 und April 1942 in mindestens zehn Konzentrationslagern im Zuge der Aktion „14 f 13" Massentötungen von kranken und arbeitsunfähigen Häftlingen statt.[17] Seit Mitte 1941 erfolgten Massenexekutionen von sowjetischen Kriegsgefangenen in den Konzentrationslagern.[18] Neben diesen Tötungsaktionen kam es im selben Zeitraum zu ersten Kooperationen der SS-Führung mit der deutschen Industrie in der Frage des Häftlingsarbeitseinsatzes. Am 7. April 1941 einigte sich die IG Farben AG mit der SS auf die Grundzüge der Zusammenarbeit.[19] Es folgten im Frühjahr 1941 die Steyr-Daimler-Puch AG[20] und im Frühjahr 1942 die Volkswagenwerke.[21]

Seit März 1942 wurde der Häftlingseinsatz in der deutschen Rüstungsindustrie zum Regelfall, und die Konzentrationslager rückten als scheinbar unerschöpfliches Arbeitskräftereservoir in den Blick des kriegswirtschaftlichen Interesses. Im September 1942 fiel durch Adolf Hitler, Albert Speer und Heinrich Himmler die Grundsatzentscheidung zur „Vermietung" von KZ-Häftlingen an die Rüstungsindustrie.[22] In der zweiten Kriegshälfte wurden so Arbeit und Vernichtung zu den bestimmenden Faktoren im KZ-System. Letztendlich aber scheiterte Oswald Pohl als Leiter des Wirtschafts- Verwaltungshauptamtes (WVHA)

---

17 Vgl. Ernst Klee, „Euthanasie" im NS-Staat. Die Vernichtung „lebensunwerten Lebens", Frankfurt a. M. 1983; Eugen Kogon/Hermann Langbein/Adalbert Rückerl (Hrsg.), Nationalsozialistische Massentötungen durch Giftgas, Frankfurt a. M. 1983, S. 27–78; Walter Grode, Die „Sonderbehandlung 14 f 13" in den Konzentrationslagern des Dritten Reiches, Frankfurt a. M. 1987.
18 Vgl. Richtlinien zur Behandlung politischer Kommissare, Erlass des OKW vom 6. 6. 1941, abgedruckt in: Alfred Streim, Sowjetische Gefangene in Hitlers Vernichtungskrieg. Berichte und Dokumente 1941–1945, Heidelberg 1982, S. 222–225; zum Zustandekommen dieses Befehls vgl. Christian Streit, Keine Kameraden. Die Wehrmacht und die sowjetischen Kriegsgefangenen 1941–1945, Stuttgart 1978, S. 44–49.
19 Peter Hayes, Die IG Farben und die Zwangsarbeit von KZ-Häftlingen im Werk Auschwitz, in: Kaienburg, Konzentrationslager, S. 129–148, hier: S. 139.
20 Orth, Konzentrationslager, S. 147 f.
21 Hans Mommsen/Manfred Grieger, Das Volkswagenwerk und seine Arbeiter im Dritten Reich, Düsseldorf 1996, S. 496–515.
22 Wolf Gruner, Der geschlossene Arbeitseinsatz deutscher Juden. Zur Zwangsarbeit als Element der Verfolgung 1938–1943, Berlin 1997, S. 294–313.

in seinen Bestrebungen, in den Konzentrationslagern einen weiteren Funktionswandel durchzusetzen, der den wirtschaftlichen Nutzen vor Misshandlung und Vernichtung der Häftlinge stellte.[23] In den Konzentrationslagern dominierten weiterhin Misshandlungen, Schikanen und Folter.

Während 1942 das WVHA einerseits den Zwangsarbeitseinsatz von KZ-Häftlingen in der deutschen Kriegswirtschaft forcierte, prägte andererseits Völkermord das KZ-System. Neben den Vernichtungslagern der „Aktion Reinhardt" waren seit 1942 auch die Konzentrationslager Auschwitz-Birkenau und Majdanek Vernichtungsstätten von jüdischen Gefangenen.[24]

Im Sommer 1943 setzte eine neuerliche Expansion des KZ-Systems ein.[25] Mit dem KZ Mittelbau Dora[26] entstand ein neuer Lagertypus: Konzentrationslager der Verlagerungsprojekte.[27] Sie waren vor allem im letzten Kriegsjahr eröffnet worden und alle in Bauprojekte der SS, der Organisation Todt oder der Industrie eingebunden. Um den verheerenden Schäden in der deutschen Flugzeugindustrie – verursacht durch alliierte Luftangriffe – zu begegnen, sollten Produktion und Montage der sogenannten Vergeltungswaffen in bombensichere Gebiete und geschützte Räume verlagert werden.

Am 1. März 1944 erfolgte die Gründung des „Jägerstabs", in dem Vertreter des Reichsluftfahrtministeriums, des Rüstungsministeriums, der Industrie und der SS die Dezentralisierung kriegswichtiger Betriebe und deren Untertageverlagerung koordinieren sollten.[28] Mit dem Bau von Großbunkern betraute Adolf Hitler im April 1944 die Organisation Todt.[29] In der Folgezeit kamen vor allem ungarische Juden für die Errichtung von militärischen Bauprojekten in Außenlagern zum Einsatz,[30] dazu zählten auch Großbunkerbaustellen in Mühldorf am Inn und Landsberg am Lech. Weitere Konzentrationslager der Verlagerungsprojekte waren die Komplexe Ebensee und Melk, beides Außenlager des KZ

---

23 Schreiben des Chef des WVHA Oswald Pohl an den RFSS mit 2 Anlagen, 30. 9. 1943, Nbg. Dok. NO-1010; ebenso: Martin Broszat, Nationalsozialistische Konzentrationslager 1933–1945, in: Buchheim u. a., Anatomie des SS-Staates, S. 437.
24 Runderlass des WVHA an alle Lagerkommandanten der KL, 5. 10. 1942, Nbg. Dok. PS-3677.
25 Orth, Konzentrationslager, S. 198–207.
26 Zum KL Mittelbau-Dora vgl. Wagner, Produktion des Todes.
27 Orth, Konzentrationslager, S. 243.
28 Raim, KZ-Außenkommandos, S. 20–53.
29 Beauftragung Hitlers an Dorsch, Leiter der OT Zentrale, 21. 4. 1944, BArchB, R 3/1509.
30 Schreiben von Heinrich Himmler, 11. 5. 1944, BArchB NS 19/1922.

Mauthausen, und der Buchenwalder Außenlagerkomplex Ohrdruf. Gleiches gilt für die zwölf Lager des Komplexes „Riese", die dem KZ Groß-Rosen unterstellt waren. Von den insgesamt etwa 600 000 KZ-Häftlingen wurden Ende 1944 etwa 480 000 von der SS als arbeitsfähig eingestuft. Rund die Hälfte von ihnen war auf Baustellen der Verlagerungsprojekte eingesetzt.[31] Die Überlebensbedingungen für diese Bauhäftlinge waren besonders schlecht.

Eine gegenläufige Entwicklung zur Expansion des KZ-Systems begann aufgrund der herannahenden Roten Armee im Februar 1944 mit der Schließung einzelner Lager im Osten, wie dem Konzentrations- und Vernichtungslager Majdanek bei Lublin und der Lager im Baltikum im Sommer 1944. Eine Folge war die Verteilung zehntausender vornehmlich jüdischer Häftlinge auf die noch bestehenden Konzentrationslager.[32] Auch im Westen begann die erste Phase der Evakuierung im September 1944 mit den Konzentrationslagern Herzogenbusch und Natzweiler.[33]

Im letzten Kriegsjahr kulminierten die Entwicklungen der vergangenen Jahre einerseits in dem noch nie da gewesenen Zuwachs von Außenkommandos und -lagern und andererseits in der extremen Verschlechterung der Lebensbedingungen sowie dem Hochschnellen der Sterblichkeitsrate in den Lagern. Während Ende 1943 für alle Stammlager 186 Außenkommandos und -lager bekannt sind, existierten von 1944 bis Kriegsende mindestens 662.[34]

Das KZ-System hatte sich im letzten Kriegsjahr nochmals gewandelt. Die Stammlager waren zu Drehscheiben für den Häftlingsarbeitseinsatz in den Außenkommandos und -lagern geworden.

Der letzte Abschnitt der Geschichte der nationalsozialistischen Konzentrationslager setzte mit der Räumung der Lagerkomplexe Auschwitz, Plaszów, Stutthof und Groß-Rosen seit November 1944 ein. Am 15. Januar 1945 belief sich die Belegungszahl der in den verbliebenen Konzentrationslagern gefangen gehaltenen Menschen auf 714 211.[35] Mindestens ein Drittel dieser Häftlinge kam bei den nun einsetzenden Evakuierungsmärschen, in Transportzügen oder den

---

31  Wagner, Produktion des Todes, S. 77–111.
32  Vgl. Daniel Blatmann, Die Todesmärsche – Entscheidungsträger, Mörder und Opfer, in: Herbert/Orth/Dieckmann, Konzentrationslager, Bd. 2, S. 1064–1092.
33  Robert Steegmann, Struthof, Le KL-Natzweiler et ses kommandos: une nébuleuse concentrationaire des deux côtés du Rhine 1941–1945, Strasbourg 2005, S. 145–172.
34  Zahlen nach: Orth, Konzentrationslager, S. 237; Aufstellungen der Haftstätten vgl. Gudrun Schwarz, Die nationalsozialistischen Lager, Frankfurt a. M. 1990, S. 146–198.
35  Liste der Konzentrationslager und ihrer Belegung, 1./15. 1. 1945, BArchB, Slg. Schumacher 329.

völlig überfüllten Lagern unmittelbar vor Kriegsende ums Leben. Diejenigen Häftlinge, die zu krank oder geschwächt für einen langen Marsch waren, wurden in den Lagern sich selbst sowie Hunger, Entkräftung und Seuchen überlassen. In den noch existierenden Stammlagern oder deren Außenlagern bildete die SS sogenannte Sterbelager, in denen die Häftlinge durch systematische Unterversorgung elend zu Grunde gingen. Zum größten dieser Sterbelager entwickelte sich Bergen-Belsen, in das seit März 1944 zunehmend kranke und arbeitsunfähige Häftlinge deportiert worden waren.[36]

Ab Ende Januar 1945 wurden auch in den verbliebenen Stammlagern im Reich Vorbereitungen für weitere Räumungen getroffen. Zur Verbesserung der dramatischen Verhältnisse in den Lagern und zur Senkung der Sterberate unternahm die SS nichts. Stattdessen entledigte sie sich in weiteren Mordaktionen geschwächter und kranker sowie vermeintlich gefährlicher Häftlinge.[37]

Anfang April 1945 begann die Räumung der Konzentrationslager im Innern des Reichs mit der Evakuierung der Häftlinge aus den Außenkommandos und -lagern in die jeweiligen Stammlager oder in andere Konzentrationslager. Mitte April erteilte Himmler den Befehl zur umgehenden Räumung aller Konzentrationslager.[38] Im Süden zogen Häftlingsströme der Konzentrationslager Flossenbürg[39] und Dachau in Richtung Alpen, im Norden führten Wachmannschaften die Häftlinge der Konzentrationslager Neuengamme, Ravensbrück und Sachsenhausen nach Schleswig-Holstein. Unterwegs trafen diese beiden Kolonnen auf bereits vorher in Marsch gesetzte Häftlinge aus den Stamm- und Außenlagern von Auschwitz, Buchenwald, Mittelbau-Dora, Groß-Rosen und Stutthof. Genauere Angaben darüber, wie viele Häftlinge bei der Räumung der Konzentrationslager und den folgenden Evakuierungsmärschen zu Tode kamen, sind nicht bekannt. Schätzungen sprechen von bis zu 350 000 Menschen, vornehmlich Juden aus Osteuropa.[40]

---

36 Zum KZ Bergen-Belsen vgl. Alexandra-Eileen Wenck, Zwischen Menschenhandel und „Endlösung": Das Konzentrationslager Bergen-Belsen, Paderborn 2000.
37 Zu Tötungsabsichten aller Häftlinge vgl. Peter Black, Ernst Kaltenbrunner. Vasall Himmlers: Eine SS-Karriere, Paderborn 1991, S. 248–255; Klaus-Dietmar Henke, Die amerikanische Besetzung Deutschlands, München 1995, S. 882–895.
38 Zámečník, Kein Häftling, S. 219–231.
39 Jörg Skriebeleit, Flossenbürg-Stammlager, in: Benz/Distel, Ort des Terrors, Bd. 3, S. 54 ff.
40 Yehuda Bauer, The Death Marches January–May 1945, in: Michael Marrus (ed.), The Nazi Holocaust. Historical Articles on the Destruction of European Jews, Vol. 9, Westport 1989, S. 491–511.

## 2.2. Arbeitseinsatz von KZ-Häftlingen

Während aller Entwicklungsstufen der Konzentrationslager wurden KZ-Häftlinge gezwungen, Arbeit zu leisten. Zu keinem Zeitpunkt war der Arbeitseinsatz freiwillig, sondern immer entschädigungslos mittels Terror, Unterdrückung oder Schikane von den KZ-Häftlingen erpresst worden. Form und Funktion des Arbeitseinsatzes der Häftlinge veränderten sich allerdings während des Bestehens der Konzentrationslager, ebenso wie die Einstellungen und Beweggründe der SS, der Reichsführung und der beteiligten Unternehmen.

Im Mai 1933 forderte Reichsinnenminister Wilhelm Frick die Landesregierungen dazu auf, Häftlinge in Konzentrationslagern zu Arbeiten heranzuziehen, um die Kosten der „Schutzhaft" zu senken.[41] Der größte Teil der Dachauer Häftlinge war zwischen 1933 und 1938 zum Auf- und Ausbau des KZ eingesetzt.[42] In diesen Jahren entstand in Dachau ein umfangreicher Wirtschafts- und Verwaltungskomplex der SS.[43] Für den reibungslosen Lageralltag sorgten verschiedene Innenkommandos des Gefangenenlagers wie Aufräum-, Küchen-, Metzgerei- und Bäckereikommando.[44] Schon im Sommer 1933 ließ die Dachauer Lagerführung Werkstätten errichten, in denen Häftlinge für SS-Zwecke produzierten. Als Erstes entstand eine Schreinerei, in der Büro- und Wohnungseinrichtungen für Partei, SS und SA hergestellt wurden. In der Sattlerei fertigten Gefangene Tornister und Koppelzeug, und die Schlosserei arbeitete für den Waffenkammerbedarf. Zu dieser Zeit waren in den Werkstätten auf dem Gelände des KZ Dachau etwa 300 Gefangene beschäftigt.[45] Neben den Arbeiten innerhalb des Konzentrationslagers wurden sie auch zum Torfstechen in der Umgebung eingesetzt.[46]

Für die SS galt der Arbeitseinsatz, abgesehen von den Handwerkskommandos, in dieser Frühphase als Form des Terrors und der Schikane gegen die Häftlinge.[47] Dennoch entwickelten sich der Ausbau der Lageranlagen und

---

41  Schreiben des Reichsinnenministers Frick an die Landesregierungen, 13. 5. 1933, abgedruckt in: Henning Timpke, Dokumente zur Gleichschaltung des Landes Hamburg, Frankfurt a. M. 1994, S. 242 ff.
42  Amperbote vom 26./27. 3. 1933, DaA A 2865; Zámečník, Das war Dachau, S. 25.
43  Kaienburg, Wirtschaft der SS, S. 114–122; Dirk A. Riedel, Kerker im KZ Dachau. Die Geschichte der drei Bunkerbauten, Dachau 2002, S. 21.
44  Walter Hornung, Dachau. Eine Chronik, Zürich 1936, S. 77 ff.
45  Ebenda; Konzentrationslager. Ein Appell an das Gewissen der Welt, Karlsbad 1934, S. 35.
46  Amperbote vom 26. /27. 3. 1933, DaA A 2865.
47  Eugen Kogon, Der SS-Staat. Das System der nationalsozialistischen Konzentrationslager, 10. Auflage, München 1997, S. 115, 117.

die kostenlose Arbeitskraft in Steinbrüchen, landwirtschaftlichen Betrieben und Vereinen für die Wirtschaftsbestrebungen der SS zunehmend zu einem wesentlichen ökonomischen Faktor.[48] Für das Deutsche Reich dagegen spielte die Wirtschaftlichkeit der verrichteten Arbeiten bis 1938 keine nennenswerte Rolle.

Einen ersten wichtigen organisatorischen Einschnitt markierte im November 1938 die vom Inspekteur der Konzentrationslager Theodor Eicke angeordnete Zentralisierung des Arbeitseinsatzes von KZ-Häftlingen in SS-Betrieben.[49] Zuvor hatten die Lagerkommandanten individuell entschieden, wo und wie viele Häftlinge in welchem Zeitraum eingesetzt wurden. Die KZ-Werkstätten und ihre Produktion hatten ihnen unmittelbar unterstanden. Nun wurde die Bewirtschaftung der Lagerwerkstätten unter dem Verwaltungschef der SS, Oswald Pohl, zusammengefasst. Doch die Kommandanten waren nicht uneingeschränkt bereit, ihre Macht aufzugeben, und so kam es bis 1944 zu einem ständig schwelenden Kompetenzstreit, der zu mehrfach wechselnden Entscheidungsbefugnissen zwischen Zentralverwaltung und Lagerkommandantur führte.

Erste Zentralisierungsmaßnahmen erfolgten im April 1939, als mit der Gründung des SS-Hauptamtes unter Leitung von Oswald Pohl eine Dienststelle installiert wurde, die sich mit den Fragen um den Arbeitseinsatz von KZ-Gefangenen in SS-Wirtschaftsbetrieben beschäftigte.[50] Die 1940 erfolgte Einsetzung lokaler Arbeitsdienstführer, die zwar den Lagerkommandanten unterstellt waren, ihnen aber die Entscheidungsbefugnisse über Art und Umfang des Häftlingseinsatzes vor Ort entzogen, scheiterte. Ebenso wenig erfolgreich waren die 1941 mit ähnlichen Befugnissen ausgestatteten Schutzhaftlagerführer E, die formal der Inspektion der Konzentrationslager unterstanden und in den Konzentrationslagern eingesetzt waren.[51]

In dieser Zeit gab es erste, zunächst noch im kleineren Umfang gehaltene Arbeitseinsätze von KZ-Gefangenen für die deutsche Privatwirtschaft wie die

---

48   Kaienburg, Wirtschaft der SS, S. 129 ff., 230–245.
49   Kaienburg, Vernichtung durch Arbeit, S. 138–141.
50   Jan Erik Schulte, Zwangsarbeit und Vernichtung: Das Wirtschaftsimperium der SS. Oswald Pohl und das SS-Wirtschafts- Verwaltungshauptamt 1933–1945, Paderborn 2001, S. 176 ff.
51   Anordnung des Chefs des SS Hauptamtes Haushalt und Bauten Oswald Pohl, 5. 9. 1941, Nbg. Dok. NO-2315; Verordnung Glücks, 20. 2. 1942, zit. nach: Kaienburg, Vernichtung durch Arbeit, S. 232 f.

Volkswagenwerke[52] in Fallersleben und die Akkumulatorenfabrik[53] in Hannover sowie die IG Farben in Auschwitz. Die SS stellte die Häftlinge und übernahm Ausbildung, Überwachung und Verpflegung. Die Unternehmen verpflichteten sich, drei bis vier Reichsmark pro Kopf für Neun- bis Elf-Stundenschichten zu bezahlen.[54]

Im Februar 1942 setzte mit der Gründung des Wirtschafts- Verwaltungshauptamtes (WVHA) unter Leitung von Oswald Pohl eine umfassende Umstrukturierung und Zentralisierung der gesamten SS-Verwaltung ein. Kurzzeitig ging damit die Entscheidungskompetenz über die Häftlingseinsätze wieder an die Lagerkommandanten zurück, bevor die Zuweisung der Gefangenen im März 1942 der IKL überantwortet wurde. Mit der Übernahme der IKL durch das WVHA am 16. März 1942 setzte Oswald Pohl SS-Obersturmbannführer Gerhard Maurer an die Spitze des Amtes D II – Arbeitseinsatz der Häftlinge. Maurer und seine Mitarbeiter in Oranienburg erstellten für jeden Häftling eine Arbeitseinsatzkarte mit dem Vermerk der jeweiligen beruflichen Qualifikation. Außerdem wurden in den Konzentrationslagern Listen der Krankenstände und damit verbundener Arbeitsfähigkeit angefertigt und an die IKL gesandt. Die Lagerkommandanten dagegen behielten die Verantwortlichkeit über den Arbeitseinsatz vor Ort.

Nach der Grundsatzentscheidung Hitlers im September 1942 setzte die „Vermietung" von Häftlingen an die Privatwirtschaft im großen Umfang ein, für die in unmittelbarer Nähe der Produktionsstätten Außenkommandos und -lager eingerichtet wurden.[55] Mit dieser Entscheidung beendete Hitler die Monopolstellung der SS als Arbeitgeber von Häftlingen. Seit Herbst 1942 waren feste Regelungen etabliert, in welcher bürokratischen Form der „Verleih" der KZ-Gefangenen abzuwickeln war. Zunächst schickten Antragsteller ihre Anforderungen auf Zuteilung von Gefangenen an den Leiter des Amtes D II. Maurer besprach sich mit dem Inspekteur der Konzentrationslager Richard Glücks. Wöchentlich entschied Oswald Pohl als Leiter des WVHA über die eingegangenen Anträge. Seit Herbst 1943 kann von einem Masseneinsatz der KZ-Häftlinge in der Rüstungsindustrie gesprochen werden.

---

52  Mommsen/Grieger, Volkswagenwerk, S. 498 f, 506 f.
53  Hans Hermann Schröder, Das erste Konzentrationslager in Hannover: Das Lager bei der Akkumulatorenfabrik in Stöcken, in: Rainer Fröbe u. a., Konzentrationslager in Hannover. KZ-Arbeit und Rüstungsindustrie in der Spätphase des Zweiten Weltkrieges, Bd. I, Hildesheim 1985, S. 52–60.
54  Hayes, IG Farben, S. 139.
55  Protokoll der Führerbesprechung vom 20.–22. 9. 1942, BArchB R3/1505.

Ein weiterer markanter Einschnitt im Machtgefüge um den Häftlingsarbeitseinsatz vollzog sich im Herbst 1944. Rüstungsminister Albert Speer war es gelungen, die Entscheidungsbefugnis über die Bewilligung von Anträgen für den Einsatz von Häftlingen an sich zu ziehen und damit den Einflussbereich der SS zu beschneiden. Ab Oktober 1944 mussten die Anträge zur Abstellung von Gefangenen an das Rüstungsministerium gerichtet werden und wurden hier in Absprache mit dem Generalbevollmächtigten für den Arbeitseinsatz Fritz Sauckel entschieden. Erst dann erfolgte die Weiterleitung der Anträge an das WVHA, das diese auf Fragen der Bewachung und Unterbringung prüfte.[56]

Diese gravierende Kompetenzverschiebung vom WVHA zum Rüstungsministerium lag in der Kriegssituation begründet. Im Jahr 1944 versuchte die NS-Führung, den Zerstörungen durch alliierte Luftoffensiven zu begegnen. Die Einsetzung von Sonderbeauftragten mit weitreichenden Befugnissen sollte eine Bündelung aller verfügbaren Reserven und die Produktion der vordringlichsten Waffen gewährleisten. Dieser Versuch, die Niederlage durch eine Steigerung der deutschen Rüstungsproduktion abzuwenden, brachte eine neue Dimension des Einsatzes von KZ-Häftlingen in Bau- und sogenannten Untertageverlagerungsprojekten.

Zwischen Frühjahr 1942 und Kriegsende hatte sich die Zahl der Häftlinge verzehnfacht. Im Jahr 1943 waren bereits 63 Prozent aller KZ-Häftlinge, rund 100 000, in der Kriegswirtschaft eingesetzt.[57] Der Höhepunkt des Häftlingsarbeitseinsatzes lag in der Zeit von 1944/45. Nunmehr arbeiteten zwischen 400 000 und 500 000 Häftlinge in kriegswichtigen Unternehmungen.

Die Zustände in den KZ-Außenkommandos und -lagern zeugten davon, dass für die Lager-SS zu keinem Zeitpunkt die Wirtschaftlichkeit des Häftlingsarbeitseinsatzes uneingeschränkten Vorrang besaß. Der gesteigerten Nachfrage von Arbeitskräften wurde nicht mit einer tatsächlich verbesserten Versorgung der Häftlinge begegnet, sondern bis Herbst 1944 durch die massive Steigerung der Anzahl von Neuzugängen. Für die Häftlinge bedeutete dies bei zunehmenden Belegungszahlen und sich verschlechternder Versorgung gegen Kriegsende eine stetige Radikalisierung des Überlebenskampfes.

---

56 Kaienburg, Vernichtung durch Arbeit, S. 293; Schulte, Zwangsarbeit und Vernichtung, S. 401 ff.
57 Hermann Kaienburg, Zwangsarbeit: KZ und Wirtschaft im Zweiten Weltkrieg, in: Benz/Distel, Ort des Terrors, Bd. 1, S. 179–194, hier: S. 186.

## 2.3. Das Konzentrationslager Dachau

Die ersten Häftlinge trafen am 22. März 1933 im Konzentrationslager Dachau ein. Heinrich Himmler, damals Polizeipräsident von München, hatte die Eröffnung des KZ auf einer Pressekonferenz am 20. März öffentlich bekannt gegeben.[58] Planungen über den Ausbau dieses Konzentrationslagers zur dauerhaften überregionalen Haftstätte lagen noch nicht vor, und so hob sich Dachau damals als Lagertypus noch nicht gegenüber anderen frühen Lagern ab.[59] Auf dem Gelände einer infolge des Versailler Vertrags stillgelegten Munitionsfabrik mussten die ersten „Schutzhäftlinge" das KZ Dachau errichten. Zur Fabrik gehörten damals 61 Gebäude, darunter Produktions- sowie Lagerhallen und Unterkünfte. Bevor die SS am 11. April 1933 unter der Leitung des ersten SS-Lagerkommandanten Hauptsturmführer Hilmar Wäckerle die Bewachung und Verfügungsgewalt über das KZ Dachau übernahm, hatte diese bei der Bayerischen Landespolizei unter der Leitung des Polizeihauptmanns Schlemmer gelegen. Mit der veränderten Befehlshoheit hielten verschärfte Haftbedingungen und Folterexzesse Einzug. Am 12. April 1933, einen Tag nach Übernahme des Lagers durch die SS, waren bereits drei jüdische Häftlinge getötet[60] und der Bau eines Gefängnisses veranlasst worden.[61]

Mit der Ernennung von SS-Oberführer Theodor Eicke zum Lagerkommandanten im Juni 1933 setzt der Ausbau des Geländes ein.[62] Eicke systematisierte den Lageralltag mit dem Ziel, die improvisierte Lagerherrschaft durch ein detailliertes und scheinbar klar definiertes Regelwerk des Terrors zu ersetzen. Einerseits begann damit in enger Zusammenarbeit mit Heinrich Himmler die Abschottung der Lagervorgänge nach außen. Sowohl die in der Phase der frühen Lager durch die Presse gut informierte Öffentlichkeit wie auch der

---

58  Münchner Neueste Nachrichten, 21. 3. 1933.
59  Zur Entstehung und ersten Phase des KZ Dachau vgl. Zámečník, Frühe Konzentrationslager, S. 13–39; Hans-Günter Richardi, Schule der Gewalt. Das Konzentrationslager Dachau 1933–1934, München 1983; Tuchel, Konzentrationslager, S. 123–158.
60  Akten des Staatsministerium der Justiz, Wichtige Vorkommnisse im Konzentrationslager Dachau, Strafprozess April 1933–August 1934, USHMM Aviva Kempner Donation 1995 A 104.
61  Riedel, Kerker, S. 13 f.
62  Zu Eicke vgl. Johannes Tuchel, Die Kommandanten des Konzentrationslagers Dachau, in: Dachauer Hefte 10 (1994), S. 69–90, hier: S. 73–76.

Zugriff durch die Justiz auf Länderebene wurden schrittweise ausgeschlossen.[63] Andererseits gliederte Theodor Eicke die Verwaltung des Konzentrationslagers neu, indem er die Lager-SS in Wachmannschaften und Kommandantur einteilte. Vor allem aber führte er die „Disziplinar- und Strafordnung für das Gefangenenlager" und die „Dienstvorschriften für die Begleitpersonen und Gefangenenbewachung" ein,[64] die mit dem 1. Oktober 1933 Gültigkeit erlangten. Hier war detailliert festgehalten, in welcher Art und Weise „Vergehen" der Häftlinge zu bestrafen waren. Damit sollten einerseits die Wachtruppen an ein Regelwerk gebunden und andererseits die Gefangenen durch die drohenden Strafmaßnahmen eingeschüchtert werden.[65]

Mit diesem Organisationskonzept schuf Theodor Eicke in kurzer Zeit einen neuen „modernen" Konzentrationslagertypus: das „Modell Dachau". Seit Mai 1934 setzte er dieses als Inspekteur der Konzentrationslager in allen noch bestehenden Konzentrationslagern um.

Die ersten Häftlinge des KZ Dachau waren politische Gegner des nationalsozialistischen Regimes. Unter ihnen befanden sich Kommunisten, Sozialdemokraten, Gewerkschafter, Monarchisten, aber auch bürgerliche Politiker. Schon damals waren unter den Gefangenen Juden. Über die Jahre stieg die Zahl der Inhaftierten kontinuierlich an. Ende März 1933 sind 660[66] und im Juni 1933 1953 Gefangene[67] nachweisbar. Bis 1937 blieb die Zahl der Inhaftierten zwischen 2000 und 2500 Häftlingen konstant. Die Belegung stieg 1938 infolge der Verhaftungen nach den Novemberpogromen und der „Asozialen Aktion" sprunghaft auf 18 681 an.

Die Quellen der folgenden Jahre über den tatsächlichen Belegungsstand des Konzentrationslagers Dachau sind nur lückenhaft überliefert. Während die Zahl der neu registrierten Dachauer Häftlinge 1939 bei 3932 lag, erreichte sie im nächsten Jahr mit 22 675 einen Höhepunkt. 1941 wurden 6135 Namen im

---

63  Für das KZ Dachau und die staatsanwaltschaftlichen Ermittlungen bezüglich mehrerer Mordfälle im Lager vgl. Lothar Gruchmann, Die bayerische Justiz im politischen Machtkampf 1933/34. Ihr Scheitern bei der Strafverfolgung von Mordfällen in Dachau, in: Martin Broszat/Elke Fröhlich (Hrsg.), Bayern in der NS-Zeit, Bd. II, München 1979, S. 415–428.
64  Beide abgedruckt in: Zámečník, Das war Dachau, S. 406–412.
65  Zur Bedeutung der Lagerordnung vgl. Tuchel, Konzentrationslager, S. 144–149; Pingel, Häftlinge, S. 39–42.
66  Zit. nach: Chronik der gesamten SS-Lageranlage in Dachau, erstellt im Verwaltungsamt SS, 1. 3. 1938, BArchB R2/28 350.
67  Zahlen zit. nach: Zámečník, Das war Dachau, S. 26.

Zugangsbuch erfasst. Im folgenden Jahr verdoppelte sich die Zahl. Im Jahr 1943 erreichten 19 358 Häftlinge das KZ Dachau. Die höchste Belegung verzeichnete das Konzentrationslager Dachau 1944 mit 78 635 Neuregistrierungen. In den ersten vier Monaten des Jahres 1945 wurden weitere 30 958 Personen inhaftiert.[68] Insgesamt durchliefen mehr als 200 000 Menschen das KZ Dachau.

In einem grausamen Begrüßungsritual wurden die Neuankömmlinge in Dachau mit Schlägen, Peitschen und Gebrüll in Angst und Schrecken versetzt, ihrer Habseligkeiten beraubt und einer entwürdigenden Desinfektionsprozedur unterzogen. Sie erhielten eine Nummer und seit 1936 je nach Häftlingskategorie einen farbigen Winkel. Politische Häftlinge trugen ein rotes, „Kriminelle" ein grünes, „Asoziale" ein schwarzes, Homosexuelle ein rosafarbiges und die Zeugen Jehovas ein lilafarbiges Dreieck. Juden wurden mit einem zusätzlichen gelben Dreieck versehen, sodass sich daraus ein zweifarbiger Davidstern ergab. Außerdem waren auf den Winkeln die Nationalitäten mit einem Buchstaben gekennzeichnet. Anfangs trugen die Häftlinge noch Zivilkleidung, erst 1937/38 wurden unter dem Lagerkommandanten SS-Obersturmführer Hans Loritz die Drillichuniformen eingeführt.

In eingeschossigen Baracken schliefen die Gefangenen in Stockbetten. Der Lageralltag begann mit dem morgendlichen Wecken um sechs Uhr. Bis zum Appell hatten die Häftlinge eine halbe Stunde Zeit sich zu waschen, aufzuräumen und das nach strengen Vorgaben geregelte Bettenmachen, den „Bettenbau", zu erledigen. Nach einigen Tagen oder Wochen der Quarantäne wurden Häftlinge in Arbeitskommandos eingeteilt oder in Außenkommandos und -lager verlegt. Nach dem Appell rückten die einzelnen Kommandos unter Führung von Häftlingskapos zu ihren Arbeitsplätzen aus und kehrten um elf Uhr zum Mittagessen zurück. Um 13 Uhr formierten sich die Kommandos erneut und arbeiteten bis 17 Uhr. Nach dem Essen folgte der Abendappell, bei dem die Häftlinge gezählt und Strafen zur Abschreckung vor aller Augen vollzogen wurden. Nicht selten mussten die Häftlinge ohne Rücksicht auf die Witterung stundenlang strammstehen. Willkürliche Strafmaßnahmen waren ebenso üblich wie erschöpfende „Sportübungen". Um 21 Uhr wurde das Licht gelöscht. An Samstagen wurde halbtags gearbeitet, und der Sonntag war arbeitsfrei, wenn die Gefangenen nicht zu besonderen Tätigkeiten oder Strafarbeiten eingesetzt waren. Die Arbeitszeiten variierten auch mit den Jahreszeiten. Im Winter beendeten die Kommandos,

---

68 Veränderungsmeldungen rekonstruiert vom Internationalen Suchdienst Arolsen, 1965, DaA 5621.

die unter freiem Himmel arbeiteten, ihre Tätigkeiten mit Einbruch der Dämmerung. Der arbeitsfreie Sonntag wurde zeitweise abgeschafft, und nach Kriegsbeginn wurden die Appelle verkürzt. Vor allem mit dem Wandel der Bedeutung der Häftlingsarbeitskraft wurden die brutalen Ausschreitungen bei den Appellen auf Weisung von Oswald Pohl untersagt. An der Lagerrealität änderte sich jedoch nichts, und die Gewaltausbrüche bei den Appellen blieben gefürchtet.

Die Situation in den Baracken verschlechterte sich mit der zunehmenden Überfüllung des Lagers. 1933 war eine Baracke unterteilt in vier Stuben und mit 280 Häftlingen belegt. 1944/45 drängten sich in einer Baracke zwischen 400 und 500 Häftlinge. In den ersten beiden Jahren nach der Gründung waren die hygienischen Verhältnisse noch erträglich. Aus der Zeit der Munitionsfabrik existierten Toiletten- und Waschräume. Doch mit der Zunahme der Häftlinge reichten die sanitären Anlagen nicht mehr aus und führten 1937 zur Erweiterung des Gefangenenlagers. Selbst die vergrößerten Waschräume und Aborte waren bald für die steigenden Häftlingszahlen nicht mehr ausreichend.

Für die Situation der Häftlinge bedeutete vor allem der Kriegsbeginn einen wesentlichen Einschnitt. Zunächst wurde im September 1939 das KZ Dachau für die Ausbildung von Angehörigen der SS-Totenkopf-Frontdivision geräumt. Die „Schutzhäftlinge" wurden in die Konzentrationslager Mauthausen, Flossenbürg und Buchenwald verlegt. Zurück blieben nur etwa 100 Häftlinge zur Erledigung der Lagerwirtschaft. Nach dem Abzug der Frontdivision im Februar 1940 wurde das KZ Dachau schnell wieder mit Häftlingen aus anderen Lagern gefüllt. Waren zuvor die Lebensmittelrationen bereits unzureichend gewesen, wurden sie nach 1939 weiter dezimiert. Von den am 1. August 1940 vom Ernährungsministerium festgelegten Verpflegungssätzen[69] erhielten die Häftlinge tatsächlich nur einen Bruchteil, weil der jeweilige Lagerkommandant mit den Beständen die Verpflegung der SS-Wachmannschaften aufbesserte. Der Kalorienbedarf der Häftlinge war nicht mehr gedeckt, und damit setzte sich die unaufhaltsame Entkräftung durch Unterernährung fort, die sich in der steigenden Todesrate 1940/41 widerspiegelte. Gleichzeitig erreichten seit 1940 große Transporte ausländischer Häftlinge das KZ Dachau. Die ausgezehrten Häftlinge litten an Hunger und konnten Krankheiten keine Abwehrkräfte mehr entgegensetzen. Die Überfüllung des Lagers und die zunehmenden Transporte aus anderen Lagern führten zu Epidemien wie Bauch- und Fleckfieber, Typhus und Ruhr.

---

69  Vgl. Ernährungsrichtlinien für Gefangene des Ernährungsministeriums, 1940–1945, abgedruckt in: Kaienburg, Vernichtung durch Arbeit, S. 474 f.

Die Lager-SS unternahm nichts, um das Leben der Häftlinge zu erhalten. Es gab zwar ein Häftlingskrankenrevier, aber nur die Lagerleitung entschied, wer hier aufgenommen wurde. Die Ausstattung mit Medikamenten war völlig unzureichend, vorbeugende Arznei wurde nicht verabreicht. Schwer litten die Gefangenen an Unterernährung, die oft zu Phlegmonen, Hungerödemen, Tuberkulose und Herzschwäche führte.

Seit 1942 wurden im KZ Dachau verschiedene pseudomedizinische Versuche an Häftlingen durchgeführt. Einer der Hauptakteure war dabei Dr. Sigmund Rascher.[70] Die Häftlinge wurden mit Malaria[71] und Tuberkulose infiziert, Druckverlust und Sauerstoffmangel ausgesetzt, in Eiswasser gelegt und verschiedenen Erwärmungsmethoden unterzogen, man testete Blutgerinnungsmittel an ihnen und sie wurden gezwungen, Meerwasser zu trinken.[72] Die genaue Zahl der Todesopfer aufgrund medizinischer Versuche ist wegen der gesundheitlichen Spätfolgen nicht rekonstruierbar. Belegt sind zwischen 250 und 300 Opfer.[73]

Mit der Jahreswende 1942/43 hatte sich der Lageralltag für die Häftlinge weiter verschärft. Das Lager war nun dauerhaft überfüllt, und die Arbeitskraft der Häftlinge wurde seit 1942 zunehmend rigider in den Dienst der Kriegsproduktion gestellt. Zu diesem Zweck wurden formal einige Lagerregeln modifiziert. Beispielsweise wurden das Pfahlhängen verboten, die Prügelstrafe eingeschränkt und Paketempfang gestattet. Tatsächlich aber profitierte nur eine Minderheit der arbeitsfähigen und privilegierten Häftlinge von diesen Erleichterungen.

Vor allem in den letzten Monaten vor Kriegsende war Dachau zu einem Sammelbecken von Häftlingstransporten anderer Konzentrationslager sowie Außenkommandos und -lagern geworden. Die Folge waren eine quälende Überfüllung des Lagers und grauenvolle hygienische Zustände. Am 23. April 1945 ergriff die Dachauer Lager-SS erste Maßnahmen zur Evakuierung des Lagers. Bereits drei Tage später waren 8646 russische, deutsche und jüdische Häftlinge in Richtung Süden unterwegs.[74] In völlig geschwächtem Zustand wurden die

---

70  Wolfgang Benz, Dr. med. Sigmund Rascher – Eine Karriere, in: Dachauer Hefte 4 (1988), S. 190–214.
71  Eugène Ost, Die Malaria-Versuchsstation im Konzentrationslager Dachau, in: ebenda, S. 174–189.
72  Vgl. Alexander Mitscherlich/Fred Mielke (Hrsg.), Medizin ohne Menschlichkeit. Dokumente des Nürnberger Ärzteprozesses, Frankfurt a. M. 1960.
73  Zámečník, Erinnerungen an das „Revier", S. 128–143; Ost, Malaria-Versuchsstation, S. 174–189; Zámečník, Das war Dachau, S. 262–295.
74  Ebenda, S. 384.

Häftlinge ohne Verpflegung bei Schnee in einem Todesmarsch in Richtung Alpen getrieben. Mehr als 1000 überlebten diese letzte Tortur nicht.

Die über 30 000 im KZ Dachau zurückgelassenen Häftlinge wurden am 29. April 1945 von amerikanischen Soldaten befreit.

Von den mehr als 200 000 Inhaftierten des Konzentrationslagers Dachau starben in den ersten vier Jahren des Bestehens 118 Menschen. Im Jahr 1938 stieg die Sterblichkeit erstmals sprunghaft an, und mit Kriegsbeginn nahm die Zahl der Todesopfer weiter rapide zu.[75] Um die hohe Sterblichkeit vor den zivilen Behörden zu vertuschen, wurde 1940 neben dem Gefangenenlager ein Krematorium gebaut und ab Mai 1941 ein eigenes Standesamt eingerichtet. Doch bereits 1941 reichte die Kapazität des Krematoriums nicht mehr aus, um die 2576 im Lager Verstorbenen und mehr als 4000 im Lager seit 1941 hingerichteten sowjetischen Kriegsgefangenen einzuäschern. Daher wurde 1942 ein neues Krematorium errichtet und ein Jahr später in Betrieb genommen. Bei diesem Bau wurde auch eine Gaskammer installiert, in der Probevergasungen, aber keine Massentötungen durchgeführt wurden. Allein im November und Dezember 1944 starben 2912 Menschen. Insgesamt sind 33 205 Tote namentlich ermittelt, neben 8300 Menschen, die im KZ Dachau und den Außenkommandos und -lagern verstorben sind und nicht namentlich bekannt sind. Etwa die Hälfte von ihnen verlor das Leben in den letzten fünf Monaten vor Kriegsende. Neuere Forschungen gehen von mindestens 41 505 Opfern aus.[76]

---

75 Zu den Todeszahlen vgl. Alphabetische Namensliste, DaA 22 225; Sezierbuch 1941, DaA 3035; Sezierbuch 1. 1. 1944–12. 12. 1944, DaA 3036; Sezierbuch 13. 12. 1944–29. 3. 1945, DaA 3037; Totenbücher des Reviers, 11. 5. 1941–13. 1. 1945, DaA 22 662.
76 Vgl. Gedenkbuch für die Toten des Konzentrationslagers Dachau, S. 9.

# 3. Die Entwicklung der Dachauer Außenkommandos und -lager

## 3.1. Begriffsdifferenzierung

Die Problematik bei den Bezeichnungen Außenkommando und Außenlager besteht darin, dass diese Begrifflichkeiten in der NS-Zeit nicht eindeutig definiert waren. Die vorhandenen Primärquellen lassen keine einheitlichen Rückschlüsse auf die Benennung des Häftlingsarbeitseinsatzes außerhalb des Stammlagers zu. Stattdessen fanden Bezeichnungen wie Außenkommando, Arbeitskommando, Unterkommando, Außenlager, Arbeitslager oder Nebenlager äquivalente Verwendung. Diese sprachliche Unklarheit hat sich in der Geschichtsschreibung nach 1945 fortgesetzt. Bis heute wird selten eine präzise Differenzierung von KZ-Häftlingsarbeitseinsätzen vorgenommen, stattdessen synonym die breite Palette der oben genannten Begrifflichkeiten verwendet. Dies liegt nicht zuletzt daran, dass in vielen Nachkriegsaufstellungen von nationalsozialistischen Haftstätten wie beispielsweise dem „Vorläufigen Verzeichnis der Konzentrationslager und deren Außenkommandos sowie anderer Haftstätten unter dem Reichsführer SS in Deutschland und deutsch-besetzten Gebieten", herausgegeben vom Internationalen Suchdienst Arolsen,[1] oder dem von der Deutschen Bundesregierung[2] zusammengestellten „Verzeichnis der Konzentrationslager und ihrer Außenkommandos" ebenfalls keine Unterscheidungen vorgenommen wurden.

---

1  Internationaler Suchdienst (Hrsg.),Vorläufiges Verzeichnis der Konzentrationslager und deren Außenkommandos sowie anderer Haftstätten unter dem Reichsführer-SS in Deutschland und deutsch-besetzten Gebieten (1933–1945), Arolsen 1979, für das KZ Dachau vgl. S. 64–99.
2  BGBl. I 1967, BGBl. I 1977, BGBl. 1982; ebenso: Schwarz, Nationalsozialistische Lager, für das KZ Dachau vgl. S. 185–191; Martin Weinmann, Das nationalsozialistische Lagersystem, Frankfurt a. M. 1990, für das KZ Dachau vgl. S. 199 ff., 554–559.

Bis heute führt die Vermengung der Begrifflichkeiten zu Ungenauigkeiten. Für die vorliegende Arbeit wird eine klare Begriffstrennung vorgenommen, obwohl damit den authentischen Bezeichnungen nicht immer vollkommen Rechnung getragen wird. Dennoch ist ein differenzierter Sprachgebrauch Voraussetzung für die Analyse von Außenkommandos und -lagern.

Der Begriff Arbeitslager taucht in schriftlichen Quellen von Konzentrationslagern seit 1943 auf.[3] Diese Bezeichnung ist für die Unterbringung von KZ-Häftlingen im Arbeitseinsatz außerhalb des Schutzhaftlagers ungeeignet, da sie auch für Arbeitslager für ausländische Zwangsarbeiter Verwendung fand. Um eine Vermischung mit Arbeitslagern von Zwangsarbeitern auszuschließen, wird dieser Begriff im Folgenden nicht im Zusammenhang mit KZ-Häftlingen verwendet.

Der Begriff Arbeitskommando bezeichnete eine Gruppe von KZ-Häftlingen, die zur Erledigung bestimmter Tätigkeiten zusammengestellt wurde. Der Begriff allein sagt noch nichts über den Einsatzort und die Unterbringung dieses Häftlingskommandos aus. Es konnte sich um ein Kommando innerhalb oder außerhalb des Konzentrationslagers handeln.

Im Falle der Arbeitskommandos des KZ Dachau, die innerhalb des Lagers zu Tätigkeiten eingesetzt und untergebracht waren und deshalb als Innenkommandos bezeichnet werden, ist eine weitere Unterscheidung in vier Stufen notwendig. Das Gelände des Konzentrationslagers teilte sich in den Bereich des Häftlings- oder Schutzhaftlagers und das wesentlich weitläufigere SS-Übungslager. Die Häftlinge waren in beiden Bereichen zu Zwangsarbeiten eingesetzt. Einerseits arbeiteten Innenkommandos innerhalb des Häftlingslagers und verließen dieses weder zur Arbeit noch zur Übernachtung. Andererseits existierten Innenkommandos, die auf dem Gelände des SS-Übungslagers arbeiten mussten, aber innerhalb des Schutzhaftlagers untergebracht waren. Die dritte Form eines Innenkommandos arbeitete und schlief innerhalb des SS-Übungslagers. Dazu zählten beispielsweise Häftlinge der Präzifix Werke, die ab 1943 im SS-Übungslager in eigenen Baracken untergebracht waren und nicht mehr täglich in das Schutzhaftlager zurückgeführt wurden.[4] Eine weitere Kategorie von Innenkommandos bildeten die Gefangenen, die morgens zum Arbeitseinsatz aus dem KZ ausrückten, aber abends wieder in die Unterkünfte des Stammlagers zurückkehrten.

---

3   Vgl. Schreiben des WVHA an Arbeitseinsatzführer KL, 10. 6. 1943, BArchB NS 4/Na 3.
4   Sabine Schalm, Dachau (Präzifix), in: Benz/Distel, Ort des Terrors, Bd. 2, S. 310–313.

Der ehemalige Dachau-Häftling Hans Kaltenbacher erstellte nach dem Krieg eine Liste von 34 Arbeitskommandos innerhalb des Lagerbereichs und von 45, die tagsüber für den Arbeitseinsatz aus dem KZ ausrückten.[5] Eine detaillierte Untersuchung der vielfältigen Innenkommandos steht bislang noch aus.

Neben ihnen existierten auch Arbeitskommandos, deren Einsatzorte sich außerhalb des Lagerbereiches befanden und die nicht täglich in das Stammlager zurückkehrten, sondern auch außerhalb des Konzentrationslagers untergebracht waren. Diese Arbeitskommandos werden in vielen Studien[6] pauschal mit dem Begriff Außenlager belegt, um hier die Trennlinie zu den Innenkommandos zu verdeutlichen. In diesem Sinne gilt als gängige Definition für ein Außenlager: „Ein Außenlager ist ein Kommando von Häftlingen, das außerhalb des Stammlagers untergebracht ist, um bestimmte Arbeiten auszuführen."[7]

Dass die externe Unterkunft einen wesentlichen Faktor in der Unterscheidung zu den Arbeitskommandos innerhalb des Konzentrationslagers darstellt, ist unbestritten und wurde schon von Überlebenden in Publikationen betont.[8] Bei einer genaueren Betrachtung des Häftlingsarbeitseinsatzes außerhalb der Stammlagergrenzen wird allerdings schnell deutlich, dass die externe Unterkunft als eindimensionales Charakterisierungsmerkmal eines Außenlagers zu kurz greift. Das Kauferinger Lager I (ehemals Lager III) lässt sich organisatorisch und strukturell nicht mit einem Arbeitskommando in Valepp bei Bauer Johann Marx vergleichen und sollte daher auch begrifflich getrennt werden. Im Kauferinger Lager I waren zwischen 3000 und 5000 Häftlinge unter schlimmsten hygienischen Bedingungen in Erdhütten untergebracht, um für die Organisation Todt zwischen Mitte 1944 und Kriegsende Schwerstarbeit zu leisten, während im oberbayerischen Valepp ein einzelner Häftling dem Ochsenbauer Marx auf seiner Alm zur Hand ging. Deshalb müssen der folgenden Analyse weiterführende Parameter zugrunde gelegt werden, die zu einer Präzisierung der unterschiedlichen Formen von Häftlingsarbeitseinsätzen außerhalb des Stammlagers führen. Dies geschieht in Anlehnung an die Ansätze von Stanislav Zámečník.[9]

---

5   Hans Kaltenbacher, Unveröffentlichtes Manuskript über das KZ Dachau, n. d., DaA 17 808.
6   Vgl. die verschiedenen Beiträge zu KZ Außenlagern in: Dachauer Hefte 15 (1999); Römer, Für die Vergessenen; Eiber, KZ-Außenlager, S. 58–80.
7   Eiber, Bestandsaufnahme, S. 111; auch Bernhard Strebel folgt für die Außenlager des KZ Ravensbrück dieser Definition: ders., Ravensbrück, S. 200.
8   Franz Goldschmitt, Zeugen des Abendlandes, Saarlouis 1947, S. 16 f.
9   Zámečník, Das war Dachau, S. 303.

Im Folgenden wird von Außenkommandos gesprochen, wenn es sich um Arbeitskommandos handelt, die außerhalb des KZ Dachau eingesetzt und untergebracht waren, organisatorisch aber keine differenzierte Lagerstruktur im Sinne des von Theodor Eicke eingeführten „Modells Dachau" aufwiesen. Das bedeutet, dass keine Kommandantur mit Verwaltungsapparat wie Schreibstube, Arbeitseinsatzbüro, Postzensurstelle, kein verzweigtes System von Funktionshäftlingen, kein Häftlingsrevier mit Pfleger oder Arzt und keine Wäscherei vor Ort eigens zum Zweck eines Außenkommandos eingerichtet wurde. Die Angehörigen eines Außenkommandos wurden zwar außerhalb der Konzentrationslagergrenzen beschäftigt, verpflegt, untergebracht und bewacht, die differenzierte Verwaltung aller Angelegenheiten erfolgte aber weiterhin vom Stammlager aus.

Ein Außenkommando wurde vor Ort von einem SS-Kommandoführer geleitet, dem ein Postenführer mit einer Wachmannschaft untergeordnet war. Gab es keinen Postenführer, füllte diese Funktion der Kommandoführer aus. Mancherorts lässt sich ein stellvertretender Kommandoführer ausmachen, dieser war aber nicht für alle Außenkommandos obligatorisch.

Die Topografie und Befestigung der Häftlingsunterkünfte hatten provisorischen Charakter. Das heißt, in diesen Fällen waren nicht eigens zur Häftlingsunterbringung großflächige Barackenlager errichtet worden. Häufig schliefen die Häftlinge der Außenkommandos in Kellern, Fabrikgebäuden, Garagen oder Holzhütten. Nicht in allen Fällen waren die Häftlinge durch einen Stacheldraht oder Wachtürme gesichert. Wenn doch Unterkünfte errichtet wurden, dann waren dies meist einzelne Baracken.

Außenkommandos unterschieden sich auch durch ihre Größe von Außenlagern. Bei allen Häftlingsarbeitseinsätzen mit externer Unterkunft außerhalb des KZ Dachau und einer Belegung unter 250 Häftlingen handelte es sich um Außenkommandos. Einzige Ausnahme bildete das Außenkommando Dachau Fleischfabrik Wülfert mit zeitweise 320 Häftlingen.[10]

Wie im Falle der Außenkommandos waren Häftlinge der Außenlager zum Arbeitseinsatz außerhalb des Stammlagers abgestellt und vor Ort untergebracht. Doch im Gegensatz zu einem Außenkommando verfügte ein Außenlager über eine differenziertere Verwaltungsstruktur vor Ort, ähnlich der Organisation des Stammlagers, mit einer Schreibstube, Küche, Krankenstation und Wäscherei. Im Gegensatz zu den Außenkommandos konnten die Außenlager autonomer vor Ort geführt werden.

---

10  Vgl. dazu Kapitel 3.5.2. Außenkommandos mit mehr als 50 Häftlingen.

In diesen Fällen existierten Kommandanturen, denen ein Lagerführer samt Stellvertreter vorstand, die wiederum dem Lagerkommandanten des Stammlagers untergeordnet waren. In Außenlagern fungierten mehrere Kommandoführer, die dem Lagerführer des Außenlagers unterstanden.

Die Dachauer Außenlager fassten mehr als 250 Häftlinge, die in einer streng bewachten und befestigten Umgebung untergebracht waren. Dabei handelte es sich vor allem um zu diesem Zweck errichtete Unterkünfte mit Befestigungsanlagen, aber teilweise waren Außenlagerhäftlinge auch innerhalb vorhandener Bausubstanz einquartiert. Im größten Dachauer Außenlager, Kaufering I, befanden sich zeitweise zwischen 3000 und 5000 Gefangene.

Außenlager lassen sich vielfach auch daran erkennen, dass sie in Lagerkomplexen verbunden sein konnten. Das heißt, dass es nicht nur einzelne Außenlager waren, sondern deren Kommandantur wiederum andere Außenlager oder -kommandos unterstanden, die mit dem Hauptaußenlager einen Außenlagerkomplex bildeten. Dazu zählten Kaufering I als Hauptaußenlager des Außenlagerkomplexes Kaufering/Landsberg, Mettenheim (M1) als Hauptaußenlager des Außenlagerkomplexes Mühldorf, Augsburg-Pfersee als Hauptaußenlager des schwäbischen Außenlagerkomplexes, Allach BMW als Hauptaußenlager des Außenlagerkomplexes Allach, Kaufbeuren als Hauptaußenlager des Allgäuer Außenlagerkomplexes und Friedrichshafen als Hauptaußenlager des Außenlagerkomplexes am Bodensee. Nach der Zerstörung des Hauptaußenlagers Friedrichshafen übernahm das neu eingerichtete Außenlager Überlingen diese Funktion.

Seit Juni 1943 hatte das WVHA den Arbeitseinsatzbüros der Konzentrationslager mitgeteilt, für diese Lagerform den Begriff „Arbeitslager" anzuwenden.[11] Die zeitgenössische Benennung war demnach Arbeitslager mit dem Zusatz des geografischen Standortes. Dem wurde das jeweilig übergeordnete Stammlager vorangestellt, beispielsweise „KL Dachau – Arbeitslager Kaufbeuren". Diese Vereinheitlichung setzte sich aber in Dachau nicht ausnahmslos durch, wie Stärkemeldungen vom April 1945 belegen. Arbeitseinsätze von Häftlingen wurden hier pauschal als Außenkommandos überschrieben.[12]

Nach der vorstehenden Begriffsdifferenzierung existierten bis zur Einrichtung der Außenlager München-Riem und Haunstetten im Februar 1943 ausschließlich Außenkommandos des KZ Dachau. Durch das Fehlen von

---

11  Schreiben des WVHA an die Arbeitseinsatzführer der KL, 6. 6. 1943, BArchB Film 1575.
12  Stärkemeldungen der Außenkommandos des KL Dachau, 3. 4. 1945, DaA 404, und 26. 4. 1945, DaA 32 789.

Kommandanturen sowie Verwaltungseinrichtungen waren Außenkommandos strukturell und organisatorisch enger an das Stammlager angebunden. Dagegen waren Außenlager organisatorisch selbstständiger, da sie über eigene Kommandanturen sowie Verwaltungsstrukturen und -einrichtungen verfügten.

Diesen Begriffsdifferenzierungen folgend existierten zwischen 1933 und 1945 insgesamt 140 Standorte von Häftlingszwangsarbeitseinsätzen mit Unterkunft außerhalb des KZ Dachau, darunter 94 Außenkommandos[13] und 46 Außenlager.[14] Insgesamt waren 30 der Außenlager in sechs Außenlagerkomplexen unter der Leitung eines Hauptaußenlagers zusammengefasst.[15]

Darüber hinaus finden sich in den Lagerlisten des ITS, des Bundesgesetzblatts, von Gudrun Schwarz sowie Martin Weinmann weitere Standorte, die nach der hier zugrunde liegenden Begriffsdifferenzierung keine selbstständigen Außenkommandos und -lager waren, da die Häftlinge nicht an diesen Orten untergebracht waren. Es handelte sich dabei um abgestellte Arbeitskommandos von Außenkommandos und -lagern.[16] Ebenso tauchen in besagten Listen weitere Standorte auf, bei denen es sich der oben beschriebenen Begriffsbestimmung folgend nicht um eigenständige oder um doppelt aufgeführte Außenkommandos oder Außenlager des KZ Dachau handelt.[17]

## 3.2. Entstehung und Schließung

### 3.2.1. Außenkommando- und Außenlagergründungen

Von Mitte April 1933, dem Zeitpunkt der Übernahme des KZ Dachau durch die SS, bis zum Kriegsende waren unterschiedliche Dienststellen für die Genehmigung von Außenkommando- und Außenlagergründungen zuständig. Bis zum Sommer 1938 konnte der Dachauer Lagerkommandant beziehungsweise der erste Schutzhaftlagerführer, in der Regel der Stellvertreter des Lagerkommandanten, nahezu uneingeschränkt über die Arbeitskräfte verfügen.[18] In dieser

13 Vgl. Tabelle in Kapitel 10.3.1. Dachauer Außenkommandos.
14 Vgl. Tabelle in Kapitel 10.3.2. Dachauer Außenlager.
15 Vgl. Tabelle in Kapitel 10.3.3. Außenlagerkomplexe des KL Dachau.
16 Vgl. Tabelle in Kapitel 10.3.4. Arbeitskommandos von Dachauer Außenkommandos und -lagern.
17 Vgl. Tabelle in Kapitel 10.3.5. Keine Außenkommandos und -lager des KL Dachau.
18 Vgl. Orth, Konzentrationslager, S. 41.

Zeit entstanden die ersten vier Außenkommandos des KZ Dachau. Zwei davon gehen auf enge persönliche Beziehungen und Interessen des Lagerkommandanten zurück. Seit der Gründung der Inspektion der Konzentrationslager trieb Oswald Pohl die Zentralisierung des Häftlingsarbeitseinsatzes voran.[19] Die folgenden Jahre sind von Kompetenzstreitigkeiten zwischen Lagerkommandanturen, IKL und WVHA gekennzeichnet. Die Außenkommandogründungen dieser Phase sind eng mit der Expansion der SS-Wirtschaftsunternehmen verbunden. Bis 1941 arbeiteten Dachauer Außenkommandohäftlinge ausschließlich für SS-eigene Belange und persönliche Interessen von SS- und Parteifunktionären. Seit Herbst 1942 waren die Modalitäten des Häftlingsarbeitseinsatzes durch das neu gegründete Amt D II – Arbeitseinsatz im WVHA klar definiert. Dies markierte eine neue Dimension der Außenkommandogründungen, da nun Unternehmen der Privatwirtschaft Häftlinge anfordern konnten.

Als Voraussetzung für die Zuweisung von Häftlingen mussten Antragsteller nachweisen, dass ihre Produktion kriegswichtig war. Unterkünfte für Häftlinge und Wachmannschaften waren bereitzustellen und die Sicherheitsvorschriften der SS einzuhalten. Der Transport der Häftlinge vom Konzentrationslager zum Einsatzort und zurück wurde von der SS übernommen ebenso wie die Verpflegung, Bekleidung und medizinische Betreuung der Häftlinge. Für sogenannte Hilfsarbeiter musste ein privatwirtschaftlicher Betrieb 4 RM und für sogenannte Facharbeiter 6 RM pro Tag an die Staatskasse entrichten.[20]

Die SS-eigenen Unternehmen bezahlten deutlich geringere Tarife, seit 1. April 1940 ein Tagesentgelt von 0,30 RM pro Häftling,[21] 1943 wurde dieses für Facharbeiter auf 1,50 RM und für Hilfsarbeiter auf 0,50 RM angehoben.[22] Erst im Juli 1944 erfolgte nominell die Anpassung der Entgelte an die zu zahlenden Sätze der Privatwirtschaft.[23] Jedoch existierten neben diesen Regelungen vielerorts abweichende Absprachen. In Dachau beispielsweise wurden die Häftlinge der Deutschen Ausrüstungswerke nicht nach Tagessätzen, sondern nach Stundensätzen bezahlt, da die Gefangenen aufgrund der Teilnahme an den Appellen nicht volle elf Stunden arbeiteten. Die Stundensätze betrugen 0,40 RM für

---

19 Grundsätzlich vgl. Kapitel 2.2. Arbeitseinsatz von KZ-Häftlingen; Kaienburg, Wirtschaft der SS, S. 434.
20 Bericht von SS-Obergruppenführer Georg Loerner, 1. 12. 1945; Ngb. Dok. NO-055.
21 Schreiben des SS-Hauptamts Haushalt und Bauten, 14. 9. 1940; Ngb. Dok. NO-3698.
22 Forderungsnachweis für die DAW GmbH für 1943, 5. 7. 1944, BArchB NS 3/631.
23 Schreiben des Chefs des Amtes WI, 22. 11. 1944, BArchB NS 3/672.

Facharbeiter und 0,15 RM für Hilfsarbeiter.[24] Die Porzellanmanufaktur Allach bezahlte noch im Februar 1945 für einen Hilfsarbeiter 2,50 RM und für einen Facharbeiter 5 RM Tagesentgelt.[25] Neben vergünstigten Tarifregelungen konnte die Lager-SS in besonderem Maße davon profitieren, dass sie für die eigenen Unternehmen die am besten qualifizierten und kräftigsten Häftlinge im Lager auswählen konnte.

Ab Oktober 1944 mussten die Anträge zur Stellung von Gefangenen erstinstanzlich an das Rüstungsministerium gerichtet werden, wo sie in Absprache mit dem Generalbevollmächtigten für den Arbeitseinsatz, SS-Obergruppenführer Fritz Sauckel, beschieden wurden. Erst dann gelangten die Anträge in das WVHA, um auf Fragen zur Bewachung und Unterbringung geprüft zu werden.[26] Dabei wurden auch die regional nächstliegenden Konzentrationslagerkommandanturen in die Begutachtung miteinbezogen, wenn Fragen der Unterbringung vor Ort geklärt oder die Unterkünfte besichtigt werden mussten.

Anders als in den oben geschilderten Fällen verlief die Zuweisung von Arbeitskräften für Untertageverlagerungsprojekte in Überlingen, Kaufering/Landsberg und Mühldorf. Der „Jägerstab", ein Zusammenschluss von Vertretern aus Rüstungsministerium, Luftfahrtministerium und der Flugzeugindustrie zur Aufrechterhaltung und Steigerung der Jagdflugzeugproduktion, war für die Entscheidungen über die dafür benötigten Arbeitskräfte verantwortlich. Die Organisation Todt hatte in Kaufering/Landsberg und Mühldorf den Auftrag zur Bauleitung erhalten, die einzelnen Ausführungen auf den Baustellen übertrug sie an verschiedene private Baufirmen. Die Versorgung dieser Baustellen mit Arbeitskräften allerdings oblag weiterhin der OT, die bezüglich der Kontingente und Entgelte direkt mit der SS verhandelte und erst in einem nächsten Schritt die Häftlinge den einzelnen Baufirmen zuwies.[27]

Schriftwechsel zur Errichtung von Dachauer Außenkommandos und -lagern sind nur fragmentarisch überliefert. Besonders schlecht ist die Quellenlage für die Außenkommandogründungen bis 1938. Über spätere Außenkommandos für die SS finden sich einzelne Vorgänge; dazu zählen die Dokumente

---

24  Schreiben der DAW, Werk Dachau, 26. 10. 1943, BArchB NS 3/845.
25  Zusammenstellung der Forderungsnachweise für den Monat Februar 1945, 1. 3. 1945, DaA 6906.
26  Kaienburg, Vernichtung durch Arbeit, S. 293; Schulte, Zwangsarbeit und Vernichtung, S. 401 ff.
27  Raim, Dachauer KZ-Außenkommandos, S. 109 f.

über die Errichtung des Entomologischen Instituts in Dachau,[28] das von Häftlingen gebaut wurde und in dem sich seit September 1944 ein vierköpfiges Frauenaußenkommando befand.[29]

Unabhängig von offiziellen Genehmigungsverfahren nahm der Reichsführer SS Heinrich Himmler Einfluss auf Außenkommandogründungen. Ein außergewöhnlich gut belegtes Beispiel dafür stellte das Außenkommando Valepp „Bauer Marx" dar. Bei einem Besuch seiner Berghäuser am Schliersee hatte Heinrich Himmler Johann Marx kennengelernt. Hier befand sich das Dachauer Außenkommando Valepp, dessen Häftlinge ehemalige Zollhäuschen instandsetzten. Der Ochsenbauer Johann Marx war 1943 aufgrund seines Gesundheitszustandes mit seiner Landwirtschaft überlastet und wandte sich am 3. Juni in einem Brief an den Reichsführer, um ihn um Ernteurlaub für seinen an der Front stehenden Sohn zu bitten.[30] Heinrich Himmler antwortete persönlich am 26. Juni 1943:

„Ihrem Wunsch, Ihrem Sohn einen Ernteurlaub zu ermöglichen, kann ich leider nicht erfüllen. Da ich Verständnis für Ihre missliche Lage habe, in der Sie sich befinden, beabsichtige ich, Ihnen einen Schutzhaftgefangenen abzustellen [...]. Schreiben Sie bitte an meinen Persönlichen Stab, ob Sie mit diesem Vorschlag einverstanden sind. Es wird dann sofort das Entsprechende veranlasst."[31]

Eine Durchschrift des Briefes erhielt der Chef des WVHA Oswald Pohl zur Kenntnisnahme mit der Bitte um Abstellung eines Zeugen Jehovas. Doch schon vier Tage später lehnte Johann Marx dieses Angebot ab, da ihm vorübergehend zwei Holzknechte zugewiesen worden waren und außerdem seine Frau Vorbehalte gegen die Häftlingsabstellung hatte. Stattdessen bat er aber darum, ob die Gefangenen, die derzeit auf dem Nachbargrundstück arbeiteten, ihm beim Bau einer Odelgrube helfen könnten.[32] Diese Anfrage wurde abgelehnt, da das Außenkommando Valepp kurze Zeit später aufgelöst werden sollte.[33] Im Juni

---

28 Schriftwechsel zur Errichtung des Entomologischen Instituts in Dachau, 1942, BArchB R 26/III/287; grundsätzlich vgl. Heider, Mücken, S. 99–115.
29 Liste der weiblichen Häftlinge (Ethymologisches [sic!] Institut), 27. 8. 1944, DaA A 981.
30 Schreiben Johann Marx, 3. 6. 1943, BArchB NS 19/426.
31 Schreiben Heinrich Himmler, 26. 6. 1943, ebenda.
32 Schreiben Johann Marx, 1. 7. 1943, ebenda.
33 Schreiben R. Brandt, 12. 7. 1943, ebenda.

1944 bat die Tochter Käthe Marx erneut um die Zuweisung eines Häftlings.[34] In einem Schreiben an Oswald Pohl ersuchte daher ein Mitarbeiter des Persönlichen Stabes des Reichsführers am 23. September 1944 um die Abstellung eines männlichen Bibelforscherhäftlings.[35] Am 20. Oktober 1944 erfolgte die Überstellung des Zeugen Jehovas Josef Krieglmaier. Zunächst kam Krieglmaier in das wieder eingerichtete Außenkommando Valepp und von dort auf die Marxsche Ochsenalm.[36]

Durch Interventionen des Reichsführer SS entstanden auch andere „Gefälligkeitskommandos", zu denen die Außenkommandos Schwester Pia, Bad Oberdorf, Wurach, Halfing, Fridolfing, Thansau, München RFSS und München RFSS Adjutantur zählten.[37] Zumindest in einem Fall ist bekannt, dass Oswald Pohl gegen die Intervention Heinrich Himmlers einschritt. Die Anfrage zur Abstellung von Häftlingen für Reichsleiter Max Amann wurde negativ beschieden, weil ihm bereits zwei Mal derartige Einsätze bewilligt worden waren.[38] Von der Größenordnung der Belegung betrachtet waren diese Außenkommandos zwar unbedeutend, sie legen aber die persönliche Einflussnahme von Heinrich Himmler auf Außenkommandogründungen zwischen 1934 und Januar 1945 offen.

Mit der Ausweitung des Häftlingsarbeitseinsatzes 1942 formalisierten sich die Außenkommando- und Außenlagergründungen zunehmend. Dennoch sind schriftliche Anforderungen von Privatbetrieben für den Dachauer Lagerkomplex nur in Ausnahmefällen überliefert. Hans Wülfert, Geschäftsführer der gleichnamigen Dachauer Fleischfabrik, Parteimitglied, überzeugter Nationalsozialist und Zulieferer des KZ Dachau schrieb am 4. März 1942 an die Kommandantur des Konzentrationslagers Dachau:

> „Wir haben im Auftrag des Oberkommandos des Heeres eine Großanfertigung von 200 000 kg Mischkonserven kurzfristig auszuführen. Für die Herstellung dieser Mischkonserven ist die Verarbeitung von 80 000 kg Speisekartoffeln und 30 000 kg Erbsen erforderlich. Wir sind mit dem vorhandenen Arbeitspersonal einschließlich der bei uns bereits tätigen Häftlingen nicht in der Lage,

---

34  Schreiben Käthe Marx, 23. 7. 1944, ebenda.
35  Schreiben Persönlicher Stab des RFSS, 23. 9. 1944, ebenda.
36  Überstellungsliste des KL Dachau, 20. 10. 1944, DaA 35675.
37  Zu Wurach vgl. Schlussvermerk der ZStL, BArchL B 162/25858; alle anderen in: Benz/Distel, Ort des Terrors, Bd. 2.
38  Schreiben Oswald Pohl an SS-Obersturmbannführer Dr. Brandt, Persönl. Stab RFSS, 24. 11. 1943, Nbg. Dok. NO-567.

die mit der Herstellung dieses Auftrages erforderlichen zusätzlichen Arbeiten zu bewältigen, da wir mit den vorhandenen Kräften die gleichzeitig notwendigen umfangreichen Schlachtungen und Vorbereitungen durchführen müssen. Wir stellen deshalb an die Kommandantur die Bitte, uns auf die Dauer von 3–4 Wochen ein Ergänzungskommando von 20 Häftlingen zur Verfügung zu stellen. Wir hoffen, dass Sie in der Lage sind, unserer Bitte zu entsprechen."[39]

Acht Tage später beschwerte sich Hans Wülfert bei der Kommandantur Dachau:

„Das uns zustehende Arbeitskommando von 60 Häftlingen ist durch Erkrankungen seit einigen Tagen nicht mehr vollständig. Wir stellen fest, dass in den letzten Tagen nur 58 Mann anstelle von 60 Mann zur Arbeit antreten. Da wir zur Zeit mit der Herstellung von Konserven für den Heeresbedarf sehr stark beschäftigt sind, bitten wir, das abgestellte Kommando auf die volle Zahl zu ergänzen."[40]

Am 13. Februar 1945 fragte Hans Wülfert um ein Sonderkommando von zehn bis 15 Häftlingen mit erforderlicher Bewachung an für dringende Betonierarbeiten im firmeneigenen Konservenlager Dachau im Pollnweg.[41]

Der Betriebsleiter der Bartolith Werke in München-Freimann, Christian Seidl, gab in seinem Spruchkammerverfahren an, dass er sich an das KZ Dachau gewandt habe, um Häftlinge für seinen Betrieb zu erhalten.[42]

Die unzureichenden hygienischen Verhältnisse im Stammlager Dachau veranlassten Arbeitgeber von Innenkommandos, eingesetzt im näheren geografischen Umfeld des Konzentrationslagers, die Gefangenen nicht mehr in das Stammlager zur Übernachtung zurückzuschicken, sondern diese auch am Einsatzort unterzubringen. Dahinter verbarg sich weniger Sorge um das Wohlergehen der Häftlinge als das eigene wirtschaftliche Interesse der Arbeitgeber. In der Fleischwarenfabrik Wülfert waren zunächst Häftlingskommandos beschäftigt, die im Stammlager untergebracht waren. Nach einer Typhusepidemie im

---

39 Schreiben der Hans Wülfert GmbH, 4. 3. 1942, StAM SpK, Karton 2013 (Hans Wülfert).
40 Schreiben der Hans Wülfert GmbH, 11. 3. 1942, ebenda.
41 Schreiben der Hans Wülfert GmbH, 13. 2. 1945, ebenda.
42 Spruch der Spruchkammern München I, 22. 1. 1948, StAM SpK, Karton 1508 (Christian Seidl).

Januar 1943 und einer Lagerquarantäne durfte das Innenkommando nicht ausrücken – fatal für einen Betrieb wie die Dachauer Fleischwarenfabrik, deren Belegschaft zu 90 Prozent aus KZ-Häftlingen bestand.[43] Als Folge veränderte sich die Unterbringung der Gefangenen, es entstand ein Außenkommando.[44] Ähnliches geschah im Außenkommando Dachau Pollnhof. Um die Tiere vor den im Stammlager grassierenden Epidemien zu schützen, schliefen die acht Häftlinge, die sich auf dem Pollnhof um die Pferdepflege kümmerten, im März 1945 auf dem Versuchsgut.[45]

Wiederum anders stellte sich die Situation der Außenkommandos Hausham, Plansee, Schloss Itter und Pabenschwandt dar. In allen vier Fällen handelte es sich um Frauenaußenkommandos des Konzentrationslagers Ravensbrück, die im Herbst 1944 im Zuge der Umstrukturierung der Außenkommandos und Außenlager des KZ Ravensbrück an Dachau abgegeben und teilweise mit bestehenden Männerkommandos verwaltungsmäßig vereinigt worden waren.[46]

Ein Großteil der Dokumente, die die Entstehungsphasen von Außenkommandos oder -lagern nachzeichnen, wurde vernichtet. Darüber hinaus sind zahlreiche Firmenarchive nicht für die Forschung nutzbar. Ein Schreiben der Messerschmitt AG vom 5. Mai 1943 an den Oberbürgermeister von Augsburg allerdings macht deutlich, dass in die Errichtung des Außenlagers Haunstetten zahlreiche Dienststellen eingebunden waren:

„Wir beziehen uns auf Ihr Schreiben vom 15. v. M. und bringen Ihnen zur Kenntnis, dass wir bei der Planung der Erweiterung des KG.-Lagers in Haunstetten, Inningerstraße, bzw. wegen des Ausbaues zu einem Konzentrationslager mit Ihrem Herrn Baurat Demmel wiederholt verhandelt haben. Wegen der Dringlichkeit der Erstellung dieses Lagers haben wir das Einverständnis in persönlichen Besprechungen auch bei den folgenden Stellen eingeholt: Polizeipräsidium, Polizeipräsident Starck, Gemeinde Haunstetten, Bürgermeister Widmaier, Landrat Augsburg Land, Herrn Landrat, Kreisbaumeister Fakler, Regierung von Schwaben, Gaubeauftragter Regierungsrat Geyer, Werkluftschutzstelle Bayern München, Major Lohmaier, Luftgaukommando Regierungsbaurat Ferber u. Hptm Wechs. Es erfolgte auch eine Ortsbesichti-

---

43 Bericht zur Arbeitslage der Hans Wülfert GmbH an die Kommandantur des Konzentrationslagers Dachau, 28. 2. 1945, StAM SpK, Karton 2013 (Hans Wülfert).
44 Für Wülfert vgl. Gross, Zweitausend Tage Dachau, S. 127 f.
45 Aussage Jodef Szcepansky, 6. 2. 1974, BArchL B 162/25 866.
46 Zur Umstrukturierung vgl. Strebel, Ravensbrück, S. 441 ff.

gung durch den Herrn Landrat, Kreisbaumeister Augsburg-Land, Kreisbaumeister Fakler, Gaubeauftragter Regierungsrat Geyer, Bürgermeister Widmaier im Beisein unserer Architekten Freilinger und Herrn Himmelreich. Die Planungsunterlagen wurden beim Kreisbaumeister Augsburg-Land ordnungsgemäss eingereicht. Wegen des Kanalanschlusses erfolgte wiederholte Rücksprache im Kanalbauamt durch die Herrn Architekten Freilinger, Bauingenieur Kessler und Architekt Schmidt; letzterer hat die Kanalpläne angefertigt, die durch uns eingereicht wurden. Somit war sowohl das Stadtbauamt als auch die Regierung von der Erweiterung des genannten Baues unterrichtet."[47]

Eines der wenigen überlieferten Beispiele auf Landkreisebene ist für das Außenkommando Markt Schwaben überliefert. Aus der Beschwerde des Landrats des Kreises Ebersberg beim Adjutanten des Reichsführers über seine Unkenntnis des dortigen Barackenbaus resultierten mehrere Schriftwechsel von Parteibehörden und Kommunalverwaltung.[48] Doch diese Beispiele lassen sich nicht uneingeschränkt für alle Außenkommando- und Außenlagergründungen zugrunde legen. Gerade die Außenkommandos mit weniger als zehn Häftlingen erforderten diesen bürokratischen Aufwand nicht.

War ein Antrag für einen Häftlingseinsatz von allen behördlichen Instanzen positiv bewertet worden, konnten die Gefangenen überstellt werden. Anweisung dafür erteilte die IKL an das betreffende Konzentrationslager. Die Auswahl der Häftlinge fand dort statt, teilweise auch unter Beteiligung der Arbeitgeber. Beispielsweise suchte sich Schwester Pia für ihr Außenkommando in München einzelne Häftlinge in Dachau aus.[49] Auch Franz Nützl, Inhaber einer Münchner Gärtnerei, forderte namentlich Facharbeiter für seinen Betrieb an.[50] Die Baufirma Wayss & Freytag stellte Antrag auf erneute Zuweisung des Juden Freimann, dessen Abzug von ihrer Baustelle Ampfing eine enorme Leistungsminderung

---

47  Schreiben der Messerschmitt AG, 5. 5. 1943, StadtA Augsburg 45/953, Faksimile in: Kucera, Fremdarbeiter, S. 72.
48  Schriftwechsel zwischen dem Landrat des Kreises Ebersberg, dem Adjutanten des RFSS in München, Leiter der Bauinspektion der Waffen-SS und Polizei Reich-Süd, Gauleitung München Oberbayern, Bürgermeister in Markt Schwaben und Ortsgruppenleiter Jansen zwischen 25. 9.–24. 1. 1944,, StAM NSDAP 23.
49  Sabine Schalm, München Schwabing (Schwester Pia), in: Benz/Distel, Ort des Terrors, Bd. 2, S. 446.
50  Eidesstattliche Erklärung Hans Schneider, 19. 6. 1946, Erklärung Hans Schneider, 6. 8. 1945, beide: StAM SpK, Karton 1261 (Franz Nützl).

bedeutete.[51] Der Fleischfabrikant Hans Wülfert bat in einem Schreiben vom 4. März 1942 um die Überstellung des Glasers Hermann Biedermann, Häftlingsnummer 689, da dringende Arbeiten von ihm zu verrichten waren.[52]

### 3.2.2. Außenkommando- und Außenlagerschließungen

Nicht alle Dachauer Außenkommandos und -lager existierten bis Kriegsende, wenn auch die überwiegende Mehrheit mindestens bis Mitte April 1945 aufrechterhalten wurde. Von mehr als 30 liegen sowohl das Schließungsdatum als auch die Hintergründe dafür im Dunkeln. Weitere 22 Dachauer Außenkommandos und -lager wurden schon vor April 1945 geschlossen oder geräumt.

Einer der Gründe dafür war die Beendigung eines Arbeitsvorganges oder eines Auftrages, zu dessen Erledigung die Häftlinge abgestellt worden waren. Ein fünfköpfiges „Bibelforscherkommando" beispielsweise war seit März 1942 mit dem Abriss und Neubau einer Augsburger Schlachterei beschäftigt. Nachdem die Arbeiten im Sommer 1942 abgeschlossen waren, kehrten die Gefangenen in das Stammlager Dachau zurück.[53] Die Münchner Bartolith Werke hatten 1942 einen Großauftrag von der SS-Bauleitung Süd zur Herstellung von 10 000 Bauplatten erhalten. Da mit den sechs bis acht zivilen Angestellten dieses Volumen nicht erfüllt werden konnte, wurde die Belegschaft mit KZ-Häftlingen aufgestockt.[54] Nach Angaben des Sohnes des Betriebsleiters im Jahr 1969 wurde das Häftlingskommando nach Erfüllung des Auftrages im Juli 1943 abgezogen.[55] In den Außenkommandos Heidenheim und Radolfzell hatten Gefangene für eine Polizei- und eine SS-Kaserne Schießstände errichtet. Nach deren Fertigstellung kehrten sie in das Stammlager zurück.[56] In Radolfzell am Bodensee blieb allerdings noch ein kleiner Teil des Kommandos zurück, der zu Reinigungsarbeiten innerhalb der Kaserne eingesetzt war.

---

51 Schreiben der Firma Wayss & Freytag, Baustelle Ampfing, 19. 10. 1944, BArchB NS 4 Da/29.
52 Schreiben der Hans Wülfert GmbH, 4. 3. 1942, StAM SpK, Karton 2013 (Hans Wülfert).
53 Lebensbericht Reinhold Lühring, 10. 2. 1971, GAZJ Selters LB Reinhold Lühring.
54 Chronik der Bartolith Werke, o. O. 1948, StAM Stanw 22 491; Erklärung August Müller, 30. 11. 1946, NARA Trials of War Criminals RG153 B210.
55 Aussage Norbert Seidl, 2. 12. 1967, StAM Stanw 22 491.
56 Zu Heidenheim vgl. Aussage Heinrich Finke, 1. 12. 1969, BArchL B 162/2486; zu Radolfzell vgl. Aussage Heinrich Schreiber, 9. 8. 1977, BArchL B 162/16 384.

Aber auch die Wetterverhältnisse konnten zu Schließungen von Außenkommandos und -lagern führen. Die Baukommandos im bayerischen Fischbachau[57] östlich vom Schliersee und im österreichischen Weißsee[58] im Stubachtal wurden abgezogen, da durch den Wintereinbruch die Arbeiten nicht fortgesetzt werden konnten. Gleiches galt auch für saisonale Kommandos, die während der frost- und schneereichen Jahreszeit in das Stammlager zurückgebracht wurden und im Frühjahr wieder an die Arbeitsplätze zurückkehrten. Dazu zählten St. Gilgen,[59] Valepp[60] und Sudelfeld Berghaus.[61] Das Außenkommando Neustift im Stubaital wurde zwar im Winter nicht geschlossen, aber die Zahl der Häftlinge auf die Hälfte reduziert und im Frühjahr wieder aufgefüllt.

Aus dem Außenkommando München Ehrengut floh im Sommer 1943 ein jugoslawischer Häftling, deshalb wurde das Außenkommando aufgrund mangelnder Sicherheitsvorkehrungen aufgelöst.[62] In den Jahren 1944/45 mehrten sich Fluchtversuche und geglückte Fluchten aus Außenkommandos und -lagern, führten aber nicht mehr zu deren Räumung.

Als Strafmaßnahme für das Fehlverhalten von Häftlingen galt der Abzug von Gefangenen aus den Außenkommandos München Parteikanzlei, Unterfahlheim und Valepp. Das Außenkommando München Parteikanzlei wurde nach Aussage von Kapo Emil Mahl im Sommer 1942 abgezogen:

„Ungefähr im Sommer 1942 wurde unser Kommando abgelöst, da wir Schnaps und Wein gefunden hatten und durch den Genuss desselben angetrunken waren. Unser Kommando war ca. 12–14 Mann stark. Nach dem Einrücken ins Lager wurden uns die Haare geschnitten und mussten wir von früh bis 5.00 Uhr nachmittags im Schnee draußen stehen mit bloßen Socken an den

---

57 Aussage Kurt Hedel, 23. 10. 1969, BArchL B 162/2488.
58 Aussage Karl Wintersberger, 20. 8. 1974, Aussage Karl Dolezal, 21. 8. 1974, beide: BArchL B 162/25 864.
59 Riedel, „Wildpark", S. 64 ff.
60 Aussage Pawel Respondek, 22. 10. 1949; Aussage Babette Schmaus, 4. 2. 1949, beide: StAM Stanw 34 434.
61 Überstellungslisten des KL Dachau, 10. 12. 1942 (Rücküberstellung von 12 Häftlingen ins KL Dachau), 18. 5. 1944 (Überstellung von 12 Häftlingen ins Außenkommando Sudelfeld Berghaus), beide: DaA 35 674; Überstellungslisten des KL Dachau, 2. 10. 1944 (Rücküberstellung von sieben Häftlingen ins KL Dachau), 4. 10. 1944 (Rücküberstellung von 21 Häftlingen ins KL Dachau), beide: DaA 34 675.
62 Aussage Boleslaw Maniurski, 30. 1. 1975, BArchL B 162/25 850; Aussage Maximilian Ehrengut, 20. 8. 1947, NARA Trials of War Criminals RG338 B323.

Füssen – die Schuhe mussten wir ausziehen – dann kamen wir in den Stehbunker durch 3 Tage und anschließend durch 14 Tage in den Arrest."[63]

Im Außenkommando Unterfahlheim hatte sich ein Zeuge Jehovas geweigert, in einem Rüstungsbetrieb zu arbeiten. Alle Häftlinge mussten daraufhin nach Dachau zurückkehren.[64] Was dort mit ihnen geschah, ist ungeklärt. Schwer litten die Gefangenen des Außenkommandos Valepp an den Folgen eines geselligen Abends ihrer Wachmannschaft. Einige der SS-Posten hatten ein Grammofon mitgebracht und veranstalteten einen Musikabend. Eine junge deutsche Frau tanzte mit dem Gefangenen Pawel Respondek. Bereits am nächsten Tag war das KZ Dachau über den Vorfall verständigt. Daraufhin erschien Hauptsturmführer Hammler und löste das Kommando nach Angaben von Pawel Respondek auf:

„Worauf hin wir sofort nach dem Lager zurück mussten, alle 10 Mann haben wir 6 Wochen Bunker bei Brot und Wasser bekommen, ich habe noch als Zulage 25 Stockhiebe bekommen und war noch nach dem in die Strafkompanie versetzt worden und musste schwere Arbeit verrichten [...]."[65]

Die Schließung der Außenkommandos im württembergischen Ellwangen[66] und St. Johann in Tirol wurde mit der mangelnden Kriegswichtigkeit der Einsätze begründet. Nach dem Bau eines SS-Erholungsheims in Tirol seit August 1940 sollte 1941 eine Asphaltstraße nach St. Johann folgen. Der ehemalige Häftling Otto Oertel erinnerte sich noch an den Inspektionsbesuch des Dachauer Schutzhaftlagerführers Egon Zill und zweier SS-Führer aus Berlin:

„Wir wussten jetzt auch, was der hohe Besuch vor einigen Tagen zu bedeuten hatte. Die beiden Begleiter Zills, zwei aus Berlin entsandte SS-Führer, sollten die Notwendigkeit für den geplanten Bau der Straße prüfen und darüber entscheiden, ob sie gebaut werden sollte oder nicht. Schon bald erfuhren wir, dass sie nicht gebaut werden sollte, weil das dafür vorgesehene Material nicht freigegeben, sondern kriegswichtigen Zwecken vorbehalten blieb."[67]

63 Aussage Emil Mahl, 4. 11. 1952, StAM Stanw 34 468/1.
64 Summary of Léon Edouard Floryn, n. d., GAZJ Belgien; Bericht Conrad Klug, 5. 2. 1954, GAZJ Selters Dok 05/02/54.
65 Anklageschrift gegen Wilhelm Schimmer, 21. 10. 1948, StAM Stanw 34 434.
66 Namensliste des Kommando Ellwangen, 18. 5. 1942 (ausgerückt am 3. 7. 1941), DaA 35 673.
67 Oertel, Gefangener der SS, S. 146.

Ebenso wenig kriegswichtig war der Ausbau der privaten Villa des SS-Oberführers Hans Loritz in St. Gilgen. Dies war allerdings nicht der Schließungsgrund des Außenkommandos. Vielmehr führten Korruptions- und Schwarzbauvorwürfe im Sommer 1942 zu einem Disziplinarverfahren gegen den seit Dezember 1939 im KZ Sachsenhausen eingesetzten Lagerkommandanten. Er wurde daraufhin als Höherer SS- und Polizeiführer nach Norwegen versetzt und das Außenkommando in St. Gilgen aufgelöst.[68]

Im Verzeichnis des Internationalen Suchdienstes sind fünf Außenkommandos verzeichnet, die zwischen November 1942 und September 1944 aus der Verwaltung des KZ Dachau herausgelöst und anderen Stammlagern zugewiesen wurden. Dazu zählten St. Lambrecht und Schloss Lind, die zusammen mit Passau-Oberilzmühle im November 1942 der Verwaltung des KZ Mauthausen unterstellt wurden.[69] Das Außenkommando Nürnberg wechselte mehrfach seine Zugehörigkeit und wurde im Juli 1943 endgültig Flossenbürg zugeordnet.[70] Ein Dachauer Außenkommando in Heppenheim wurde im Juni 1943 dem KZ Natzweiler unterstellt.[71] Gründe für diese Umstrukturierungen sind nicht bekannt. Allerdings dürfte bei diesen Reorganisationsmaßnahmen die geografische Nähe zu den anderen Konzentrationslagern ausschlaggebendes Motiv gewesen sein.

In den letzten beiden Kriegsjahren schlossen Außenkommandos und -lager, wenn durch alliierte Luftangriffe die Unterkünfte oder die Arbeitsplätze zerstört worden waren. Dazu zählten die Außenlager Haunstetten,[72] Gablingen,[73] Friedrichshafen,[74] Bäumenheim,[75] Trostberg[76] und Stephanskirchen[77] sowie

---

68 Dirk Riedel, Der KZ-Kommandant Hans Loritz. Ein Ordnungshüter und Massenmörder im Dienst der „NS-Volksgemeinschaft". Eine historisch-biografische Untersuchung. Diss., Zentrum für Antisemitismusforschung der TU Berlin, 2008; ders., „Wildpark", S. 68 f.
69 Vgl. Beiträge von Bertrand Perz zu St. Lambrecht (Frauen), St. Lambrecht (Männer), Schloss Lind, Passau-Oberilzmühle, in: Benz/Distel, Ort des Terrors, Bd. 3, S. 429–433; 422 ff., 408 ff.
70 Alexander Schmidt, Nürnberg, in: Benz/Distel, Ort des Terrors, Bd. 2, S. 456.
71 Steegmann, Struthof, S. 258 ff.
72 Kucera, Fremdarbeiter, S. 86 ff. Hier auch zwei Fotos von dem zerstörten Messerschmittwerk und dem Haunstetter Außenlager.
73 Ebenda, S. 71.
74 Aussage Alfred Ferdinand Güntermann, 10. 6. 1969, BArchL B 162/2479–2482.
75 Aussage Stanislaw Ostapiak, 15. 10. 1974, BArchL B 162/7942.
76 Aussage Friedrich Bäuerle, 18. 8. 1969, BArchL B 162/28 432.
77 Tas, Overleven in Dachau, S. 144.

die Außenkommandos München Lebensborn[78] und Ulm.[79] Teilweise mussten die Häftlinge noch Aufräumarbeiten oder die Demontage der Betriebsanlagen leisten, bevor sie in andere Außenlager oder in das Stammlager rücküberstellt wurden.

Die große Mehrheit aller Dachauer Außenkommando- und Außenlagerhäftlinge allerdings war vor April 1945 nicht von Schließungen betroffen. Bis wenige Tage vor Kriegsende wurden die Außenkommandos und -lager aufrechterhalten, nicht selten unter besonders erschwerten Bedingungen, da sich die Versorgung der Häftlinge zunehmend verschlechterte.

### 3.2.3. Räumung im April 1945

Aufgrund der Kriegssituation setzte Anfang April 1945 die letzte Schließungsetappe von Außenkommandos und -lagern ein. Die Häftlinge vieler kleinerer Außenkommandos, aber auch Außenlager wurden in das Stammlager zurückgezogen. Den Anfang machten am 4. April 1945 das Außenkommando Eschelbach[80] und vier Tage später das Außenlager Saulgau.[81] Seit Mitte April folgten immer mehr Rücküberstellungen beispielsweise aus den Allgäuer Außenlagern Kottern und Kempten, aus den Außenkommandos München Katastropheneinsatz, München Parteikanzlei, Markt Schwaben, Feldafing, München Oberabschnitt Süd, Unterfahlheim bei Neu-Ulm, München Gestapo, Dachauer Pollnhof, Dachau Wülfert, Steinhöring, München SS-Standortkommandantur Bunkerbau, SS-Standortverwaltung und Oberföhring sowie der kranken und marschunfähigen Häftlinge des Außenlagers Augsburg-Pfersee. Das Außenkommando Heppenheim wurde zunächst nach Neckarelz[82] evakuiert, aber die Häftlinge Ende April 1945 ebenfalls nach Dachau umgeleitet.[83]

Die etwa 10 000 verbliebenen Kauferinger Häftlinge sollten zunächst auf Befehl von Reichssicherheitshauptamtschef Ernst Kaltenbrunner durch die

---

78 Aussage Wolfgang Überschar, 13. 10. 1947, StA Nürnberg, KV-Prozesse, Fall 8, Dok. Sollmann Nr. 42.
79 Schalm, Magirus, S. 6 ff.
80 Haiplik, Pfaffenhofen, S. 202 ff.
81 Überstellungsliste des KL Dachau, 8. 4. 1945, DaA 35 678.
82 Das Außenlager Neckarelz I entstand im Zuge der Verlagerung des Daimler-Benz-Flugmotorenwerkes von Genshagen nahe Berlin nach Obrigheim am Neckar und existiert zwischen März 1944 und März 1945. Vgl. Steegmann, Struthof, S. 279–284.
83 Tobias Markowitsch, Neckarelz I, in: Benz/Distel, Ort des Terrors, Bd. 6, S. 139.

Luftwaffe bombardiert werden.[84] Der Gaustabsamtsleiter von Oberbayern Bertus Gerdes hatte dies nach eigenen Angaben verhindert, indem er die „Aktion Wolke A1" aufgrund schlechten Wetters, Benzin- oder Bombenmangel immer weiter verzögerte.[85] Daher befahl Kaltenbrunner schließlich die Räumung der Lager um Landsberg und Mühldorf mit dem Ziel Dachau. Hier sollten die jüdischen Häftlinge vergiftet werden.[86] Kleinere Lager des Kauferingkomplexes waren teilweise vorher schon in größeren Lagern aufgegangen. So sammelten sich Häftlinge von Kaufering II, III und XI in Lager I, um von hier in Richtung Dachau evakuiert zu werden. Die Insassen der Lager V und X in Utting wurden direkt nach Allach und Dachau evakuiert. Die Gefangenen des Lagers VI mussten in Richtung Pasing aufbrechen. Hunderte marschunfähige Häftlinge von Kaufering IV wurden per Bahn in Richtung Dachau geschickt. In der Nähe des Dorfes Schwabhausen wurde der Zug von Tiefffliegern angegriffen, mindestens 180 Häftlinge wurden getötet. Der Zug kehrte mit den Überlebenden daraufhin nach Kaufering IV zurück. Am 27. April 1945 befahl SS-Lagerarzt Dr. Max Blancke, das Außenlager mit den zurückgebliebenen Kranken in Brand zu stecken.[87] Amerikanische Soldaten bargen am folgenden Tag 360 Tote aus den Trümmern.

Wie bei den Kauferinger Lagern dienten auch die Außenlagerkomplexe Schwaben, Allach und Mühldorf als Sammelpunkte für Häftlinge aus anderen Außenkommandos und -lagern. Augsburg war das Ziel der ersten Etappe der Häftlinge der Außenlager Horgau[88] und Lauingen.[89] Ein Teil wurde weiter nach Kaufering transportiert,[90] ebenso die Insassen der Außenlager Burgau und Bäumenheim.[91] Von Türkheim aus musste ein Teil der Burgauer Frauen nach Allach marschieren. Der Außenlagerkomplex Allach war außerdem das Ziel der Räumungen aus Rothschwaige, Kaufbeuren, Trostberg[92] und Überlingen.[93]

---

84  Grundsätzlich vgl. Edith Raim, Das Ende von Kaufering IV, in: Dachauer Hefte 20 (2004), S. 139–156, hier: S. 153 ff.
85  Aussage Bertus Gerdes, 20. 11. 1945, Ngb. Dok. PS-3462.
86  Ebenda.
87  Berger, Sechseinhalb Jahre, S. 148.
88  Kucera, Fremdarbeiter, S. 100.
89  Überstellungslisten des KL Dachau, 17. 4. 1945, 24. 4. 1945, beide: DaA 35 678.
90  Überstellungslisten des KL Dachau, 16. 4. 1945, 19. 4. 1945, 24. 4. 1945, ebenda.
92  Überstellungslisten des KL Dachau, 14. 4. 1945, 20. 4. 1945, beide: ebenda. Aussage Friedrich Bäuerle, 18. 8. 1969, BArchL B 162/28 432.
93  Burger, Stollen, S. 36; Aussage Josef Combkoetoe, 30. 10. 1946, NARA Trials of War Criminals RG153 B189.

Sammelpunkte für andere Außenkommandos und -lager waren ebenfalls die Außenlager Mühldorf M1 und Waldlager V/VI wie zunächst für die Mühldorfer Lager Thalham und Mittergars.[94] Später folgten weitere Häftlinge des Außenkommandos Gendorf.[95]

Die Rekonstruktion der verschiedenen Marschrouten von Außenkommando- und Außenlagerhäftlingen fällt bis heute schwer, da keine schriftlichen Anweisungen überliefert wurden, sondern Angaben ausschließlich auf den teils widersprüchlichen Aussagen von Zeitzeugen basieren.[96]

Ende April 1945 begann die Evakuierung der Dachauer Häftlinge in Richtung Alpen.[97] 2000 Häftlinge marschierten am 23. April nach Emmering bei Fürstenfeldbruck. Mit der Bahn wurden sie nach Seefeld in Tirol gebracht und von dort wieder zurück in das bayerische Mittenwald, wo sie am 4. Mai von amerikanischen Truppen befreit wurden.

Am 26. April trieb die SS mehr als 1700 Juden von Dachau nach Emmering, die mit dem Zug über München, Wolfratshausen und Penzberg nach Staltach fuhren. Unter den am 30. April befreiten Gefangenen befanden sich auch Häftlinge des Außenlagers Karlsfeld OT.[98]

Am Abend des 26. April mussten weitere 6887 russische, deutsche und jüdische Häftlinge in sechs Marschblöcken das Konzentrationslager Dachau verlassen. Die Route verlief über Karlsfeld, Allach, Unter- und Obermenzing, Pasing, Lochham, Gräfelfing, Planegg, Krailling, Gauting und Leutstetten. Russische und deutsche Außenlagerhäftlinge aus Karlsfeld und Allach reihte man in den Zug ein. Über Starnberg erreichten die Häftlinge am 27. oder 28. April Wolfratshausen. Zwei Tage später wurden sie bis Eurasburg geführt und der Marschzug geteilt. Zwischen 2000 und 4000 Gefangene erreichten über Bad Tölz Waakirchen und wurden hier von alliierten Truppen befreit. Der andere Teil des Zuges war nach Wolfratshausen zurückgekehrt.

---

94  Zur Endphase des Mühldorfer Außenlagerkomplexes vgl. Raim, Dachauer KZ-Außenkommandos, S. 275 f.
95  Aussage Michael Dietlmayer, 13. 10. 1946, NARA Trials of War Criminals RG153 B187.
96  Grundsätzlich vgl. Jürgen Zarusky, Von Dachau nach nirgendwo. Der Todesmarsch der KZ-Häftlinge im April 1945, in: Bayerische Landeszentrale für politische Bildungsarbeit (Hrsg.), Spuren des Nationalsozialismus. Gedenkstättenarbeit in Bayern, München 2000, S. 42–63.
97  Vgl. Karte in Kapitel 10.5.1. Evakuierungsmärsche.
98  Erklärung Max Wienert, 29. 11. 1946, NARA Trials of War Criminals RG338 B301.

Abb. 1: KZ-Häftlinge auf dem Todesmarsch am 29. April 1945.
Private Aufnahme am Straßenrand in Grünwald.

Im Gegensatz zu den Kauferinger und Landsberger Gefangenen kamen die Mühldorfer Außenlagerhäftlinge nicht nach Dachau, sondern sollten direkt nach Süden evakuiert werden. Ein Teil erreichte mit der Bahn am 28. April 1945 Poing. Als die Häftlinge den Zug verließen, eröffneten Wachmannschaften und Luftwaffeneinheiten das Feuer. Fast gleichzeitig erfolgte ein amerikanischer Tiefffliegerangriff. Etwa 200 Häftlinge wurden in Poing verletzt und getötet. Am nächsten Tag fuhr der Zug weiter und wurde wahrscheinlich in Wolfratshausen geteilt. Eine Häftlingsgruppe brachte er nach Tutzing, wo sie am 29. April 1945 befreit wurde. Der andere Teil fuhr nach Seeshaupt und erlebte am 30. April 1945 das Kriegsende. Auch in Feldafing wurden Mühldorfer Häftlinge befreit.

Etwa 1000 Häftlinge des Außenlagers München-Riem wurden rechts der Isar über Grünwald und Wolfratshausen geführt. Sie erlebten ihre Befreiung am 2. Mai am Tegernsee.

Die Frauen des Münchner Außenlagers AGFA leitete der Lagerführer Kurt Konrad Stirnweis am 27. April 1945 in Richtung Süden. In Wolfratshausen verweigerten die erschöpften und ausgehungerten Frauen den Weitermarsch, bis sie am 1. Mai 1945 befreit wurden.[99] Aus Ottobrunn brachen die Häftlinge erst am 1. Mai in südlicher Richtung auf und erlebten ihre Befreiung in Bad Wiessee.[100]

99  Erklärung Kurt Konrad Stirnweis, 3. 12. 1946, NARA Trials of War Criminals RG153 B212.
100 Erklärung Alfred Platenik, 30. 11. 1946, NARA Trials of War Criminals RG153 B198; Aussage Karl Heinz Wehner, 3. 12. 1946, NARA Trials of War Criminals RG338 B320.

Die Insassen des Außenlagers Stephanskirchen, unter denen sich auch dorthin gebrachte Gefangene des Außenkommandos Halfing befanden, führte man ebenfalls in südliche Richtung, bevor amerikanische Soldaten sie in Nussdorf befreiten.[101] Ein Teil der Landshuter Außenlagerhäftlinge musste in Richtung Wasserburg laufen.[102] Als ein Marschblock des Dachauer Todesmarsches am 1. Mai Bad Tölz passierte, reihte man die dortigen Außenkommandohäftlinge ein. Doch bereits einen Tag später kehrten die Gefangenen wieder nach Bad Tölz zurück und wurden hier in den folgenden Tagen durch amerikanische Truppen befreit.[103] Auch die Häftlinge aus Blaichach kehrten nach einem dreitägigen Evakuierungsmarsch bis Oberjoch am 30. April und der Flucht ihrer Wachmannschaften zum Ausgangsort zurück. Noch vor Eintreffen der französischen Soldaten hatten die Häftlinge sich befreit.[104]

Aus den Allgäuer Außenlagern Kempten und Kottern zogen Marschgruppen in Richtung Pfronten.[105] Im Außenlager Augsburg-Pfersee hatte Lagerführer SS-Obersturmführer Jakob Bosch deutsche Häftlinge zum Volkssturm rekrutiert,[106] bevor die noch marschfähigen Häftlinge in zwei Zügen nach Süden getrieben wurden.[107] Der eine wurde in Donauwörth aus der Luft angegriffen, den zweiten befreiten amerikanische Truppen in Meitingen.

### 3.2.4. Befreiung

Aber nicht alle Außenkommandos und -lager wurden geräumt. In einem Viertel aller Fälle erfolgte keine Evakuierung oder Schließung, sondern die Gefangenen erlebten das Kriegsende vor Ort. Die erste Befreiung eines Dachauer Außenkommandos ist für Seehausen am Staffelsee nachweisbar. Wenige Tage vor der tatsächlichen Befreiung floh ein Häftling aus dem Außenkommando und kehrte am 22. April 1945 mit französischen Soldaten zurück. Doch statt die Gefangenen zu befreien und die Wachmannschaften gefangen zu nehmen, ergriffen die Sol-

---

101 Erklärung Eduard Willi Richard Kollecker, 2. 12. 1946, NARA Trials of War Criminals RG153 B199.
102 Aussage William Wermuth, 7. 5. 1968, StAM Stanw 34 747.
103 Aussage Anton Weiss, 19. 12. 1969, BArchL B 162/16 301–16 302.
104 Römer, Für die Vergessenen, S. 40, 120.
105 Terrenoire, Sursitaires de la morte, S. 188–200.
106 Erklärung Max Lehmann, 31. 1. 1947, NARA Trials of War Criminals RG338 B325.
107 Aussage Bronislaw Misztal, 20. 1. 1969, BArchL B 162/25 816; Erklärung August Burkhardt, 27. 11. 1946, NARA Trials of War Criminals RG338 B320.

*Abb. 2: Jubelstimmung nach der Befreiung*
*Häftlinge kurz nach der Befreiung in Allach am 30. April 1945.*

daten keine Maßnahmen, sondern zogen sofort weiter. Das Außenkommando bestand weiter, und die Bewachung wurde nach der geglückten Flucht noch verschärft. Erst mit dem Einmarsch amerikanischer Truppen am 25. April 1945 erlangten die Seehausener Häftlinge ihre Freiheit.[108]

Ihnen folgte am 27. April das Außenkommando Garmisch.[109] Einen Tag später, einen Tag vor der Befreiung des Stammlagers am 29. April 1945, befreiten amerikanische Soldaten die vier Zeuginnen Jehovas des Außenkommandos Dachau Entomologisches Institut, das unmittelbar an das SS-Übungs- und Ausbildungslager angrenzte.[110] Ebenfalls amerikanische Soldaten befreiten am 29. April das Außenlager Eching[111] sowie die Außenkommandos Plansee[112] und Hausham.[113] Einen Tag später erlebten mehr als 10 000 in Allach zurückgelassene Häftlinge ihre Befreiung durch US-Truppen.[114]

---

108 Barbara Hutzelmann, Seehausen, in: Benz/Distel, Ort des Terrors, Bd. 2, S. 490.
109 Aussage Josef Rabitsch, 10. 12. 1969, BArchL B 162/2487; Bericht Conrad Klug, 5. 2. 1954, GAZJ Selters Dok 05/02/54.
110 Aussage Martha Krützfeld, 13. 4. 1973, BArchL B 162/25 867.
111 Aussage Johann Konrad Munk, 24. 4. 1974, StAM Stanw 34 812.
112 Brief ehemaliger Häftlinge, 16. 5. 1945, NARA Trials of War Criminals RG153 B203; Aussage Erich Wenz, 12. 5. 1972, BArchL B 162/28 423.
113 Eidesstattliche Erklärung Wilhelmine Hoffmann, 15. 8. 1947, GAZJ Selters Dok 16/12/49 (2).
114 Amicale, Allach, S. 131 ff.

Noch Ende April, jedoch nicht mehr definitiv datierbar, befreiten amerikanische Soldaten das Außenkommando Schleißheim[115] und französische Truppen das Außenkommando Oberstdorf.[116] Für 137 marschunfähige Riemer Gefangene endete ihre Haft mit der Befreiung im Außenlager.[117] Nach der Evakuierung der Saulgauer Häftlinge am 8. April 1945 wurden in Riem kranke Gefangene aus anderen Außenlagern untergebracht, die ebenfalls Ende April nach der Flucht des Lagerpersonals befreit wurden.

Ebenso verweigerte der Betriebsleiter Georg Frey aus München in diesem Zeitraum die Bereitstellung eines LKW zur Rücküberstellung des Außenkommandos Lodenfrey nach Dachau. Stattdessen verschaffte er den Gefangenen Zivilkleidung, verhalf neun zur Flucht und versteckte die restlichen 19 bis zu ihrer Befreiung. Die SS-Posten waren damals schon nicht mehr vor Ort.[118] Der Lagerführer des Außenlagers Türkheim, SS-Oberscharführer Karl Hofmann, ließ die Gefangenen frei. Etwa 300 der 400 bis 500 Häftlinge flüchteten in die Wälder. Ilse Heß, die Ehefrau von Rudolf Heß, entließ den ihr zugewiesenen Zeugen Jehovas aus Bad Oberdorf[119] ebenfalls in die Freiheit wie Johann Marx den einzigen Häftling Josef Krieglmaier des Außenkommandos Valepp Bauer Marx.[120]

In Schlachters konnte der ehemalige österreichische Häftling Franz Jauk verhindern, dass der Kommandoführer, SS-Sturmbannführer Kurt Friedrich Plöttner, den Brief mit dem Evakuierungsbefehl erhielt.[121] Mit Unterstützung von Zivilisten vor Ort konnten sich die Gefangen nach der Entwaffnung ihrer Wachen in einem angrenzenden Wald verstecken, bis französische Soldaten den Ort besetzten. Franzosen befreiten auch die Gefangenen im benachbarten Lochau[122] und im Außenlager Fischen.[123] In Hallein gelang ortsansässigen Bürgern die Freilassung der Häftlinge wenige Tage vor Eintreffen der amerikanischen Truppen am 5. Mai 1945.[124] Bis zum 6. Mai 1945 befreiten amerikanische

---

115 Aussage Wiktor Sosnicki, 24. 1. 1975, BArchL B 162/16 322.
116 Aussage Tadeusz Stefan Guzenda, 14. 1. 1975, BArchL B 162/25 812.
117 Aussage Hans Hahn, 20. 9. 1946, NARA Trials of War Criminals RG153 B191.
118 Erklärung von sechs ehemaligen politischen Häftlingen des KL Dachau, 1. 8. 1945, StAM SpK, Karton 448 (Georg Frey).
119 Bericht von Friedrich Frey, 15. 4. 1971, GAZJ Selters.
120 Fragebogen Josef Krieglmaier, 4. 3. 1946, GAZJ Selters.
121 Römer, Für die Vergessenen, S. 179.
122 Aussage Alfons Majchrzak, 28. 10. 1974, BArchL B 162/25 825.
123 Aussage Friedrich Pillwein, 22. 4. 1969, StAM Stanw 34 814/1.
124 Bericht von Agnes Primocic; in: Karin Berger u. a. (Hrsg.), Der Himmel ist Blau. Kann sein. Frauen im Widerstand, Österreich 1938–1945, Wien 1985, S. 29.

Soldaten die Außenkommandos Fridolfing,[125] Salzburg Aufräumkommando und Bombensuchkommando,[126] Schloss Itter,[127] Neustift[128] und Sudelfeld Berghaus.[129] Die Umstände der Befreiung der Häftlinge aus dem Außenkommando Fischhorn[130] sind nicht eindeutig, sie erfolgte aber ebenfalls Anfang Mai 1945.

### 3.3. Chronologie

#### 3.3.1. Eröffnungen 1933–1938[131]

Am 7. September 1933 berichtete der Dachauer *Amperbote*, dass 160 Häftlinge aus dem KZ Dachau im Moos beim Eschenhof Torf stachen, den die Lagerverwaltung vom Gutsbesitzer Dinkler gekauft hatte.[132]

Die Gefangenen waren auf dem Gut Dinkler auch untergebracht und bildeten damit das erste Dachauer Außenkommando.[133] Wie lange die Häftlinge auf dem Dinklerhof in Gröbenried eingesetzt waren, bleibt ebenso unklar wie die genauen Umstände über Organisation und Bewachung dieses ersten Außenkommandos. Dabei ist zu berücksichtigen, dass es sich 1933 noch um einen Einzelfall handelte. Eine Anfrage des Interessenverbandes Dachauer Moos vom 17. August 1933 an das Gefangenenlager Dachau, wonach die Häftlinge vom Dinklerhof nach Beendigung ihrer Arbeiten zum Straßenbau im benachbarten Eschenried eingesetzt werden sollten, wurde vom Lagerkommandanten

---

125 Hans-Hermann Dirksen, Martha Knie – Das Zeugnis einer Frau aus Vorpommern (1900–1953), in: Zeitgeschichte regional. Mitteilungen aus Mecklenburg-Vorpommern 7 (2003), H. 2, S. 70.
126 ITS, Vorläufiges Verzeichnis, S. 92.
127 Zvonimir Čučkovíc, Zwei Jahre auf Schloss Itter, unveröffentlichtes Manuskript, n. d., DaA 20 134. Viktor Matejka, Anregung ist Alles. Das Buch Nr. 2, Wien 1991, S. 110. Darin gibt Matejka an, die Häftlinge wären von französischen Soldaten befreit worden.
128 Aussage Bernhard Nikodemus, 17. 7. 1973, BArchL B 162/9453.
129 Summary of Léon Edouard Floryn, n. d., GAZJ Belgien.
130 Vgl. Ermittlungsakte der ZStL, BArchL B 162/28 405.
131 In einigen Fällen sind keine exakten Eröffnungsdaten von Außenkommandos und -lagern bekannt. Dann wurde die Ersterwähnung als Stichtag herangezogen.
132 Amperbote vom 7. 9. 1933, DaA 2865.
133 Dazu vgl. Kapitel 10.3.6. Chronologie der Dachauer Außenkommandos und -lager.

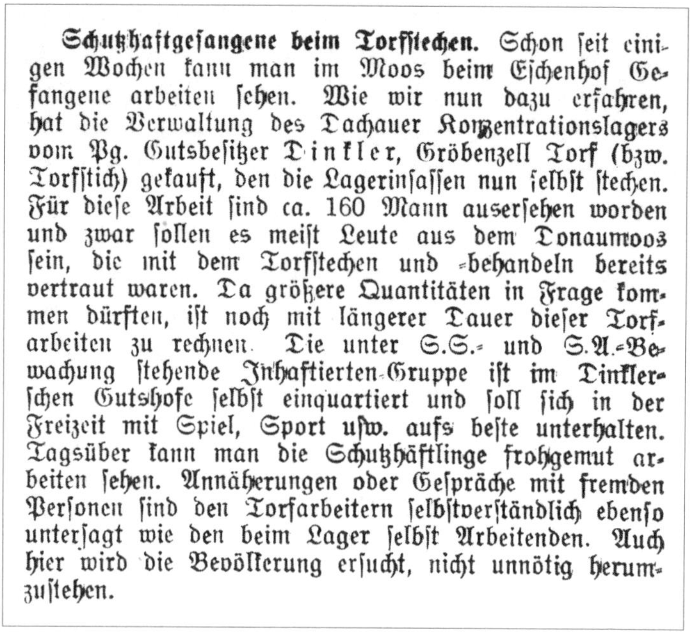

> **Schutzhaftgefangene beim Torfstechen.** Schon seit einigen Wochen kann man im Moos beim Eschenhof Gefangene arbeiten sehen. Wie wir nun dazu erfahren, hat die Verwaltung des Dachauer Konzentrationslagers vom Pg. Gutsbesitzer Tinkler, Gröbenzell Torf (bzw. Torfstich) gekauft, den die Lagerinsassen nun selbst stechen. Für diese Arbeit sind ca. 160 Mann ausersehen worden und zwar sollen es meist Leute aus dem Donaumoos sein, die mit dem Torfstechen und -behandeln bereits vertraut waren. Da größere Quantitäten in Frage kommen dürften, ist noch mit längerer Dauer dieser Torfarbeiten zu rechnen. Die unter S.S.- und S.A.-Bewachung stehende Inhaftierten-Gruppe ist im Tinklerschen Gutshofe selbst einquartiert und soll sich in der Freizeit mit Spiel, Sport usw. aufs beste unterhalten. Tagsüber kann man die Schutzhäftlinge frohgemut arbeiten sehen. Annäherungen oder Gespräche mit fremden Personen sind den Torfarbeitern selbstverständlich ebenso untersagt wie den beim Lager selbst Arbeitenden. Auch hier wird die Bevölkerung ersucht, nicht unnötig herumzustehen.

Abb. 3: Amperbote Nr. 211 vom 7. September 1933.

Theodor Eicke am 22. August 1933 abgelehnt. Er begründete dies damit, dass diese Arbeiten nicht in seinen Zuständigkeitsbereich fielen und die Häftlinge ausschließlich für die Belange des Konzentrationslagers zum Einsatz kämen.[134] Zu diesem Zeitpunkt wurde der Arbeitseinsatz von Häftlingen des KZ Dachau über den lagereigenen oder SS-internen Bedarf hinaus noch nicht praktiziert.

Erste Hinweise auf ein Häftlingskommando in München bei Schwester Pia gibt es 1934. Die ungelernte Krankenschwester, mit bürgerlichem Namen Eleonore Bauer, war seit 1920 eine Bekannte von Adolf Hitler und Heinrich Himmler sowie ein frühes Parteimitglied der NSDAP.[135] Dank ihrer engen Kontakte zur Partei- und SS-Führung arbeitete sie seit 1934 als Fürsorgeschwester der SS

---

134 Schreiben des Interessenverbandes Dachauer Moos, 17. 8. 1933 und dessen Antwort von Lagerkommandant Theodor Eicke, 22. 8. 1933, abgedruckt in: Josef Huber (Hrsg.), Eschenried. Eine Dorfgeschichte. Von Torfstechern, Wilderern und Golfspielern, Haarbach 2004, S. 50 f.

135 Zur Person der Eleonore Bauer vgl. Sabine Schalm, Schwester Pia: Karriere einer Straßenbahnbekanntschaft – Fürsorgeschwester der Waffen SS im Konzentrationslager Dachau, in: Viola Schubert-Lehnhardt (Hrsg.), Frauen als Täterinnen im Nationalsozialismus, Bd. 2, Gerbstedt 2006, S. 52–67.

im KZ Dachau. Bereits damals fuhren zunächst nur zeitweise ein oder mehrere Häftlinge in die Privatwohnung von Schwester Pia in die Voitstraße 6 nach München und verrichteten dort Hausarbeit.[136] Ab 1937 wurde ein Arbeitskommando von Häftlingen in der KZ-Verwaltung geführt, das auf Eleonore Bauers Anwesen in Oberhaching aufwendige Umbauarbeiten durchführen, den Garten neu gestalten und Aufräumarbeiten erledigen musste. Anfangs wurden die Häftlinge in unregelmäßigen Abständen einen oder mehrere Tage in der Woche zu Schwester Pia abgestellt und kehrten abends in das Stammlager zurück. Erst ab 1940 entstand dort ein ständiges Außenkommando, bestehend aus zwölf bis vierzehn Häftlingen.

Aufgrund der ungewöhnlich guten Quellenlage lassen sich für diese frühe Form eines Dachauer Außenkommandos detaillierte Aussagen treffen.[137] Es ist ein Beispiel, wie eigenverantwortlich die Lagerkommandanten 1934 mit der Zuweisung von Häftlingen verfahren konnten. Sie erwiesen persönliche Gefallen und stellten Häftlinge häufig in Form von Haushaltshilfen für SS-Angehörige ab.[138] Diese Praxis, oft ohne jegliche SS-Bewachung, gab es in vielen Konzentrationslagern; sie hatte sich bis 1942 so weit ausgedehnt, dass es eines offiziellen Schreibens des Amtschefs D des Wirtschafts-Verwaltungshauptamtes bedurfte, um diese zu unterbinden.[139] Meist handelte es sich um zahlenmäßig kleine Außenkommandos mit weniger als 15 Häftlingen, für die überwiegend keine Entgelte geleistet wurden. Das dürfte nicht zuletzt ein Grund gewesen sein, weshalb diese in der Registratur der Konzentrationslager nicht exakt geführt wurden. Somit fällt es schwer, das Ausmaß dieser Abstellungen heute zu rekonstruieren.

---

136 Aussage Lina Neulen, 8. 12. 1950, StAM Stanw 34 448, Bd. 2.
137 Es gibt eine umfangreiche Akte der Staatsanwaltschaft München, StAM Stanw 34 448, und eine sehr aussagekräftige Spruchkammerakte zu Eleonore Bauer, StAM SpK, Karton 75 (Eleonore Baur).
138 Interview mit Stanislav Zámečník, 3. 5. 2004; Hedwig Handke wurde aus Ravensbrück nach Dachau überstellt, weil die Frau des Schutzhaftlagerführers Michael Redwitz eine Haushaltshilfe mit Kunststickkenntnissen suchte. Hedwig Handke lebte im Haushalt Redwitz in Deutenhofen bis Kriegsende, vgl. Brief von Ursula Krause, 14. 2. 1999, GAZJ Selters; Ilse Döring kam aus dem KL Ravensbrück nach St. Gilgen in den Haushalt des Obersturmbannführers Liebhenschel, Kommandant des KL Auschwitz und Lublin, Interview Ilse Döning, n. d., GAZJ Selters ZZ Döning, Ilse. Beide Frauen sind nicht in der Häftlingsdatenbank der KZ-Gedenkstätte Dachau enthalten und tauchen in den KL-Akten nicht auf.
139 Schreiben des Amtschef D, WVHA, an die Lagerkommandanten der KL, 5. 5. 1942, BArchB NS 3/425.

Abgesehen von diesen „Gefälligkeitskommandos" für Privatpersonen nutzte die SS die Arbeitskraft der Häftlinge seit 1938 zu Baumaßnahmen für ein SS-Berghaus im Außenkommando Sudelfeld[140] und Lagerkommandant Hans Loritz in St. Gilgen[141] zur Errichtung eines privaten Landhauses.

Bis zum Kriegsbeginn gab es damit nur vier Außenkommandos des KZ Dachau und eine nicht bekannte Anzahl von „Gefälligkeitskommandos", die tageweise zu Hilfsarbeiten eingesetzt waren.[142]

Wie Lagerkommandant Theodor Eicke 1933 bereits an den Interessenverband Dachauer Moos geschrieben hatte, war der Arbeitseinsatz von KZ-Häftlingen vor 1939 ausschließlich auf lagereigene, SS-interne oder private Belange ausgerichtet. Zusammenfassend lässt sich für die Zeit bis Ende 1938 sagen, dass weniger als drei Prozent aller 140 Außenkommandos und -lager schon bestanden und somit für die Vorkriegsjahre nur von einer ersten Generation der Außenkommandos gesprochen werden kann.

### 3.3.2. Eröffnungen und Schließungen 1939–1941

1939 erfolgten keine neuen Außenkommandogründungen des KZ Dachau. Dies lässt sich vielleicht auf die vorübergehende Schließung des Stammlagers in diesem Jahr zurückführen.[143] 1940 und 1941 entstanden insgesamt zehn Außenkommandos oder wurden erstmalig erwähnt, von denen neun für SS-eigene Zwecke und hier überwiegend zu Bau-, Hilfs- oder Reinigungstätigkeiten eingesetzt wurden. Das im Oktober 1941 gegründete Außenkommando Heidenheim war für Baumaßnahmen der dortigen Polizeischule eingerichtet worden.[144] Damit fand eine Ausweitung des Häftlingsarbeitseinsatzes über die SS-internen Belange statt, die aber durch die Personalunion Heinrich Himmlers als Reichsführer SS und Chef der Deutschen Polizei plausibel war.

---

140 Lebensbericht Gustav Bräuchle, 8. 3. 1971, GAZJ Selters Dok 27/07/45.
141 Riedel, „Wildpark", S. 54–70.
142 Der Internationale Suchdienst listet ein weiteres Außenkommando in St. Wolfgang auf. Dabei handelt es sich aber nicht um ein eigenständiges Außenkommando, sondern lediglich um eine unpräzise Benennung für das Außenkommando St. Gilgen am Wolfgangsee.
143 Zwischen September 1939 und Februar 1940 waren die „Schutzhäftlinge" des KZ Dachau in die Konzentrationslager Mauthausen, Flossenbürg und Buchenwald verlegt worden. In dem geräumten Lager Dachau wurde in dieser Zeit die SS-Totenkopf-Frontdivision ausgebildet. Vgl. Kapitel 2.3. Das Konzentrationslager Dachau.
144 Hoffmann, Verschwunden, S. 19.

Mit der Schließung des Außenkommandos St. Johann im Jahr 1941 zeichnete sich eine Wende ab, da der dortige Arbeitseinsatz, der Bau einer Asphaltstraße zur Erschließung eines SS-Erholungsheimes, als nicht kriegswichtig eingestuft wurde. Die Häftlinge des Außenkommandos Spitzingsee wurden im Dezember 1941 vom Bau eines Blockhauses wieder abgezogen, nachdem der Wintereinbruch die Arbeiten unterbrochen hatte.

Zum Jahresende 1941 existierten zwölf Außenkommandos, was mehr als acht Prozent aller Dachauer Außenkommandos und -lager ausmachte.

### 3.3.3. Eröffnungen und Schließungen 1942

Die Tendenz der Vorjahre, Außenkommandos für SS-eigene Unternehmungen zu nutzen, setzte sich 1942 im breiten Rahmen fort. In diesem Jahr entstanden 22 neue Einsatzorte. Das bedeutete mehr als eine Verdreifachung im Vergleich zum Jahr 1941. Von den nunmehr eingerichteten 22 Außenkommandos waren 17 in Unternehmungen der SS, der Polizei, der Partei oder deren Funktionären involviert, vorwiegend handelte es sich dabei um Baumaßnahmen.

Bedeutsamer ist jedoch, dass 1942 erstmals auch fünf Außenkommandos für privatwirtschaftliche Betriebe eröffnet oder erwähnt wurden. Die kriegswichtige Bedeutung ihrer jeweiligen Produktion ermöglichte den Unternehmen die „Anmietung" von KZ-Häftlingen. Interessant erscheint dabei, dass es sich nicht um Großbetriebe handelte, sondern durchwegs um klein- oder mittelständische Firmen, vier davon in München.

Im Jahr 1942 beendeten neun Außenkommandos ihren Arbeitseinsatz. In zwei Fällen sind die Umstände der Schließung nicht überliefert.[145] Nach der Versetzung des ehemaligen Lagerkommandanten Hans Loritz nach Norwegen erfolgte der Abzug der Häftlinge aus St. Gilgen. Dagegen war die Flucht eines Gefangenen aus dem Außenkommando München Ehrengut die Ursache für die Rücküberstellung des Häftlingskommandos.[146] Als nicht kriegswichtig wurden die Arbeiten des Außenkommandos Ellwangen eingestuft. Die Häftlinge, die im Oktober 1942 abgezogen worden waren, hatten in der dortigen SS-Kaserne als Schneider, Schuster, Gärtner oder in einer Baukolonne gearbeitet.[147] Ende

---

145 Dies sind die AK München Großschlachterei Thomae und München-Sendling.
146 Aussage Boleslaw Maniurski, 30. 1. 1975, BArchL B 162/25 850; Aussage Maximilian Ehrengut, 20. 8. 1947, NARA Trials of War Criminals RG338 B323.
147 Namensliste des Kommando Ellwangen, 18. 5. 1942 (ausgerückt 3. 7. 1941), DaA 35 673.

1942 hatten die Gefangenen der Außenkommandos SS-Mannschaftshäuser, Bad Ischl, Augsburg Bibelforscher und Heidenheim ihre Arbeitsaufträge erledigt und kehrten daraufhin nach Dachau zurück. Die zwei österreichischen Außenkommandos St. Lambrecht und Schloss Lind sowie das Außenkommando Passau-Oberilzmühle wurden am 19./20. November 1942 von der Verwaltung des KZ Mauthausen übernommen.[148] Mit diesem Wechsel war auch der Austausch der SS-Wachmannschaften verbunden, jedoch blieb die Häftlingszusammensetzung identisch. Zwischen 1933 und Jahresende 1942 sind 36 Außenkommandos und 14 nachweisliche Schließungen rekonstruierbar. Daraus ergibt sich, dass bis dato erst etwa 15 Prozent aller Dachauer Außenkommandos und -lager existierten.

### 3.3.4. Eröffnungen und Schließungen 1943

Für das Jahr 1943 sind 17 neue Standorte von Außenkommandos und erstmals Außenlagern festgehalten. Davon waren fünf Außenkommandos dem SS-eigenen Interessensspektrum oder SS-nahen Persönlichkeiten zuzuordnen.[149] Über das im November 1943 erstmals erwähnte Außenkommando München Königinstraße sind keine näheren Angaben bekannt.[150] Der Einsatz von KZ-Häftlingen in kriegswirtschaftlichen Unternehmen ohne Rüstungsfertigung wurde im Januar 1943 nur durch zwei Außenkommandos ausgeweitet. Dabei handelte es sich um die Fleischkonservenfabrik Wülfert[151] in Dachau und die Gärtnerei Franz Nützl[152] in München Ludwigsfeld. In beiden Firmen waren Häftlinge aus Dachau schon vor 1943 in Form von Innenkommandos zum Einsatz gekommen, allerdings erst seit Januar 1943 außerhalb des Stammlagers untergebracht und somit als eigenständige Außenkommandos geführt. Im Außenkommando Seehausen am Staffelsee mussten Häftlinge für die Firma Feinmechanische Werkstätten Ing. G. Tipecska unterschiedliche Arbeiten sowohl beim Bau, in Haus und Garten als auch in der Rüstungsfertigung verrichten.[153]

---

148 ITS, Vorläufiges Verzeichnis, S. 93, 95.
149 Dies sind die AK Hallein, Oberstdorf-Birgsau, Unterfahlheim-Fridolfing und Hausham.
150 ITS, Vorläufiges Verzeichnis, S. 84.
151 Schreiben Hans Wülfert an Polizei Dachau, 3. 2. 1950, StAM Stanw 34 455.
152 Beweisaufnahme des Spruchkammerverfahrens, 11. 6. 1947, StAM SpK, Karton 1261 (Franz Nützl).
153 Barbara Hutzelmann, Seehausen, in: Benz/Distel, Ort des Terrors, Bd. 2, S. 489 ff.

Markantester Einschnitt dieses Jahres war die Gründung der ersten Außenlager. Seit Februar 1943 leitete die Organisation Todt am Flugplatz München-Riem Ausbesserungs- und Aufräumarbeiten, die von etwa 600 Dachauer Häftlingen nach Luftangriffen geleistet werden mussten.[154]

Ebenfalls im Jahr 1943 zeichnete sich in der Rüstungswirtschaft in Deutschland eine signifikante Zunahme von Arbeitskräften aus den Konzentrationslagern ab. Für Dachau sind sieben Einsatzorte von Häftlingen in der Luftrüstung erwähnt. Den Anfang machte im Februar 1943 das Außenlager Haunstetten für die Messerschmittwerke, gefolgt von Allach und Kempten für BMW, Friedrichshafen und Saulgau für die Luftschiffbau Zeppelin GmbH, Kottern für Messerschmitt und Gendorf für Anorgana, eine Tochterfirma der IG Farben.

Im Vergleich zu den Neugründungen von Außenkommandos und -lagern dieses Jahres sind weniger Schließungen zu verzeichnen. Das Außenkommando München Bartolith beendete seinen Einsatz, nachdem die Herstellung von 10 000 Bauplatten auftragsgemäß ausgeführt war.[155] Dagegen sind die Hintergründe für die im Februar 1943 erfolgte Auflösung des Außenkommandos Traunstein unklar. Die Häftlinge waren hier zu Instandsetzungsarbeiten am SS-Genesungsheim eingesetzt. Zwei Außenkommandos wurden in die Verwaltung anderer Konzentrationslager übergeben: das Außenkommando Nürnberg am 16. Juni 1943 an Flossenbürg und das wiedereröffnete Außenkommando Heppenheim am 1. Juli 1943 an Natzweiler.

Das Jahr 1943 markierte die Entstehung der ersten Außenlager des KZ Dachau und eine neue Größenordnung von Häftlingszwangsarbeit. Erstmals waren mehrere Hundert bis Tausende Häftlinge außerhalb des Stammlagers untergebracht und beschäftigt. Zudem zeigt sich eine erste Konzentration des Häftlingseinsatzes für die Luftrüstung in Süddeutschland. Dennoch waren bis Ende 1943 erst 53 aller Dachauer Außenkommandos und -lager erstmals erwähnt. Unter Berücksichtigung der nachweislichen Schließungen bedeutet dies, dass zum 31. Dezember 1943 erst 35 Prozent der Dachauer Außenkommandos und -lager existierten.

---

154 Aussage Herbert Harke, 24. 5. 1974, Staatsanwaltschaft München Mü I 320 u Js 200 272/77, Bd. 1.
155 Aussage Norbert Seidl, 2. 12. 1969, StAM, Stanw 22 491.

### 3.3.5. Eröffnungen und Schließungen 1944

Im Jahr 1944 zeigt sich ein völlig verändertes Bild. Die Außenkommandos und -lager des KZ Dachau erreichten zahlenmäßig ihre größte Ausdehnung. In diesem Jahr entstanden 62 neue Standorte, wobei von diesen nur 16 im ersten Halbjahr zu verzeichnen sind.

Mit 25 Außenkommandoeröffnungen gestand sich die SS 1944 die meisten neuen Standorte selbst zu, wenn auch mit vergleichsweise geringen Belegungen. Stattdessen avancierte die Organisation Todt mit 17 Außenlagergründungen zum wichtigsten Arbeitgeber von Dachauer Häftlingen. Mit den im Juni 1944 eingerichteten OT-Lagern in Rothschwaige und Karlsfeld für den Bunkerbau zur Untertageverlagerung der BMW-Fertigung[156] und den ersten beiden Kauferinger Lagern, die mit der vom „Jägerstab" organisierten Untertageverlagerung der Rüstungsindustrie zusammenhingen, waren die ersten Außenlager der Verlagerungsprojekte entstanden. Bis Jahresende existierten acht der elf Kauferinger Außenlager, die zum größten Außenlagerkomplex Dachaus expandierten.[157]

Von den insgesamt vier Mühldorfer OT-Lagern wurden drei im Laufe der zweiten Jahreshälfte 1944 eröffnet. Ebenfalls im Rahmen der Verlagerung von Rüstungsproduktionsstätten entstand am Bodensee das Außenlager Überlingen. Um Friedrichshafener Industrieunternehmen vor Luftangriffen zu schützen, begann dort der Ausbau eines verzweigten unterirdischen Stollensystems.[158] Im Zusammenhang mit der OT, aber nicht mit der Untertageverlagerung von Fertigungsanlagen stand das Außenlager Landshut. Hier errichteten Häftlinge ein Nachschublager für die Wehrmacht.

An 14 Produktionsstandorten der Rüstungsindustrie wurden 1944 Außenlager eingerichtet, während nur noch vier neue Außenkommandos für kriegswichtige Betriebe ohne Rüstungsfertigung nachweisbar waren. In Germering[159] und Landsberg[160] mussten Dachauer Häftlinge erstmals für die Dornier Werke Bau- und Fertigungsarbeiten durchführen. Auch ein anderer Arbeitgeber trat im Frühjahr 1944 zum ersten Mal in Erscheinung: die Reichsbahndirektion

---

156 Stärkemeldung des OT-Arbeitslager Karlsfeld, 17. 8. 1944, DaA 35 672. In dieser Liste sind auch die Häftlinge des AL Rothschwaige enthalten.
157 Raim, Dachauer KZ-Außenkommandos, S. 168–176.
158 Richterliche Vernehmung Georg Grünberg, 17. 8. 1965, StAM Stanw 34 658.
159 Franz Srownal, Germering, in: Benz/Distel, Ort des Terrors, Bd. 2, S. 336 f.
160 Edith Raim, Landsberg, in: ebenda, S. 378 ff.

München. Im österreichischen Weißsee wurden Häftlinge zum Bau eines Stausees für ein Elektrizitätswerk herangezogen.[161]

Drei Außenkommandos wurden in München für kriegswichtige Betriebe ohne Rüstungsfertigung eingerichtet: die Firmen Lodenfrey, Chemische Werke und Schuhhaus Meier. In einem Ausweichlager des Berliner Musikverlags Ed. Bote u. G. Bock in Woxfelde, im heute polnischen Głuchowo, arbeitete ein einzelner Außenkommandohäftling.[162]

Eine neue Entwicklung in der zweiten Hälfte des Jahres 1944 stellen fünf Außenkommandogründungen dar, deren Gefangene Bomben suchen, Blindgänger entschärfen, verschüttete Menschen bergen oder Trümmer beseitigen mussten. Neben diesen gab es in vielen Außenkommandos und -lagern kurzfristig eingerichtete Arbeitskommandos, die nach Luftangriffen Soforthilfe leisteten.

Die große Zahl der Außenkommandos und -lager, die 1944 erstmals erwähnt oder eröffnet wurden, steht in klarem Gegensatz zu den zehn Schließungen dieses Jahres. In vier Fällen mussten die Arbeitseinsätze nach der Zerstörung der Einsatzorte durch Luftangriffe geschlossen werden. In Haunstetten, Gablingen und Friedrichshafen musste die Fertigung nach Luftangriffen eingestellt werden. In München führte die Zerstörung der Dienstgebäude des „Lebensborn e. V." in der Mathildenstraße 8–9 zur Verlegung des dort untergebrachten Baukommandos.[163] Die Hintergründe für die Schließung der Außenkommandos Königsee und München Höchlstraße sowie des Außenlagers Germering mit überwiegend zu Bau- und Instandsetzungsarbeiten herangezogenen Häftlingen sind nicht eindeutig. Gleiches gilt für das Außenkommando München Sprengkommando. Ende September erfolgte die Übergabe des Außenkommandos Hof-Moschendorf an die Verwaltung des KZ Flossenbürg. Für die Schließung des Außenlagers Weißsee am 12. Dezember 1944 war der Wintereinbruch verantwortlich, der weitere Bauarbeiten an dem dortigen Stausee unmöglich machte.

Bis Ende 1944 sind 115 aller Dachauer Außenkommandos und -lager belegbar. Nach Abzug der bekannten Schließungen und letzten Erwähnun-

---

161 Aussage Karl Wintersberger, 20. 8. 1974, BArchL B 162/25 864. Die 500 im ITS-Verzeichnis gelisteten Häftlinge eines AL München Reichbahn bildeten die 13. SS-Eisenbahnbaubrigade und unterstanden seit 1. 1. 1945 dem KL Sachsenhausen. Vgl. Karola Fings, Krieg, Gesellschaft und KZ: Himmlers SS-Baubrigaden, Paderborn 2005, S. 253.
162 Charles-Claude Biedermann, Woxfelde, in: Benz/Distel, Ort des Terrors, Bd. 2, S. 529.
163 Sabine Schalm, München („Lebensborn e. V."), in: ebenda, S. 406.

gen ergibt die Jahresendbilanz 87 Außenkommandos und -lager. Unter Nichtberücksichtigung von zehn Außenkommandos, über deren Schließungen heute keine Erkenntnisse bekannt sind, folgt daraus, dass zum Jahresende 1944 etwa 60 Prozent aller bekannten Dachauer Außenkommandos und -lager noch existierten.

### 3.3.6. Eröffnungen und Schließungen 1945

In den ersten vier Monaten des Jahres 1945 wurden noch einmal 25 Außenkommandos und -lager eröffnet oder erstmals erwähnt. Die meisten Außenlager der OT-Komplexe in Kaufering/Landsberg und Mühldorf waren bereits im zweiten Halbjahr 1944 entstanden, wurden aber 1945 noch um je ein Lager erweitert. In Eching[164] wurde am 10. April 1945 das letzte OT-Lager zum Ausbau einer Rollbahn errichtet.

Prozentual traten die Neugründungen von Außenkommandos und -lagern für die Rüstungsindustrie in den letzten Kriegsmonaten in den Hintergrund. Insgesamt handelte es sich um drei neue Standorte in Ulm, Horgau und Burgau.

Wie auch schon in den vorangegangenen Jahren versorgten sich die SS und ihr Umfeld auch in der letzten Kriegsphase mit Häftlingsarbeitskräften. Dies resultierte in sieben weiteren Außenkommandos. Dabei handelte es sich zahlenmäßig nur noch um kleine Kommandos, meist um Einzelabstellungen.

Anfang 1945 wurde Süddeutschland von den Alliierten flächendeckend mit Fliegerangriffen überzogen. Um die schwerwiegendsten Zerstörungen zu beheben, Bomben zu entschärfen und verschüttete Menschen aus den Trümmern zu bergen, wurden sechs Außenkommandos eingesetzt. In diesem Kontext standen wahrscheinlich auch sechs weitere Außenkommandos: In Starnberg, Pfaffenhofen, Weilheim, Sonthofen und Freising wurden den jeweiligen Landräten und in Ebersberg dem Oberbürgermeister ein bis sechs Häftlinge zugeteilt. Jedoch ist nur für Starnberg eindeutig belegt, dass die Häftlinge zur Bombensuche eingesetzt wurden.[165]

Bis einschließlich März 1945 erfolgte die Schließung von sechs Außenkommandos und einem Außenlager. In Verbindung mit einer Typhusepidemie stand die Auflösung des Außenlagers Riederloh am 8. Januar 1945. Zehn Tage

---

164 Überstellungsliste des KL Dachau, 10. 4. 1945, DaA 35 678. Das AL Eching ist mit dem AL Neufahrn identisch.
165 ITS, Vorläufiges Verzeichnis, S. 96.

später wurden die restlichen Häftlinge des Außenkommandos in Radolfzell aus nicht bekannten Gründen abgezogen. Starke Schneefälle führten zum Abbruch der Baumaßnahmen für ein SS-Behelfsheim in Fischbachau und zogen am 21. Januar die Auflösung des dortigen Außenkommandos nach sich. Bei drei Außenkommandos handelte es sich um kurzfristige Aufräumkommandos infolge von Luftangriffen. Diese kehrten bis Ende Februar 1945 wieder in das Stammlager Dachau zurück. Das Außenkommando Ulm wurde am 11. März 1945 aufgelöst, nachdem bei Luftangriffen die Werksanlagen der Magirus AG zerstört worden waren und die Fertigung eingestellt werden musste.

Bis Ende März 1945 existierten damit noch mindestens 93 Außenkommandos und -lager. 37 Schließungen sind rekonstruierbar. Unter Nichtberücksichtigung der zehn Außenkommandos, für die keine Angaben vorhanden sind, zeigt sich, dass Ende März 1945 noch mehr als 70 Prozent der Außenkommandos und -lager existierten.

## 3.4. Geografische Ausdehnung[166]

Der geografischen Ausdehnung der 140 Dachauer Außenkommandos und -lager lag keine strukturelle Planung zugrunde. Ihre Gründungen waren bedarfsorientiert für Bauvorhaben, Produktionsstätten, landwirtschaftliche Unternehmen oder Privatpersonen. So ist für das KZ Dachau keine nicht realisierte Umsetzung eines Außenkommandos oder -lagers bekannt, die aufgrund des geografischen Standortes verworfen worden wäre. Darüber hinaus zeigt die Tatsache, dass das nächstgelegene Außenkommando auf der anderen Seite des Stammlagerzaunes im Entomologischen Institut an der Dachauer Würmmühle[167] eingerichtet wurde, gleichzeitig aber fünf Außenkommandos mehr als 200 Kilometer von Dachau entfernt lagen, keine strengen geografischen Vorgaben oder Einschränkungen bei Außenkommando- und -lagergründungen. Eindeutig ist jedoch ihre Konzentration um das Stammlager.[168]

Die vorangegangene Analyse lässt keine Korrelationen zwischen zeitlicher und geografischer Ausdehnung der Dachauer Außenkommandos und -lager

---

166 Zur Übersicht vgl. Beiblatt Außenkommandos und -lager des KZ Dachau.
167 AK Dachau Entomologisches Institut, vgl. Aussage Martha Knie, 13. 4. 1973, BArchL B 162/25 867.
168 Vgl. Beiblatt Außenkommandos und -lager des KZ Dachau..

erkennen. Im Folgenden soll daher versucht werden, die Standorte geografisch einzuordnen und Ballungsräume hervorzuheben.

### 3.4.1. Entfernung bis 25 Kilometer

In einem Radius von 25 Kilometern um das Konzentrationslager Dachau befanden sich zwischen 1933 und 1945 42 Außenkommandos und -lager. In der Stadt Dachau und der unmittelbaren Umgebung des KZ gab es sechs Außenkommandos.[169] Die Häftlinge der Außenkommandos Gröbenried, Porzellanmanufaktur Allach, Liebhof, Entomologisches Institut und Pollnhof arbeiteten für die Lagerwirtschaft oder SS-eigene Unternehmungen. Darüber hinaus befand sich seit 1943 ein selbstständiges Außenkommando in der Schleißheimerstraße, dessen Gefangene in der Fleischwarenfabrik von Hans Wülfert eingesetzt waren.

Die relativ geringe Zahl von Außenkommandos in unmittelbarer Umgebung des Konzentrationslagers darf nicht zu dem Schluss führen, dass hier nur wenige Häftlinge zum Arbeitseinsatz herangezogen wurden, sondern zeigt vielmehr, dass es sich hier um eine andere Organisationsform von Häftlingszwangsarbeit handelte. Sybille Steinbacher benannte in ihrer Studie zu den Verbindungen zwischen der Stadt Dachau und dem KZ mindestens zwölf Wirtschaftsbetriebe in Dachau, für die Häftlinge arbeiten mussten.[170] Dies waren jedoch Innenkommandos, die nur tageweise zu ihren Arbeitsstätten ausrückten. Durch die unmittelbare Nähe zum Schutzhaftlager war es nicht notwendig, Unterkünfte und aufwändige Befestigungsanlagen vor Ort zu errichten.

Im nur etwa elf Kilometer vom Stammlager entfernten Allach befand sich der gleichnamige Außenlagerkomplex mit dem Hauptaußenlager Allach BMW und den beiden untergeordneten Außenlagern Karlsfeld OT und – räumlich etwas entfernt – Rothschwaige. Insgesamt waren hier mehr als 5700 Häftlinge untergebracht, die einerseits in den Fertigungsprozess der Bayerischen Motorenwerke im sogenannten Schattenwerk eingebunden waren, andererseits auf Baustellen der Organisation Todt einen Bunker für die Verlagerung der BMW-

---

169 In diesem Kapitel wurde darauf verzichtet noch einmal alle Außenkommandos und -lager mit einem Quellenhinweis zu versehen, wenn die Angaben eine Wiederholung der vorausgegangenen Kapitel darstellten. Grundsätzlich zur Lokalisierung der einzelnen Standorte vgl. Benz/Distel, Ort des Terrors, Bd. 2; außerdem vgl. Beiblatt Außenkommandos und -lager des KZ Dachau.
170 Sybille Steinbacher, Dachau – Die Stadt und das Konzentrationslager in der NS-Zeit. Die Untersuchung einer Nachbarschaft, Frankfurt a. M. 1993, S. 144–150.

Produktion errichten mussten. Allach stellte sich bis zum Kriegsende durch seine Organisationsform mit Kommandantur, Wirtschaftsgebäuden und Bunker als einer der eigenständigsten Außenlagerkomplexe dar.

Ein ganz anderes Bild zeigt sich für das nur etwa 20 Kilometer entfernte München. Allein für das Stadtgebiet München[171] sind zwischen 1937 und 1945 28 Außenkommandos und -lager mit insgesamt mehr als 1300 Häftlingen belegt. Die Hälfte der Außenkommandos war für Interessen der SS, NSDAP oder Polizei mit bis zu 50 Gefangenen eingerichtet. Außerdem bestanden weitere acht Außenkommandos für Firmen, deren Produktion als kriegswichtig eingestuft war: Architekt Karl Bücklers, Firma Ehrengut, Großschlachterei Thomae, Bartolith Werke, Gärtnerei Nützl, Firma Lodenfrey, Chemische Werke Otto Bärlocher und Schuhhaus Meier. Das größte Außenlager für 500 Frauen in München-Giesing für die AGFA Kamerawerke war das einzige, das für die Rüstungsindustrie errichtet wurde.

Im Zuge der zunehmenden Luftangriffe auf München mussten vor allem seit Juli 1944 sogenannte Himmelfahrtskommandos Trümmer beseitigen, Bomben entschärfen, Menschen aus Schuttbergen retten und Aufräumarbeiten leisten. Viele Gefangene kamen dafür nur tageweise in die Stadt, darüber hinaus aber existierten mindestens vier ständige Außenkommandos zu diesem Zweck: München Bergmannschule, München Sprengkommando, München Bombensuchkommando, München Katastropheneinsatz.

Trotz des Fehlens eines Hauptaußenlagers für das Ballungsgebiet München gibt es Hinweise, die darauf schließen lassen, dass die Münchner Außenkommandos in einer Art Verbund zusammengefasst waren. Der Briefkopf des Kommandoführers Hans Moser lautete: Beauftragter für die Oberaufsicht der Außenkommandos München.[172] Über seinen belegten Inspektionsbesuch beim Außenkommando München Parteikanzlei hinaus ließen sich jedoch keine Hinweise über die genaueren Verfügungsgewalten finden.

*3.4.2. Entfernung zwischen 26 und 100 Kilometern*

In einem Umkreis zwischen 26 und 100 Kilometern des KZ Dachau befanden sich 59 Außenkommandos und -lager, hier traten drei Ballungsräume hervor.

---

171 Dies bezieht sich auf die derzeit gültigen Stadtgrenzen.
172 Schreiben von Kommandoführer Hans Moser, 5. 4. 1945, BArchL B 162/25 853.

Am dominantesten sowohl im Hinblick auf Belegungszahlen als auch die Zahl der untergeordneten Außenlager stellte sich der etwa 35 bis 45 Kilometer südwestlich von Dachau entfernte Außenlagerkomplex Kaufering/Landsberg dar. Dem Hauptaußenlager Kaufering I unterstanden insgesamt zehn, nicht alle gleichzeitig existierende Außenlager, die für die OT-Bunkerbaustellen in Landsberg eingerichtet worden waren. Mehr als 23 500 Häftlinge durchliefen zwischen Juni 1944 und April 1945 diesen Komplex, der sich über Landsberg, Stoffersberg, Kaufering, Hurlach, Türkheim, Erpfting, Seestall, Obermeitingen und Stadtwaldhof erstreckte.[173] Die Lager I bis III in der Nähe des Rüstungsprojektes wurden als erste gegründet, die später errichteten Außenlager waren geografisch weiter entfernt.

Ebenfalls einen Außenlagerkomplex für Baumaßnahmen zur Untertageverlagerung unter der Leitung der OT bildeten die vier Mühldorfer Lager.[174] In Mettenheim, Mittergars, Thalham und im Mühldorfer Hart wurden in einer Entfernung zwischen 60 und 80 Kilometer südöstlich von Dachau mehr als 8300 Häftlinge gefangen gehalten und auf den Bunkerbaustellen eingesetzt.

Ein Komplex zusammenhängender Außenlager für die Rüstungsindustrie befand sich in etwa 50 Kilometer Entfernung nordwestlich von Dachau in Schwaben.[175] Das erste dieser Außenlager für die Produktion der Me 210 und Me 410 Flugzeuge der Messerschmitt AG wurde im Februar 1942 in Haunstetten eröffnet. Nach dessen Zerstörung am 13. April 1944 erfolgte die Gründung des Außenlagers Augsburg-Pfersee in der Kraftwagenhalle der Luftnachrichtenkaserne, dem die schwäbischen Außenlager Bäumenheim, Burgau, Horgau und Lauingen untergeordnet waren. Mehr als 6400 Häftlinge befanden sich in diesen Lagern, die in Fertigungsprozesse der Messerschmitt AG eingebunden werden sollten.

Nicht dem schwäbischen Außenlagerkomplex für Messerschmitt zugerechnet, aber auch für die Rüstungsfertigung eingesetzt, existierte ein weiteres Außenlager für 500 ungarische Jüdinnen in Augsburg-Kriegshaber, die in den Michelwerken sowie bei Keller und Knappich eingesetzt waren.

Für die Bayerischen Motorenwerke fungierte der Außenlagerkomplex Allach auch als Verteilerstelle von KZ-Arbeitskräften für weiter entfernt liegende Produktionsstandorte. Nach einer Bombardierung des Außenlagers Allach BMW wurden 400 bis 500 Häftlinge zur Produktion von Luftschraubenwellen und Planetradträgern ins Allgäu nach Kaufbeuren überstellt, wo im Mai

---

173 Vgl. Ausschnittskarte Außenlagerkomplex Kaufering/Landsberg (Beiblatt).
174 Vgl. Ausschnittskarte Außenlagerkomplex Mühldorf (Beiblatt).
175 Vgl. Kapitel 10.3.3. Außenlagerkomplexe des KL Dachau.

1944 ein Außenlager eingerichtet wurde. Nach der Auflösung des Außenlagers Markirch des KZ Natzweiler wurden nicht nur die Maschinen dort demontiert und über Allach nach Trostberg transportiert, sondern auch die dort eingesetzten Häftlinge an den neuen Produktionsstandort überstellt.[176] Eine große Zahl der Gefangenen des unweit liegenden Außenlagers Stephanskirchen war ebenfalls zuvor in Markirch in BMW Fertigungsprozessen eingesetzt gewesen. Bei den Außenlagern Stephanskirchen, Trostberg und Kaufbeuren handelte es sich um eigenständige Außenlager, die nicht unmittelbar dem Außenlagerkomplex Allach untergeordnet, jedoch durch die BMW-Ringfertigung miteinander verbunden waren.[177]

Von den Außenlagern der Untertageverlagerung in Kaufering/Landsberg und Mühldorf sowie dem schwäbischen Messerschmitt Außenlager unterscheiden sich 18 Außenkommandos und -lager, die sich in 26 bis 100 Kilometer Entfernung vom Stammlager Dachau befanden und für SS- oder parteieigene Unternehmungen eröffnet worden waren. Sie waren weder organisatorisch in einem Verbund zusammengefasst noch geografisch bestimmten Regionen zuzuordnen. Gleiches galt auch für die sechs Außenkommandos mit bis zu sechs Gefangenen, die vor allem 1945 Landräten und einem Oberbürgermeister benachbarter Landkreise zugewiesen wurden. Das waren die Außenkommandos Freising, Starnberg, Pfaffenhofen, Weilheim, Ingolstadt und Ebersberg.

### 3.4.3. Entfernung zwischen 101 und 200 Kilometern

Bei einer Entfernung zwischen 101 und 200 Kilometern ergeben sich 34 Standorte von Außenkommandos und -lagern. Von ihnen waren 22 für das Umfeld der SS entstanden. Dazu zählten sowohl Außenkommandos in SS-Kasernen, Gebirgsjäger- oder Polizeischulen und landwirtschaftlichen Gutsbetrieben der Deutschen Versuchsanstalt für Ernährung und Verpflegung (DVA) als auch „Gefälligkeitskommandos" für einzelne Personen. In Salzburg existierten neben zwei Außenkommandos im SS-Umfeld noch drei weitere, allesamt Bombensuch- und Aufräumkommandos. Ob es auch in Salzburg einen Beauftragten für die Oberaufsicht der dortigen Außenkommandos gegeben hat wie in München,

---

176 Miroslav Kriznar, unveröffentlichte Erinnerungen, S. 14, DaA 36 276.
177 Rückblickender Bericht von Erich Zipprich (1942–1944 Technikvorstand der BMW AG) vom Frühling 1945, BMW Archiv UA 968/1.

ist bislang nicht zu klären. Eine weitere geografische Häufung der Außenkommandos für SS-eigene Unternehmungen ist nicht erkennbar.

In einer Entfernung zwischen 101 und 200 Kilometer von Dachau existierten auch sechs Außenlager für die Rüstungsindustrie. Dabei handelte es sich einerseits um einen Außenlagerkomplex im Allgäu und die Außenlager der Bodenseeregion. Im Gegensatz zu den Außenlagerkomplexen in Schwaben und Allach, deren Häftlinge nur für je ein Rüstungsunternehmen abgestellt waren, arbeiteten die Häftlinge der Allgäuer Außenlager Kaufbeuren, Kempten, Kottern, Fischen und Blaichach für unterschiedliche Firmen, unterstanden aber der Oberaufsicht des Hauptfeldwebels der Wehrmacht Georg Boczanski.[178]

Alle Allgäuer Außenlager entstanden in der zweiten Jahreshälfte 1944 aufgrund von Dezentralisierungsmaßnahmen der Rüstungsfertigung der Firmen Messerschmitt und BMW, in deren Zuge das Allgäu zu einem der Verlagerungszentren der Luftrüstung in Süddeutschland avanciert war. Insgesamt befanden sich in den Allgäuer Außenlagern mehr als 2700 Häftlinge. Die Quellenlage zur Frage der Oberaufsicht des Hauptfeldwebels und angeblichen Dienstaufsichtsoffiziers im Fliegerhorst Kaufbeuren Georg Boczanski ist sehr fragmentarisch, daher können über die Organisationsstruktur dieses Außenlagerkomplexes nur wenige eindeutige Aussagen getroffen werden.

Der mehr als 150 Kilometer und damit am weitesten vom Stammlager Dachau entfernte Ballungsraum von Außenlagern lag in der Bodenseeregion um Friedrichshafen und umfasste mehr als 2400 Gefangene. Die ersten KZ-Häftlinge gelangten Mitte Juni 1943 nach Friedrichshafen und mussten zunächst das Außenlager errichten, bevor sie für die Luftschiffbau Zeppelin GmbH auf der Baustelle des Raketentestplatzes in Oberraderach eingesetzt waren. Im Sommer 1943 begann auch die Friedrichshafener Industrie mit Dezentralisierungsmaßnahmen zum Schutz vor alliierten Luftangriffen. Aus diesem Grund bildeten 40 Häftlinge aus Friedrichshafen ein Vorkommando für das neu entstehende untergeordnete Außenlager Saulgau. Nach der Zerstörung der Werksanlagen in Friedrichshafen im Juli 1944 wurde das dortige Außenlager im September 1944 aufgelöst. Ein Teil der rund 1200 Häftlinge war damals bereits übergangsweise nach Raderrach oder in die Außenlager Saulgau und Überlingen überführt worden. Georg Grünberg, Lagerführer des Außenlagers Friedrichshafen, wechselte nach dessen Auflösung in gleicher Funktion in das Außenlager Überlingen.

---

178 Aussage Georg Boczanski, 5. 11. 1953, BArchL B 162/17 143. Für den Quellenhinweis danke ich Edith Raim.

### 3.4.4. Entfernung mehr als 200 Kilometer

Nur fünf Außenkommandos und ein Außenlager lagen weiter als 200 Kilometer vom Stammlager Dachau entfernt. Im österreichischen Außenlager Weißsee mussten Häftlinge einen Stausee für die Reichbahndirektion München errichten. Die Außenkommandos Hof-Moschendorf, St. Lambrecht, Schloss Lind und Heppenheim standen im Zusammenhang mit SS-eigenen Unternehmungen und wurden alle zwischen November 1942 und September 1944 zur Verwaltung an andere Stammlager abgegeben.

Weit entfernt von allen anderen Dachauer Außenkommandos und -lagern befand sich das Außenkommando Woxfelde mit einem einzigen Häftling. Im damaligen Brandenburg, heute im polnischen Głuchowo, arbeitete ein Facharbeiter für den Berliner Musikverlag Ed. Bote u. G. Bock. Die Hintergründe dieses Außenkommandos sind nicht rekonstruierbar, und es gibt keine Hinweise, weshalb ein Dachauer Häftling hier zum Arbeitseinsatz kam.

### 3.5. Häftlingsbelegung

Die Anzahl der Häftlinge ist ein wesentliches Strukturmerkmal von Außenkommandos und -lagern. In Verbindung damit standen Unterbringung, Befestigung, Bewachung, Verwaltung, medizinische Versorgung und Verpflegung sowie Lagertopografie. Bei dem Versuch, die Häftlingszahlen der Außenkommandos und -lager des KZ Dachau einer Analyse zu unterziehen, stellt sich vor allem ein methodisches Problem, resultierend aus dem Mangel aussagekräftiger Quellen. Belegungen von Außenkommandos und -lagern lassen sich nur für drei Zeitpunkte auf Grundlage der Stärkemeldungen vom 29. November 1944, 3. April und 26. April 1945 miteinander in Beziehung setzen.[179] Zusätzlich waren die Belegungen der einzelnen Außenkommandos und -lager nur in seltenen Fällen über die Zeit des Bestehens konstant.

Neben den Stärkemeldungen sind die Überstellungslisten der Kommandantur Dachau, in denen sowohl Erstüberstellungen als auch Schließungen von Außenkommandos und -lagern namentlich geführt wurden, eine wichtige

---

179 Stärkemeldung der Außenlager des KL Dachau, 29. 11. 1944, DaA A 82; Stärkemeldung der Außenkommandos des KL Dachau, 3. 4. 1945, DaA 22 554; Stärkemeldung der Außenkommandos des KL Dachau, 26. 4. 1945, DaA 32 876.

Erkenntnisgrundlage.[180] Jedoch verhindert die unvollständige Überlieferung von Veränderungsmeldungen die Rekonstruktion aller Überstellungen und Rücküberstellungen.[181]

Es ist ebenfalls zu berücksichtigen, dass mit dem Vorrücken der Alliierten mehrere Evakuierungswellen aus anderen Lagern den süddeutschen Raum erreichen und es somit nicht nur zu einer Überfüllung des Stammlagers Dachau, sondern auch einzelner Außenlager kam. Sofern derartige Häftlingsverschiebungen eindeutig auszumachen waren, wurden sie in der Analyse nicht berücksichtigt.

Trotz dieser Defizite bietet die Betrachtung der Belegungszahlen aus den vorhandenen Quellen eine, wenn auch eingeschränkte, Möglichkeit, Entwicklungstendenzen zu zeigen. Für die folgende Analyse wird die bislang bekannte Höchstbelegung als absolute Zahl angenommen, auch wenn dadurch die zeitliche Entwicklung der Belegungen der Außenkommandos und -lager zwischen 1933 und 1945 nicht nachvollzogen werden kann.[182] In überraschend vielen Fällen decken sich diese Zahlenangaben der offiziellen Stärkemeldungen mit Aussagen Überlebender nach Kriegsende.

Die Belegungszahl von sechs der 140 Dachauer Außenkommandos und -lager blieben unbekannt. Sie fanden daher in diesem Kapitel keine Berücksichtigung. Dazu gehörten:

| AK München Großschlachterei Thomae |
|---|
| AK München Königinstraße |
| AK Salzburg Bombensuchkommando |
| AK Salzburg Sprengkommando |
| AL Kaufering Lager VIII |
| AL Kaufering Lager IX |

Charakteristisch für die Häftlingsbewegungen vom Stammlager in die Außenkommandos und -lager als auch zurück sowie für die Verschiebungen von Häftlingen zwischen Außenkommandos und -lagern war, dass sie ständigen

---

180 Überstellungslisten des KL Dachau, 16. 8. 1933–25. 4. 1945, DaA 35 672–356 78, 35 920–35 921; Veränderungsmeldungen der Außenkommandos des KL Dachau, 28. 7. 1942–13. 11. 1942, DaA A 121.

181 Der nun der Wissenschaft geöffnete Bestand des ITS Arolsen wird darauf noch einmal überprüft werden müssen.

182 Vgl. Kapitel 10.3.7. Belegung der Dachauer Außenkommandos und 10.3.8. Belegung der Dachauer Außenlager.

Schwankungen unterlagen. Aufgrund der zunehmenden Bedeutung der Häftlingszwangsarbeit lag es im Interesse der Kommando- oder Lagerführer, die geschwächten und kranken Häftlinge schnellstmöglich auf Transport zu schicken und stattdessen gesünderen und kräftigeren Ersatz zu erhalten.

### 3.5.1. Außenkommandos bis 50 Häftlinge

Schon ein einzelner Häftling konnte als eigenständiges Außenkommando geführt werden. Dies war der Fall in den Außenkommandos Bad Oberdorf, Ebersberg, Freising, Fridolfing, Pfaffenhofen, Valepp Bauer Marx, Woxfelde und Wurach, die alle erst zwischen März 1942 und März 1945 entstanden. Hinter den Einzelüberstellungen verbargen sich meist „Gefälligkeitskommandos" mit Hilfskräften für Haushalt und Landwirtschaft. Es ist anzunehmen, dass bereits vor 1942 derartige Einzelabstellungen praktiziert, aber nicht als Außenkommandos geführt wurden.

68 der 94 Dachauer Außenkommandos waren mit weniger als 50 Häftlingen besetzt. Davon bestanden alleine 29 mit bis zu zehn Häftlingen, weitere 16 Außenkommandos zählten bis zu 20 Gefangene und zehn bis zu 30. In acht Außenkommandos befanden sich bis zu 40 Häftlinge und in fünf bis zu 50 Insassen. Damit war rein quantitativ die Mehrzahl der Außenkommandos des KZ Dachau mit weniger als 50 Häftlingen belegt. Sie waren sowohl zu Arbeitseinsätzen für Einzelpersonen, kriegswichtige sowie SS-eigene Unternehmen herangezogen. Auch zeitlich lässt sich kein eindeutiges Schemata erkennen, sie existierten von 1937 bis 1945. Knapp die Hälfte der 29 Außenkommandos mit bis zu zehn Häftlingen wurden erst 1945 in der Endphase des Krieges Landräten, Bürgermeistern oder auch Privatpersonen zur Verfügung gestellt, um bei der Trümmerbeseitigung zu helfen oder Bomben zu entschärfen.

Außenkommandos bis 50 Häftlinge lassen sich auch keinen geografischen Entwicklungslinien zuordnen. Sowohl im unmittelbaren Umfeld von Dachau als auch in weiterer Distanz waren Außenkommandos bis 50 Häftlinge im Einsatz.

### 3.5.2. Außenkommandos mit mehr als 50 Häftlingen

Im Gegensatz dazu existierten vergleichsweise wenig Außenkommandos mit mehr als 50 Häftlingen. Diese 22 Außenkommandos markieren keine geografischen Ballungsräume. Das Außenkommando in der Porzellanmanufaktur Allach wurde zwar schon 1940 erstmals erwähnt, aber erst 1943 war die Belegung auf 93 erweitert worden.[183] Ähnlich wie bei den Außenkommandos mit bis zu 50 Häftlingen waren auch diese Häftlinge sowohl in Bau- als auch in Produktionskommandos für SS-eigene und kriegswirtschaftliche Unternehmen eingesetzt. „Gefälligkeitskommandos" in dieser Größenordnung sind nicht mehr nachweisbar. Nach Luftangriffen auf München im Juli 1944 erfolgten erstmals Einsätze von Bombensuch- oder Sprengkommandos mit einer Belegung bis zu 100 Häftlingen. Es existierten nur acht Außenkommandos mit mehr als 100 Gefangenen. In sechs davon waren weniger als 200 Häftlinge im Auftrag der SS überwiegend für Baumaßnahmen eingesetzt. Diese Außenkommandos waren bereits vor Oktober 1941 entstanden.

Die zwei größten Außenkommandos des KZ Dachau waren mit mehr als 200 Häftlingen Ausnahmen. Die Klassifizierung als Außenkommandos lässt sich jedoch aufgrund ihres Entstehungszeitpunktes, Arbeitseinsatzes sowie der Dauer ihrer Existenz erklären. Das Rosenheimer Außenkommando war nur etwa 14 Tage lang Ende April 1945 für Aufräumarbeiten am zerstörten Bahnhof eingesetzt, und die Gefangenen waren deswegen provisorisch in einem Keller untergebracht. Die hohe Belegung dieses Außenkommandos lässt sich aber auch durch die geografische Nähe des kurz zuvor zerstörten Außenlagers Stephanskirchen erklären. Viele der Stephanskirchner Häftlinge wurden in das neu eingerichtete Rosenheimer Außenkommando überführt.

Für die als kriegswichtig eingestufte Fleischwarenfabrik Wülfert existierte seit Januar 1943 ein Außenkommando, in dem zeitweise mehr als 300 Häftlinge in einem Stallgebäude untergebracht waren. Die räumliche Nähe zum Stammlager und seinen Versorgungseinrichtungen setzte keine autonomen Lagerstrukturen voraus. Gleichzeitig weist die Größenordnung des Außenkommandos Wülfert auf die im Februar 1943 einsetzende Entwicklung: die Entstehung von Außenlagern.

### 3.5.3. Außenlager mit weniger als 500 Häftlingen

Von den insgesamt 46 Dachauer Außenlagern existierten 12 mit einer Belegung unter 500 Gefangenen. Zu den belegungsmäßig kleinsten zählten acht

---

183 Knoll, Porzellanmanufaktur, S. 127 f.

Außenlager, die zwischen 200 und 300 Häftlinge aufnahmen. Sechs davon waren für die Luftrüstungsunternehmen Messerschmitt AG, BMW, Dornier und Anorgana eingerichtet worden. Die Außenlager Mittergars und Thalham gehörten als kleinste Lager zum OT-Außenlagerkomplex Mühldorf. Gründungszeitpunkte und geografische Lage dieser Außenlager folgten keinem Entwicklungsschema.

Gleiches lässt sich auch für vier weitere Außenlager festhalten, die für mehr als 300 und weniger als 500 Gefangene eingerichtet worden waren.

| AL Saulgau | 400 Häftlinge | Luftschiffbau Zeppelin GmbH |
| AL Landsberg Fliegerhorst | 400 Häftlinge | Messerschmitt AG, Dornier Werke |
| AL Weißsee | 450 Häftlinge | Reichsbahndirektion München |
| AL Kaufering X | 400 Häftlinge | OT |

### 3.5.4. Außenlager mit 500 bis 1000 Häftlingen

Die 15 Außenlager des KZ Dachau, in denen zwischen 500 und 1000 Häftlinge untergebracht waren, entstanden alle im Umfeld von Rüstungsproduktion und Bauprojekten überwiegend für die Organisation Todt. Zum Bau einer Luftfahrtforschungsanstalt in Ottobrunn waren mindestens 600 Häftlinge eingesetzt, die in einem ehemaligen Zwangsarbeiterlager untergebracht waren. In den vier Außenlagern Augsburg-Kriegshaber, Bäumenheim, Kempten und München-Giesing mit einer Belegung von rund 500 Insassen arbeiteten Gefangene in rüstungsrelevanter Produktion für die Augsburger Michelwerke, Messerschmitt, U. Sachse KG und die AGFA Kamerawerke. Noch mehr Häftlinge, jeweils zwischen 700 und 1000, beschäftigte BMW in Blaichach und Trostberg sowie Messerschmitt in Gablingen und Kottern. Die Gründung der Außenlager Eching, Landshut und Rothschwaige mit je 500 Häftlingen erfolgte für Bauvorhaben der Organisation Todt. Dazu zählte auch das mit 600 Häftlingen belegte Außenlager Kaufering V in Utting und das Außenlager Karlsfeld OT mit etwa 750 Gefangenen. Die rund 800 Außenlagerhäftlinge von Überlingen wurden ebenfalls für Untertageverlagerungsbauten eingesetzt.

Als erste Außenlager dieser Größenordnung entstanden bereits 1943 die Lager Kempten und Kottern. Alle anderen Außenlager mit diesen Häftlingszahlen für Rüstungsproduktionszwecke folgten erst im Verlauf des Jahres 1944 und standen vielfach in Verbindung mit der Dezentralisierung von Produktionsstätten zum Schutz vor Luftangriffen. Im März und April 1945 erfolgte nur noch die Gründung zweier OT-Außenlager in Utting (Kaufering V) und Eching.

### 3.5.5. Außenlager mit mehr als 1000 Häftlingen

In 17 Außenlagern des Konzentrationslagers Dachau waren mehr als 1000 Häftlinge untergebracht. Sie standen einerseits in Verbindung mit Baumaßnahmen der Organisation Todt oder der Dynamit AG und andererseits mit der Rüstungsfertigung der Firmen Messerschmitt und BMW. Allein sieben der Kauferinger Außenlager (Lager I, II, III, IV, VI, VII, XI) fassten jeweils mehr als 2000 Häftlinge und zwei der Mühldorfer Außenlager, M1 und Waldlager V/VI, mehr als 2250 Gefangene. Eines der belegungsmäßig größten Außenlager des KZ Dachau war das Kauferinger Lager I mit 3000 bis 5000 Gefangenen. Ebenfalls unter Leitung der OT waren in der SS-Fahr- und Reitschule München-Riem gegen Kriegsende mehr als 1500 Gefangene untergebracht, die Bombenschäden am Flughafen beheben mussten. Jedoch ist bei dieser Zahl zu berücksichtigen, dass das Außenlager München-Riem Ende April 1945 auch Ziel von Evakuierungstransporten aus Dachau, Stutthof und anderen Lagern war. In Riederloh begannen circa 1300 Häftlinge den Bau einer Zündhütchenfabrik der Dynamit AG Berlin. Etwa 1200 Gefangene waren im Außenlager Friedrichshafen inhaftiert, die sowohl in der Fertigung eingesetzt waren als auch zur Untertageverlagerung mehrerer ortsansässiger Firmen einen Bunker bauen mussten.

Die Außenlager mit der höchsten Belegung, deren Insassen für die Rüstungsindustrie arbeiten mussten, existierten in Allach für BMW mit circa 4500 und in Lauingen für Messerschmitt mit etwa 3000 Gefangenen. Auch an anderen Orten waren Außenlager mit mehr als 1000 Häftlingen für die Messerschmitt AG errichtet worden:

| AL Haunstetten | 2695 Häftlinge | Messerschmitt AG |
| AL Augsburg-Pfersee | 2000 Häftlinge | Messerschmitt AG |
| AL Burgau | 1000 Häftlinge | Messerschmitt AG |

Für den Gesamtzeitraum ergeben sich aus der Summe aller bekannten Höchstbelegungszahlen insgesamt mehr als 64 100 Dachauer Außenkommando- und Außenlagerhäftlinge. Aufgrund der Quellenlage ist jedoch die tatsächliche Zahl der Gefangenen, die Dachauer Außenkommandos und -lager während ihrer Haftzeit durchliefen, nicht rekonstruierbar. Da Anfang April 1945 die erste Evakuierungswelle von Dachauer Außenkommandos und -lager begonnen hatte, ist es nachvollziehbar, dass die quellenmäßig gestützte Gesamtzahl der Außenkommando- und Außenlagerhäftlinge im November 1944 mit 40 719[184] höher lag als die nächste Quellenangabe am 3. April 1945 mit 29 739.[185]

Nach einer Aussage von SS-Sturmbannführer Martin Weiss, der von September 1942 bis November 1943 Kommandant des Konzentrationslagers Dachau war, befanden sich während seiner Amtszeit in den Außenkommandos und -lagern 6000 bis 7000 Häftlinge, im Stammlager etwa 7000 bis 8000.[186] Diese Angaben decken sich für das Jahr 1942 mit den durchschnittlichen Jahresbelegungen, die der Überlebende Hans Kaltenbacher rekonstruierte.[187] Im Jahr 1943 zeigte sich nach den ersten Außenlagergründungen in Haunstetten, München-Riem, Allach, Friedrichshafen, Kempten und Kottern jedoch schon eine veränderte Häftlingsverteilung. Damals befanden sich bereits mehr Häftlinge in Außenkommandos und -lagern als im Stammlager Dachau. Aufgrund der starken Zunahme an Außenkommando- und -lagergründungen im Jahr 1944 und 1945 setzte sich diese Entwicklung bis zum Kriegsende fort.

## 3.6. Lagertopografien

Die Errichtung des KZ Sachsenhausen 1936 markierte den Beginn eines neuen und erweiterungsfähigen Typus eines Konzentrationslagers, das nach sorgfältigen architektonischen Planungen als idealtypisches Lager errichtet wurde.[188] Spätestens seit 1938 kann von einer Konzentrationslagerarchitektur gesprochen werden, die sich an einer „Geometrie des totalen Terrors" orientierte. Dies traf für das KZ Dachau erst mit der Umbauphase 1937/38 zu.[189] Für die Dachauer Außenkommandos und -lager galten keine einheitlichen baulichen

---

184 Stärkemeldung der Dachauer Außenlager, 29. 11. 1944, DaA A 82.
185 Stärkemeldung der Dachauer Außenkommandos, 3. 4. 1945, DaA 404.
186 Aussage Martin Gottfried Weiss, 30. 10. 1945, NARA Trials of War Criminals RG338 B289.
187 Hans Kaltenbrunner, Unveröffentlichtes Manuskript über das KL Dachau, n. d., DaA 17 808.
188 Günter Morsch, Oranienburg – Sachsenhausen, Sachsenhausen – Oranienburg, in: Herbert/Orth/Dieckmann, Konzentrationslager, Bd. 1, S. 116; Hartung, Gestalterische Aspekte von NS-Konzentrationslagern.
189 Endlich, Gestalt des Terrors, S. 218.

Richtlinien. Trotz aller Hinweise, die aus Berichten von Zeitzeugen und überlieferten Dokumenten über die Topografie von Dachauer Außenkommandos und -lager existieren, bleibt diese für die meisten Lager unklar. In vielen Fällen streifen die Berichte dieses Thema nur am Rande und gewähren nur oberflächliche Einblicke in die jeweilige Baugestalt. In mehr als 30 Fällen sind heute keine Informationen über die Baubeschaffenheit der Außenkommandos und -lager überliefert.

Sofern bekannt, richtete sich die Topografie nach den vor Ort gegebenen Sicherheitsaspekten. Darum zeigten sich für Dachauer Außenkommandos und -lager variable Topografien. Vor 1942 wurden keine Lageranlagen gebaut, sondern für alle Außenkommandos ohne Ausnahme bestehende Baulichkeiten übernommen. In dieser Hinsicht ähneln sie der „eher zufälligen Lagervielfalt der Anfangsphase"[190] der frühen Konzentrationslager.

Die ersten Außenkommandohäftlinge waren 1933 im Gut Dinkler untergebracht, das Kommando der Schwester Pia wurde ab 1938 im Badehaus ihres Anwesens einquartiert, für die Häftlinge im Außenkommando Sudelfeld Berghaus wurde zunächst ein alter Kuhstall umfunktioniert, seit 1939 schliefen die Gefangenen in einer Garage, bevor sie eine Holzbaracke errichten mussten. Die Häftlinge, die in St. Gilgen für Lagerkommandant Loritz eine Villa bauten, waren zunächst im Gemeindegefängnis untergebracht, bis sie 1941 auf dem Anwesen in eine Garage umzogen. Innerhalb von SS-Kasernen oder Schulungseinrichtungen waren Gefangene in Kellern, einzelnen Stuben oder Sälen einquartiert wie in Bad Tölz, St. Johann, Nürnberg, Radolfzell, Ellwangen, Heidenheim, SS-Standortkommandantur Bunkerbau und die männlichen Gefangenen des Außenkommandos Hausham. Seit Anfang Oktober 1941 befanden sich Häftlinge aus Dachau in der Schleißheimer Berufsschule für invalide SS-Angehörige, zunächst bezogen sie ihr Quartier im Keller eines zum Areal gehörenden Bauernhofs. Erst nach und nach begann der Ausbau des Lagerareals.

Aber auch über das Jahr 1942 hinaus waren die Außenkommandos, die für die SS eingesetzt wurden, tendenziell nicht in eigens zu diesem Zweck errichteten Lagerbauten untergebracht, sondern in Scheunen,[191] Blockhütten,[192] Ställen[193]

---

190 Ebenda, S. 211.
191 Zutreffend für AK Schlachters und Königsee.
192 Zutreffend für AK Spitzingsee und Valepp.
193 Zutreffend für AK Dachau Pollnhof.

und Kellern,[194] in landwirtschaftlichen Gutsbetrieben[195] oder ehemaligen Hotels.[196]

In diesen Außenkommandos herrschten nicht selten primitive Verhältnisse, wenn keine adäquaten sanitären Anlagen vorhanden waren. Auf Bauernhöfen oder Gutsbetrieben durften die Gefangenen meist vorhandene Waschräume und Toiletten benutzen. In diesem Sinne kann hier nicht von einer eigenständigen baulichen Lagerstruktur gesprochen werden. Vielmehr waren die Häftlinge in ein mehr oder weniger funktionales Umfeld integriert.

Gekocht wurde entweder in vorhandenen Küchen oder unter freiem Himmel. Der ehemalige Häftling Paul Wauer berichtete von einer mobilen Feldküche im Außenkommando St. Gilgen.[197] Ähnliche Verhältnisse fanden sich bei den mobilen sechs Mann starken Bombensuch- oder Sprengkommandos wieder, die je nach Möglichkeit in kommunalen Gefängnissen, Schulen, Gasthöfen oder Privatunterkünften übernachteten und häufig anderenorts verpflegt wurden.

Erst mit der Ausweitung des Arbeitseinsatzes von KZ-Häftlingen für die Kriegswirtschaft setzten allmählich strukturierte Baumaßnahmen für die Außenkommandos und -lager ein, wenn diese auch nicht für alle Einsatzorte Anwendung fanden. Im Gegensatz zu der vergleichsweise provisorischen Unterbringung von SS-eigenen Außenkommandos waren seit 1942 die Betriebe, die KZ-Häftlinge als Arbeitskräfte anforderten, dazu gezwungen, die Unterbringungsfragen nach vorgegebenen Regeln im Vorfeld zu klären.[198] Das erste zu diesem Zweck neu errichtete Lagerareal für Dachauer Außenkommandohäftlinge entstand im März 1942 in München-Sendling. Für den 1941 ins Stocken geratenen Bau des Grunowerkes in der Koppstraße erhielt der Architekt Karl Bücklers 40 Handwerker aus Dachau zugewiesen. Doch bevor die eigentlichen Baumaßnahmen dort fortgesetzt wurden, errichteten die Häftlinge am westlichen Rand der Baustelle eine hölzerne Unterkunftsbaracke, wo sie in Stockbetten schliefen. Um das rechteckige Lagergelände zogen sie einen Stacheldrahtzaun, versehen mit zwei Wachtürmen. Ein Teil der Baracke war für den Kommandoführer

---

194 Zutreffend für AK Oberstdorf.
195 Zutreffend für AK St. Lambrecht, Schloss Lind, Liebhof, Halfing, Valepp Bauer Marx, Schloss Itter, Fridolfing, Pabenschwandt, Thansau, Bad Oberdorf, Fischhorn.
196 Zutreffend für die AK München Parteikanzlei, Plansee, Garmisch.
197 Bericht von Paul Wauer, n. d., GAZJ Selters LB Wauer, Paul.
198 Kaienburg, Vernichtung durch Arbeit, S. 286; Schulte, Zwangsarbeit und Vernichtung, S. 391.

und die elf SS-Posten abgetrennt.[199] Auch die Wachen des Außenkommandos München Ehrengut schliefen zwischen April und November 1942 noch mit den Häftlingen in einer Baracke auf dem Werksgelände des Sägewerkes. Der Kommandoführer Theodor Stutz-Zenner allerdings übernachtete in einem Wohnhaus neben der Unterkunftsbaracke.[200] Über die Befestigung dieses Lagers ist nichts bekannt. Ähnlich war die Topografie des Außenkommandos München Bartolith strukturiert. In der Firmenchronik von 1948 findet sich ein Lageplan des Außenkommandos aus dem Jahr 1943 (Abb. 4). Hier existierte seit August 1942 eine Baracke, in der neben den Häftlingen auch die sechs Wachmänner untergebracht waren.[201]

Auch die Topografie des Außenkommandos Heppenheim legt nahe, dass hier noch andere Maßstäbe angesetzt wurden als für die Barackenlager oder Hüttenunterkünfte der Jahre 1944 und 1945. In Heppenheim waren seit 1941 50 Häftlinge in einer bereits bestehenden Baracke hinter den Mannschaftsunterkünften der Polizeischule untergebracht. Die Gefangenen teilten sich zwar die Holzbaracke nicht mit ihren Bewachern, verfügten aber neben dem Schlafraum über einen separaten Aufenthaltsraum.[202]

Diese Aufteilung der Unterkünfte zeigt Parallelen zu den Verhältnissen in den Baracken des Stammlagers Dachau. Mit der Erweiterung des Konzentrationslagers waren 1938 in den Stuben der Holzbaracken je ein Wohn- und Schlafraum eingerichtet worden.[203] Aufgrund der zunehmenden Überfüllung des KZ wurden die Aufenthaltsräume zu Unterkünften umfunktioniert.[204] Auch in den Außenkommandos und -lagern der letzten beiden Kriegsjahre war kein Platz mehr für Aufenthaltsräume und vor allem gab es eine strikte Trennung der Unterkünfte von SS-Wachmannschaften und Gefangenen.[205]

199 Zeugenvernehmung Jozef Chmielowski, 7. 2. 1975, Staatsanwaltschaft München Mü I 320u Js 201656/76.
200 Eidesstattliche Erklärung Max Ehrengut, 20. 8. 1947, NARA Trials of War Criminals RG338 B323.
201 Lageplan in der Chronik der Bartolith Werke, o.O., 1948, StAM Stanw 22 491; Lagerskizze von Franz Pavella, 30. 7. 1974, BArchL B 162/25 876.
202 Aussage Rudolf Lucaß, 7. 10. 1969; Aussage Gustav Pappendick, 12. 2. 1969, beide: BArchL B 162/3959.
203 Zámečník, Das war Dachau, S. 89.
204 Ebenda, S. 365.
205 Zum AL Allach BMW vgl. Lagerplan SS-Arbeitslager Allach, Abb. 5; zum AK Hallein vgl. Lagerskizze von Nikolaus Fürth, 19. 3. 1974, Staatsanwaltschaft München I Mü I 320u Js 202 387/76; zu den ALK Kaufering/Landsberg und Mühldorf vgl. Raim, Dachauer KZ-Außenkommandos, S. 212 f.

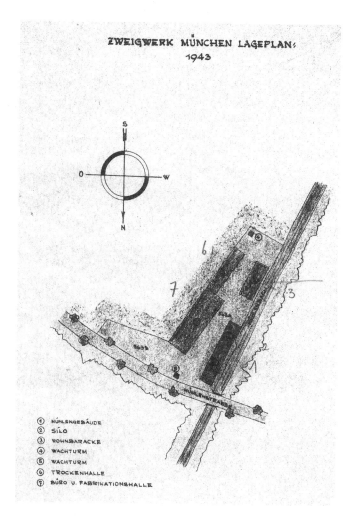

*Abb. 4: Lageplan des Zweigwerks München Bartolith, 1943.*

Anhand des Außenlagers Allach BMW lässt sich die Entwicklung eines Lagerbaues nachzeichnen. Die ersten Häftlinge, die im März 1942 im BMW „Schattenwerk" Allach arbeiten mussten, pendelten noch täglich zwischen der Unterkunft im KZ Dachau und dem Arbeitsplatz in Allach. Dann folgte im März 1943 die Unterbringung der Dachauer Häftlinge in primitiven und verschmutzten Pferdeställen:

„Stacheldraht umgab, von turmartigen Bauten unterbrochen, eine Anzahl von Baracken. Es war das ‚Arbeitslager' Allach. Wir marschierten durch die Tore (unter ‚Mützen ab!'). Nicht als Sieger, nein, als Besiegte fühlten wir uns. Denn was wir da vor uns sahen, gab einen trostlosen Anblick ab. Puh, schmutzig grau starrten uns die Hütten entgegen, die sich bei näherem Zusehen als Pferdeställe entpuppten, ohne Fenster, nur mit lukenartigen Öffnungen versehen, die unterhalb des Daches angebracht waren. [...] Das Halbdunkel, das hier herrschte, breitete einen barmherzigen Schleier über die Verwahrlosung, welche das Innere zu einem Zigeunerwigwam machte. Von Spinden keine Spur; nur in den Lattengestellen, auf denen dürftige Strohsäcke mit schmutzigen Decken lagen, hatten sich schon vor uns Gäste einquartiert, die uns nachts das Leben schwer zu machen versprachen: Läuse, Wanzen und sogar das Geschlecht der Flöhe."[206]

Erst im Frühjahr 1943 begann der Bau eines weitläufigen Außenlagerkomplexes. Bis zum Kriegsende umfassten die Außenlager Allach BMW und Karlsfeld OT 30 Bauten, darunter Funktionsbauten wie ein Wirtschaftsgebäude mit Küche, Waschräumen, separate Unterkunftsbaracken für Gefangene und die Wachmannschaften, die SS-Kommandantur mit Lagerkanzlei, einen Appellplatz sowie als „Sondereinrichtung" einen Arrestbau. Das gesamte Gelände war mit elektrisch geladenem Stacheldrahtzaun und Wachtürmen umgeben – mit einem KZ-spezifischen Torgebäude als Eingang (Abb. 5).

Standen für einen geplanten Einsatz keine Quartiere für die Häftlinge zur Verfügung, mussten Baracken oder Behelfsunterkünfte errichtet werden, entweder durch externe Arbeitskräfte oder durch ein sogenanntes Vorkommando von KZ-Häftlingen. In beiden Fällen musste das privatwirtschaftliche Unternehmen für die Kosten aufkommen. So bauten etwa 100 KZ-Gefangene das Außenlager Friedrichshafen im Juni 1943 auf, bevor die Arbeitskräfte für die Fertigung eintrafen.[207] Häftlinge des Außenlagers Augsburg-Pfersee fuhren seit September 1944 tageweise nach Horgau, um hier das Waldlager zu errichten, in dem ab März 1945 ein Produktionskommando für Messerschmitt tätig war.[208] Weitere Vorkommandos zum Lageraufbau sind für die Außenkommandos Dachau Entomologisches Institut, Oberstdorf Birgsau, Seehausen, St. Johann, St. Lambrecht und für die Außenlager Saulgau und Burgau bekannt.[209] Dabei entstanden

---

206 Gross, Zweitausend Tage Dachau, S. 140 f.
207 Brief Alexander Moskala an ITS Arolsen, 6. 3. 1950, StAM Stanw 34 826; Aussage Peter Bartl, 1. 12. 1971, StAM Stanw 34 814/2.
208 Wolfgang Kucera, Horgau, in: Benz/Distel, Ort des Terrors, Bd. 2, S. 350.
209 Vgl. die einzelnen Beiträge in: ebenda.

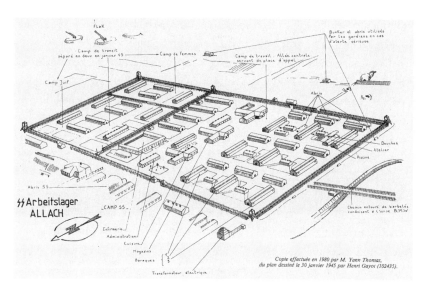

*Abb. 5: Lageplan SS-Arbeitslager Allach von Henri Gayot, 30. April 1945.*

nicht nur die Unterkünfte für die angeforderten KZ-Häftlinge, sondern mitunter auch Produktionsstätten, die späteren Arbeitsplätze der Gefangenen.

Mancherorts kehrten die Vorkommandos nach Fertigstellung der Lager- und Produktionsbauten in das Stammlager Dachau zurück, bevor andere Häftlinge in die neuen Unterkünfte überstellt wurden.[210] Aber nicht immer existierte eine klare Trennung zwischen Vor- und Außenkommando beziehungsweise Außenlager.[211] Blieb ein Vorkommando vor Ort, bekamen die Gefangenen nach dem Lagerbau andere Arbeiten zugewiesen. So erging es beispielsweise Wladislaus Krystofiak, der im Juli 1943 nach Oberstdorf kam und hier zunächst zum Barackenbau eingesetzt war. Nach Fertigstellung blieb er bis Kriegsende Koch dieses Außenkommandos.[212] Der ehemalige politische Häftling Gustav Alfred Carl arbeitete im März 1943 in Allach beim Lageraufbau. Später wurde er Kapo in der Bekleidungskammer vor Ort.[213] Im Außenkommando Schloss Itter bauten 27 Gefangene des Vorkommandos das Schloss als Internierungslager für

---

210 Zum AL Haunstetten vgl. Aussage Karl Kapp, 14. 11. 1956, StAM Stanw 34 588/2.
211 Zum AK München-Sendling vgl. Aussage Kazimierz Sliwa, 15. 1. 1975, Staatsanwaltschaft München I Mü I 320u Js 201 656/76; zum AL Burgau vgl. Aussage Abraham Herzberg, 16. 11. 1969, Staatsanwaltschaft München I Mü I 120 Js 18 815/75 a–c, Bd. 1.
212 Aussage Wladislaus Krystofiak, 13. 8. 1966, StAM Stanw 34 654.
213 Aussage Gustav Alfred Carl, 31. 8. 1967, StAM Stanw 34 706.

prominente Geiseln um. Sieben verblieben im Anschluss für Haus- und Reinigungstätigkeiten oder arbeiteten in der Landwirtschaft.[214]

Großflächige Lagerneubauten entstanden nur an den Außenlagerstandorten Allach BMW mit dem angrenzenden Außenlager Karlsfeld OT sowie Saulgau, Gendorf, Kottern, Germering, Gablingen, Lauingen, Fischhorn, Überlingen, Fischen, Horgau, Burgau, Eching und teilweise in den Außenlagerkomplexen der Untertageverlagerung. Von fünf dieser Außenlager sind Lagerskizzen überliefert, wenn auch keine zeitgenössischen: Allach BMW mit dem Außenlager Karlsfeld OT,[215] Kottern,[216] Germering,[217] Überlingen,[218] Burgau.[219]

Die Pläne verdeutlichten, dass in diesen Außenlagern bereits eine klare Trennung von Wohn- und Wirtschaftsbaracken vollzogen war. Es existierten neben einem Appellplatz Schreibstuben und Wäschereien, Magazine und Küchen. In Allach und Burgau waren zeitweise auch weibliche Häftlinge inhaftiert, deren Unterkünfte von denen der männlichen Gefangenen separiert waren. Alle Lagerskizzen dieser Außenlager zeigen eine ausgeprägte Befestigung in Form von Stacheldrahtzäunen und Wachtürmen. Allach BMW, das von seiner Topografie als das baulich am weitesten entwickelte Dachauer Außenlager angesehen werden kann, verfügte darüber hinaus über einen eigenen Bunker und eine Desinfektion. Dem Haupttor vorgelagert gab es ein SS-Lager, in dem die Kommandantur und die Wachmannschaften untergebracht waren.

Zeitgleich mit diesen eigenständigen Lagerbauten gab es seit 1943 aber auch gegenläufige Entwicklungen. Damals entstanden zahlreiche Außenkommandos und -lager im Zuge der Dezentralisierung rüstungsrelevanter Betriebe in andere Fertigungsstätten. In diesen Fällen wurde auf vorhandene Räumlichkeiten zurückgegriffen, wie es überwiegend bei den Allgäuer Außenlagern praktiziert wurde. Das Gelände der Allgäuer Spinnerei und Weberei in Kempten wurde in eine Fertigungsanlage der U. Sachse KG für Zubehör von Jagdflugzeugen umgewandelt und diente anfangs auch als Unterkunft für die im Außen-

---

214 Matejka, Anregung, S. 107. Zvonimir Čučković, Zwei Jahre auf Schloß Itter, unveröffentlichtes Manuskript, n. d., DaA 20 134.
215 Lagerskizze des SS Arbeitslagers Allach, 30. 4. 1945, DaA A 85.
216 Lagerskizze des Außenlagers Kottern, n. d., NARA Trials of War Criminals RG158 B226.
217 Lagerskizze der getroffenen Gebäude Dornier Werke Friedrichshafen & München, US Strategic Bombing Survey, 1. 10. 1945, PRO London AIR 48/15.
218 Lagerskizze von Anton Jež, n. d., DaA A 406.
219 Lagerskizze des Außenlagers Burgau, n. d., NARA Trials of War Criminals RG338 B310.

lager Kempten eingesetzten Häftlinge.[220] Erst im April 1944 zogen die Gefangenen in die Tierzuchthalle nahe des Kemptener Bahnhofs um. Das Außenlager Kaufbeuren war ebenfalls im vierten Stock des Fabrikgebäudes einer ehemaligen Spinnerei untergebracht.[221] Um das Haus war ein zwei Meter hoher Stacheldrahtzaun gezogen. In zwei Sälen schliefen die Häftlinge zu viert in je einem Holzbett. Darüber hinaus existierte ein Krankenrevier mit acht Betten. Und auch aus Blaichach wird berichtet, dass Häftlinge auf zwei Stockwerken der Allgäuer Spinnerei und Weberei Blaichach untergebracht waren, getrennt nach Tag- und Nachtschicht.[222] Es existierte ein Krankenrevier. Um das Gebäude war ein Stacheldrahtzaun gezogen worden und es gab Wachtürme.[223]

Die Häftlinge des Außenlagers Lauingen waren zunächst in den von der Messerschmitt AG gemieteten Kellern der Firma Födel & Böhm für Landmaschinen und der Tuchfabrik Ernst Feller untergebracht, bevor aufgrund der katastrophalen hygienischen Verhältnisse Anfang 1945 ein Barackenlager errichtet wurde, das von einer Ziegelmauer umgeben wurde.[224] Ebenfalls in einem Messerschmitt-Auslagerungsbetrieb, untergebracht in einem dreigeschossigen Ziegelrohbau der Landmaschinenfabrik Dechenreiter, befand sich das Außenlager Bäumenheim.[225] Im zweiten und dritten Obergeschoss schliefen die Gefangenen, eine Küche mit Magazin war im Erdgeschoss eingerichtet. Um das Gebäude zog sich ein Stacheldrahtzaun. Die etwa 50 SS- und Wehrmachtsangehörigen waren mit dem Lagerführer in einem angrenzenden Bau untergebracht.

Neben ehemaligen Industrieanlagen wurden auch Zwangsarbeiter- oder Kriegsgefangenenunterkünfte für KZ-Häftlinge genutzt. Auf diese Weise konnten beispielsweise im Februar 1943 die Messerschmitt Werke in Augsburg innerhalb von wenigen Tagen 22 Holzbaracken, die zuvor von Kriegsgefangenen genutzt worden waren, als Unterkunft für KZ-Häftlinge des Außenlagers Haunstetten bereitstellen.[226] In Markt Schwaben befand sich nahe dem Bahn-

---

220  Interrogation Georg Grein, 14. 6. 1947, NARA Trials of War Criminals RG153 B226.
221  Vernehmungsniederschrift Matthäus Mosgan, 8. 7. 1969, StAM Stanw 34817/1; Lacombe, Kaufbeuren, S. 19.
222  Interrogation Theodor Stutz-Zenner, 20. 5. 1947, NARA Trials of War Criminals RG338 B323.
223  Römer, Für die Vergessenen, S. 119.
224  Aussage Feliks Szymanczak, 6. 12. 1969, Staatsanwaltschaft München I Mü I 120 Js 18815/75 a–c, Bd. 1; Albert Knoll/Zdenek Zofka, Lauingen, in: Benz/Distel, Ort des Terrors, Bd. 2, S. 385 f.
225  Wittmann, Weltreise nach Dachau, S. 223 ff.
226  Kucera, Fremdarbeiter, S. 73.

hof ein Außenkommando in zwei Baracken eines ehemaligen Kriegsgefangenenlagers. In einer der Baracken mit vergitterten Fenstern, umgeben von zweireihigem Stacheldrahtzaun sowie einem Wachturm, waren Häftlinge des Außenkommandos Markt Schwaben untergebracht.[227] Inmitten eines Wohngebietes richtete die Luftfahrt-Forschungsanstalt München in Ottobrunn ein Kriegsgefangenenlager ein. Seit Mai 1944 waren dort, von den Unterkünften der Lagermannschaft durch Stacheldrahtzäune separiert, Häftlinge des Außenlagers Ottobrunn einquartiert.[228] Auch in Neuburg an der Donau waren die im Februar und März 1945 eingesetzten Außenkommandohäftlinge zur Bombenentschärfung in einem Kriegsgefangenenlager untergebracht.[229] Von einem Zwangsarbeiterlager der Firma Luftschiffbau Zeppelin GmbH in Friedrichshafen trennte man einen Teil mit Stacheldraht ab. Ein 100 Mann starkes Vorkommando musste sechs Unterkunftsbaracken, eine Wasch- und Latrinenbaracke sowie eine Krankenbaracke mit Magazin errichten. Das Außenlager war mit Stacheldraht, Starkstrom, Flutlicht und Scheinwerfern gesichert. Die weiblichen Häftlinge des Außenlagers München-Giesing teilten sich mit zivilen Zwangsarbeiterinnen ein noch nicht fertig gestelltes Wohnhaus, allerdings waren die beiden Lagerteile mit Stacheldraht voneinander getrennt.[230]

Charakteristisch für die Außenlager der Untertageverlagerung in Kaufering/Landsberg und Mühldorf unter Leitung der OT war, dass dort keinerlei Vorkehrungen für die ankommenden Gefangen getroffen wurden. Vielfach mussten die Häftlinge des ersten Transports selbst die Unterkünfte errichten und zwischenzeitlich unter freiem Himmel kampieren. Vorkommandos gab es nicht. Der ehemalige Gefangene Mor Stern berichtete über seine Ankunft im Außenlager Mühldorf Waldlager V/VI:

„Ich wurde Ende August 1944 vom Konzentrationslager Dachau nach Mühldorf bzw. zuerst in das Waldlager V oder VI überstellt. Das Lager war damals erst im Aufbau, so dass kein Trinkwasser und auch keine sanitären Einrichtungen vorhanden waren."[231]

227 Aussage Jan Marian Ponikowski, 28. 1. 1971, darin auch eine Lagerskizze, BArchL B 162/28 398.
228 Helge Norseth, Gefangen und doch frei. Der Weg eines jungen Norwegers durch norwegische und deutsche KZs, Stuttgart 1995, S. 145.
229 Max Direktor, Neuburg, in: Benz/Distel, Ort des Terrors, Bd. 2, S. 451.
230 Lingens, Erinnerungen, S. 29; Lageplan über die Erstellung einer Wirtschaftsbaracke, Block II, 24. 8. 1944, Lokalbaukommission München, Weißenseestraße.
231 Aussage Mor Stern, 11. 8. 1971, StAM Stanw 31 503/3.

Abb. 6: *Erdbaracken in Kaufering IV (Hurlach) kurz nach der Befreiung, 1945.*

Bis zum Kriegsende waren die Außenlager des Kaufering- sowie Mühldorfkomplexes die primitivsten Lagerbauten. Zwar funktionierte man auch bestehende Gebäude zur Außenlagernutzung um, wie in Mühldorf M1, charakteristischer für die Kauferinger und Mühldorfer Außenlager waren aber die sogenannten Finnenhütten. Dies waren in Zeltform vernagelte Sperrholzplatten, ohne Fenster und nur mit einer Tür versehen. Da diese Konstruktion sich im Winter als vollkommen unzureichend darstellte, mussten die Häftlinge folgendermaßen Erdhütten errichten:

> „[...] ein Längsgraben wurde etwa in Kniehöhe ausgehoben, zu dessen beiden Seiten ebenerdig Bretter gelegt wurden, die etwa 2 Meter lang waren. Über den Graben und die Bretter wurde ein Holzdach zeltförmig gestellt. Die Seitenwände waren aus Holz, auf einer Seite war eine Tür, auf der anderen ein Fenster. Der Aushub des Längsgrabens wurde über das Holzdach gestreut. In der Mitte der Erdhütte befand sich ein Ofen und ein Kamin."[232]

In Überlingen, ebenfalls ein Untertageverlagerungsprojekt des „Jägerstabes", war das Außenlager auf einer Wiese oberhalb der Stollenbaustelle errichtet worden. Im Gegensatz zu den Lagerbauten in Kaufering und Mühldorf bestand das Überlinger Lager aus drei Holzbaracken.[233] Doch berichteten die Überlebenden auch hier von katastrophalen Verhältnissen.

232 Edith Raim, Kaufering, in: Benz/Distel, Ort des Terrors, Bd. 2, S. 154.
233 Puntschart, Heimat ist weit, S. 124 f.

## 3.7. Resümee

Gemäß den hier vorgenommenen Begriffsdifferenzierungen existierten zwischen 1933 und 1945 insgesamt 140 Standorte von Häftlingszwangsarbeitseinsätzen mit Unterkunft außerhalb des KZ Dachau, darunter 94 Außenkommandos und 46 Außenlager. Außenkommandos unterschieden sich von Außenlagern durch geringere Organisations- und Verwaltungsstrukturen vor Ort.

Der Entstehung von Außenkommandos und -lagern gingen mancherorts Arbeitseinsätze von Innenkommandos voraus, häufig mit identischer Häftlingsbesetzung. Die Verwaltung von Außenkommandos und -lagern konnte an ein anderes Stammlager übergehen und damit in den KL-Akten als neuer Standort auftauchen. Dabei handelte es sich nicht um Neugründungen oder Schließungen, die Häftlinge blieben in der Regel vor Ort und wurden lediglich einem anderen Konzentrationslager zugeordnet. Außerdem wurde von hochrangigen SS-Funktionären unmittelbar Einfluss auf Errichtungen von Außenkommandos genommen. Mit der zunehmenden Zentralisierung des Häftlingsarbeitseinsatzes hatte sich bis 1942 ein bürokratischer Ablauf entwickelt, der auch privatwirtschaftlichen Unternehmen Gesuche um Häftlingsabstellungen ermöglichte.

Mehrheitlich existierten Dachauer Außenkommandos und -lager bis Anfang April 1945. Frühere Schließungen konnten nach Beendigung von Arbeitsprojekten, aufgrund schlechter Wetterverhältnisse, Fehlverhaltens der Häftlinge oder nach der Zerstörung der Lager- oder Produktionsanlagen durch alliierte Luftangriffe erfolgen. Die Endphase der Dachauer Außenkommandos und -lager ist äußerst vielschichtig. Einerseits wurden kleinere Außenkommandos bereits seit Anfang April 1945 in das Stammlager rücküberstellt, andererseits übernahmen die großen Hauptaußenlager die Funktion von Sammelstellen anderer evakuierter Außenkommandos und -lager. Teilweise wurden Gefangene weiter nach Dachau transportiert, dort in den Evakuierungsmarsch eingereiht oder im Lager befreit. Andere mussten aus den Außenlagern direkt in Richtung Süden am Todesmarsch teilnehmen. Darüber hinaus entwickelten sich einzelne Sterbelager in Kaufering IV und Saulgau für die marschunfähigen und kranken Häftlinge. Etwa ein Viertel der Außenkommandos und -lager wurde nicht geräumt. Hier blieben den Gefangenen die mörderischen Strapazen der Evakuierungsmärsche erspart, und sie wurden von alliierten Soldaten befreit. In wenigen Ausnahmen hatten die Kommando- oder Lagerführer selbst die Häftlinge in die Freiheit entlassen. Vor allem für die südlich des Stammlagers gelegenen Außenkommandos und -lager, die nicht geräumt oder geschlossen worden waren, erfolgte die Befreiung durch die alliierten Truppen.

Die Chronologie Dachauer Außenkommandos und -lager zeigt, dass zwischen 1933 und 1942 ausschließlich Außenkommandos existierten, die überwiegend dem Umfeld der SS zuzuordnen waren. Im Jahr 1942 lässt sich eine signifikante Zunahme von Außenkommandos festhalten, erstmals wurden nun KZ-Häftlinge an kriegswichtige Betriebe überwiegend im Großraum München abgestellt. Im Februar 1943 entstanden die ersten beiden Außenlager des KZ Dachau, eines für Baumaßnahmen der Organisation Todt und eines für Fertigungszwecke der Luftrüstungsindustrie. Diese beiden Tätigkeitsbereiche avancierten in den folgenden Jahren zu den wesentlichen Arbeitseinsätzen von Dachauer Außenlagerhäftlingen. Das Jahr 1944 und ganz besonders die zweite Jahreshälfte stechen durch seine besonders hohe Zahl an Neugründungen oder Ersterwähnungen von Außenkommandos und -lagern hervor. Damals entstanden die ersten Außenlager der Verlagerungsprojekte in Kaufering/Landsberg und Mühldorf unter Leitung der Organisation Todt. Parallel dazu entwickelten sich auch für die Luftrüstung von BMW, Messerschmitt und Dornier große Außenlagerkomplexe in Allach, Schwaben und im Allgäu. 1945 setzte sich die Expansion der Dachauer Außenkommandos und -lager weiter fort. Die meisten Ersterwähnungen standen jedoch nun im Zusammenhang mit Bombenentschärfungs- und Aufräumkommandos nach Luftangriffen.

Bezüglich der geografischen Ausdehnung sind mehrere Ballungszentren von Dachauer Außenkommandos und -lager auszumachen. Diese waren der Großraum Dachau, Allach und München, denen knapp 30 Prozent aller Dachauer Außenkommandos und -lager zuzuordnen sind. Die beiden größten Außenlagerkomplexe Kaufering/Landsberg und Mühldorf nahmen die meisten der Dachauer Außenlagerhäftlinge auf. In Schwaben befand sich ein Außenlagerkomplex mit Zentrum in Augsburg, weitere Verdichtungsräume bildeten die Bodenseeregion, das Allgäu, der Chiemgau und der Großraum Salzburg in Österreich. Ein Zusammenhang zwischen Entstehungszeitpunkt und geografischer Entfernung von Außenkommandos und -lagern ist nicht nachweisbar.

Die Belegung von Dachauer Außenkommandos und -lagern variierte zwischen Einzelabstellungen und mehreren Tausend Häftlingen. Im Ganzen nahmen die Häftlingszahlen in Außenkommandos und -lagern zwischen 1933 und März 1945 zu, allerdings nicht im Sinne einer kontinuierlichen Belegungszunahme jedes einzelnen Außenkommandos oder Außenlagers. Die Summe aller bekannten Höchstbelegungen ergab mehr als 64 100 Dachauer Außenkommando- und Außenlagerhäftlinge. Die überwiegende Mehrzahl der Außenkommandos war mit weniger als 50 Häftlingen belegt. Für alle Außenkommandos zwischen 1933 und 1945 ergaben sich mehr als 3820 Gefangene. Im Jahr 1943 erfolgte die Gründung erster Außenlager, und damit ging auch eine entscheidende Zunahme von Häftlingen einher. Vor allem 1944 entstanden die größten Außenlager mit mehr als 1000 Häftlingen. Zwischen 1943 und Kriegsende waren in Dachauer Außenlagern mehr als 60 200 Gefangene inhaftiert.

Für die Topografie von Dachauer Außenkommandos und -lagern lässt sich vor allem auf die Vielzahl unterschiedlicher baulicher Gegebenheiten hinweisen. Bis 1942 erfolgte die Unterbringung der Dachauer Außenkommandos ausschließlich in vorhandenen Baulichkeiten. Mit der „Vermietung" von KZ-Häftlingen an kriegswichtige Unternehmen seit 1942 setzte die Errichtung eigenständiger Gebäude für die Unterbringung der KZ-Arbeitskräfte ein. Dies betraf sowohl Außenkommandos als auch Außenlager.

Alle Verantwortlichen waren um geringsten Aufwand bemüht und orientierten sich dabei in erster Linie an den sicherheitstechnischen Vorgaben der SS, die eine Vorbedingung für die Überstellung von Häftlingen war. Dies schloss mit ein, dass in einigen Fällen nicht einmal die Sicherung menschlicher Grundbedürfnisse gegeben war. Bei den Lagerbauten zwischen 1942 und 1945 ist ein Wandel festzustellen. Bis 1943 existierte noch keine räumliche Trennung zwischen Gefangenen und Wachpersonal, zudem standen den Häftlingen Aufenthaltsräume zur Verfügung. Seit 1943 waren Außenlager außerdem durch stärkere Befestigungsanlagen gesichert. Zu dieser topografischen Tendenz zeigt sich eine gegenläufige Entwicklung, wenn es sich bei Außenlagergründungen um Verlagerungsmaßnahmen zur Dezentralisierung von Rüstungsbetrieben handelte. Die Unterbringung der Gefangenen wurde ohne Rücksicht auf die sanitären Bedürfnisse den örtlichen Gegebenheiten angepasst und umfasste Teile von Produktionsstätten ebenso wie ehemalige Kriegsgefangenen- oder Zwangsarbeiterunterkünfte.

Die primitivste bauliche Lagerstruktur stellten die OT-Außenlager dar. Hier waren häufig bei Ankunft der Häftlinge noch keine infrastrukturellen oder baulichen Vorkehrungen getroffen worden und auch der Ausbau dieser Außenlager entsprach in keiner Weise menschlichen Grundbedürfnissen.

Die Einrichtung von Außenkommandos und -lagern impliziert nicht automatisch einen sichtbaren Neubau mit Baracken, Stacheldrahtzaun und Wachtürmen. Dies sorgt bis heute in der öffentlichen Wahrnehmung für Missverständnisse und zu vehementem Abstreiten der Existenz von Außenkommandos und -lagern.

# 4. Machtstrukturen und Handlungsoptionen

## 4.1. Lagerpersonal

In den Außenkommandos und -lagern existierte im Gegensatz zu den sechs Verwaltungsabteilungen[1] des Stammlagers Dachau eine reduzierte Verwaltung. Eine systematische Häftlingskartei wurde vor Ort nicht geführt. Stattdessen flossen im Hauptlager alle Informationen aus den Außenkommandos und -lagern zusammen, die in zentralen Karteisystemen zusammengefasst wurden. In diesem Sinne waren die Außenkommandos und -lager rein verwaltungstechnisch die ausführenden Außenstellen des Stammlagers. Personell gliederte sich die Verwaltung vor Ort in eine hierarchische Lagerführung, der in Außenkommandos ein Kommandoführer und in Außenlagern ein Lagerführer vorstand, die dem Lagerkommandanten des Stammlagers Dachau untergeordnet waren. Als Stellvertreter fungierten häufig Rapportführer, in den großen Außenlagerkomplexen unterstützt von Arbeitsdienstführern. Den Rapportführern untergeordnet waren Blockführer. Vereinzelt bekleideten sie in Außenkommandos die Position des stellvertretenden Kommandoführers. In der Regel wurde die Wachtruppe von einem Kompanieführer und Postenführern befehligt, die dem Kommando- oder Lagerführer weisungsgebunden waren.

Ende 1937 waren im SS-Übungs- und Ausbildungslager Dachau 1621 SS-Männer stationiert, doch die Kernmannschaft der Lagerverwaltung bildeten davon nur etwa 110 Männer.[2] Die SS-Sturmbanne absolvierten turnusmäßig drei Wochen Postendienst und militärische sowie politische Schulungen und wurden später in die Außenkommandos und -lager versetzt.

---

1   Diese waren seit 1935/36: Kommandantur/Adjutantur, Politische Abteilung, Schutzhaftlager, Verwaltung, Lagerarzt und Wachtruppen; vgl. Orth, Konzentrationslager, S. 39 f.
2   Statistisches Jahrbuch der Schutzstaffel der NSDAP 1938, S. 51.

### 4.1.1. Lagerführer

Höchste Verantwortliche in Außenlagern und damit die unangefochtenen Herrscher vor Ort waren die Lagerführer.[3] Sämtliche Lagerangelegenheiten, die Befehlsgewalt über Häftlinge und Wachmannschaften, Kontakte zum Stammlager, Festlegung des Strafmaßes und -vollzuges oblagen ihrer Verantwortung. Ihnen unterstand die Lagerverwaltung, zu deren reibungslosem Ablauf Rapportführer in der Schreibstube und Blockführer im Innendienst des Lagers beitrugen.

Fast täglich gingen Meldungen von Außenlagern an das Konzentrationslager Dachau mit Berichten über den Arbeitseinsatz, Anzahl der Toten und besondere Vorkommnisse. Nur die Krankenreviere unterstanden formal nicht dem Lagerführer, sondern dem SS-Standortarzt von Dachau. Doch in der Realität vor Ort hatte auch hier der Lagerführer weitreichende Einflussmöglichkeiten. Unter seiner Leitung wurden sogenannte Invaliden „selektiert" und in das Stammlager oder Vernichtungslager überstellt. Ebenso beeinflusste er maßgeblich das Ausmaß der Krankenversorgung durch Personalentscheidungen wie die Ernennung von Häftlingssanitätern und -pflegern und die Zulassung von Krankmeldungen.[4] Abgesehen von den Vorgaben des WVHA und des Stammlagers legte der Lagerführer vor Ort die Normen für den Lager- und Arbeitsalltag der Häftlinge fest und forcierte deren Umsetzung. Er bestimmte die Tagesabläufe, die Appellzeiten und den Grad der Brutalität, der von seinen Untergebenen auf die Häftlinge ausgeübt wurde.

Der niedrigste SS-Dienstgrad eines Außenlagerführers war SS-Unterscharführer, was dem militärischen Feldwebel entspricht. Der ehemalige Wehrmachtsfeldwebel Wipplinger stieg nach seiner Funktion als Rapportführer im Außenlager Kaufering III Ende 1944 zum Lagerführer auf.[5] Die Mehrzahl der Lagerführer einzelner Dachauer Außenlager waren jedoch SS-Ober- und Hauptscharführer. Ranghöher waren die Lagerführer von Hauptaußenlagern in Allach, Kaufering, Mühldorf, Friedrichshafen und Augsburg. Diese Männer waren alt gediente SS-Unter-, Ober- oder Hauptsturmführer, deren Dienst-

---

3   Lagerkommandant war keine offizielle Bezeichnung für die Lagerführer von Außenlagern, findet aber in Erinnerungen von Überlebenden und in der Nachkriegsliteratur zu Außenlagern nicht selten äquivalente Verwendung für Lagerführer.
4   Statement Benno Wolf, 6. 5. 1947, NARA Trials of War Criminals RG153 B225.
5   Statement Hermann Calenberg, 15. 11. 1946, NARA Trials of War Criminals RG153 B207.

grade denen eines Leutnants, Oberleutnants bzw. Hauptmanns entsprachen.[6] Ranghöchste Lagerführer von Außenlagerkomplexen waren seit Februar 1945 SS-Hauptsturmführer Otto Förschner in Kaufering und SS-Sturmbannführer Walter Adolf Langleis in Mühldorf. Langleis war vor seiner Versetzung nach Mühldorf zwischen September und November 1944 bereits Lagerführer des Außenlagerkomplexes Kaufering gewesen. Damit standen diese Lagerführer auch rangmäßig unter den Kommandanten des Konzentrationslagers Dachau. Martin Weiss, Kommandant zwischen September 1942 und November 1943 war SS-Sturmbannführer, sein Nachfolger und letzter Kommandant des KZ Dachau war SS-Obersturmbannführer Eduard Weiter.[7]

Überwiegend gehörten die Lagerführer dem engeren Führungskader der Konzentrationslager-SS an und hatten langjährige Erfahrungen in verschiedenen Konzentrations- und Vernichtungslagern gesammelt.[8] Es gilt aber zu berücksichtigen, dass auch Wehrmachtsangehörige durch den zunehmenden Personalmangel in hohe Funktionspositionen der Außenlagerführung aufsteigen konnten. Feldwebel Heinrich Witt beispielsweise wurde im Juni 1944 in das KZ Auschwitz kommandiert, nach einer zweiwöchigen Einweisung begleitete er einen Häftlingstransport von 1500 Gefangenen in das Außenlager Kaufering III, wo er seit dem 18. Juni 1944 als Kommandoführer eines Arbeitskommandos eingesetzt war. Knapp einen Monat später erfolgte die Ernennung zum Rapportführer und am 6. Dezember 1944 zum Lagerführer dieses Außenlagers.[9]

---

6  SS-Untersturmführer Georg Grünberg in Friedrichshafen, SS-Obersturmführer Horst Volkmar in Augsburg-Pfersee, SS-Obersturmführer Josef Jarolin in Allach BMW, SS-Hauptsturmführer Hans Aumeier in Kaufering.
7  Aufstellung der SS im KL Dachau, Kommandanten, DaA A 3807.
8  Josef Jarolin kam aus Oranienburg nach Dachau, war 1942 hier Vernehmungsführer, stieg auf zum 3. Schutzhaftlagerführer und wurde 1943 Lagerführer des Außenlagerkomplexes Allach, vgl. Aussage Josef Jarolin, 30. 10. 1945, NARA Trials of War Criminals RG338 B289. Georg Grünberg wurde aus Auschwitz nach Dachau versetzt und von hier als Lagerführer nach Friedrichshafen beordert. Nach der Zerstörung des Außenlagers übernahm er die Lagerführung in Überlingen, vgl. Richterliche Vernehmung Georg Grünberg, 17. 8. 1965, StAM Stanw 34 658. Hans Aumeier begann seine Karriere in Dachau und wurde 1942/43 1. Schutzhaftlagerführer in Auschwitz. Bevor er im November 1944 als Lagerführer die Kauferinger Außenlager leitete, war er Kommandant des KZ Vaivara in Estland gewesen, vgl. Edith Raim, Kaufering, in: Benz/Distel, Ort des Terrors, Bd. 2, S. 363.
9  Erklärung Heinrich Witt, 29. 11. 1946, NARA Trials of War Criminals RG153 B209; Statement Hermann Calenberg, 15. 11. 1946, NARA Trials of War Criminals RG153 B207.

## 4.1.2. Kommandoführer

Die Bezeichnung Kommandoführer in Außenkommandos und -lagern wurde damals wie heute für verschiedene Hierarchieebenen verwendet. Einerseits standen Kommandoführer einzelnen Außenkommandos vor und waren in dieser Funktion wie die Lagerführer von Außenlagern Hauptverantwortliche am Ort und dem Dachauer Lagerkommandanten weisungsgebunden. In dieser Eigenschaft waren sie für alle Belange des Außenkommandos zuständig: Versorgung der Häftlinge und des Lagerpersonals, Absprachen mit dem lokalen Arbeitgeber, Disziplinarwesen, Einteilung der Häftlinge in die Arbeitskommandos sowie Häftlingstransporte.

Andererseits wurden in Außenlagern mit verschiedenen Arbeitskommandos SS-Führer, die den Arbeitseinsatz dieser Häftlinge überwachten, auch als Kommandoführer bezeichnet. Nicht selten fungierten sie gleichzeitig als Blockführer. Diese Kommandoführer allerdings waren dem Lagerführer untergeordnet und überwachten dann nur die ihnen übertragenen Einsätze. In dieser Untersuchung wird der Begriff Kommandoführer immer als Führer eines Außenkommandos verwendet und im Falle eines Kommandoführers für ein Arbeitskommando dieses gesondert differenziert.

Kommandoführer von Außenkommandos hatten grundsätzlich vergleichbare Pflichten und Befugnisse wie Lagerführer. Jedoch ist zu berücksichtigen, dass der Verwaltungsaufwand in den belegungsmäßig kleineren Außenkommandos geringer war. Im Vergleich zu Lagerführern trugen sie rein quantitativ weniger Personalverantwortung sowohl in Bezug auf Internierte wie Lagerpersonal. Daraus ergibt sich auch die rangmäßig niedrigere Stellung der Kommandoführer im Gegensatz zu Lagerführern.

Den niedrigsten Dienstgrad eines namentlich unbekannten Kommandoführers bekleidete ein Rottenführer im Außenkommando Salzburg SS-Oberabschnitt Alpenland und stellte damit eine Ausnahme dar.[10] Doch bereits SS-Unterscharführer waren als Kommandoführer in den Außenkommandos Fleischfabrik Wülfert (Heinrich Palme[11]), München Lebensborn (Sauter, Vorname unbekannt[12]), München Ehrengut (Theodor Stutz-Zenner[13]), Gärtnerei

---

10 Aussage Viktor Kremmel, 20. 3. 1974, BArchL B 162/25 818.
11 Aussage Heinrich Palme, 7. 11. 1946, NARA Trials of War Criminals RG153 B202.
12 Eidesstattliche Erklärung Michael Brandmeier, 26. 2. 1947, Nbg. Dok. NO-5222.
13 Interrogation Theodor Stutz-Zenner, 20. 5. 1947, NARA Trials of War Criminals RG338 B323.

Nützl (Bruno Jakusch[14]), Neustift (Otto Dertinger[15]), St. Gilgen (Franz Xaver Trenkle[16]) und St. Lambrecht (Josef Remmele[17]) eingesetzt. Die Mehrzahl der Kommandoführer von Dachauer Außenkommandos waren jedoch Feldwebel mit SS-Ober- und Hauptscharführer Dienstgraden. Ungewöhnlich hohe SS-Ränge bekleideten Kommandoführer der Außenkommandos Plansee (SS-Obersturmführer Rittmeister Erfurt[18]), Schloss Itter (SS-Hauptsturmführer Sebastian Wimmer[19]), Markt Schwaben (SS-Hauptsturmführer Alfons Schnitzler[20]), Dachau-Liebhof (SS-Sturmbannführer Mose, Vorname unbekannt[21]) sowie Schlachters und Lochau (beide SS-Sturmbannführer Kurt Friedrich Plöttner[22]). In allen Fällen handelte es sich um spezielle SS-interne Einsätze. In Plansee und Schloss Itter hielt die SS-Führung sogenannte Sonderhäftlinge fest. Prominente Persönlichkeiten vorwiegend aus Frankreich waren hier als Geiseln inhaftiert. KZ-Häftlinge aus Dachau versorgten diese Gefangenen und leisteten Haus- und Reinigungsarbeiten. Da Heinrich Himmler sich diese „Sonderhäftlinge" als Faustpfand für Verhandlungen mit alliierten Regierungen bewahren wollte,[23] ist nachvollziehbar, dass ihre Aufsicht und Versorgung, die damit auch die dafür abgestellten KZ-Häftlinge einschloss, einem SS-Obersturmführer bzw. SS-Hauptsturmführer anvertraut wurde.

Eher pragmatische Hintergründe zur Begegnung des zunehmenden SS-Personalmangels mag die Personalunion von SS-Dienststellenleitern und Kommandoführern von Außenkommandos in der Kriegsendphase gehabt haben. So war die Parteikanzlei in München zum Schutz vor alliierten Luftangriffen nach Markt Schwaben ausgelagert worden. Der Leiter dieser Parteibehörde, SS-Hauptsturmführer Alfons Schnitzler, übernahm auch die Kommandofüh-

---

14 Aussage Bruno Jakusch, n. d., NARA Trials of War Criminals RG153 B215.
15 Falser, Stubaital, S. 143.
16 Aussage Franz Xaver Trenkle, 29. 10. 1945, NARA Trials of War Criminals RG338 B289.
17 Aussage Josef Remmele, 19. 8. 1947, NARA Trials of War Criminals RG153 B224.
18 Aussage Josef Bablick, 26. 9. 1946, NARA Trials of War Criminals RG153 B188.
19 Zvonimir Čučković, Zwei Jahre auf Schloss Itter, unveröffentlichtes Manuskript, DaA 20 134.
20 Bernhard Schäfer, Markt Schwaben, in: Benz/Distel, Ort des Terrors, Bd. 2, S. 387.
21 Aussage Jozef Krugiolka, 3. 7. 1973, BArchL B 162/1908.
22 Aussage Rudolf Steiner, 25. 5. 1962; Aussage Franz Jauk, 2. 1. 1974, beide: BArchL B 162/25 825.
23 Zamečník, Geschichte des Konzentrationslagers Dachau, S. 97; zu den Dachauer „Sonderhäftlingen" vgl. Riedel, Kerker, S. 48–51.

rung der dort eingesetzten Häftlinge.[24] Der Mediziner und SS-Sturmbannführer Dr. Karl Friedrich Plöttner dagegen forschte bereits in Dachau im Auftrag des Instituts für wehrwissenschaftliche Zweckforschung an der Entwicklung des Blutstillmittels Polygal. Die Versuchsstation war im April 1944 aus dem Stammlager nach Schlachters und im März 1945 in das österreichische Lochau ausgelagert worden. Neben Laboreinrichtungen waren Plöttner zeitweise bis zu 20 Häftlinge zur Verfügung gestellt worden. Plöttner setzte in Schlachters und Lochau seine Forschungsarbeiten fort und fungierte gleichzeitig als Kommandoführer des Außenkommandos.[25]

Das Fehlen eines aus dem KZ Dachau abgestellten Kommandoführers für Außenkommandos bedeutete eine strukturelle Abweichung, die mit der Arbeitseinsatzart oder ihren Arbeitgebern vor Ort in Verbindung stand. Einerseits waren dies Fälle wie die beiden oben beschriebenen Beispiele, in denen die Funktion des lokalen Kommandoführers in der Kriegsendphase an SS-Führer anderer Dienststellen übertragen wurde. Andererseits führte bereits im Juni 1941 der Leiter der SS-Kaserne Ellwangen das dort eingesetzte, 35 Mann starke Außenkommando.[26] Ebenso wurde im Herbst 1942 SS-Obersturmbannführer Eberhard von Quirsfeld als Kommandant der Hochgebirgsschule Neustift vom SS-Führungshauptamt nicht nur mit der Durchführung eines Erweiterungsbaues beauftragt, sondern er übernahm auch die Funktion des Kommandoführers des für die Baumaßnahmen eingerichteten Außenkommandos.[27] Ein weiterer Grund für diese abgewandelte Kommandoführungsstruktur liegt daher im spezifischen Einsatz von KZ-Häftlingen in SS-Kasernen oder -Schulungseinrichtungen. Dafür spricht auch eine derartige Personalunion von SS-Sturmführer Willi Baumgärtel, der Kommandant der Oberstdorfer SS-Gebirgsjäger und Kommandoführer des etwa 30-köpfigen Außenkommandos Oberstdorf zum Bau einer Schule für Unterführer und Führer der Waffen-SS war.[28] Mitnichten allerdings fand diese Praxis in allen Außenkommandos in SS-Kasernen, -Erholungsheimen oder -Schulungseinrichtungen Anwendung, wie die Außen-

---

24  Schäfer, Markt Schwaben, in: Benz/Distel, Ort des Terrors, Bd. 2, S. 387.
25  Auch der SS-Stabsarzt Karl Fahrenkamp führte auf Gut Pabenschwandt Tier- und Pflanzenversuche durch und war Kommandoführer des Außenkommando Pabenschwandt.
26  Friedensforum Ellwangen, Vernichtung und Gewalt, S. 67–70.
27  Aussage Eberhart von Quirsfeld, 26. 11. 1962, BArchL B 162/9453.
28  Aussage Charlotte Baumgärtel, 10. 10. 1966; Aussage Otto Klein, 4. 10. 1966, beide: StAM Stanw 34 654.

kommandos Radolfzell[29] und Schleißheim[30] belegen. Hier waren die Kommandoführer aus Dachau abgestellt und nicht mit der lokalen SS-Kasernen- oder Schulleitung identisch.

Ähnliche Beobachtungen zu Kommandoführerstrukturen ließen sich im Zusammenhang mit „Gefälligkeitskommandos" festhalten. Für Schwester Pia wurde bereits seit 1934 Häftlinge ohne Kommandoführer abgestellt. Stattdessen übernahm sie selbst die damit verbundenen Aufgaben.[31] Dies ist umso bemerkenswerter, als keine andere Frau für eine vergleichbare Führungsposition in Dachauer Außenkommandos und -lagern bekannt ist. Viele der „Gefälligkeitskommandos" waren überwiegend aus den Reihen von Zeugen Jehovas zusammengestellt. Für die „Bibelforscherkommandos" galten nicht nur verringerte Bewachungsstandards,[32] sondern wie in Bad Oberdorf, Fridolfing und Valepp Bauer Marx war die Zuständigkeit vor Ort auf partei- oder SS-nahe Personen übertragen worden.[33]

### 4.1.3. Rapportführer

Für Außenkommandos sind keine Rapportführer bekannt. Es ist anzunehmen, dass diese Funktion von den Kommandoführern ausgefüllt wurde. In den Außenlagern dagegen übernahmen Rapportführer häufig auch als Stellvertreter des Lagerführers die Organisation des Arbeitseinsatzes wie die Einteilung der Häftlinge für die Arbeitsplätze sowie Kontrollen beim Appell. In großen Außenlagerkomplexen unterstützten Arbeitsdienstführer den Rapportführer, der die Schreibstube leitete und für die Häftlingsstatistiken verantwortlich zeichnete.[34] Somit lag die Entscheidung, kranke und entkräftete Häftlinge zum Arbeitseinsatz einzuteilen oder ihnen Schonung zu gewähren, innerhalb ihrer Handlungsspielräume.

29  Aussage Hans Schwarz, 6. 9. 1948, StAM Stanw 34 570/1; Aussage Karl Täuber, 27. 11. 1954, StAM Stanw 34 570/2.
30  Aussage des ehemaligen Kommandoführers Christoph Weydemann, 3. 8. 1977, StAM Stanw 34 800.
31  Rudolf Kalmar, Zeit ohne Gnade, Wien 1946, S. 176–179; Aussage Wilhelm Fischer, 28. 6. 1950; Aussage Lina Neulen, 5. 9. 1950, beide: StAM Stanw 34 448/2.
32  Vgl. Kapitel 5.3. Zeugen Jehovas..
33  Im AK Bad Oberdorf an Ilse Heß, im AK Fridolfing an Alois Rehrl, im AK Valepp Bauer Marx an Johann Marx.
34  Aussage Hans Schwarz, 20. 8. 1956, StAM Stanw 34 588/2; Eidesstattliche Erklärung Karl Adam Röder, 20. 2. 1947, Nbg. Dok. NO-2122.

Die biografische Täterforschung hat sich bisher noch mit keinem der Rapportführer in Dachauer Außenlagern beschäftigt. Obwohl nur wenige von ihnen namentlich bekannt sind, lässt sich festhalten, dass es bereits Unteroffizieren im SS-Rang eines Unterscharführers möglich war, in dieser Funktion eingesetzt zu werden.[35] Aber auch der ehemalige Feldwebel der Wehrmacht Heinrich Witt war im Außenlager Kaufering III zwischen Juli und Dezember 1944 Rapportführer.[36] Johann Kirsch dagegen war Angehöriger der Landesschützen gewesen, bevor er im Sommer 1944 zur SS kam. Nach einer dreiwöchigen Ausbildung in Auschwitz begleitete er im August 1944 einen Gefangenentransport nach Kaufering I (später umbenannt in Kaufering III) und fungierte bereits im November und Dezember 1944 als Rapportführer des neu entstehenden Außenlagers Kaufering I.[37] In dieser Zeit wurden fünf Häftlinge wegen Sabotage erhängt. Kirsch räumte in den Dachauer Prozessen ein, damals das Strafmaß für verschiedene Delikte festgelegt zu haben und auch selbst Gefangene geschlagen zu haben, die sich zum Schutz vor Kälte Fußlappen von Decken abgerissen hatten.

*4.1.4. Blockführer*

Die unterste Ebene des Lagerführungspersonals in Außenkommandos wie -lagern waren die Blockführer im SS-Dienstrang von Sturmmännern, Rottenführern oder Unterscharführern. Bei Appellen war es ihre Aufgabe, den Rapport- oder Kommandoführern die Anzahl der angetretenen und der im Krankenstand befindlichen Häftlinge zu melden. Sie wiederum hatten die Angaben zuvor von den Blockältesten oder den Blockschreibern aus den Reihen der Gefangenen erhalten und überprüft. Außerdem zählten die Blockführer die Häftlinge beim Aus- und Einrücken der Arbeitskommandos. Da die Blockführer auch die Unterkünfte der Häftlinge inspizierten, hatten sie engen Kontakt zu den Gefangenen und großen Einfluss auf den Lageralltag.[38] Beispielsweise

---

35 Unterscharführer Franz Böttcher im AL Allach BMW, Aussage Heinz Baer, 7. 4. 1969, StAM Stanw 34 817/1; Unterscharführer Schneider im AL Kaufbeuren, Statement Albin Gretsch, 31. 10. 1945, NARA Trials of War Criminals RG153 B214; Unterscharführer Scheiter im AL Kaufering XI, Aussage Karl Hlawaty, 3. 10. 1946, NARA Trials of War Criminals RG153 B190.
36 Erklärung Heinrich Witt, 29. 11. 1946, NARA Trials of War Criminals RG153 B209.
37 Aussage Johann Kirsch, 29. 10. 1945, NARA Trials of War Criminals RG338 B289.
38 Aussage Stefan Sowiak, 5. 10. 1970, StAM Stanw 34 817/1.

waren die von ihnen einzufordernden SS-Ordnungsmaßstäbe in den Unterkünften klar definiert, aber die Mittel zu deren Durchsetzung waren ihnen freigestellt. Blockführer verfügten folglich über große Handlungsspielräume. Der Dachauüberlebende Karl Adam Röder berichtete, dass Blockführer für einzelne Strafmeldungen belohnt wurden. Für ihre Karriere innerhalb des KZ-Systems wirkte sich die Zahl der von ihnen eingereichten Strafmeldungen positiv aus.[39]

### 4.1.5. Wachmannschaften

Theodor Eicke legte am 1. Oktober 1933 in den „Dienstvorschriften für die Begleitpersonen und Gefangenenbewachung" fest, dass es Aufgabe der SS-Wachmannschaften war, die Häftlinge in den Unterkünften, auf dem Weg zu ihren Arbeitseinsätzen und am Arbeitsplatz zu bewachen.[40] Ein Jahr später waren die SS-Wachmannschaften im Zuge der Reorganisation aus dem Verband Allgemeine-SS ausgegliedert und Eicke, dem Inspekteur der Konzentrationslager und Führer der SS-Wachverbände, unterstellt worden. In fünf Sturmbanne organisiert, waren die Wachverbände an ein bestimmtes Konzentrationslager gebunden. Auf Befehl Heinrich Himmlers erfolgte 1936 ihre Umbenennung in SS-Totenkopfverbände.[41] In Dachau war die seit April 1937 sogenannte SS-Totenkopfstandarte „Oberbayern" im SS-Übungs- und Ausbildungslager in unmittelbarer Nachbarschaft zum Schutzhaftlager untergebracht.[42] Bis Mitte 1939 war die Truppenstärke der Totenkopfstandarten nach Angaben von Theodor Eicke größer als die Zahl der in Konzentrationslager Inhaftierten.[43] Sie waren zwar als paramilitärische Formation konzipiert, doch mit der Kriegsplanung zu einer militärischen Eingreiftruppe ausgebildet worden. Damals setzte auch die Rekrutierung von Reservisten ein. Diese waren vornehmlich

---

39 Eidesstattliche Erklärung Karl Adam Röder, 20. 2. 1947, Ngb. Dok. NO-2122.
40 Dienstvorschriften für die Begleitpersonen und Gefangenenbewachung, KL Dachau, Kommandantur, 1. 10. 1933, Nbg. Dok. PS-778.
41 Miroslav Kárný, Waffen-SS und Konzentrationslager, in: Jahrbuch für Geschichte 33 (1986), S. 237.
42 Bislang fehlt noch eine Monographie zur Geschichte und Entwicklung des SS-Übungs- und Ausbildungslagers. Grundsätzlich vgl. Hans Buchheim, Die SS – das Herrschaftsinstrument, in: Buchheim u. a., Anatomie des SS-Staates, S. 15–212; Kárný, Waffen-SS und Konzentrationslager, S. 231–261.
43 Vgl. Karin Orth, Die Konzentrationslager-SS. Sozialstrukturelle Analysen und biographische Studien, Göttingen 2000, S. 36.

ältere Männer aus der Allgemeinen-SS.⁴⁴ Erst mit der Übernahme der IKL in die Verwaltung des SS-Führungshauptamtes im August 1940 wurde das in den Konzentrationslagern eingesetzte Personal im Rahmen einer bürokratischen Neuordnung in die Waffen-SS eingegliedert.

Die Totenkopfverbände waren weder Teil der Wehrmacht noch der Polizei, sondern die stehende bewaffnete Truppe der SS zur Lösung von Sonderaufgaben.⁴⁵ Sie setzten sich bis 1944 fast ausschließlich aus SS-Angehörigen zusammen und wurden in den Außenkommandos und -lagern meist von einem Posten- oder Kompanieführer befehligt. Dieser setzte die Dienstzeiten der Wachmänner fest, kontrollierte deren Einsatz und war wiederum dem Kommando- oder Lagerführer weisungsgebunden.⁴⁶ Eine große Zahl der Dachauer SS-Posten bis 1944 hatte ihre Ausbildung im SS-Übungs- und Ausbildungslager Dachau absolviert und gehörte dem SS-Totenkopfsturmbann Dachau an.⁴⁷ Viele von ihnen waren vor ihrem Einsatz in Außenkommandos oder -lagern zunächst im Stammlager eingesetzt. Sie bildeten sogenannte Postenketten um die Arbeitsstätten und Unterkünfte von Häftlingen. Auf die Arbeitsabläufe der Gefangenen nahmen sie formal keinen Einfluss.

Ehemalige Häftlinge berichteten jedoch anderes. So wurde Leon Blum von dem Wachmann Johann Hinterseer am Arbeitsplatz so schwer misshandelt, dass ihn Mitgefangene ins Außenlager Mittergars zurückschleppen mussten.⁴⁸ Er hatte bei der Arbeit verbotenerweise ein zweites Paar Handschuhe gegen die Winterkälte getragen. Gemäß der Disziplinar- und Strafordnung für das Gefangenenlager hatten Wachmänner ohne gesonderte Genehmigung keinen Zugang zu den Häftlingsunterkünften und waren häufig separat in SS-Unterkünften untergebracht.⁴⁹ Wie der im Außenlager Allach BMW eingesetzte Wachmann Max Stargardt gaben viele seiner Kollegen in Nachkriegsprozessen an, deshalb

---

44   Bernd Wegner, Hitlers politische Soldaten: Die Waffen-SS 1933–1945. Leitbild, Struktur und Funktion einer nationalsozialistischen Elite, Paderborn 2006, S. 112–123.
45   Erlass von Adolf Hitler, 17. 8. 1938, BArchB NS 19/1652.
46   Aussage Heinrich Palme, 7. 11. 1946, NARA Trials of War Criminals RG153 B202; Interrogation Emil Euchner, 18. 6. 1947, NARA Trials of War Criminals RG338 B325.
47   Vgl. dazu Erklärungen der befragten SS-Wachmannschaften in den Dachauer Prozessen, NARA Trials of War Criminals RG338 und RG153.
48   Eidesstattliche Erklärung Leon Blum, 13. 1. 1947, NARA Trials of War Criminals RG338 B327.
49   Zum AL Ottobrunn vgl. Zeugenvernehmung Erich Nowak, 9. 12. 1952, StAM Stanw 34 655.

nie mit Häftlingen in Kontakt gekommen zu sein.[50] Richtig ist jedoch, dass entgegen formalen Verordnungen das Wachpersonal in den Außenkommandos und -lagern Zutritt zu den inneren Lagerbereichen haben konnte.[51] Im Waldlager V/VI wurde Arditti Mois mehrfach beim Appell von SS-Wachmännern geschlagen.[52] Auch die SS-Wachmannschaften im Außenlager Riederloh beteiligten sich an schweren Misshandlungen der Häftlinge.[53] Erwin Steiner, ebenfalls Überlebender des Außenlager Waldlager V/VI sagte bei seiner Befragung in den Dachauer Prozessen auf die Frage, ob er jemals von einem SS-Wachmann geschlagen worden sei, aus: „Yes, everybody was beaten and I was, too."[54]

### 4.1.6. Zusammensetzung des Lagerpersonals

Mit dem zunehmenden Häftlingseinsatz für die Kriegswirtschaft erhöhte sich der Bedarf an Wachposten. In der zweiten Jahreshälfte 1943 waren Arbeitseinsätze von Häftlingen an nicht vorhandenen Wachmannschaften gescheitert.[55] Bis zum Frühjahr 1944 sollte ein SS-Mann zehn Häftlinge überwachen.[56] Das SS-Personal des Außenkommandos München Ehrengut mit durchschnittlich zehn Gefangenen bestand zwischen März und September 1942 jedoch aus vier Wachmännern und einem Kommandoführer.[57] Auch im Außenkommando Gärtnerei Nützl war das Verhältnis von Bewachern und Gefangenen 1943 noch 1:4.

Ein Jahr später veränderte sich diese Verteilung jedoch vor allem in den Außenlagern wie im gesamten KZ-System aufgrund des zunehmenden Personalmangels. Seit August 1944 überwachte jeweils ein Wachmann im Außenlager Fischen etwa 14 Häftlinge.[58] Den etwa 250 Gefangenen standen demnach sechs

---

50  Aussage Max Stargardt, 7. 10. 1946, NARA Trials of War Criminals RG153 B188; ebenso Examination Heinrich Jochimsen, 19. 9. 1946, ebenda B192.
51  Zum AK Oberstdorf vgl. Vernehmungsniederschrift Wladislaus Krystofiak, 13. 8. 1966, StAM Stanw 34 654.
52  Testimony Arditti Mois, 16. 6. 1945, NARA Trials of War Criminals RG338 B327.
53  Zeugenvernehmung Izchak Tennenbaum, 13. 11. 1969, StAM Stanw 34 798/1.
54  Testimony Erwin Steiner, 17. 6. 1945, NARA Trials of War Criminals RG153 B225.
55  Bertrand Perz, Wehrmacht und KZ-Bewachung, in: Mittelweg 36, Heft 4 (1995), S. 70.
56  Hans Maršálek, Die Geschichte des Konzentrationslagers Mauthausen. Dokumentation, Wien 1974, S. 145. Ab Sommer 1944 gab es für 15 Häftlinge einen SS-Wachmann.
57  Eidesstattliche Erklärung Max Ehrengut, 20. 8. 1947; Interrogation Theodor Stutz-Zenner, 20. 5. 1947, beide: NARA Trials of War Criminals RG338 B323.
58  Edith Raim, Fischen, in: Benz/Distel, Ort des Terrors, Bd. 2, S. 323.

Wachleute und ein Lagerführer gegenüber. Die Situation spitzte sich aber vor allem in den großen Außenlagerkomplexen zu. Im Außenlager Mühldorf M 1 überwachten etwa 120 SS-Angehörige und eine unbekannte Zahl von OT-Männern mehr als 2500 Gefangene.[59] Ähnliche Verhältnisse sind aus dem Mühldorfer Waldlager V/VI überliefert. Im Außenlager Allach BMW zeigte sich in der zweiten Jahreshälfte 1944 ein Verhältnis von 1:50.[60]

Die Situation in kleinen Außenkommandos unter 50 Gefangenen war auch im letzten Kriegsjahr anders. Hier war trotz Personaldefizit das Verhältnis zwischen Bewachern und Bewachten wesentlich niedriger wie die Beispiele Markt Schwaben (1:4) und Lochau (1:4) belegen.[61]

Extreme Distanz zwischen Opfern und Tätern schürte nach Wolfgang Sofsky die Gleichgültigkeit der Bewacher gegenüber der Anonymität der namenlosen Opfer und war damit ein wesentlicher Faktor für Gewaltexzesse.[62] Dies trifft tendenziell für die kleinsten Dachauer Außenkommandos nicht zu, wie die Überprüfung der 29 Außenkommandos mit bis zu zehn Häftlingen zeigte. Namentlich bekannt ist kein Todesopfer, wenn auch für die mobilen „Bombensucherkommandos" Ingolstadt, Neuburg an der Donau und Starnberg Tote nicht auszuschließen sind. Während in den Außenkommandos Dachau Pollnhof,[63] München Bergmannschule,[64] München Bunkerbau[65] und St. Gilgen[66] Gefangene vom Lagerpersonal misshandelt wurden, berichteten zahlreiche Überlebende aus Außenkommandos mit bis zu zehn Gefangenen von engeren Kontakten mit dem Wachpersonal ohne Brutalitäten.[67]

Einerseits führte der Personalmangel 1944 dazu, dass ein einzelner SS-Mann in den Außenlagern weit mehr Häftlinge bewachte und die Lagerbewachung rationalisiert wurde. Beispielsweise wurde der Einsatz von Diensthunden

---

59  Raim, Dachauer KZ-Außenkommandos, S. 163 f.
60  Examination Karl Randhan, 9. 10. 1946, NARA Trials of War Criminals RG153 B192.
61  Vgl. Ermittlungsakten der ZStL, BArchL B 162/28 398, B 162/25 825.
62  Wolfgang Sofsky, Die Ordnung des Terrors: Das Konzentrationslager, 5. Auflage, Frankfurt a. M. 2004, S. 269.
63  Sabine Schalm, Dachau (Pollnhof), in: Benz/Distel, Ort des Terrors, Bd. 2, S. 309.
64  Sabine Schalm, München-Schwanthalerhöhe (Bergmannschule), in: ebenda, S. 448.
65  Sabine Schalm, München (SS-Standortkommandantur Bunkerbau), in: ebenda, S. 422 f.
66  Lebensbericht von Paul Wauer, n. d., GAZJ Selters LB Wauer, Paul.
67  Zum AK Dachau Entomologisches Institut vgl. Aussage Martha Krützfeld, 13. 4. 1973, BArchL B 162/25 867; zum AK Halfing vgl. Aussage Friedrich Pöpl, 3. 6. 1973, BArchL B 162/25 821; zum AK München Ehrengut vgl. Aussage Bolesław Maniurski, 30. 1. 1975, BArchL B 162/25 850.

forciert[68] und im Außenlager Allach BMW ein Korridor errichtet, durch den die Häftlinge vom Lagergelände zu ihren Arbeitseinsätzen getrieben wurden, um den Bewachungsaufwand zu verringern.[69] Andererseits wurden mehr und mehr Aufgaben der Verwaltung zur Erledigung an die Häftlinge delegiert. Dem Personalmangel begegnete die SS-Führung zudem mit dem regen Austausch zwischen Verwundeten der SS-Feldtruppe und Lagereinheiten.[70] Vor allem aber veranlasste der weiter steigende Personalbedarf im letzten Kriegsjahr die SS-Führung dazu, Angehörige der Wehrmacht, Luftwaffe und Marine für den Wachdienst der Konzentrationslager zu rekrutieren.[71] Bertrand Perz kam in seiner Untersuchung über Wehrmachtspersonal in den Konzentrationslagern zu der Schlussfolgerung, „dass Mitte Januar 1945 bei einer Gesamtzahl von 37 647 männlichen Angehörigen der KZ-Bewachungsmannschaften mindestens 52 Prozent des männlichen Wachpersonals ehemalige Wehrmachtsangehörige gewesen sind".[7] Hinzu kamen noch zahlreiche Volksdeutsche vor allem aus Ungarn und Rumänien und nichtdeutsche Volksangehörige aus besetzten Gebieten. Sie wurden schon seit 1943 in die Waffen-SS aufgenommen und kamen auf diesem Wege auch in die Wachtruppen der auf dem Reichsgebiet gelegenen Konzentrationslager.[73]

Viele der Dachauer Gefangenen nahmen die Veränderungen in der Zusammensetzung des Lagerpersonals sehr deutlich wahr. In ihren Nachkriegsaussagen erinnerten sich zwar die wenigsten an Namen oder Dienstränge von einzelnen Wachmännern, aber sehr wohl an ihre Formationszugehörigkeit. Ein Grund

---

68  Vgl. Bertrand Perz, „... müssen zu reißenden Bestien erzogen werden". Der Einsatz von Hunden zur Bewachung in den Konzentrationslagern, in: Dachauer Hefte 12 (1996), S. 139–158.
69  Befragung von Heinrich von Krafft durch Herrn Mönnich, 2. 9. 1988; Gespräch mit Adolf Knopp durch Herrn Mönnich, 6. 7. 1989, beide: BMW Archiv UA 744; Vgl. ebenso den „Löwengang" im Außenlager Ebensee des Konzentrationslagers Mauthausen, Florian Freund, Arbeitslager Zement. Das Konzentrationslager Ebensee und die Raketenrüstung, Wien 1989, S. 139.
70  Grundsätzlich vgl. Kárný, Waffen-SS und Konzentrationslager, S. 231–261.
71  Heinz Boberach, Die Überführung von Soldaten des Heeres und der Luftwaffe in die SS-Totenkopfverbände zur Bewachung von Konzentrationslagern 1944, in: Militärgeschichtliche Mitteilungen 34 (1983), S. 185–190; Perz, Wehrmacht und KZ-Bewachung, S. 69–82.
72  Perz, Wehrmacht und KZ-Bewachung, S. 80. Vgl. ebenso für die Zusammensetzung der Wachtruppe des AL Magdeburg Brabag: Tobias Bütow/Franka Bindernagel, Ein KZ in der Nachbarschaft. Das Magdeburger Außenlager der Brabag und der „Freundeskreis Himmler", Köln 2003, S. 119.
73  Wegner, Hitlers politische Soldaten, S. 274, 300; Kárný, Waffen-SS und Konzentrationslager, S. 246.

dafür mag darin liegen, dass viele Wehrmachts- oder Luftwaffenangehörige nicht unmittelbar mit Dienstantritt im KZ gleichzeitig in die Waffen-SS eingegliedert und noch mit ihren militärischen Dienstgraden angesprochen wurden. Darüber hinaus behielten viele ihre Uniformen, da gegen Kriegsende auch nach der offiziellen Aufnahme in die Waffen-SS die Einkleidung nicht mehr einheitlich erfolgte.[74]

Die Differenzierungen, die Überlebende für Soldaten im Wachdienst vornahmen, sind sehr schwierig zu bewerten. Häufig taucht in der Literatur zu einzelnen Außenkommandos und -lagern das pauschale Urteil auf, unter den Wachmännern wären ältere Wehrmachtsangehörige gewesen, die im Gegensatz zu ihren SS-Kollegen zu einer Verbesserung der Verhältnisse beigetragen hätten.[75] Hier soll dem nicht grundsätzlich widersprochen werden, doch erscheint ein hohes Maß an Vorsicht bei dieser Beurteilung geboten, nicht zuletzt, weil dafür detaillierte Studien noch ausstehen. Die brutalen Zustände in den Außenlagern der Untertageverlagerung[76] werfen Zweifel auf, dass das innere Machtgefüge und kollektive Verhaltensmuster der dortigen Wachmannschaften durch Wehrmachts- und Luftwaffenangehörige eine grundlegende Verbesserung widerfahren habe.

Die „Dienstvorschriften für die Begleitpersonen und Gefangenenbewachung" legten für das KZ Dachau seit dem 1. Oktober 1933 die Grundregeln für den Umgang des Lagerpersonals mit den Häftlingen fest.[77] Diese Leitlinien galten bis Kriegsende für alle Wachtruppen gleichermaßen verbindlich. Wehrmachtsverbände unterstanden mit Überführung in die Waffen-SS der Befehls- und Disziplinargewalt von Reichsführer SS Heinrich Himmler.[78]

Bislang liegen noch keine tiefer gehenden Untersuchungen zu Umfang, sozialer Zusammensetzung und Machtgefüge der Dachauer SS-Totenkopfstandarte vor. Johannes Tuchel[79] und Karin Orth[80] richteten den Blick auf die oberste Führungselite der Dachauer Lagerkommandanten. Vor allem aber der „Mittelbau" der Dachauer SS-Führer, aus dem sich die Mehrheit der Kommando- und

---

74  Boberach, Überführung von Soldaten, S. 186.
75  Für das AL Allach BMW vgl. Examination Karl Randhan, 9. 10. 1946, NARA Trials of War Criminals RG153 B192.
76  Vgl. Kapitel 6.5.2. Strafpraxis.
77  Dienstvorschriften für die Begleitpersonen und Gefangenenbewachung, KL Dachau, Kommandantur, 1. 10. 1933, Nbg. Dok. PS-778.
78  Schreiben des RFSS an SS-Hauptamt und SS-WVHA, 11. 5. 1944, BArchB NS 19/1922.
79  Tuchel, Kommandanten, S. 69–90.
80  Karin Orth, Die Konzentrationslager-SS, Göttingen 2000.

Lagerführer der Außenkommandos und -lager rekrutierte, ist ein Forschungsdesiderat. Besonders offenbart sich dies auch für das weibliche Wachpersonal. In Dachauer Außenkommandos und -lagern mit weiblichen Häftlingen waren SS-Aufseherinnen[81] unter der Leitung männlicher Kommando- oder Lagerführer eingesetzt und unmittelbar an dem System der Verfolgung beteiligt.[82] Grundsätzlich waren sie bewaffnet und arbeiteten als Rapportführerinnen, Arbeitsdienstführerinnen, Blockleiterinnen, Arrestführerinnen, Hundeführerinnen sowohl innerhalb als auch außerhalb der Lager. Im Außenlager München AGFA unterstanden dem Lagerführer insgesamt zehn SS-Aufseherinnen mit einer Oberaufseherin, die als brutal gefürchtet war.[83] Bisher ist über das weibliche Wachpersonal in den Dachauer Außenkommandos und -lagern nur sehr wenig bekannt. Ebenso wie für das männliche Wachpersonal ergaben sich allerdings auch für SS-Aufseherinnen anderer Konzentrationslager breite Handlungsspielräume.[84]

### 4.1.7. Handlungsoptionen

Zahllose Erinnerungsberichte ehemaliger Häftlinge zeugen davon, dass es vielschichtige Kontakte zum Lagerpersonal gab, sowohl Hilfen[85] als auch Misshand-

---

81  KZ- Aufseherinnen waren formal keine SS-Mitglieder, sondern gehörten dem weiblichen Gefolge der Waffen-SS an, die damit der SS-und Polizeisondergerichtsbarkeit unterstanden. Grundsätzlich vgl. Gudrun Schwarz, „... möchte ich nochmals um meine Einberufung als SS-Aufseherin bitten." Wärterinnen in den nationalsozialistischen Konzentrationslagern, in: Barbara Distel (Hrsg.), Frauen im Holocaust, Gerlingen 2001, S. 331–352, hier: S. 348.

82  Grundsätzlich vgl. Simone Erpel (Hrsg.), Im Gefolge der SS: Aufseherinnen des Frauen-KZ Ravensbrück, Berlin 2007; Gudrun Schwarz, Frauen in Konzentrationslagern – Täterinnen und Zuschauerinnen, in: Herbert/Orth/Dieckmann, Konzentrationslager, Bd. 2, S. 805 ff. Zum Lagerpersonal im ALK Kaufering/Landsberg vgl. Dirk Riedel, Lagerführung und Wachmannschaften der Kauferinger Außenlager, in: Angelika Benz/ Marija Vulesica (Hrsg.), Bewachung und Ausführung. Alltag der Täter in nationalsozialistischen Lagern, Berlin 2011, S. 146–158.

83  Lingens, Erinnerungen, S. 29; ebenso: Aussage Maria Wanda Poninska, 2.12.1974, BArchL B 162/16 347.

84  Für das KL Ravensbrück vgl. Johannes Schwartz, Handlungsoptionen von KZ-Aufseherinnen. Drei alltags- und geschlechterspezifische biographische Fallstudien, in: Helgard Kramer (Hrsg.), NS-Täter aus interdisziplinärer Perspektive, München 2006, S. 349–374.

85  Vgl. Kapitel 6.1.7. Verbesserte Ernährungslage und 6.8. Briefkontakte und Besuche.

lungen.⁸⁶ Ein Postenführer in Allach namens Boehm war besonders gefürchtet: „His speciality was to overwork prisoners weak from hunger and fatigue."⁸⁷ Und auch die Wachmannschaften wurden in Bezug auf Behandlung der Häftlinge eindeutig belehrt. So diktierte Kompanieführer SS-Hauptsturmführer Johann Kastner seinen Untergebenen klare Richtlinien:

> „Obengenannter war Bat. Kommandant im SS-Arbeitslager Kaufering und Landsberg. In dieser Eigenschaft hat er sofort, nachdem er den Dienst angetreten hatte, die Posten belehrt, dass jede humane Behandlung der Häftlinge verboten sei und sofort von der Schusswaffe Gebrauch zu machen. Aufgrund dieses Befehls wurde die Behandlung fast unerträglich, und das Schlagen wurde sofort stärker."⁸⁸

Doch zahlreiche Rundschreiben aus dem WVHA oder der IKL belegen, dass es immer wieder Regelverstöße des Wachpersonals gegeben hat. Bestrafungen wurden ausgesprochen bei unerlaubtem Umgang mit Häftlingen,⁸⁹ bei Briefschmuggel⁹⁰ sowie Fluchthilfe.⁹¹ Als einer der wenigen Täter räumte Gustav Sorge, ehemaliger Blockführer im KZ Sachsenhausen, jedoch nach dem Krieg ein, dass dem Wachpersonal durchaus Wahlmöglichkeiten offenstanden.⁹² Er gab an, dass trotz aller Dienstvorschriften Häftlingsbegünstigung durchaus möglich gewesen war. In den ihm bekannten Fällen führte diese Handlungsweise eher zu einer gruppeninternen Ächtung als zu einer schwerwiegenden Bestrafung. Aus den Dachauer Außenkommandos und -lagern sind die Folgen derartiger Handlungen nicht bekannt, jedoch berichteten ehemalige Gefangene über einzelne Hilfsmaßnahmen durch das Lagerpersonal.⁹³

---

86 Beispielsweise misshandelte Rottenführer Johannes Berscheidt russische und polnische Häftlinge im Augsburg Messerschmittwerk 2b; Erklärung Herbert Slawinski, 29. 1. 1947; Erklärung Max Lehmann, 29. 1. 1947, beide: NARA Trials of War Criminals RG338 B325.
87 Statement Viktor Klock, 9. 6. 1945, NARA Trials of War Criminals RG153 B212.
88 Erklärung Walter Algie, 22. 1. 1947, NARA Trials of War Criminals RG338 B321.
89 Befehlsblatt der SS-Totenkopfverbände, IKL Nr. 1 vom Inspekteur der KL, 1. 2. 1937, BArchB NS 31/372.
90 Schreiben des WVHA an die Lagerkommandanten der KL, 12. 6. 1943, IfZ München 506/12.
91 Kopie der Mitteilungen über die SS- und Polizeigerichtsbarkeit, Bd. I, Heft 1–6 (Juli 1940 – Dez 1941), StAM Stanw 21 679/4.
92 Vgl. dazu Urteil vom 20. 4. 1970 des Schwurgerichts Köln in der Strafsache gegen Otto Kaiser und sieben andere Bewacher des KL Sachsenhausen, als Kopie, StAM Stanw 34 462/14.
93 Vgl. z. B. Kapitel 6.1.7. Verbesserte Ernährungslage.

Doch selbst wenn einzelne Wachposten nicht aktiv an positiver wie negativer Behandlung von Häftlingen beteiligt waren, so waren sie Zeugen eines Systems von Ausbeutung, Misshandlung und Mord. Ein Wachpostenführer des Außenlagers Kaufering I gab in den Dachauer Prozessen an, nie Brutalitäten gegenüber Häftlingen gesehen zu haben, berichtete aber in gleicher Aussage von Unterernährung, Entkräftung und schweren Arbeitsbedingungen.[94] Ebenso erklärte Willi Josiger, er persönlich habe sich als Wachmann in den Außenkommandos Radolfzell und Feldafing sowie als Postenführer im KZ Dachau keiner Kriegsverbrechen schuldig gemacht. Er räumte aber ein, „Augenzeuge von einigen kleinen Tragödien" gewesen zu sein und meinte damit Misshandlungen durch SS-Führer mit Todesfolge und das Hetzen von Hunden auf Gefangene.[95]

## 4.2. Arbeitgeber

Mehr als 64 100 Dachauer KZ-Häftlinge waren zwischen 1933 und 1945 im Zwangsarbeitseinsatz mit externer Unterkunft verpflichtet. Ihre Arbeitgeber waren sowohl SS-eigene und SS-nahe Unternehmungen, die Organisation Todt, kriegswichtige Betriebe sowie Rüstungsunternehmen.

### 4.2.1. SS

Die SS fungierte nicht nur als Lagerpersonal von Außenkommandos und -lagern, sondern auch als Arbeitgeber von Dachauer KZ-Häftlingen. Grundsätzlich verstand die SS Häftlingszwangsarbeit als Mittel zur Disziplinierung und Terrorisierung von tatsächlichen und vermeintlichen Gegnern des NS-Regimes und der „Volksgemeinschaft". Mit der Eröffnung der Werkstätten im Konzentrationslager Dachau im Sommer 1933 jedoch verknüpfte die SS erste wirtschaftliche Interessen mit dem Einsatz der KZ-Arbeitskräfte.[96] In diesem Kontext sind 55 der 140 Außenkommandos und -lager zu sehen, die seit 1933 bis Kriegsende für SS-eigene oder SS-nahe Unternehmungen eröffnet wurden. Vor allem profitierte die SS davon, dass sie für derartige Arbeitseinsätze die

---

94  Aussage Klaus Heinrich Franzen, 27. 9. 1946, NARA Trials of War Criminals RG153 B188.
95  Aussage Willi Kurt Josiger, 21. 11. 1946, NARA Trials of War Criminals RG153 B203.
96  Vgl. Kapitel 2.2. Arbeitseinsatz von KZ-Häftlingen.

kräftigen und bestqualifizierten Häftlinge auswählen konnte. Fast ausschließlich waren dies Außenkommandos für Baumaßnahmen mit geringer Belegung, die in der Gesamtdimension des Arbeitseinsatzes von Dachauer Außenkommando- und Außenlagerhäftlingen untergeordnet zu klassifizieren sind.[97] Insgesamt handelte es sich um rund 3000 Häftlinge, die über Süddeutschland und Österreich verteilt waren. Als Ganzes gesehen war der Häftlingseinsatz für das KZ Dachau wie auch für SS-Standortkommandanturen, SS-Kasernen, SS-Schulungszentren, SS-Erholungs- und Genesungsheime sowie für die Deutsche Versuchsanstalt für Ernährung und Verpflegung, den „Lebensborn e.V." oder den Deutschen Reichsverein für Siedlerhilfe ein bedeutender wirtschaftlicher Faktor für die Herausbildung und Etablierung der SS-Wirtschaft.[98]

Ausschließlich zur Befriedigung persönlicher Interessen von SS- oder Parteiangehörigen sowie Personen in deren Umfeld waren dagegen neun „Gefälligkeitskommandos" eingerichtet worden. Insgesamt mehr als 65 Gefangene waren in kleinen Außenkommandos bis 20 Häftlingen in Land-, Haus- und Bauwirtschaft eingesetzt.

| Arbeitgeber | Einsatzort von KZ-Häftlingen |
|---|---|
| Unbekannte Schlachterei in Augsburg im Umfeld von Lagerkommandant Hans Loritz | 5 Bibelforscher zu Baumaßnahmen im AK Augsburg Bibelforscher |
| Frau Dr. Schweninger | 1 Häftling in Land- und Hauswirtschaft im AK Wurach |
| Ilse Heß | 1 Bibelforscher in Land- und Hauswirtschaft im AK Bad Oberdorf |
| Alois Rehrl | 1 Bibelforscher und 4 Bibelforscherinnen in Land- und Hauswirtschaft im AK Fridolfing |
| Eleonore von Brüning | 10 Häftlinge in Land- und Hauswirtschaft im AK Halfing |
| Heinrich Himmler und Karl Dönitz | 20 Häftlinge zu Baumaßnahmen im AK Königsee |
| Eleonore Bauer | 14 Häftlinge zu Baumaßnahmen im AK München Schwester Pia |
| Hans Loritz | 9 Häftlinge zu Baumaßnahmen im AK St. Gilgen |
| Johann Marx | 1 Bibelforscher in Land- und Hauswirtschaft im AK Valepp Bauer Marx |

97 Vgl. Kapitel 6.4.3. Bauwesen.
98 Kaienburg, Wirtschaft der SS, S. 1017, 1020.

## 4.2.2. Organisation Todt

Im Mai 1938 erfolgte die Gründung der Organisation Todt als Bauorganisation im Dienste von Wehrmacht und NS-Staat. Benannt nach dem ersten Leiter Fritz Todt unterstand der nichtmilitärische Verband seit 1940 dem Rüstungsministerium und führte im Deutschen Reich und nach Kriegsbeginn auch in den besetzten Gebieten kriegswichtige Bauprojekte durch, dazu zählten der „West-" und „Atlantikwall" sowie das Führerhauptquartier „Wolfsschanze".[99] Im Februar 1942 übernahm Albert Speer Todts Nachfolge als Reichsminister für Bewaffnung und Munition sowie die Führung der OT. Sein Stellvertreter in der OT wurde Ministerialrat Franz Xaver Dorsch, seit 1941 Chef der Zentrale der OT in Berlin. In Einsatzgruppen der Landesteile gegliedert existierten Oberbauleitungen für einzelne Regionen oder Bauprojekte sowie Abschnittsleitungen.[100] Die OT-Angehörigen trugen olivgrüne Uniformen teilweise mit Hakenkreuzbinden an den Ärmeln. Der Architekt Professor Hermann Giesler, Bruder des Gauleiters von München-Oberbayern Paul Giesler, leitete die OT-Einsatzgruppe VI Bayern. Für die ihr unterstellten Einheiten und Bauobjekte benutzte die OT Decknamen wie „Weingut I" und „Edgar" für die Bunkerbaustelle Mühldorf, „Ringeltaube", „Weingut II", „Diana II", „Walnuss II", „Martin", „Fritz" und „Hans" für Kaufering/Landsberg, „Magnesit" für Überlingen sowie „Max" und „Adolf" für Allach.[101] Das Arbeitsprinzip der OT zeichnete sich besonders durch seine Flexibilität und Effektivität aus, die sich auch auf die Verpflichtung von lokalen Subunternehmen für einzelne Bauprojekte gründete. In diesem Sinne nahm die OT eine Verteilung der Arbeitskräfte vor und wies diese den ausführenden Bauunternehmen zu. Für Bekleidung, Unterbringung und Verpflegung blieb jedoch die OT verantwortlich.[102]

Mit dem zunehmenden Arbeitskräftemangel wurden neben „wehruntauglichen" Deutschen auch ausländische Zwangsarbeiter sowie Kriegsgefangene herangezogen und seit 1943 zusätzlich KZ-Häftlinge. In enger Zusammenar-

---

99 Grundsätzlich vgl. Franz W. Seidler, Die Organisation Todt. Bauten für Staat und Wehrmacht 1938–1945, Bonn 1998; Rudolf Dittrich, Vom Werden, Wesen und Wirken der Organisation Todt, Osnabrück 1998.
100 Gliederung der OT Einsatzgruppen Reichsgebiet (Karte), 1944, BArchB R 50/I.
101 Alphabetisches Verzeichnis zur Objektnummern-Liste nach Decknamen geordnet (Stand 10. 11. 1944) ergänzt bis zum 15. 1. 1945, BArchB R 3/443.
102 Zum Vertragswesen bezüglich „Weingut I" vgl. Raim, Dachauer KZ-Außenkommandos, S. 117 f.

beit mit SS, Gestapo und Rüstungsinspektionen führte die OT seit 1943 zunehmend die Beseitigung von Luftangriffsschäden, Straßen-, Eisenbahn- und Flugplatzbau durch. Das erste Dachauer OT-Außenlager München-Riem entstand im Februar 1943 für Aufbauarbeiten des dortigen Flughafens. Im April 1944 erhielt die Organisation Todt die Bauleitung zur Errichtung von unterirdischen Rüstungsbetrieben, dem sogenannten Jägerprogramm.[103] Damit setzte die Gründung der großen OT-Außenlager des Konzentrationslagers Dachau ein. Für die Überbunkerung eines Teils der BMW-Fertigung in Allach entstanden die Außenlager Karlsfeld OT und Rothschwaige im Juni/Juli 1944. Ebenfalls im Juli 1944 wurde das erste der vier Mühldorfer Außenlager eingerichtet und nur wenige Wochen später das erste der elf Kauferinger Außenlager. In Überlingen folgte im September 1944 ein OT-Außenlager für Stollenbauarbeiten. Insgesamt verfügte die Organisation Todt Ende 1944 über fast 1,5 Millionen Arbeiter, unter ihnen 846 293 Zwangsarbeiter, 142 093 Kriegsgefangene und 127 752 KZ-Häftlinge.[104] Bis Kriegsende waren rund 35 500 Dachauer Häftlinge an 22 Standorten für Baumaßnahmen unter Leitung der Organisation Todt im Arbeitseinsatz. Abgesehen von einem Außenkommando in Thansau handelte es sich um Außenlager mit mindestens 200 Insassen. Somit war die OT der bedeutendste Arbeitgeber von Dachauer KZ-Häftlingen.

### 4.2.3. Privatwirtschaft

Die Untersuchung der privatwirtschaftlichen Arbeitgeber von Dachauer Außenkommandos und -lagern ist ausgesprochen problematisch, da nur eine sehr beschränkte Quellengrundlage vorhanden ist. Ein großer Teil der relevanten Dokumente wurde entweder durch Luftangriffe während des Krieges zerstört oder Firmenarchive nach Kriegsende von belastendem Material „gesäubert".[105] Weiter ist in diesem Kontext zu berücksichtigen, dass einzelne Unternehmen heute nicht mehr existieren. Die Ulmer Magirus Werke sind ein Beispiel für eine wechselvolle Firmengeschichte. Nach der Fusion mit der Humboldt-Deutz

---

103 Beauftragung Hitlers an Dorsch, Leiter der OT Zentrale, 21. 4. 1944, BArchB R 3/1509.
104 Demps, Faschistische Kriegswirtschaft, S. 156.
105 Im BMW Archiv in München sind nur Bruchstücke von relevanten Primärquellen zum KZ-Häftlingseinsatz erhalten geblieben. Auch das heute noch bestehende Unternehmen Lodenfrey in München verfügt über keine Firmenunterlagen zu KZ-Zwangsarbeit mehr.

Motorenfabrik 1936 erfolgte zwei Jahre später die Umwandlung des Nutzfahrzeugunternehmens in die Klöckner-Humboldt-Deutz AG. Nach 1945 wurden die Lastkraftwagen und Busse unter dem Namen Magirus Deutz verkauft. Im Jahr 1975 folgte nach der Neugründung der Magirus Deutz AG die Eingliederung in IVECO (Industrial Vehicles Corporation) und seit 1983 gehört Magirus zur IVECO Gruppe. Nach Mitteilung des Firmenarchivs sind im Zuge der vielfältigen Umstrukturierungen keine Unterlagen des Magirus Werkes aus den 1940er-Jahren erhalten.

Unter den Arbeitgebern von Dachauer Außenkommando- und Außenlagerhäftlingen befanden sich verschiedene klein- und mittelständische Unternehmen:

| Arbeitgeber | Einsatzort von KZ-Häftlingen |
|---|---|
| Fleischfabrik Hans Wülfert GmbH | Dachau |
| Bartolith Werke | München |
| Chemische Werke | München |
| Firma Ehrengut | München |
| Großschlachterei Thomae | München |
| Textilunternehmen Lodenfrey | München |
| Gärtnerei Nützl | München |
| Architekt Karl Bücklers | München |
| Schuhhaus Eduard Meier | München |
| Ingenieurbüro Arno Fischer | Passau |
| Musikverlag Ed. Bote u. G. Bock | Głuchowo (heute Polen) |

Abgesehen von den Münchner Firmen Lodenfrey und Schuhhaus Meier existiert heute keiner dieser Betriebe mehr. Bereits seit Frühjahr 1942 waren die ersten Dachauer Häftlinge in den hier aufgeführten Firmen eingesetzt. Insgesamt handelte es sich um etwa 1000 KZ-Häftlinge, von ihnen waren mehr als 300 bei Hans Wülfert beschäftigt. Alle angegebenen Arbeitgeber konnten die Kriegswichtigkeit ihrer Produktion oder Bauvorhaben nachweisen und somit KZ-Arbeitskräfte erhalten.[106] In den rekonstruierbaren Fällen zeigen sich häufig enge Verflechtungen zu Partei- oder SS-Funktionären im Vorfeld des Häftlingsarbeitseinsatzes. Abgesehen von persönlichen Beziehungen der Betriebsleiter waren beispielsweise die Dachauer Fleischfabrik und die Münchner Lodenfabrik Joh. Gg. Frey im Leistungskampf 1938/39 als nationalsozialistische

---

106 Vgl. Blanko Antrag auf Gestellung von Häftlingen, BArchB NS 3/379.

Musterbetriebe ausgezeichnet worden.[107] Auch um diese Auszeichnung hatten sich Geschäftsleute aus Eigeninitiative zu bewerben. Auffallend ist die Konzentration dieser klein- und mittelständischen Betriebe im Ballungsraum München, die einmal mehr auf enge Verbindungen zwischen dem KZ Dachau und der „Hauptstadt der Bewegung" hindeutet.[108]

Diesen klein- und mittelständischen Betrieben stehen große Unternehmen gegenüber, die ihre Produktionsabläufe zum Zeitpunkt des jeweiligen Häftlingsarbeitseinsatzes bereits auf Rüstungsfertigung umgestellt hatten. Sie waren die Arbeitgeber für knapp 24 000 Dachauer Häftlinge in zwei Außenkommandos und 23 Außenlagern.

| Unternehmen | Einsatzort von KZ-Häftlingen |
| --- | --- |
| Messerschmitt AG | Augsburg-Pfersee, Bäumenheim, Burgau, Fischen, Gablingen, Haunstetten, Horgau, Kottern, Landsberg, Lauingen, Seehausen |
| Bayerische Motorenwerke | Allach, Blaichach, Kaufbeuren, Kempten, Stephanskirchen, Trostberg |
| Luftschiffbau Zeppelin GmbH | Friedrichshafen, Saulgau |
| Dornier Werke | Germering, Landsberg |
| Dynamit AG | Riederloh |
| AGFA Kamerawerke | München |
| Klöckner-Humboldt-Deutz AG | Ulm |
| Anorgana | Gendorf |
| Michelwerke | Augsburg |
| Maschinenfabrik Keller und Knappich | Augsburg |

Alle Betriebe hatten bereits im Vorfeld vielfältige Erfahrungen mit zivilen Zwangsarbeitern gesammelt, ehe sie KZ-Häftlinge in ihre Belegschaften eingliederten. Die wichtigsten Unternehmen der Luftrüstungsfertigung im süddeutschen Raum waren die Messerschmitt AG mit dem 1938 gegründeten Hauptwerk in Augsburg und die Bayerischen Motorenwerke mit dem Stammwerk in München-Milbertshofen.

Nach der Gründung der Messerschmitt AG in Augsburg 1938 wurden moderne Flugzeugtypen entwickelt. Das Jagdflugzeug Me 262 war das erste serienmäßig produzierte Stahltriebwerkflugzeug der Welt, das in Augsburg,

---

107 Nationalsozialistische Musterbetriebe nach dem Stand vom 1. 5. 1940, StAM NSDAP 2025.
108 Auch die Untersuchung dieser Beziehungsgeflechte stellt ein Forschungsdesiderat dar.

Regensburg und Obertraubling gefertigt wurde.[109] Seit Februar 1943 waren KZ-Häftlinge aus Dachau in der Fertigung der Me 262 im Augsburger Stammwerk eingesetzt. Zunächst waren die KZ-Häftlinge im Außenlager Haunstetten untergebracht. Nach dessen Zerstörung am 13. April 1944 erfolgte die Verlegung der Häftlinge einerseits nach Leonberg, einem Messerschmitt-Außenlager des KZ Natzweiler, und andererseits in das seit Januar 1944 bestehende Dachauer Außenlager Gablingen. Doch bereits elf Tage nach der Zerstörung des Außenlagers Haunstetten wurde auch das Außenlager Gablingen von alliierten Bomben getroffen, und die Häftlinge mussten wiederum verlegt werden. Nun erfolgte die Verteilung auf das Außenlager Leonberg und das neu gegründete Außenlager Augsburg-Pfersee. Bereits seit 1943 hatte Messerschmitt mit der Dezentralisierung der Produktion nach Kottern (Oktober 1943), Lauingen (März 1944), Bäumenheim (August 1944), Landsberg (Juli 1944), Fischen (November 1944), Burgau (Februar 1945) und Horgau (März 1945) begonnen.[110] Zusammengenommen waren an diesen Orten knapp 12 000 Dachauer KZ-Häftlinge in der Produktion sowie im Rahmen von Bautätigkeiten der Messerschmittwerke eingesetzt. Für die Jägerproduktion war ein weitflächiges Netz von Zulieferern notwendig.[111] Dazu zählten beispielsweise auch die Schraubenfabrik Präzifix in Dachau und die Feinmechanische Werkstätte Ing. G. Tipecska in Seehausen, beide beschäftigten Dachauer KZ-Häftlinge. Ebenso war die Verlagerung der Jägerproduktion von Messerschmitt in die Bunker in Kaufering/Landsberg und Mühldorf vorgesehen.

Die 1916 gegründeten Bayerischen Motorenwerke bauten in den 1920er-Jahren vor allem die Motorrad- und Automobilherstellung aus. Nach der Machtübernahme durch die Nationalsozialisten konzentrierte sich das Unternehmen jedoch zunehmend auf den Flugmotorenbau und expandierte in diesem Produktionszweig seit 1939 stark.[112] Der in verschiedenen Werken in München, Eisenach und Berlin gefertigte Doppel-Sternmotor B 801 avancierte zu einem

---

109 Vgl. Kucera, Fremdarbeiter; Nach der Zerstörung des Messerschmitt Werkes in Regensburg im August 1943 wurde die Produktion in Obertraubling fortgesetzt und hier ein Außenlager des KL Flossenbürg eingerichtet. Vgl. Ulrich Fritz, Obertraubling, in: Benz/Distel, Ort des Terrors, Bd. 4, S. 216–219.
110 Verlagerungen der Messerschmitt AG-Augsburg, Karte der Auslagerungsstätten, n. d., abgedruckt in: Kucera, Fremdarbeiter, S. 27.
111 Zum Netz der Messerschmitt Zulieferbetriebe vgl. Jeffrey Fear, Die Rüstungsindustrie im Gau Schwaben 1939–1945, in: VfZ 35 (1987), Heft 2, S. 193–216.
112 Grundsätzlich vgl. Constanze Werner, Kriegswirtschaft und Zwangsarbeit bei BMW, München 2006.

der wichtigsten deutschen Flugmotoren, für dessen Produktion bereits Ende 1940 ausländische Zwangsarbeiter und seit März 1942 KZ-Häftlinge im Allacher Werk eingesetzt wurden. Der Bau des dortigen Außenlagerkomplexes begann jedoch erst ein Jahr später. Parallel dazu setzten auch beim BMW Konzern Dezentralisierungsmaßnahmen ein, in deren Zuge im September 1943 ein Außenlager in Kempten für die U. Sachse KG, ein Zuliefer- und Tochterbetrieb von BMW, eingerichtet wurde. Im Laufe des Jahres 1944 folgte die Verlagerung von Maschinen und Gerätschaften sowie Dachauer Häftlingen nach Kaufbeuren (Mai), Blaichach (Juli), Trostberg (Oktober) und Stephanskirchen (November). Seit April 1944 war in Allach auch mit der Überbunkerung der Produktionsanlagen zum Schutz vor Luftangriffen begonnen worden. Die Leitung dieser Baumaßnahmen, die von überwiegend jüdischen Häftlingen des Außenlagers Karlsfeld OT ausgeführt wurden, oblag der OT. Insgesamt waren damit mehr als 7000 Häftlinge des Konzentrationslagers Dachau für BMW in der Produktion und bei Baumaßnahmen eingesetzt.

Aus dem Zeppelinkonzern in Friedrichshafen gingen seit 1915 vier Firmen hervor: die Luftschiffbau Zeppelin GmbH, die Maybach-Motorenbau GmbH, die Zahnradfabrik Friedrichshafen AG und die Dornier Werke GmbH. Alle hatten bereits vor Kriegsbeginn auf Rüstungsproduktion umgestellt und schon im Sommer 1941 ausländische Zwangsarbeiter in der Rüstungsfertigung eingesetzt.[113] Die Luftschiffbau Zeppelin GmbH war ein wichtiger Produzent der deutschen Aluminium- und Magnesiumguss-Produktion für Panzer und Flugzeuge. Seit Herbst 1941 sollte die Firma in Zusammenarbeit mit Peenemünde zum zweiten Serienwerk für die Kriegsrakete A4/V2 ausgebaut werden. Im Zuge dieser Baumaßnahmen entstand das Außenlager Friedrichshafen. Die Totalzerstörung der Betriebsanlagen im Juni 1943 hatte für einen Teil der Häftlinge die Verlegung nach Nordhausen/Thüringen zur Folge. Hier entstand Ende August zur Fortsetzung der Produktion der V2-Waffe das Außenlager Mittelbau-Dora des KZ Buchenwald.[114] Doch in Friedrichshafen verblieb die Fertigung des Raketenmittelteils und im nahen Raderach wurde ein Raketentestplatz unterhalten. In der „Binderhalle" der Erntemaschinenfabrik Josef Bautz AG war bereits seit August 1943 ein Verlagerungsbetrieb der Luftschiffbau Zeppelin GmbH zur Teilfertigung der V2-Rakete untergebracht, in dem Häftlinge des Außenlagers Saulgau eingesetzt waren.

Die Dornier Werke GmbH entwickelte sich in den 1930er-Jahren neben Junkers und Heinkel zu einem der größten Flugzeughersteller in Deutschland.

---

113 Grundsätzlich vgl. Tholander, Fremdarbeiter; Metzler, Geheime Kommandosache.
114 Wagner, Produktion des Todes, S. 184.

Große Zweigwerke entstanden in Germering nahe München, Oberpfaffenhofen und Wismar. In Friedrichshafen wurden allerdings vorwiegend Reparaturen und Musterbau durchgeführt. Im Fliegerhorst Penzing bei Landsberg waren Dachauer KZ-Häftlinge in die Fertigung eingebunden. Zusammen mit Gefangenen, die in der Produktion für die Messerschmitt AG arbeiten mussten, bildeten sie das Außenlager Landsberg. Insgesamt umfassten Bau- wie Produktionskommandos für den damaligen Zeppelinkonzern etwa 2100 KZ-Häftlinge.

Sitz der „Aktien Gesellschaft für Anilinfabrikation", kurz AGFA Kamerawerke, war seit 1927 die Tegernseer Landstraße 161 in München-Giesing. Der Betrieb war 1873 in Berlin gegründet und 1925 in die mit der Bayer AG und BASF verbundene IG Farben eingegliedert worden. AFGA übernahm die Fotochemiesparte und stellte im Münchner Kamerawerk seit 1928 vor allem Laborgeräte her. Die Fertigung wurde während des Zweiten Weltkrieges auf Optik und Feinmechanik umgestellt und Bombenzünder produziert, seit 1942 mit mehr als 800 ausländischen Zwangsarbeitern.[115] Damals hatte die IG Farben bereits KZ-Häftlinge in Bau- und Produktionsprozessen eingesetzt. In München arbeiteten seit September 1944 bis Kriegsende 500 Häftlingsfrauen.

Im Jahr 1926 ging die 1879 in eine Aktiengesellschaft umgewandelte Dynamit AG im Interessensverbund der IG Farben auf. Als größter Pulver- und Munitionslieferant im Nationalsozialismus produzierte die Dynamit AG in mehr als 30 Werken und beschäftigte dafür über 100 000 Zwangsarbeiter.[116] Etwa 1300 Dachauer KZ-Häftlinge waren seit September 1944 in Riederloh beim Bau einer Zündhütchenfabrik eingesetzt. Auch die Firma Anorgana war eine Tochterfirma der IG Farben, sie produzierte in Gendorf Rohstoffe für Artilleriemunition. Zur Belegschaft gehörten 250 Häftlinge aus Dachau.

### 4.2.4. Handlungsoptionen

Für keinen privatwirtschaftlichen Arbeitgeber von Dachauer KZ-Häftlingen gibt es quellengestützte Hinweise auf einen von der Reichs- oder SS-Führung ausgeübten Zwangs zur Beschäftigung der Gefangenen. Für die Rüstungsindustrie

---

115 Andreas Heusler, Ausländereinsatz. Zwangsarbeit für die Münchner Kriegswirtschaft 1939–1945, München 1996, S. 125.
116 Grundsätzlich vgl. Bernd Klewitz, Die Arbeitssklaven der Dynamit Nobel. Ausgebeutet und Vergessen. Sklavenarbeiter und KZ-Häftlinge in Europas größten Rüstungswerken im 2. Weltkrieg, Schalkmühle 1986.

mag in den letzten beiden Kriegsjahren der Druck von Seiten des Rüstungsministeriums zugenommen haben, geforderte Sollproduktionszahlen zu erfüllen. Jedoch war der Einsatz von KZ-Häftlingen kein oktroyierter Automatismus, sondern eine Folge des ökonomischen Kalküls der Arbeitgeber, ihre Produktion fortzusetzen.[117]

Für keinen der hier untersuchten Häftlingsarbeitseinsätze sind formale Anträge zur Abstellung erhalten geblieben. Unternehmensgeschichtliche Detailstudien zu anderen involvierten Betrieben und Konzernen fehlen, weshalb hier auf die Situation bei BMW eingegangen wird. Anlässlich eines Besuchs von Generalfeldmarschall Milch und Generaloberst Udet im Werk München am 5. und 6. August 1941 wurde erstmals über den Einsatz von 1000 Dachauer KZ-Häftlingen in Allach diskutiert.[118] Die genauen Hintergründe dieser Initiative sind unbekannt, doch mag womöglich auch die Verbindung des BMW-Zulieferers Präzifix von Bedeutung gewesen sein, in dem seit 1940 KZ-Häftlinge in der Produktion von Spezialschrauben für Flugmotoren eingesetzt waren.[119] Im Jahr 1941 kam es noch nicht zu dem geplanten Häftlingseinsatz, wie aus einer BMW-internen Notiz vom 26. September 1941 hervorgeht:

„Die geplante Zuweisung von 1000 Insassen des Lagers Dachau ist wieder gestoppt worden, nachdem durch Zuweisung von Militärurlaubern und Ausländern eine leichte Verbesserung der Lage eingetreten ist."[120]

Grundsätzlich lehnte aber der BMW-Vorstand den Einsatz von KZ-Insassen nicht ab,[121] denn schon ein halbes Jahr später sind die ersten KZ-Häftlinge in Allach in einem Konzernbericht nachweisbar.[122] Im Jahr 1943 bewarb sich die BMW Flugmotorenbau GmbH mit dem Investierungsantrag 78/43 beim

---

117 Für BMW vgl. Werner, Kriegswirtschaft, S. 131 ff. Vgl. Henry A. Turner, Unternehmer unter dem Hakenkreuz, in: Lothar Gall/Manfred Pohl (Hrsg.), Unternehmen im Nationalsozialismus, München 1998, S. 15–23.
118 Notiz von Wörner an Dr. von Strauß, 11. 9. 1941, BMW Archiv XA 28/52.
119 Befragung von Herrn Monn-Weiß, ehemals Angestellter in der Arbeitsvorbereitung von Werk 1 und 2, durch Herrn Mönnich, 9. 2. 1987, BMW Archiv UA 744.
120 Notiz Wörner an Herrn von Strauß, 26. 9.1941, BMW Archiv XA 28/72.
121 Vgl. dazu: Werner, Kriegswirtschaft, S. 180. Werner geht bei der Diskussion um den KZ-Häftlingseinsatz im Sommer 1941 von einer Initiative des BMW-Vorstandes aus. Die Notizen von Wörner, die ihr als Quellengrundlage dienen, sind jedoch zu dieser Frage nicht eindeutig.
122 Ebenda, S. 186.

Reichsminister der Luftfahrt um den Zuschlag für die Errichtung eines Reparaturwerkes auf dem Gelände des Konzentrationslagers Dachau. Hier waren 2500 Häftlinge vorgesehen.[123] Nachdem sich die SS-Führung jedoch für die Messerschmitt Werke als Kooperationspartner entschieden hatte, zog BMW den Investierungsantrag zurück.[124]

Besser belegt sind die Initiativen von klein- und mittelständischen Betriebsführern wie Hans Wülfert und Christian Seidl, die sich nach eigenen Angaben 1940 und 1942 aktiv dazu entschlossen, von der KZ-Zwangsarbeit zu profitieren.[125] Für beide waren ökonomische Gründe zur Aufrechterhaltung und Erweiterung ihrer Produktion maßgeblich. Auch die Abstellung eines Zeugen Jehovas zur Marxschen Ochsenalm geht auf eine schriftliche Anfrage der Bauernfamilie zurück, um die Bewirtschaftung ihres Viehbestandes bewältigen zu können.[126]

Für alle Arbeitgeber gilt gleichermaßen, dass sie über die Zustände in den Unterkünften, über mangelhafte Versorgung und Misshandlungen oder Mord vor Ort informiert waren.[127] Schriftwechsel der OT-Bauleitung in Mühldorf befassten sich dezidiert mit unzureichender Ernährung und Bekleidung als Gründe für mangelnde Arbeitsleistung, Verbesserungen der Lager- und Arbeitsbedingungen waren jedoch damit nicht verbunden.[128] Auch der Konzernbericht von BMW 1943 thematisierte die Verpflegungsproblematik von KZ-Häftlingen.[129] Grundlegende Veränderungen für die Gefangenen erfolgten auch hier nicht.

In den Nachkriegsdokumenten wurde stattdessen von Betriebs- und Unternehmensangehörigen darauf hingewiesen, dass ein Aufbegehren gegen die Lager-SS nicht möglich gewesen sei. Diese Behauptung ist nicht haltbar vor dem Hintergrund, dass keinerlei Sanktionsmaßnahmen gegen Unternehmensleitungen bekannt sind, die ihre zugewiesenen Häftlinge „zu gut" behandelten. Darüber hinaus offenbart die Initiative von Arbeitgebern zur Verbesserung der Ernährungslage in einzelnen „Gefälligkeitskommandos" durchaus Handlungs-

---

123 Investierungsantrag der BMW Flugmotorenbau GmbH, Reparaturwerk Dachau, Antragsnr. 78/43, gerichtet an Reichsminister der Luftwaffe und Oberbefehlshaber der Luftwaffe, 9. 9. 1943, BMW Archiv UA 27.
124 Vgl. Werner, Kriegswirtschaft, S. 172 f.
125 Vgl. Entnazifizierungsangaben von Hans Wülfert und Christian Seidl, StAM Spk Karton 2013 (Hans Wülfert) und StAM Spk Karton 1508 (Christian Seidl).
126 Vgl. Kapitel 3.2.1. Außenkommando- und Außenlagergründungen, FN 30–35.
127 Vgl. Kapitel 6. Existenzbedingungen.
128 Vgl. Schreiben Stroh, 30. 9. 1944, NARA Trials of War Criminals RG338 B207.
129 Jahresbericht der Neubauleitung 1943, BMW Archiv UA 197.

möglichkeiten.[130] Ebenso zeigt das Beispiel der Michelwerke in Augsburg-Kriegshaber, dass Einflussnahme möglich war. Den dort eingesetzten Jüdinnen wurden Schuhe und Binden zur Verfügung gestellt.[131] Auch an anderen Orten kam es zu kurzfristigen oder individuellen Hilfeleistungen,[132] die jedoch im Gesamtkontext Ausnahmeerscheinungen blieben.

Dagegen belegen zahlreiche Rücküberstellungen von kranken und arbeitsunfähigen Häftlingen, dass Betriebsleitungen und OT- Bauleitung sich nicht für das Wohlergehen dieser Arbeitskräfte verantwortlich fühlten. In einer Liste des KZ Dachau findet sich für Rücküberstellungen aus den Außenlagern Augsburg-Pfersee und Bäumenheim der Zusatz: „auf Veranlassung der Messerschmittwerke zurücküberstellt".[133] Sowohl BMW- als auch Messerschmitt-Angestellte verhandelten telefonisch mit der Kommandantur des KZ Dachau über die Rückführung einzelner Häftlinge, wie explizit auf Überstellungslisten vermerkt wurde.[134] Ein Schreiben der AGFA Kamerawerke belegt, dass Firmenmitarbeiter die „Selektion" der Häftlingsfrauen im KZ Ravensbrück vornahmen.[135] Ebenso beschwerte sich die Betriebsleitung über mangelnde Arbeitsleistungen.[136]

Für die Außenlagerkomplexe Kaufering/Landsberg und Mühldorf belegte Edith Raim, dass die Organisation Todt für die Arbeitsleistungen, die Festsetzung der Arbeitszeiten, Verpflegung und medizinische Versorgung der Häftlinge verantwortlich zeichnete,[137] und in Mühldorf an „Selektionen" arbeitsunfähiger Häftlinge beteiligt war, die nach der Deportation in Auschwitz ermordet wurden.[138]

Das Verhaltensspektrum der Betriebsmitarbeiter reichte von spontaner individueller Unterstützung über Gleichgültigkeit, Beschimpfungen bis hin zu Misshandlungen und Totschlag.[139]

---

130 Vgl. Kapitel 6.1.7. Verbesserte Ernährungslage.
131 Bericht der Betriebsärztin der Michelwerke, Januar 1945, PA Schalm.
132 Vgl. Kapitel 6. Existenzbedingungen.
133 Überstellungsliste des KL Dachau, 24. 9. 1944, DaA 35 672.
134 Überstellungsliste des KL Dachau, 22. 5. 1944 und 27. 5. 1944, beide: DaA 35 674.
135 Schreiben der IG Farben, Camerawerke München an die Kommandantur des KL Dachau, 18. 10. 1944, DaA 33 273.
136 Lingens, Erinnerungen, S. 33.
137 Raim, Dachauer KZ-Außenkommandos, S. 293.
138 Ebenda, S. 237.
139 Vgl. Kapitel 6. Existenzbedingungen.

## 4.3. System der Funktionshäftlinge

Um die Abläufe im Lageralltag zu bewältigen und SS-Personal einzusparen, delegierte die SS-Lagerleitung in Dachau bereits 1933 Wach-, Kontroll- und Verwaltungsaufgaben an KZ-Gefangenen. Auch in den Außenkommandos und -lagern fand das System der Funktionshäftlinge Anwendung.

### 4.3.1. Aufgaben und Zuständigkeiten

Die Gefangenen waren von der SS eingesetzt und stellten die unterste Stufe des Organisations- und Überwachungsapparates dar.[140] An deren Spitze standen ein oder mehrere Lagerälteste, die gegenüber der SS als verantwortliche Vertreter der Häftlinge fungierten.

Die Schreibstuben leiteten zwar SS-Angehörige, die Arbeiten wie Karteiführung, Einweisung in die Unterkünfte, Appell- und Transportvorbereitung verrichteten allerdings ausschließlich Häftlingsschreiber. Edmond Falkuss war als Lagerschreiber in den Außenlagern Haunstetten, Gablingen und Augsburg-Pfersee für Kartei und Statistiken sowie für alle Vereinbarungen mit der Verwaltung der Messerschmittwerke verantwortlich.[141] Den Unterkünften standen Blockälteste vor, die wiederum dem SS-Blockführer Rechenschaft ablegen mussten. Die Ernennung erfolgte auf Vorschlag des Lagerältesten durch die SS. Zur Unterstützung suchten sich Blockälteste ein oder zwei Stubendienste, die wiederum auf Vorschlag des Lagerältesten durch die SS bestimmt wurden. Den Block- und Stubenältesten oblagen die Ordnung in den Unterkünften und die Essensausgabe. Verantwortlich für einzelne Arbeitskommandos waren die Kapos, die dem SS-Kommandoführer unterstanden und auf seinen Vorschlag durch den SS-Arbeitsdienstführer eingesetzt wurden. An den Arbeitsplätzen waren sie ebenso zivilen Meistern oder Vorarbeitern gegenüber weisungsgebunden. Auch den Lagerwirtschaftskommandos in Küche, Wäscherei oder Revier standen Kapos vor. In größeren Arbeitskommandos unterstützten den Kapo weitere Vorarbeiter. Gemeinsam hatten sie die Häftlinge für den Arbeitseinsatz aufzustellen, den An- und Abmarsch zu koordinieren, Namenslisten zu führen, die Häftlinge bei der Arbeit anzutreiben und Strafmeldungen an den Kommandoführer einzurei-

---

140 Grundsätzlich vgl. Kogon, Der SS-Staat, S. 86–93; Pingel, Häftlinge, S. 159–166.
141 Interview mit Edmond Falkuss, n. d., DaA 35 261.

*Abb. 7: Viktor Nečas, Lagerältester in Kaufering III, vor dem 26. April 1945.*

chen.[142] Im Außenlager Allach BMW und im Außenkommando Nützl waren Kapos auch für die Prämienverteilung zuständig.[143] Tendenziell waren Kapos keine Facharbeiter und wurden nicht zum Häftlingsarbeitseinsatz herangezogen. In Außenkommandos gab es aber Ausnahmen, wie beispielsweise in den Bartolith Werken, wo der Kapo Johann Leitameier auch in die Fertigungsprozesse eingebunden war.[144] Auch zwei Kapos im Außenkommando St. Johann mussten wie alle anderen Gefangenen auf der Baustelle arbeiten.[145] In der Regel trugen Funktionshäftlinge Armbinden mit der Aufschrift ihrer Stellung (Abb. 7).

---

142 Vgl. Abschrift aus dem Capo-Buch, Richtlinien für die Capos, n. d., DaA 5427; Rundschreiben des Einsatzleiters Hauptbaustelle, Aufgaben der Capos und Verhalten der Häftlinge auf der Baustelle, 19. 9. 1944, BArchB NS 4/Da 29.
143 Für das Außenlager Allach BMW vgl. Schreiben des SS-Arbeitslager Allach über die Prämienverteilung, 11. 12. 1944, DaA A 109; für das Außenkommando Gärtnerei Nützl vgl. Eidesstattliche Erklärung des ehemaligen Kapo Hans Schneider, 19. 6. 1946, StAM SpK, Karton 1261 (Franz Nützl).
144 Zeugenvernehmung Erwin Ihle, 11. 6. 1969, StAM Stanw 22 491.
145 Oertel, Gefangener der SS, S. 140.

Im Außenlager München-Riem beispielsweise waren es gelbe Armbinden mit schwarzer Aufschrift.[146]

Wie auch für die SS-Lagerleitungen in Außenkommandos und -lagern waren die Strukturen des Systems der Funktionshäftlinge verglichen mit dem Stammlager weniger komplex. So sind aus Außenlagern Lagerälteste bekannt. Vor allem in Außenkommandos unter 50 Häftlingen vereinten jedoch Kapos verschiedene Verwaltungsaufgaben in sich. In diesen Fällen gab es dann oftmals keine Block- oder Stubenältesten. Nicht selten waren Kapos auch gleichzeitig Blockälteste wie im Außenkommando Feldafing, wo ein Kapo und ein Häftlingssanitäter ebenfalls als Block- und Stubenälteste fungierten.[147]

Vielen Außenkommandos und -lagern können heute keine Funktionshäftlinge mehr zugeordnet werden. Insbesondere trifft dies auf Einzelabstellungen und „Gefälligkeitskommandos" zu. In nur drei Fällen gibt es explizite Hinweise dafür, dass vor Ort überhaupt keine Funktionshäftlinge waren. In den Außenkommandos Spitzingsee und Dachau Entomologisches Institut waren jeweils weniger als sieben Häftlinge eingesetzt, weshalb die eher geringfügigen Verwaltungs- und Organisationsaufgaben hier wohl das SS-Personal selbst erledigte.

Abgesehen von diesen Beispielen bildete sich in den Außenkommandos und -lagern mit dem System der Funktionshäftlinge neben der SS-Lagerführung eine zweite Lagerhierarchie, die in den Berichten der Überlebenden breiten Raum einnimmt. Funktionshäftlinge waren nahezu in allen Bereichen der Lager eingesetzt und bestimmten ganz wesentlich die Alltagssituation vor Ort. Wie in allen Konzentrationslagern verlagerte sich auch hier bis zum Kriegsende die Ausführung von Organisation und Verwaltung zunehmend auf die Häftlinge.

### 4.3.2. Zugang zu Funktionspositionen

Die deutschen politischen Häftlinge besetzten tendenziell – wie im Stammlager – auch in den Dachauer Außenkommandos und -lagern die wesentlichen Funktionsstellen. Dies lag primär an der durch das Vorschlagsrecht der Lagerältesten im Stammlager entstandenen Klientelwirtschaft. Es ist kaum verwunderlich, dass versucht wurde, vertraute Kameraden in Schlüsselpositionen zu installieren oder missliebige Gefangene wegzuloben oder abzuschieben. Auch für die Dachauer

---

146 Vernehmung Marian Pisarski, 19. 9. 1974, StAM Stanw 34 802/1.
147 Zeugenvernehmung Ferdinand Rose, n. d., BArchL B 162/16 423–16 424.

Außenkommandos und -lager ist zu beobachten, dass die dortigen Funktionshäftlinge häufig auf Erfahrungen im Stammlager zurückgreifen konnten. Darüber hinaus sieht Jens-Christian Wagner für den Lagerkomplex Mittelbau-Dora im Rotationsprinzip der Funktionshäftlinge auch ein bewusst eingesetztes Instrument der SS-Herrschaftspraxis.[148] Wie im Falle des SS-Lagerpersonals verhinderte der regelmäßige Wechsel der Funktionshäftlinge auch die Herausbildung mächtiger Strukturen in den Außenkommandos und -lagern. Darüber hinaus intendierte die SS-Führung durch gezielte Heranziehung einzelner Häftlingsgruppen zum Funktionspersonal die Entsolidarisierung der Häftlinge untereinander.

Deutlich hat sich in der Erinnerungsliteratur, den Überlebendenberichten sowie den Zeugenvernehmungen das Bild vom „kriminellen" Funktionshäftling fortgeschrieben.[149] Bereits Eugen Kogon attestierte der SS, dass sie den „kriminellen" Häftlingen bei der Vergabe von Funktionsstellen Vorzug einräumten.[150] Der KZ-Überlebende und Historiker Stanislav Zámečník konstatierte dies ebenfalls für das Konzentrationslager Dachau.[151] Und auch in der Literatur zu Dachauer Außenkommandos und -lagern ist zu lesen, dass die Dachauer SS in den Außenlagern gezielt „Kriminelle" in Funktionsstellen eingesetzt habe.[152]

Zur Überprüfung dieser Annahme wurde untersucht, in welchen Außenkommandos oder -lagern „kriminelle" Häftlinge als Lagerälteste, Kapos, Schreiber, Verwalter oder Köche eingesetzt waren. Dazu zählten das Außenkommando Schleißheim,[153] die Außenlager Haunstetten,[154] Blaichach,[155] Horgau,[156] München-Riem,[157] Riederloh,[158] Trostberg[159] und die Außenlagerkomplexe Allach

---

148 Wagner, Produktion des Todes, S. 344.
149 Vgl. Statement Schmitz, Richard, 27/28. 5. 1945, NARA Trials of War Criminals RG153 B179.
150 Kogon, Der SS-Staat, S. 68 f.
151 Zámečník, Das war Dachau, S. 83.
152 Römer, Für die Vergessenen, S. 142.
153 Zeugenvernehmung Hermann Kreutz, 12. 8. 1974, StAM Stanw 34 812.
154 Statement Herbert Slawinski, 22. 8. 1947, NARA Trials of War Criminals RG338 B325; Zeugenvernehmung Herbert Slawinski, 17. 10. 1956, StAM Stanw 34 588/2.
155 Erklärung Paul Schumacher, 21. 5. 1947, NARA Trials of War Criminals RG338 B323.
156 Identification Sheet Wilhelm Metzler, 4. 6. 1947; Eidesstattliche Erklärung Wilhelm Metzler, n. d.; Eidesstattliche Erklärung Tobias Grunbaum, 29. 5. 1946; Eidesstattliche Erklärung Choskiel Laufer, 29. 5. 1946, alle: NARA Trials of War Criminals RG338 B314.
157 Aussage Herbert Harke, 24. 5. 1974, Staatsanwaltschaft München I Mü I 320 u Js 200 272/77, Bd. 1.
158 Zeugenvernehmung Gad Isbicki, 9. 12. 1974, StAM Stanw 34 798/1.
159 Aussage Karl Lutz, 21. 6. 1974, Staatsanwaltschaft München I Mü I 320 u Js 200 272/77, Bd. 1.

BMW,[160] Kaufering/Landsberg[161] und Mühldorf.[162] Die ausgewerteten Quellen für die Dachauer Außenkommandos und -lager widersprechen der These einer gezielten Zuweisungspraxis. Vielmehr trifft die Aussage des Überlebenden Josef Polacek zu, der allgemein für die Dachauer Außenkommandos und -lager auf die Überzahl von politischen Häftlingen in Funktionspositionen hinwies.[163] Als Befund ist aber festzuhalten, dass in den großen Außenlagerkomplexen Kaufering/Landsberg, Mühldorf, Allach und Schwaben mehr „kriminelle" Funktionshäftlinge bekannt geworden sind als in Außenkommandos.

Ganz anders dagegen waren die Zugangsmöglichkeiten für weibliche Häftlinge zu Funktionsstellen der Außenlagerkomplexe. Dies mag mancherorts auch der späteren Ankunft der Frauen in existierenden Außenlagern geschuldet sein, da die Funktionsstellen bereits besetzt waren. Aber auch bei zeitgleicher Gründung sind kaum weibliche Funktionshäftlinge nachgewiesen. Für Kaufering I und IV sind Gisela Stone und Channa Birnfeld zwei der wenigen Frauen, die in einer Lagerschreibstube beschäftigt waren.[164] Ella Lingens war Häftlingsärztin im Frauenaußenlager München-Giesing.[165] Berücksichtigt man, welche Handlungsspielräume und Privilegien männliche Häftlinge in diesen Funktionspositionen hatten, um Verwandte, Kameraden oder Freunde in einem besseren Kommando unterzubringen oder vor einer drohenden „Selektion" zu bewahren, so stand mehrheitlich Frauen dieser Weg nicht offen.

Häftlingsgruppen, die im Stammlager Dachau keine oder weniger Möglichkeiten hatten, Funktionspositionen einzunehmen wie zum Beispiel Zeugen Jehovas oder Juden, gelang dies seit 1944 in Außenkommandos und -lagern. Für den Mühldorfer Außenlagerkomplex belegt dies ein Schreiben der OT-Ein-

---

160 Zeugenvernehmung Sigfried Davidovits, 1. 6. 1969, StAM Stanw 34 814/1; Schlussvermerk der ZStL zu Ermittlungen zum AL Karlsfeld OT, 18. 5. 1976, BArchL B 162/25 892.
161 Statement Monek Szajnberg, 25. 11. 1946, NARA Trials of War Criminals RG338 B314; Verfahren der StA Augsburg gegen Franz Xaver Trost, StA Augsburg Ks 1/50. Verfahren gegen Boris Tobias Iserlis im Rahmen der Mühldorfer Miltärgerichtsprozesse, NARA Trials of War Criminals RG153 B190; Erklärung Willi Fischer, 27. 11. 1946; Interrogation Willi Fischer, 19. 12. 1946, beide: NARA Trials of War Criminals RG338 B306.
162 Aussage von vier ehemaligen Häftlingen, 6. 6. 1945, DaA 11 729.
163 Bericht Josef Polacek, n. d., NeuA 850.
164 Edith Raim, Frauen in den Dachauer KZ-Außenlagern Kaufering. Nationalsozialistische Vernichtungspolitik gegenüber Jüdinnen, in: Bay. Landeszentrale f. pol. Bildungsarbeit (Hrsg.), Spuren des Nationalsozialismus. Gedenkstättenarbeit in Bayern, München 2000, S. 87–110, hier: S. 100.
165 Lingens, Erinnerungen, S. 22–58.

heit Polansky & Zöllner an den SS-Lagerführer Sebastian Eberl am 20. Oktober 1944. Darin äußerte man sich unzufrieden über jüdische Kapos, die die jüdischen Häftlinge „nicht im Zug halten und zu Arbeiten antreiben".[166]

Ebenso in Bezug auf die Nationalitätenverteilung war das System der Funktionshäftlinge in den Außenkommandos und -lagern zunehmend durchlässiger geworden. Anfang der 1940er-Jahre konnten polnische Häftlinge in den Dachauer Außenkommandos und -lagern nur in Ausnahmefällen höhere Funktionsstellen einnehmen, was nicht zuletzt auch eine Frage ihrer Deutschkenntnisse war. Jan Domagała, der am 6. Mai 1940 unter den ersten polnischen Häftlingen im KZ Dachau war und aufgrund seiner Sprachkenntnisse zum Dolmetscher bestimmt wurde, beschrieb, dass sich dies für seine Landsleute sukzessive veränderte.[167] Neben Jan Domagała machten auch die polnischen Häftlinge Józef Zieliński, Walter Hnaupek und Jan Marcinkowski ihren Einfluss als Blockschreiber geltend,[168] um Polen in andere Lager in Sicherheit zu bringen.[169] In dem Buch über seine Erlebnisse in den Außenlagern Kempten und Kaufbeuren schilderte Louis Terrenoire, wie sich nach der anfänglichen Ablehnung der Franzosen ihr Status innerhalb der Häftlingshierarchie veränderte und schließlich Franzosen im Revier maßgebliche Funktionen besetzten.[170]

### 4.3.3. Privilegien und Handlungsoptionen

Der Status der Funktionshäftlinge unterschied sich fundamental von der Masse der nicht privilegierten Gefangenen, da ihre Position ihnen einerseits Schutz vor schwerer körperlicher Arbeit unter freiem Himmel und Krankheit sowie andererseits besseren Zugang zu lebenswichtigen Gütern und Waren bot.[171] Im Gegensatz zu anderen Konzentrationslagern waren die Funktionshäftlingspositionen in Dachau von politischen Gefangenen dominiert, was nach Angaben

---

166 Schreiben der OT-Einheit Polansky & Zöllner, Bautrupp 773, 20. 10. 1944, BArchB NS 4 Da/29.
167 Aussage Jan Domagała, 7. 1. 1946, DaA 32 938.
168 Bericht Jerzy Skrzypzek, Januar 1992, DaA A 2071.
169 Zit. nach Beate Kosmala, Polnische Häftlinge im Konzentrationslager Dachau 1939–1945, in: Dachauer Hefte 21 (2005), S. 94–113, hier: S. 101.
170 Terrenoire, Sursitaires de la morte, S. 41–46.
171 Allgemein zum ALK Kaufering vgl. Examination Mikulos Fay, 19. 2. 1947, NARA Trials of War Criminals RG153 B207. Zum AL Karlsfeld OT vgl. Aussage Friedrich Pillwein, 22. 4. 1969, StAM Stanw 34 814/1.

von Überlebenden die dortigen Verhältnisse erträglicher gestaltete.[172] Schon rein äußerlich ließen sich diese Gefangenen, die in der Lagersprache auch „Prominente" oder „Lagerprominenz" genannt wurden, ausmachen. Im Mühldorfer Waldlager war es den Kapos erlaubt, Zivilkleidung zu tragen.[173] Nicht selten durften sie sich auch die Haare wachsen lassen.[174] Wie auch im Stammlager Dachau waren Funktionshäftlinge der Außenkommandos und -lager meist getrennt von den übrigen Häftlingen untergebracht.[175] Dies schützte sie vor ansteckenden Krankheiten und ermöglichte ihnen ausgedehnte und effektivere Ruhephasen abseits von überfüllten Schlafstätten. Besonders aber ihre Position innerhalb der Lagerhierarchie ermöglichte ihnen einen erleichterten Zugriff auf Nahrungsmittel.[176] So waren in vielen Dachauer Außenkommandos und -lager die Essensrationen der Funktionshäftlinge besser oder nahrhafter, wie im Außenlager Landsberg, wo Lager-, Block- und Stubenälteste sowie Schreiber die doppelte Verpflegungsration erhielten.[177] Nicht selten florierte ein reger Schwarzhandel zwischen Funktionsträgern und SS-Lagerpersonal einerseits, aber auch den Funktionshäftlingen und den übrigen Gefangenen andererseits. Immer ging es um Gefälligkeiten und Vorteile, die man sich auf diesem Wege sicherte. Im Außenlager Überlingen bestach ein Kapo die SS-Posten mit Zigaretten und durfte dafür in seiner Baracke den Ofen einheizen.[178] Karl Rüstl, Verpflegungskapo im Außenlager Blaichach, stockte die Rationen der Häftlinge mit Fleischzukäufen auf.[179] Im Außenlager Allach BMW dagegen bedeutete der Schwarzhandel mit Lebensmitteln eine weitere Verknappung der Rationen.[180]

Vor allem der Zugriff der Funktionshäftlinge auf Namenslisten von Arbeitskommandos oder Überstellungen eröffnete ein machtvolles Instrument der Einflussnahme. Wer keinen Kontakt zu Funktionshäftlingen aufbauen konnte oder Bestechung praktizierte, dem gelang kaum der Wechsel in ein besseres Arbeits-

---

172 Zámečník, Das war Dachau, S. 152.
173 Aussage Ted Pilcowitz, 26. 1. 1972, StAM Stanw 31 503/4.
174 Edmond Michelet, Die Freiheitsstraße, Dachau 1943–1945, Paris 1955, S. 90.
175 Für das AL Augsburg-Pfersee vgl. Interview mit Edmond Falkuss, n. d., DaA 35 261.
176 Zum KL Dachau vgl. Interview mit Jan Schutrup, 12. 6. 1992,NeuA 1598.
177 Historique De Dachau, „Memoires" du camerade Nedelec Jean (matricule 48 622), unveröffentlicher Bericht, n. d., S. 2, DaA 830.
178 Bericht „Im Todeslager Überlingen" von Alfred Hübsch als Anlage zur Vernehmung vom 18. 10. 1972, BArchL B 162/2484.
179 Römer, Für die Vergessenen, S. 39.
180 Wittmann, Weltreise nach Dachau, S. 207.

kommando.[181] Der Belgier Paul Brusson verdankte es einem Landsmann und Unterkapo im Außenlager Allach BMW, dass er von einem schweren Zementkommando in das Elektrikerkommando wechseln konnte.[182] Den damals 13-jährigen Harold Gordon rettete die Warnung eines Kapos vor einer drohenden Kinderselektion in einem Kauferinger Außenlager.[183] Funktionshäftlinge nutzten aber auch aktiv ihre Möglichkeiten, gezielt unliebsame Gefangene loszuwerden oder aber Kameraden durch Überstellung aus dem unmittelbaren Zugriff eines SS-Angehörigen zu entziehen.[184] Für das Außenkommando Valepp schilderte der Überlebende Paul Wauer einen solchen Vorgang: „Als aber bekannt wurde, dass es ein sogenanntes gutes Kommando sei, sorgten die Lagerbonzen dafür, dass in der Mehrzahl ihre Freunde darin vertreten waren."[185]

In einem anderen Fall versuchten Funktionshäftlinge des Stammlagers, gefährdete Mitgefangene durch Überstellung in ein Außenkommando oder Außenlager aus dem Sichtfeld der Lager-SS zu entfernen und damit den drohenden Strafvollzug zu verhindern. Der Österreicher Friedl Volgger, zeitweise Häftlingsschreiber im Dachauer Arbeitseinsatzbüro, beschrieb diese Praxis folgendermaßen:

„Wir beide mussten im Bad immer mit unseren Schreibmaschinen die Nummern der Häftlinge aufschreiben, die auf Transport in andere KZs oder in Außenlager gingen. Wir im Arbeitseinsatzbüro wussten mehr oder weniger immer, ob es sich beim Lager, in das der Transport ging, um ein gutes oder ein richtiges Todeslager handelte. Und da hieß es eben manchmal Vorsehung spielen. [...] Die Häftlinge zogen langsam an uns vorbei. Und wir mussten auf langen Listen die Nummern klopfen. Hinter uns stand der Scharführer Schassberger oder der Oberscharführer Schmidt. Sie riefen uns die Nummern zu. Wenn eine Nummer gerufen wurde, deren Träger unbedingt vom Gang in ein Todeslager gerettet werden musste, drehten wir einfach die Maschine nicht

---

181 Grundsätzlich vgl. Hermann Langbein, Arbeit im KZ-System, in: Dachauer Hefte 2 (1986), S. 3–12, hier: S. 4. Für das AL Haunstetten vgl. Historique De Dachau, „Memoires" du camerade Nedelec Jean (matricule 48 622), DaA 830.
182 Testimony Paul Busson, Yale University Fortunoff Video Archive HVT-2992.
183 Harold Gordon, The Last Sunrise. A True Story. Autobiography of a Ten-Year Old Boy in Nazi Concentration Camps During Wold War Two, Salinas (California) 1989, S. 175 f.
184 Erklärung Walter Ferber, 21. 1. 1947, NARA Trials of War Criminals RG153 B221; Aussage Venceslav Copic, 2. 6. 1945, NARA Trials of War Criminals RG338 B306.
185 Erlebnisbericht von Paul Wauer, 1974, GAZJ Selters LB Wauer, Paul, S. 30.

weiter, sondern klopften die alte Nummer noch einmal. [...] So konnten wir doch manchmal Freunden den Gang in den fast sicheren Tod ersparen."[186]

Besonders großen Einfluss konnten Pfleger und Ärzte in den Häftlingsrevieren nehmen, da hier sowohl Invalidentransporte zusammengestellt wurden als auch einzelne Häftlinge vor dem Zugriff der SS geschützt werden konnten.[187] Besonders schätzten die Gefangenen die französischen Häftlingsärzte Henri Laffitte[188] im Außenlager Allach BMW und Doktor Lhoste[189] im Außenlager Kempten für ihr Engagement. Diese Praxis des „Opfertauschs" bedeutete die Rettung für die einen, jedoch mussten dafür andere, nicht privilegierte Gefangene an ihre Stelle treten.

Der „kriminelle" Kapo des Eisenbahnkommandos Christian Knoll galt im Außenlager Karlsfeld OT als besonders rabiat und hatte sich bereits zuvor im Dachauer Arbeitskommando Plantage durch unerhörte Schikane gegenüber Juden hervorgetan.[190] Ebenso hatte sich der „zweitmalige"[191] politische Häftling Karl Kapp als Kapo des Garagenkommandos in Dachau für die SS bewährt und wurde darum 1943 zum 1. Lagerältesten im Außenlager Haunstetten ernannt.[192] Herbert Slawinski nannte Kapp nach dem Krieg einen willigen Helfer der SS, der in Augsburg mindestens zwölf russische Gefangene so brutal misshandelte, dass sie im Krankenrevier starben. Außerdem fungierte er als Henker für die SS auch über die Außenlagergrenzen hinaus.[193] Mehrfach fuhr Kapp mit SS-Angehörigen zu Erhängungen ziviler Zwangsarbeiter im Raum Augsburg und Garmisch. Bei diesen Fahrten führte er einen zusammenklappbaren Galgen mit sich.[194] Für seine Kooperation belohnte ihn die Augsburger SS-Lagerführung mit besonde-

---

186 Volgger, Mit Südtirol am Scheideweg, S. 120.
187 Zámečník, Das war Dachau, S. 170.
188 Amicale, Allach, S. 108–122.
189 Terrenoire, Sursitaires de la morte, S. 71–80.
190 Aussage Mosche Kaufmann, 11. 1. 1970; Aussage Tibor Kraus, 8. 7. 1970, beide: StAM Stanw 34 814/1.
191 Die Lager-SS benannte Häftlinge, die nach ihrer Entlassung aus dem KL „rückfällig" geworden waren und erneut in „Schutzhaft" genommen wurden als „Zweitmalige".
192 Zeugenvernehmung Tadeusz Kubik, 20. 5. 1969, StAM Stanw 34 817/2; Zeugenvernehmungsniederschriften Karl Kapp, 28. 9. 1956 und 14. 11. 1956, beide: StAM Stanw 34 588/2.
193 Matthias Kreber war SS-Wachmann im AL Haunstetten und berichtete ebenso von Exekutionen von Kriegsgefangenen außerhalb des AL, Aussage Matthias Kreber, 12. 11. 1946, NARA Trials of War Criminals RG338 B310.
194 Aussage Wilhelm Welter, 30. 10. 1945, NARA Trials of War Criminals RG338 B289; Anklageschrift gegen Karl Kapp, n. d., ebenda B287; Vernehmungsniederschrift Hans Schwarz, 20. 8. 1956, StAM Stanw 34 588/2.

ren Privilegien. Er durfte sonntags von seiner Frau besucht werden und sich im Außenlager einen Hund halten.[195]

Der Wiener Ignatz Rohner war als politischer Häftling und Kapo im Außenkommando Nützl berüchtigt für seine Brutalität. Die zahllosen Misshandlungen durch den Kapo, SS-Kommandoführer und den Inhaber der Gärtnerei Franz Nützl führten dazu, dass die Häftlinge in Dachau bemüht waren, nicht diesem Außenkommando zugeteilt zu werden.[196] Im Außenlager Riederloh herrschten unmenschliche Bedingungen, hervorgerufen durch schwere Arbeit und schlechte Versorgung der Häftlinge. Überlebende führten aber vor allem die mit Knüppeln ausgestatteten Kapos und den Lagerältesten, den niederländischen „Nacht-und-Nebel-Häftling" Albert Talens, als einen Grund für die hohe Todesrate in diesem Außenlager an.[197]

Auch im Außenlager Kempten quälte der Kapo Stephan Möderl, ein „zweitmaliger", politischer Häftling, seine Mitgefangenen.

„From August 43, until April 45 Mödler [Möderl] was known as a feared capo to the KZ prisoners. Daily he beat numerous KZ prisoners until they bled and collapsed. Finally these KZ prisoners were transferred to Dachau. He submitted numerous reports to Dachau, concerning the prisoners with the result that the prisoners were transferred to Dachau and were mostly killed there."[198]

Ebenso berüchtigt waren die Lagerältesten Lorenz Fritsch und Johann Rohr im Außenlager Mühldorf-Mettenheim,[199] der Lagerkapo Josef Unrecht im Waldlager V/VI[200] und Franz Xaver Trost in Kaufering III,[201] Kapo Max Knoll in

---

195 Aussage Herbert Slawinski, 17. 10. 1956; Zeugenvernehmungsniederschrift Walter Buzengeiger, 18. 10. 1956, beide: StAM Stanw 34 588/2.
196 Erklärung Hanns Schneider, 6. 8. 1945; Aussage Raimund Schnabel, 14. 3. 1946, beide: StAM SpK, Karton 1261 (Franz Nützl).
197 Aussage Gad Isbicki, 9. 12. 1974; Aussage Nandor Jakob, 19. 12. 1974, beide: StAM Stanw 34 798/1.
198 Erklärung ehemaliger Häftlinge, 12. 2. 1947, NARA Trials of War Criminals RG338 B286.
199 Memorandum Lager Mühldorf–Ampfing, 2. 6. 1945, NARA Trials of War Criminals RG153 B225. Johann Rohr war auch im AK München Lebensborn Kapo und dort bereits als Schläger bekannt; Aussage Piotr Kukulski, 27. 11. 1974, BArchL B 162/25 871.
200 Testimony Alex Raskin, 27. 6. 1947; Statement Benno Wolf, 6. 5. 1947, beide: NARA Trials of War Criminals RG153 B225.
201 Vgl. Verfahren der Staatsanwaltschaft Augsburg gegen Franz Xaver Trost, StA Augsburg Ks 1/50.

Lauingen,[202] Kapo Wilhelm Metzler im Außenlager Horgau,[203] der Kapo des Kommandos Dyckerhoff im Allacher Lagerkomplex Richard d'Armonville[204] und Kapo Christian Heller im Außenkommando Hallein.[205]

Andere Funktionshäftlinge versuchten, ihrer schwierigen Aufgabe im Spannungsfeld von erzwungener Kollaboration und Resistenz gerecht zu werden. Stanislav Zámečník charakterisierte jene Kapos als anständig, die entweder keine Gewalt anwendeten oder nur schrien und schlugen, wenn ein SS-Angehöriger in die Nähe kam.[206] Otto Oertel, ehemaliger Häftling im Außenkommando St. Johann, beschrieb seine Überlegungen:

„Ich hatte mir mehr als einmal die Frage vorgelegt, ob ich es mit meiner Einstellung und meinem Gewissen verantworten konnte, die Tätigkeit eines Funktionshäftlings auszuüben. Nur als solcher hatte ich die Möglichkeit, bei Einhaltung größter Vorsicht als Prellbock zwischen der SS und meinen mir anvertrauten Kameraden zu dienen. Ich verkannte nicht die Schwere dieser Aufgabe, zumal ich dabei keinen Argwohn bei der SS aufkommen lassen durfte. Doch ich wusste eine Anzahl Freunde, die es geschafft hatten, den Mittelweg zu balancieren. [...] Für meine Mithäftlinge etwas tun können, was ihr Los erleichterte, das wollte ich auch mir zur Aufgabe machen."[207]

In diesem Sinne handelte auch Conrad Klug als Kapo im Außenkommando Unterfahlheim, als er dem Kommandoführer die Aushändigung der den Häftlingen zustehenden Tabakwaren verweigerte.[208] Nach Angaben von Henri Lafitte besserte sich die Situation der Franzosen im Außenlager Allach BMW unter anderem durch die Unterstützung einiger deutscher Funktionshäftlinge, dem „Spanienkämpfer" und Lagerschreiber Ferdinand Westerbarkey sowie dem Kapo des Desinfektionskommandos Ady Meislinger.[209] Wie im Außenlager

---

202 Aussage Edmund Ciazela, 14. 3. 1970, BArchL B 162/16 463–16 464.
203 Eidesstattliche Erklärung Tobias Grunbaum, 29. 5. 1946, NARA Trials of War Criminals RG338 B314.
204 Amicale, Allach, S. 46.
205 Eidesstattliche Erklärung Johann Myrda, 18. 7. 1947, NARA Trials of War Criminals RG153 B222.
206 Zámečník, Das war Dachau, S. 155.
207 Oertel, Gefangener der SS, S. 147. Zurück im Stammlager wurde Oertel zum Stubenältesten auf Block 14, Stube 3 ernannt.
208 Schilderung von Conrad Klug, 5. 2. 1954, unveröffentlichter Bericht, GAZJ Selters Dok 05/02/54. Klug wurde als Folge vom Kommandoführer seines Postens enthoben.
209 Amicale, Allach, S. 49.

Kempten und Kottern waren es vor allem Funktionshäftlinge, die versuchten, durch straffe Organisation und Disziplinarmaßnahmen bei der Essensausgabe die geringen Rationen so gerecht wie möglich zu verteilen.[210] Vor allem aber gab es Bemühungen, Strafen und Streitigkeiten unter sich zu regeln. Strafmeldungen an die SS sollten weitgehend vermieden werden, um die Häftlinge vor der lebensbedrohlichen Prügelstrafe oder „Baumhängen"[211] zu bewahren. Wie Karl Wagner berichtete, wollte man dadurch den Bestrebungen der SS entgegenwirken, die Häftlinge gegeneinander auszuspielen.[212] Dies führte sogar in Einzelfällen dazu, dass Funktionshäftlinge es ablehnten, andere Gefangene zu schlagen. Im Außenkommando Hof-Moschendorf verweigerte ein Kapo die Durchführung einer Exekution.[213] Ebenso führte der Revierkapo Michael Rauch im Außenlager Allach BMW den Befehl zum Strafvollzug nicht aus,[214] wie auch der Allacher Lagerälteste Karl Wagner.[215] Die aus SS-Sicht Ungeheuerlichkeit einer Befehlsverweigerung blieb auch für Rauch und Wagner nicht folgenlos.[216] Beide wurden geschlagen, mit Bunkerhaft bestraft und ihrer Posten enthoben.

Hermann Kaienburg wies zu Recht darauf hin, dass die Bestrafung von Funktionshäftlingen für Vergehen tendenziell weniger brutal ausfiel.[217] Dies bedeutete allerdings nicht, dass sie nicht ebenso Misshandlungen oder Lebensgefahr ausgesetzt sein konnten. Der Fall des Lagerältesten Josef Unrecht im Mühldorfer Waldlager V/VI offenbarte, wie schnell auch ein Zuträger der SS in Ungnade fallen konnte. Offiziell verlor er seinen Posten mit allen Privilegien aufgrund eines homosexuellen Verhältnisses mit einem jüdischen Jungen. Weiter folgte seine Strafversetzung in das Stammlager.[218] Der Berliner Hugo Kozen war Kapo im Außenlager Landshut und wurde vom stellvertretenden Lager- und Rapportführer SS-Unterscharführer Henschel so brutal verprügelt, dass er

---

210 Terrenoire, Sursitaires de la morte, S. 61 f.
211 Zur Strafe des „Baumhängens" vgl. Stanislav Zámečník, Das „Baumhängen" und die umstrittenen Fotografien aus Sicht des ehemaligen Häftlings, in: Dachauer Hefte 14 (1998), S. 289–293.
212 Wagner, Ich schlage nicht, S. 27.
213 Aussage George F. Pavlik, 28. 1. 1975, Staatsanwaltschaft München I Mü I 320u Js 201 656/76.
214 Bericht von Michael Rauch, 1. 3. 1967, DaA 5639.
215 Wagner, Ich schlage nicht, S. 33–36.
216 Vgl. Kapitel 6.6.2. Befehlsverweigerung.
217 Kaienburg, Vernichtung durch Arbeit, S. 188.
218 Testimony Alex Raskin, 27. 6. 1947; Statement Benno Wolf, 6. 5. 1947; beide: NARA Trials of War Criminals RG153 B225.

an den Folgen starb.[219] Weil er zu weit von den Häftlingen entfernt gestanden und sie nicht ausreichend zur Arbeit angetrieben habe, schlug Richard Hoschke, Rapportführer des Außenlagers Kaufering X, den Kapo Chaim Tscherniawski mit der Faust ins Gesicht.[220] Nicht selten waren Funktionshäftlinge auch in Handlungen von SS-Angehörigen zur persönlichen Bereicherung involviert. Damit verbunden waren aber nicht nur Vorteile, sondern dies brachte sie auch in erhöhte Gefahr, wenn sich das SS-Lagerpersonal unangenehmer Mitwisser entledigen wollte.[221]

*4.3.4. Selbst- und Fremdwahrnehmung*

Grundlegend für das Verständnis des Systems der Funktionshäftlinge ist der Bezugsrahmen „Täter – Opfer". Alle Funktionshäftlinge waren in erster Linie Gefangene der SS und damit Opfer nationalsozialistischer Verfolgung. Erst in einer nachgelagerten Analysestufe kann von dem durch Primo Levi geprägten Begriff der „Grauzone"[222] der Täter gesprochen werden, wenn es um von Funktionshäftlingen begangenes Unrecht an ihren Mitgefangenen geht.[223] Schon unmittelbar nach der Befreiung verdrehten ehemalige SS-Angehörige diesen Bezugsrahmen gezielt, der vor allem in viele Nachkriegsermittlungen und -verfahren von Militärgerichten und bundesdeutschen Staatsanwaltschaften Eingang fand. Verbreiteter Topos ist der Funktionshäftling als übler Schläger, während SS-Kommando- und Postenführer wie auch Wachpersonal ihre Hände in Unschuld wuschen. Exemplarisch dafür steht die Aussage des im Außenlager Ottobrunn eingesetzten Wachmannes Willy Friedrich Dornhekter in den Dachauer Prozessen:

---

219  Zeugenaussage William Wermuth, 7. 5. 1968 und 9. 5. 1969, beide: StAM Stanw 34 747.
220  Aussage Josef Millner, 5. 11. 1946, NARA Trials of War Criminals RG153 B207.
221  Zámečník, Das war Dachau, S. 60.
222  Primo Levi, Die Untergegangenen und die Geretteten, Wien 1990, S. 33–68.
223  Grundsätzlich vgl. Abgeleitete Macht – Funktionshäftlinge zwischen Widerstand und Kollaboration. Beiträge zur Geschichte der nationalsozialistischen Verfolgung, Heft 4, hrsg. v. KZ-Gedenkstätte Neuengamme, Bremen 1998; Karin Orth, Gab es eine Lagergesellschaft? „Kriminelle" und politische Häftlinge im Konzentrationslager, in: Frei/Steinbacher, Ausbeutung, S. 109–133; Wolfgang Sofsky, Die Ordnung des Terrors: Das Konzentrationslager, 5. Auflage, Frankfurt a. M. 2004, S. 152–168.

„Die Behandlung durch den Lagerführer war streng, aber korrekt. Dagegen haben mitunter Capos und der Lagerälteste, die mir alle nicht unterstanden, die Häftlinge geschlagen und zwar der Lagerälteste mit einem Gummischlauch. Der Lagerälteste, dessen Namen mir nicht mehr erinnerlich ist, soll auch, wie ich gehört habe, die offiziellen Prügelstrafen vollzogen haben."[224]

Richtig ist, dass Funktionshäftlinge im Vergleich zur Masse der Gefangenen über Privilegien und Handlungsoptionen verfügten, jedoch erwähnt Dornheker mit keinem Wort, dass kein Funktionshäftling tatsächlich frei entscheiden konnte. Aufbegehren oder gar Widersetzen eines Lagerältesten gegen den Befehl eines SS-Führers konnte auch für ihn tödlich enden. Gewaltausbrüche von Funktionshäftlingen geschahen niemals ohne Billigung, Forcierung oder Anweisung des SS-Lagerpersonals. Oskar Hinckel, deutscher Kommunist und Dachau-Überlebender, wies auf die Gefahr hin, die in der Fehlbeurteilung der Tätigkeiten der Funktionshäftlinge liegt: das Verharmlosen und Verkleinern der Verbrechen der SS.[225]

Neben dem Hinweis auf die Einschränkung der Handlungsfreiheit von Funktionshäftlingen ist auch die Problematik der Quellengrundlage zu berücksichtigen. Einblicke in das komplexe System der Funktionshäftlinge liefern überwiegend Aussagen und Berichte Überlebender. Einerseits handelte es sich um solche, die selbst Funktionen bekleidet hatten und damit auch Entschuldungsmechanismen offenbaren. Anderseits machten nicht privilegierte ehemalige Gefangene gerade die Funktionshäftlinge für unmittelbar erfahrenes Leid verantwortlich. Damit entstand ein Geflecht von Selbststilisierung und Schuldzuweisung, das bei der Analyse von Kollaboration und Resistenz der Funktionshäftlinge kritisch hinterfragt werden muss.

In zahlreichen Berichten Überlebender dominierte das Bild von brutalen Funktionshäftlingen, die gar zu kollaborationsfreudig erschienen und sich durch besondere Grausamkeiten auszeichneten, um sich mit der SS-Lagerführung gut zu stellen. Heinrich Himmler verfügte am 11. August 1942, dass der Strafvollzug in den Konzentrationslagern von Häftlingen ausgeführt werden musste.[226] Allerdings blieb auch hier die vorgegebene Häftlingshierarchie nicht

---

224 Aussage Willi Friedrich Dornhekter, 27. 9. 1946, NARA Trials of War Criminals RG153 B188.
225 Oskar Hinckel, Vom Jungkommunisten zum Antifalehrer, Februar 1985, S. 8, unveröffentlichter Bericht, DaA 20 789.
226 Runderlass des WVHA, 11. 2. 1942, Nbg. Dok. PS-2189.

unberücksichtigt. Deutsche Gefangene durften nicht von Ausländern geschlagen werden und deutsche Häftlingsfrauen gar keine Prügelstrafe vollziehen. Für den ausgeführten Strafvollzug gewährte der Reichsführer SS jedem Häftling drei Zigaretten zur Belohnung.[227] Nicht nur durch derartige „Auszeichnungen" standen Funktionshäftlinge per se im Generalverdacht der Kollaboration mit der SS.

### 4.4. Zivile Außenwelt

*4.4.1. Berührungspunkte und Wahrnehmung*

Außenkommandos und -lager existierten nicht isoliert in einem umgebungslosen und menschenleeren Raum. Entstehung und Aufrechterhaltung erforderten vielfältige Berührungspunkte mit kommunalen Dienststellen und Behörden. In diesen arbeiteten auch zivile Deutsche, die sich mit grundlegenden Fragen der Lagerinfrastruktur auseinander setzten wie beispielsweise bei der Errichtung des Außenlagers Haunstetten. Am Umbau des dortigen Kriegsgefangenenlagers in ein KZ-Außenlager waren neben den Messerschmittwerken der Gaubeauftragte der Regierung von Schwaben, die Werkluftschutzstelle Bayern-München, das Luftgaukommando, der Landrat Augsburg Land, der Kreisbaumeister, das Polizeipräsidium Augsburg, der Oberbürgermeister von Augsburg, das Stadtbauamt sowie der Bürgermeister der Gemeinde Haunstetten beteiligt.[228] Bei der Regelung der Wasser- beziehungsweise Abwasserwirtschaft des Außenlagers Germering waren außer dem Landrat Fürstenfeldbruck auch Mitarbeiter des Regierungsforstamtes Oberbayern, der Landesbauernschaft Bayern, des Luftgaukommandos VII, der Rüstungsinspektion VII, der Landesstelle für Gewässerkunde und des Landesamtes für Wasserversorgung involviert.[229] Im Februar 1945 sollte für die Versorgung der Häftlinge des Außenlagers Mettenheim eine Gemüseanbaufläche außerhalb des Lagerbereichs angelegt werden. Sowohl Kreisleitung, Kreisbauernschaft als auch der Landrat von Mühldorf schalteten

---

227 Runderlass des WVHA, 14. 7. 1943, DaA 1175.
228 Schreiben der Messerschmitt AG, 5. 5. 1943; StadtA Augsburg 45/953; Faksimile in: Kucera, Fremdarbeiter, S. 72.
229 Schreiben der Bezirksplanungsbehörde des Regierungspräsidenten, 26. 1. 1945, StAM OForst 3648.

sich ein, weil sie eine allmähliche Grundstücksenteignung der Flächen befürchteten.[230] Die für den Luftschutz verantwortlichen Stadtverwaltungen waren in die Koordination der Bombenräumkommandos eingebunden und daher über deren hohe Todesrate informiert.[231] Zu den Aufgaben der Gauleitungen zählte auch die Überprüfung der Belegschaften von Rüstungsbetrieben. Bei Inspektionsbesuchen kamen auch sie mit den KZ-Häftlingen in Berührung.[232]

All diese Vorgänge offenbaren, dass Außenkommandos und -lager nicht ausschließlich eine SS-interne Angelegenheit waren, sondern für deren Errichtung und Existenz viele staatliche wie parteiliche Dienststellen involviert waren. Aber auch private Arbeitgeber waren in die Verwaltung der KZ-Häftlinge eingebunden:

„Nicht nur, dass Jarolin [SS-Lagerführer des Außenlagerkomplexes Allach] offenbar bei Werksleitungen und BMW-Vorstand ein- und ausging, sondern BMW-Abteilungen des Werkes Allach übernahmen auch diverse Verwaltungsaufgaben wie die Einstellungen, das Abteilungsschreibwesen und die Lohnbuchhaltung für die KZ-Häftlinge mit und übergaben sie erst ab Januar 1945 ‚im Zuge der betrieblichen Sparmaßnahmen' an das SS-Häftlingslager Allach."[233]

Die überlieferten Rechnungen von Lebensmittellieferanten aus Augsburg, Kottern, Plansee sowie Seehausen und Waschpulverlieferungen an das Außenlager Bäumenheim werfen Schlaglichter auf die wirtschaftlichen Verflechtungen, von denen örtliche Betriebe profitierten.[234] Teilweise lieferten die Händler ihre Waren direkt in die Außenkommandos bzw. -lager und wurden so Zeugen der Verhältnisse vor Ort wie der Putzbrunner Kartoffellieferant Max Baum im Außenlager Ottobrunn.[235]

Aufgrund der Nutzung bestehender Restaurants, Werkskantinen und Großküchen zur Verpflegung der Häftlinge beispielsweise in Horgau, München-

---

230 Schreiben der Bezirksplanungsbehörde des Regierungspräsidenten, 6. 2. 1945, StAM OForst 3670.
231 Luftschutzgesetz vom 26. 6. 1935, in: RGBl., S. 827.
232 Vgl. Gauleitung München, Einsatzstab „Totaler Krieg", Prüfung der Arbeitsleistung, Prüfung von Betrieben, 1944, StAM NSDAP 80.
233 Werner, Kriegswirtschaft, S. 222.
234 Lieferscheine für Lebensmittel und Waschpulver von verschiedenen Firmen an KL Dachau, 29. 11. 1944–Februar 1945, BArchB NS 4/Da 19, 21.
235 Zeugenvernehmung Max Baum, 9. 10. 1952, StAM Stanw 34 655.

Sendling, Ulm, Ottobrunn, Friedrichshafen, Neuburg, Riederloh und Garmisch blieben den dort arbeitenden Zivilisten weder die unzureichenden Lebensmittelrationen noch die ausgehungerten Gefangenen verborgen.[236] Deutsche Werksärzte, Niedergelassene wie auch Krankenhausmediziner und Pflegekräfte behandelten KZ-Häftlinge.[237] Sie konnten weder die Symptome der Mangelernährung noch die Folgen von Misshandlungen übersehen.

Mit den Außenkommandos und -lagern öffnete sich das KZ-System gegenüber der deutschen Zivilgesellschaft durch viele Berührungspunkte. Darin ist einer der Hauptunterschiede zum Stammlager zu sehen. An 140 Orten in Süddeutschland und Österreich waren Angestellte in staatlichen, parteilichen, privatwirtschaftlichen Büros und Dienststellen in unterschiedlicher Art und variierendem Umfang in die Lagerabläufe eingebunden oder über die Verhältnisse informiert. Überall gewannen hier Zivilisten Einblicke in die Lebensumstände der Häftlinge. Neuere Forschungen haben bereits offengelegt, dass die Existenz des Konzentrationslagers Dachau und die Gewaltexzesse gegen politische, rassische, religiöse und erbbiologische Gegner der propagierten „Volksgemeinschaft" an diesem Ort überregional bekannt waren.[238] Auch für Österreicher war Dachau „ein Begriff".[239] Im Gegensatz zur Eröffnung des Stammlagers Dachau im März 1933 wurden Außenkommando- und Außenlagergründungen in der regionalen und überregionalen Presse nicht mehr erwähnt. Aufgrund der begrenzten Bestehenszeit oder der geringen Belegung von Außenkommandos ist ihre überregionale Wahrnehmung unwahrscheinlich.

An den Orten und in der Umgebung von einzelnen Außenkommandos und -lagern sah dies dagegen anders aus. Im ländlichen Raum und in Dorfgemeinschaften wurde das Auftauchen von Gefangenen aus Dachau, die zebragestreifte Drillichanzüge oder zerlumpte Zivilkleider trugen, deutlich wahrgenommen.[240] In Ballungsräumen waren bereits vor der Ankunft größerer Gruppen

236 Vgl. Kapitel 6.1.3. Zubereitung.
237 Vgl. Kapitel 6.3.3. Krankenreviere.
238 Vgl. Albert Knoll, Die Anfangsphase des KZ Dachau in der zeitgenössischen Presse, in: Dachauer Hefte 17 (2001), S. 21–41. Grundsätzlich vgl. Dachauer Hefte 17 (2001): Öffentlichkeit und KZ – Was wusste die Bevölkerung und Dachauer Hefte 12 (1996): Konzentrationslager Lebenswelt und Umfeld.
239 Herbert Exenberger, Was wußte man in Österreich über das KZ Dachau, in: Dachauer Hefte 17 (2001), S. 78–93.
240 Für AK Unterfahlheim vgl. Gespräch mit Hildegard Kreisel, 20. 2. 2004, PA Schalm; für AK Neustift vgl. Wagner, Neustift, S. 14 ff.; für AK St. Gilgen vgl. Riedel, „Wildpark", S. 65.

von KZ-Häftlingen zivile Zwangsarbeiter Teil des Alltags der Kriegsgesellschaft geworden. Dort mag einschränkend gelten, dass sich zumindest teilweise die Wahrnehmung der verschiedenen Zwangsarbeitskategorien vermischt hat. Zu berücksichtigen ist auch die Weitläufigkeit einer Großstadt wie München. Nicht jedem Stadtbewohner waren die 28 Standorte von KZ-Häftlingen im Einzelnen geläufig, vor allem vor dem Hintergrund, dass diese Außenkommandos und -lager nicht zeitgleich existierten. Mit dem Fortschreiten des Krieges und der zunehmenden Abstellung von KZ-Häftlingen in die „Hauptstadt der Bewegung" zu Aufräum- und Bombenräumarbeiten rückten die KZ-Häftlinge jedoch auch hier stärker in den Großstadtalltag.

Flächendeckend veränderte sich die öffentliche Wahrnehmung von KZ-Häftlingen durch deren zunehmenden Arbeitseinsatz in der Kriegswirtschaft. Schon auf dem Weg von den Unterkünften an die Arbeitsstätten waren die unterernährten, mangelhaft bekleideten und kahl rasierten Häftlinge nicht zu übersehen und, falls die Gefangenen über Holzschuhe oder Holzsohlen verfügten, auch nicht zu überhören. Eine Überlingerin erinnerte sich an die Häftlingskolonnen, die viermal täglich an ihrem Haus vorbeizogen:

„Sie marschierten in Vierer- oder Fünferreihen und die Außenglieder trugen Laternen. Von diesem Lichtschein, der über unsere Zimmerdecke schwankte, während wir noch im Bett lagen am Morgen, wachten wir natürlich nicht auf. Es war das Klappern der Holzpantinen, die scharfen Kommandos der Bewacher und das Bellen der Schäferhunde, was uns weckte."[241]

Begleitet wurden Häftlinge von bewaffneten SS-, Luftwaffen- oder Wehrmachtsangehörigen, die die Häftlinge auch mit Gewalt vorantrieben – wie der Überlingerin nicht verborgen blieben.

Vor allem aber am Arbeitsplatz kam es über alle Verbotsschranken[242] hinweg zu Kontakten. Eine Sekretärin der Fleischfabrik Wülfert gab 1947 an, dass die Angestellten eine Erklärung unterzeichnen mussten, in der sie sich verpflichteten, mit den KZ-Häftlingen nicht in Kontakt zu treten.[243] In der Realität

---

241 Aus dem privaten Tagebuch von Charlotte Mitzel (Überlingen/Baden-Baden), zit. nach: Oswald Burger, Zeppelin und die Rüstungsindustrie am Bodensee, Teil 2, in: 1999, Zeitschrift für Sozialgeschichte des 20. und 21. Jahrhunderts (1987), Heft 2, S. 52–87, hier: S. 81.
242 Interview Jaroslav Hlamitschka, 17. 9–21. 9. 2001, BMW Archiv UA 1457 Interviews mit ehemaligen Zwangsarbeitern.
243 Aussage Elisabeth Doetsch, 5. 12. 1947, StAM SpK, Karton 2013 (Hans Wülfert).

war eine durchgängige Abschottung der Häftlinge aber nicht praktikabel.[244] Der Schreiner Michael Gollackner war im Außenkommando Schwester Pia eingesetzt und fertigte 1940/41 für Georg Frey einen Beistelltisch für dessen private Villa. Bei einem seiner Besuche kam es zu folgendem Gespräch:

> „Lodenfrey [Georg Frey] fragte mich nach meinem handwerklichen Können und bemerkte, dass ich zu seinem Wohnzimmer passend, einen stilechten Radiotisch anfertigen sollte. Ich sollte mir hierzu die Möbel genau ansehen und entsprechende Skizzen anfertigen. Bis zu einem gewissen Zeitpunkt sollte der Tisch von mir verfertigt sein. Hernach unterhielt sich Lodenfrey mit mir noch privat. Er fragte nach meiner Herkunft, wieso und wie lange ich im Lager sei. Ich erwiderte ihm, dass uns Häftlingen das Sprechen hierüber verboten sei. Lodenfrey sagte hierauf, ich brauche ihm nichts zu sagen, denn er wisse selbst genau Bescheid über die Zustände im KZ-Lager Dachau."[245]

Karl Gödecke sagte 1947 aus, Hildegard Forche, Versandleiterin der Dachauer Fleischfabrik Wülfert, oft von den schlimmen Zuständen im Lageralltag erzählt zu haben.[246] Vielerorts kam es über persönliche Kontakte hinaus zu regen Tauschgeschäften zwischen Häftlingen und deutschen Angestellten. Im Außenlager Kottern bastelten Häftlinge aus Schrottabfällen Kinderspielzeug, das zivile Angestellte gegen Brot erwarben.[247] Auch Paul Brusson wurde im Außenlager Allach BMW von zivilen Meistern für von ihm gefertigte Frauenslipper in Naturalien bezahlt.[248]

---

244 Zu den vielfältigen Wechselbeziehungen zwischen ansässiger Bevölkerung und KL vgl. Steinbacher, Dachau; Jens Schley, Nachbar Buchenwald: Die Stadt Weimar und ihr Konzentrationslager 1937–1945, Köln 1999; Peter Koppenhöfer, Ein KZ als Verhaltensmodell? Mitten im Stadtteil: das Konzentrationslager Mannheim-Sandhofen, in: Dachauer Hefte 12 (1996), S. 10–33; Bütow/Bindernagel, Magdeburger Außenlager, S. 170–181.
245 Aussage Michael Gollackner, 2. 9. 1947, StAM SpK, Karton 75 (Eleonore Baur), Bd. 1.
246 Aussage Karl Gödecke, 26. 11. 1947, StAM SpK, Karton 2013 (Hans Wülfert).
247 Nikolai Jatschenko, Es darf sich nicht wiederholen. Erinnerungen eines ehemaligen Häftlings im KL Stutthof u. Dachau, n. d., DaA 20 225.
248 Testimony Paul Brusson, Yale Fortunoff Video Archive HVT-2992. Weitere Beispiele in Kapitel 6.1.6. Tauschhandel und Diebstahl.

## 4.4.2. Handlungsoptionen

Eine mögliche Folge der gezeigten Schnittpunkte zwischen Außenkommando- bzw. Außenlagerhäftlingen und der deutschen Zivilgesellschaft waren Hilfsmaßnahmen, um die Leiden der Gefangenen zu erleichtern, beispielsweise in Form von Lebensmitteln, Medikamenten oder Nachrichten. Luise Kempf organisierte in Neustift zwischen 1942 und 1945 zusammen mit ihrem Vater, dem Mesner Alois Kuprian, eine außergewöhnliche Solidaritätsaktion für die Außenkommandohäftlinge.

Sie sammelte von Dorfbewohnern wöchentlich Lebensmittel, um sie den Gefangenen zukommen zu lassen. Über das Risiko, dem sie sich damit aussetzte, war sich Luise Kempf bewusst und wurde dennoch aktiv. „Wir wussten genau, wen wir ansprechen konnten. Aber gefährlich war es schon, denn uns gegenüber [...] wohnte der Ortsgruppenleiter Span."[249] Auch der Arzt Dr. Felix Kirchner entschied sich zum Handeln, nachdem er im Außenlager Lauingen die katastrophalen Verhältnisse gesehen hatte. Regelmäßig kehrt er zur Behandlung der Kranken in das Lager zurück und versorgt sie ebenfalls in seiner Privatpraxis. Dabei ließ er den Häftlingen auch Lebensmittel zukommen. Im Frühjahr 1945 wurde ihm die weitere Behandlung der Gefangenen von der SS wegen des Vorwurfs der Häftlingsbegünstigung untersagt.[250] In den Außenkommandos St. Lambrecht, Feldafing, Fleischfabrik Wülfert sowie den Außenlagern Ottobrunn und Saulgau waren Zivilisten an der Übermittlung von illegalen Nachrichten für Angehörige und Bekannte beteiligt.[251]

Diesen Hilfsleistungen gegenüber stehen die zahlreichen Beispiele von Denunziation, Misshandlung und Totschlag, bei denen Zivilisten beteiligt waren.[252] Zwischen diesen Polen liegt vor allem breite Gleichgültigkeit und Stigmatisierung. Die oben erwähnte Versandleiterin Hildegard Forche reagierte auf Karl Gödeckes Schilderungen der Zustände in Dachau, sie könne dies gar nicht glauben, und dass „die Leute das schon verdient hätten".[253] Alois Hainzinger, Gastwirt in Eschelbach, der das dort eingesetzte Außenkommando verpflegte, gab 1955 in einer Vernehmung zur Ermordung eines Häftlings an: „Meiner Anschauung nach war der KZ-Häftling selbst schuld, dass er erschossen

---

249 Wagner, Neustift, S. 18.
250 Römer, Für die Vergessenen, S. 109–112.
251 Vgl. Kapitel 6.6.4. Illegale Nachrichten und Waren.
252 Vgl. Kapitel 6.5.2. Strafpraxis.
253 Aussage Karl Gödecke, 26. 11. 1947, StAM SpK, Karton 2013 (Hans Wülfert).

worden war, weil er sich nicht gefügt hat und selbst immer sagte, sie sollen ihn doch gleich erschießen."[254] Auch Louis Terrenoire thematisiert in seinen Erinnerungen zum Außenlager Kempten Ignoranz und Ablehnung der deutschen Bevölkerung gegenüber den Häftlingen und ihren Leiden.[255]

## 4.5. Resümee

Außenkommandos und -lager verfügten über weniger komplexe Verwaltungsstrukturen als das Stammlager Dachau. Vor Ort war in Außenkommandos ein Kommandoführer und in Außenlagern ein Lagerführer höchster Verantwortlicher für Häftlinge und Wachmannschaften, beide blieben jedoch dem Lagerkommandanten des KZ Dachau weisungsgebunden. Im Vergleich zu den Lagerführern hatten die Kommandoführer von Außenkommandos quantitativ weniger Personalverantwortung im Bezug auf Gefangene wie Lagerpersonal. Daher verwundert es nicht, dass es sich bei den Kommandoführern in der Regel um niedrigere SS-Dienstgrade handelte als bei den Lagerführern. Rangmäßig am höchsten standen die Lagerführer der Hauptaußenlager von Außenlagerkomplexen. Überwiegend gehörten die Lagerführer dem engeren Führungskader der Konzentrationslager-SS an und hatten langjährige Erfahrungen in verschiedenen Konzentrations- und Vernichtungslagern gesammelt. Strukturelle Ausnahmen sind „Gefälligkeitskommandos" mit weniger als 15 Häftlingen ohne Kommandoführer vor Ort. Häufig übernahmen Kommandoführer von Außenkommandos auch die Funktion der Rapportführer. In Außenlagern dagegen organisierten Rapportführer oft auch als Stellvertreter der Lagerführer den Arbeitseinsatz. Die unterste Ebene der Lagerführung bildeten die Blockführer, die im Lageralltag das Bindeglied zwischen Lagerführung und den Häftlingen waren.

Die SS-Wachmannschaft der Außenkommandos und -lager war seit 1937 als SS-Totenkopfstandarte „Oberbayern" und als bewaffnete Truppe der SS an das Stammlager gebunden. Meist unter Leitung eines Postenführers, der den Kommando- und Lagerführern weisungsgebunden war, oblag ihr in den Außenkommandos und -lagern die Bewachung der Häftlinge. Mancherorts war sie aber auch unmittelbar den Kommandoführern unterstellt. Mehrheit-

---

254 Aussage Alois Hainzinger, 29. 3. 1955, StAM Stanw 34 722.
255 Terrenoire, Sursitaires de la morte, S. 48 f.

lich hatten die Wachmänner zunächst im Stammlager Dienst getan, bevor sie in Außenkommandos und -lager zum Einsatz kamen. In Frauenaußenkommandos und Frauenaußenlagern waren SS-Aufseherinnen Teil des Lagerpersonals. Der seit 1943/44 zunehmende Personalmangel innerhalb des KZ-Systems führte einerseits zur Rationalisierung der Lagerbewachung und zur Heranziehung von Verwundeten der SS-Fronteinheiten, andererseits zur Rekrutierung von SS-fremden Angehörigen wie Soldaten aus Wehrmacht, Luftwaffe und Marine sowie Volksdeutschen. Sämtliche Hierarchieebenen des Lagerpersonals waren an der Aufrechterhaltung der Außenkommandos und -lager beteiligt und verfügten über weitreichende Macht über die Gefangenen. Sie alle hatten großen individuellen Einfluss auf die Lebens- und Arbeitsbedingungen der Häftlinge.

Mehr als die Hälfte der Dachauer Außenkommandos wurde für SS-eigene oder SS-nahe Unternehmungen gegründet, die aber in Bezug zum Gesamtkontext mit rund 3000 Häftlingen eher eine untergeordnete Größenordnung darstellten. Dennoch war die Häftlingszwangsarbeit seit 1933 in Dachau ein wesentlicher Faktor für die Herausbildung der SS-Wirtschaft. Dagegen war die Organisation Todt für mehr als 35 500 Gefangene bis Kriegsende zum wichtigsten Arbeitgeber geworden. Seit 1943 setzte sie an 22 Standorten Dachauer Häftlinge für kriegswichtige Baumaßnahmen und zur Beseitigung von Luftangriffsschäden ein. An den größten Außenlagerkomplexen Kaufering/Landsberg und Mühldorf fungierte die OT auch als Verteiler von Arbeitskräften an bauwirtschaftliche Subunternehmer.

Weniger stark traten seit Frühjahr 1942 privatwirtschaftliche Arbeitgeber mit kriegswichtiger Produktion in Erscheinung. Etwa 1000 Gefangene waren in verschiedenen klein- und mittelständischen Betrieben zur Zwangsarbeit eingesetzt, die überwiegend im Großraum München angesiedelt waren. Häufig bestanden im Vorfeld des Häftlingseinsatzes enge Verbindungen zwischen Betriebsleitungen und Partei- oder SS-Führung.

Sehr viel stärker war dagegen die Rüstungsindustrie in den Dachauer KZ-Zwangsarbeitseinsatz involviert. Knapp 24 000 Gefangene waren in Süddeutschland in Fertigungsprozesse eingebunden. Diese Arbeitgeber hatten bereits vorher zivile Zwangsarbeiter in ihre Gefolgschaften eingereiht. Knapp 12 000 KZ-Gefangene arbeiteten für die Messerschmitt AG vorwiegend in Schwaben und rund 7000 für die BMW Ringfertigung in Allach sowie im Allgäu und Chiemgau.

KZ-Häftlingsarbeitseinsatz war kein oktroyierter Automatismus durch die Reichs- oder SS-Führung. Die Arbeitgeber von Dachauer KZ-Häftlingen hatten sich aktiv aus ökonomischen Gründen zur Aufrechterhaltung und Erweiterung ihrer Produktion für diese Zwangsarbeitskräfte entschieden. Sie waren über die Zustände in den Unterkünften, die mangelhafte Versorgung und Misshandlung der Häftlinge informiert. Grundlegende Maßnahmen zu Veränderungen zog dieses Wissen nicht nach sich. Nur vereinzelt sind Hilfsmaßnahmen von Arbeitgebern bekannt, die offenbaren, welche Handlungsspielräume möglich waren, aber überwiegend ungenutzt blieben. Stattdessen fühlten sich die Arbeitgeber von Dachauer KZ-Häftlingen nicht für deren Wohlergehen verantwortlich. Sie bezahlten ausschließlich Tagesentgelte für „gesunde" Häftlinge am Arbeitsplatz. Damit war ihr primäres Interesse größtmögliche Tagesleistung und rascher Austausch von kranken oder schwachen Häftlingen. In diesem Sinne waren die Arbeitgeber an dem System der Ausbeutung von unfreien Menschen beteiligt.

Wie in anderen Konzentrationslagern wurde auch in den Dachauer Außenkommandos und -lagern das System der Funktionshäftlinge praktiziert, allerdings in schwächerer Ausprägung als im Stammlager. Bemerkenswert ist dabei die starke personelle Kontinuität, die sich aus Dachau in die Außenkommandos und -lager fortsetzte. Auch für das dort eingesetzte Funktionspersonal ist das grundlegende Spannungsfeld von Kollaboration und Resistenz zu konstatieren. Ob der Fokus eines Funktionshäftlings auf das individuelle oder kollektive Überleben gerichtet war, wirkte sich in den Außenkommandos und -lagern sehr unmittelbar auf den Arbeits- und Lageralltag jedes einzelnen Häftlings aus.

Mehrheitlich handelte es sich in Außenkommandos und -lagern der Rüstungsindustrie bei männlichen Funktionshäftlingen um deutsche politische Gefangene, wohingegen für die Außenlagerkomplexe der Untertageverlagerung mehr „kriminelle" Funktionshäftlinge eingesetzt waren. Eindimensionale Stereotype vom guten politischen und vom brutalen „kriminellen" Funktionshäftling entsprachen nicht der Außenkommando- und Außenlagerrealität. Im zeitlichen Verlauf wurde das System der Funktionshäftlinge in den Dachauer Außenkommandos und -lagern auch für andere Nationalitätengruppen und Häftlingskategorien durchlässiger. Weibliche Häftlinge konnten davon aber nicht mehrheitlich profitieren.

Durch die Gründung von Außenkommandos und -lagern öffnete sich das KZ-System zunehmend der deutschen Zivilgesellschaft. Etablierung und Existenz führten zu Schnittpunkten mit staatlichen und parteilichen Dienststellen. Hier arbeiteten auch zivile Deutsche, die zwar im Rahmen ihrer Tätigkeit nicht immer unmittelbar Kontakt zu den Häftlingen hatten, jedoch tiefe Einblick in die Existenz der Außenkommandos und -lager erhielten. Darüber hinaus nahm die lokale Bevölkerung die abgemagerten Häftlinge sehr wohl wahr. Weiterreichende Berührungspunkte ergaben sich aus wirtschaftlichen Verflechtungen mit ortsansässigen Firmen, Lieferanten, Ärzten und Pflegepersonal. Besonders häufig kam es zu Kontakten am Arbeitsplatz. Während die Frage nach der Wahrnehmung durch die zivile Außenwelt eindeutig positiv beantwortet werden kann, ergibt sich für die Haltung zu Hilfsmaßnahmen ein völlig anderes Bild. Wenn deutsche Zivilisten auf Außenkommando- oder Außenlagerhäftlinge trafen, war die Reaktion mehrheitlich durch Gleichgültigkeit oder Ablehnung charakterisiert.

## 5. Häftlingsgesellschaft

Eugen Kogon führte den Begriff der Häftlingsgesellschaft ein, der die Gesamtheit aller Häftlinge eines Konzentrationslagers und die aufgezwungenen sozialen Strukturen ihrer Haftzeit bezeichnet.[1] Diese soziale Situation eines Häftlings war im KZ von unterschiedlichen Komponenten abhängig, die individuell sowie mit dem Zeitraum der Haft variabel waren. Wolfgang Sofsky legte in seiner Studie zur Sozialstruktur der Häftlingsgesellschaft dar, dass nationalsozialistische Konzentrationslager keine freien sozialen Felder waren, an die sich rückblickend soziale Strukturen und Normen einer zivilen Gesellschaft anlegen lassen. Stattdessen wurde die soziale Lage eines Häftlings bestimmt durch Parameter wie seine Häftlingsnummer, Haftkategorie, Nationalität, berufliche Qualifikation, Zugehörigkeit zu Arbeitskommandos und Funktionsstellen.[2]

Die Zusammensetzung der Häftlingsgesellschaft war in erster Linie davon abhängig, welche Menschen der Verfolgung durch die Nationalsozialisten zum Opfer fielen und in welchem KZ sie interniert wurden. Die lagerinternen Grundstrukturen der Häftlingsgesellschaft, die auf Willkür und Terror basierten, wurden von den zentralen Dienststellen im Reichssicherheitshauptamt, in der IKL und im WVHA vorgegeben und von den Lagerkommandanten einschließlich des Lagerpersonals unterschiedlich umgesetzt. Als Folge dieser Variablen ergab sich für die Konzentrationslager bis Kriegsende kein starres System einer Häftlingsgesellschaft.

In den Jahren 1937/38 führte die SS in den Konzentrationslagern die Kategorisierung der Häftlinge und deren Kennzeichnung mit den farbigen Winkeln ein. Der sozialen Stigmatisierung einer Häftlingsgruppe lag die jeweilige Zugehörigkeit zu einer Haftkategorie wie „Politischer", „Asozialer", „Krimineller",

---

1  Kogon, Der SS-Staat, S. 389. Grundsätzlich vgl. Kurt Pätzold, Häftlingsgesellschaft, in: Benz/Distel, Ort des Terrors, Bd. 1, S. 110–125.
2  Sofsky, Ordnung des Terrors, S. 138.

Bibelforscher, Homosexueller, „Zigeuner", Jude sowie zusätzlich die Nationalität zugrunde. Verbunden damit war die rassenideologische Unterscheidung der Nationalsozialisten von Menschen und „Untermenschen". Angesichts der elementaren Bedeutung von Häftlingskategorie und Nationalität unterschieden sich Lagererfahrung und Überlebenschance eines deutschen politischen Häftlings diametral von denen eines russischen Juden. Dies konnte dazu führen, dass ein Gefangener Zugang zu besseren Arbeitskommandos erhielt und somit seine Lebensbedingungen verbesserte. Je schlechter die soziale Stellung einer Häftlingsgruppe war, desto mehr war diese Misshandlungen und Terror sowie der Einteilung in Arbeitskommandos mit schweren körperlichen Anstrengungen ausgesetzt. Somit stand sie unter einem erhöhten Vernichtungsdruck im KZ.

Für die Häftlingsgesellschaft in den Außenkommandos und -lagern des KZ Dachau war einerseits die Häftlingsgesellschaft des Stammlagers entscheidend, da aus ihrer Mitte ein Großteil der Häftlinge für die Außenkommandos und -lager rekrutiert wurde. Dabei muss berücksichtigt werden, dass eine differenzierte Betrachtung einzelner Häftlingsgruppen wie den osteuropäischen Nationalitäten und den „kriminellen" oder „asozialen" Häftlingen im KZ Dachau noch Forschungsdesiderate sind.[3] Dies bedeutet für die Untersuchung der Häftlingsgruppen in den Außenkommandos und -lagern eine erhebliche Einschränkung.

Gleichzeitig waren grundlegende Entwicklungen des KZ-Systems und Anweisungen aus den Zentralbehörden, die nur einzelne Häftlingsgruppen betrafen, für den Wandel der Häftlingsgesellschaft in den Außenkommandos und -lagern von Bedeutung. Dazu zählten beispielsweise Anordnungen zur spezifischen Verwendung von Zeugen Jehovas sowie das Heranziehen von Juden für die Untertageverlagerungsbaustellen.

Die Häftlingsgesellschaft im KZ Dachau umfasste alle Verfolgtengruppen im Nationalsozialismus. Mit Kriegsbeginn und dem einsetzenden Zustrom ausländischer Häftlinge aus den besetzten Gebieten seit 1941 wurde die Nationalitätenzugehörigkeit zu einem wesentlichen Faktor der sozialen Stellung. Die „Politischen" blieben bis zum Kriegsende in Dachau eine machtvolle Größe, da

---

3   Derzeit entsteht im Rahmen des Forschungsprojekts „Before the Holocaust. Concentration Camps in Nazi Germany 1933–1939" eine Dissertation zu „Asozialen" and „Kriminellen" in Konzentrationslagern von Julia Hörath an der Birkbeck University of London, vgl. www.camps.bbk.ac.uk/people/phdstudents.shtml, Stand: 24. 6. 2009.

sie seit 1933 ihre dominante Rolle im System der Funktionshäftlinge behaupten und damit wesentliche Einflussmöglichkeiten wahrnehmen konnten.[4] Dies zählt zu einem der grundlegenden Charakteristika der Häftlingsgesellschaft des Konzentrationslagerkomplexes Dachau.

### 5.1. Nationalitäten

Zwischen 1933 und 1945 wurden im KZ Dachau Gefangene aus 37 Nationen interniert. Die Häftlinge wurden offiziell unter der Nationalität geführt, unter der die einweisende Dienststelle sie eingeliefert hatte. Nicht selten aber entsprach diese nicht dem tatsächlichen Herkunftsland. So waren den italienischen Häftlingen auch Griechen, Albaner oder Jugoslawen zugeordnet.[5] Ebenso verbargen sich hinter der Kategorie Russen auch Gefangene aus Weißrussland und der Ukraine. Darüber hinaus kam es bei und nach der Ankunft in Dachau zu Änderungen des Nationalitätenstatus.[6] Ab 1943 fehlen in den Dachauer Zugangsbüchern zeitweise Eintragungen zur Häftlingsnationalität.

Im Lageralltag bildete die zugewiesene Nationalität einen wesentlichen Parameter der rassenideologischen Klassifizierung der Häftlinge durch die SS und damit ihrer Behandlung durch das Lagerpersonal. Die unterste Stufe der Häftlingshierarchie bildeten Russen und Polen, während Personen aus dem Deutschen Reich, Skandinavien, Westeuropa und Südeuropa als „rassisch höherwertige" Menschen eingestuft wurden.

Neben dieser SS-Hierarchisierung wirkten sich auch bereits bestehende Nationalitätenstereotypen auf das Verhältnis der Häftlingsgruppen untereinander aus. Gleiches galt auch für das politische Tagesgeschehen außerhalb der Konzentrationslagergrenzen. So waren deutsche Häftlinge für ausländische Gefangene zwar einerseits Leidensgenossen im Lager, gleichzeitig aber auch Angehörige der Feindnation.[7] Tschechoslowaken und Polen dagegen trugen es Franzosen nach, nicht schon früher bei der deutschen Besetzung ihrer Länder eingegriffen zu haben.

4 Zámečník, Das war Dachau, S. 152; Kogon, Der SS-Staat, S. 73. Vgl. Kapitel 4.3.3. Privilegien und Handlungsoptionen.
5 Gabriele Bergner, Aus dem Bündnis hinter Stacheldraht. Italienische Häftlinge im KZ Dachau 1943–1945. Deportationen und Lebensbedingungen, Hamburg 2002, S. 191 f.
6 Es wurden Veränderungen in der Schreibweise des Namens, den Personendaten, Nationalitäten oder Haftkategorien vorgenommen. Ordner Haftänderungen, DaA 35 719.
7 Michelet, Freiheitsstraße, S. 171.

Bei der Untersuchung von Nationalitätengruppen ist unter Berücksichtigung komplexer Stereotypengeflechte auch die Heterogenität einzelner Gruppen offensichtlich. Aus ganz unterschiedlichen Gründen wurden Menschen in die Konzentrationslager verschleppt, die aber im Lageralltag unter einer Großgruppe, ihrer Nationalität, subsumiert wurden. Diese nationale Gemeinsamkeit wurde in der Zeit der KZ-Haft zu einem wichtigen Bindeglied untereinander und nicht selten die Grundlage für Solidargemeinschaften.[8] In der Häftlingsdatenbank der KZ-Gedenkstätte Dachau sind 182 634 Häftlinge mit Nationalitätenangabe bekannt.[9] Hier kann nur überblicksartig auf die größten Häftlingsgruppen in den Außenkommandos und -lagern eingegangen werden.

### 5.1.1. Deutsche

Bis 1939 bildeten deutsche Häftlinge die Mehrheit der in Dachau Inhaftierten. Dies änderte sich mit dem großen Zustrom ausländischer Häftlinge aus den besetzten Gebieten. Bis Kriegsende waren die Deutschen nur noch eine Minderheit in Dachau. Im Jahr 1940 stammten weniger als 31 Prozent der Neuzugänge aus dem Deutschen Reich, 1943 nur noch zehn Prozent und im folgenden Jahr weniger als sechs Prozent.[10]

Bis 1939 befanden sich überwiegend deutsche Häftlinge in den bestehenden Außenkommandos Gut Dinkler, Schwester Pia, Sudelfeld Berghaus und St. Gilgen. Im Jahr 1940 wurden auch Polen in das Außenkommando Sudelfeld Berghaus überstellt.[11] Rein quantitativ waren deutsche Häftlinge nach Kriegsbeginn auch in den Außenkommandos und -lagern weniger stark vertreten, doch gelang es ihnen über die Besetzung wichtiger Funktionsstellen auch dort ihre Landsleute für einflussreichere Positionen zu lancieren.[12] Auf die Art spielten deutsche Häftlinge wie Karl Wagner, Hugo Jakusch, Alfred Hübsch und Otto Oertel in den Außenkommandos und -lagern „machtpolitisch" kontinuierlich eine bedeutende Rolle.

8  Zámečník, Das war Dachau, S. 159; Gerhard Botz, Binnenstruktur, Alltagsverhalten und Überlebenschancen in Nazi-Konzentrationslagern, in: Robert Streibel/Hans Schafranek (Hrsg.), Strategie des Überlebens, Wien 1996, S. 45–71, hier: S. 55.
9  Häftlingsdatenbank der KZ-Gedenkstätte Dachau, Stand: 26. 4. 2012.
10  Ebenda.
11  Namensliste des Außenkommandos Sudelfeld, 18. 5. 1942 (ausgerückt im Sommer 1940), DaA 35 673.
12  Erlebnisbericht von Paul Wauer, 1974, GAZJ Selters LB Wauer, Paul, S. 30.

## 5.1.2. Österreicher

Nach der Besetzung Österreichs am 13. März 1938 wurden Österreicher seit Ende März/Anfang April 1938 in das KZ Dachau verschleppt.[13] Sie wurden von der Lager-SS als „faules, verjudetes und verpfafftes Kaffeehausgesindel"[14] beschimpft und standen in der Lagerhierarchie unter den deutschen Häftlingen.[15] Ab 1939/40 wurden Österreicher in den Dachauer Konzentrationslagerakten als deutsche Häftlinge geführt. Darum enthält die Häftlingsdatenbank der KZ-Gedenkstätte Dachau nur 7476 Namen von Österreichern, mehr als 6000 wurden 1938 verzeichnet.[16] Vereinzelt fand sich 1945 die Nationalitätenkennung „Österreicher" wieder in den Zugangsbüchern. Genaue Angaben, wie viele Österreicher das KZ Dachau durchliefen, fallen ebenso schwer wie Differenzierungen für die Außenkommandos und -lager. Neue Forschungen gehen von insgesamt ungefähr 14 000 Österreichern im KZ Dachau aus.[17]

Allgemein stiegen die österreichischen Gefangenen mit dem Zustrom von Häftlingen aus der Tschechoslowakei 1939 und später Polen in der Lagerhierarchie des KZ Dachau auf. Seit 1939 traten sie in Außenkommandos und -lagern auch als Funktionshäftlinge in Erscheinung, wie Johann Leitameier[18] als Kapo im Außenkommando München Bartolith.

Unter den österreichischen Häftlingen im KZ Dachau befanden sich sogenannte Spanienkämpfer, die gemeinsam mit anderen Ausländern in den Internationalen Brigaden in Spanien gekämpft hatten. Heute sind 458 österreichische „Spanienkämpfer" bekannt, die seit 1937 in nationalsozialistischen Konzentra-

---

13  Österreicher in Dachau – Verschiedene Angaben nach der Zusammenstellung österreichischer Widerstandsgruppen und Daten aus dem Zentralarchiv der Österreichischen Widerstandsbewegung Wien, n. d., S. 3. Kopie: DaA A 1880.
14  Wolfgang Neugebauer, Dachau: Eine österreichische Kolonie, in: Kristin Sotriffer (Hrsg.), Das Grössere Österreich. Geistiges und Soziales Leben von 1880 bis zur Gegenwart. Hundert Kapitel mit einem Essay von Ernst Krenek: Von der Aufgabe Österreicher zu sein, Wien 1982, S. 343–346, hier: S. 343.
15  Vgl. Österreicher im Widerstand gegen Hitler. Die Ankunft der ersten österreichischen Häftlinge im Konzentrationslager Dachau vor sechzig Jahren, Ausstellungskatalog bearbeitet von Dr. Simon Andrä/Dietrich Mittler/Hans-Günter Richardi, Dachau 1998, S. 12.
16  Häftlingsdatenbank der KZ-Gedenkstätte Dachau, Stand: 30. 3. 2012.
17  Johannes Strasser, Die Österreichischen Häftlinge im Konzentrationslager Dachau, in: Dachauer Hefte 23 (2007), S. 86–95, hier: S. 95.
18  Bericht von Johann Leitameier, n. d., DaA 28 322.

tionslagern gefangen gehalten wurden.[19] Mehr als achtzig Prozent davon kamen mehrheitlich zwischen 1940 und 1942 in das KZ Dachau.[20]

Viele der „Spanienkämpfer", die in den Konzentrationslagern wegen ihres inneren Zusammenhalts und ihrer Solidarität hohes Ansehen genossen, konnten in Dachau nach der schwierigen Anfangsphase aus den schweren Gleis-, Garten- und Straßenbaukommandos in bessere Arbeitskommandos und Funktionspositionen aufrücken. Dazu gehörte auch das Außenkommando Porzellanmanufaktur Allach.[21] Karl Soldan und Franz Pirker, beide österreichische „Spanienkämpfer", wurden als Porzellanbrenner bestimmt. Mithilfe des Brennmeisters Kratzmeier gelang es ihnen, weitere „Spanienkämpfer" in dieses Außenkommando einzuschleusen, wie Hans Landauer am 22. Juni 1941. Seine zeichnerischen Fähigkeiten verhalfen ihm dort zum Status eines Facharbeiters, Retuscheurs und Formers und sicherten ihm somit den Verbleib in diesem Außenkommando.[22] Den Häftlingen bot sich hier durch den überdachten und von der Ofenhitze erwärmten Arbeitsplatz ein gewisser Schutzraum.

Weitere Außenkommandos mit österreichischen „Spanienkämpfern" waren die Fleischfabrik Wülfert, Neustift und Hallein.[23]

Für die Situation von Österreichern in Dachauer Außenkommandos und -lagern ist zu berücksichtigen, dass viele ab 1943 wie auch eine größere Zahl von Deutschen aus den Konzentrationslagern entlassen und im Herbst 1944 für das Sonderkommando Dirlewanger[24] in die Wehrmacht zwangsrekrutiert wurden.[25]

19  Hans Landauer/Erich Hackl, Lexikon der österreichischen Spanienkämpfer 1936–1939, Wien 2003, S. 37.
20  Hans Landauer, Österreichische Spanienkämpfer in deutschen Konzentrationslagern, in: Dachauer Hefte 8 (1992), S. 170–180, hier: S. 174 f.
21  Zur Entstehung und Geschichte der Porzellanmanufaktur Allach vgl. Gabriele Huber, Die Porzellanmanufaktur Allach-München GmbH – eine Wirtschaftsunternehmung der SS zum Schutz der „deutschen Seele", Marburg 1992.
22  Knoll, Porzellanmaufaktur, S. 129 f.
23  Plieseis, Vom Ebro, S. 230–254; Wintersteller, Hallein, S. 11–14.
24  Das SS-Sonderkommando Dirlewanger war der Waffen-SS angegliedert und wurde vor allem zur Partisanenbekämpfung im Bereich des Höheren SS- und Polizeiführers Russland-Mitte eingesetzt. Zahlreiche KZ-Häftlinge und Strafgefangene waren seit 1943 zwangsrekrutiert. Grundsätzlich vgl. Hans-Peter Klausch, Antifaschisten in SS-Uniform. Schicksal und Widerstand der deutschen politischen KZ-Häftlinge. Zuchthaus- und Wehrmachtgefangenen in der SS-Sonderformation Dirlewanger, Bremen 1993.
25  Josef Schneeweiß, Aus Konzentrationslagern und Kerkern, in: Franz Danimann/Hugo Pepper (Hrsg.), Österreich im April '45, Wien/München 1985, S. 39–42; Oskar Herz, Gefängnis, KZ, Kriegsgefangenschaft 1936–1949, Erlangen 1983, S. 192 ff.

### 5.1.3. Tschechen

Nach den Österreichern kamen im Zuge der deutschen Besetzung des tschechoslowakischen Grenzgebietes im Herbst 1938 die ersten Tschechen und Slowaken in das KZ Dachau. Größere Transporte tschechoslowakischer Häftlinge folgten der Besetzung der „Resttschechei" und der Errichtung des „Reichprotektorats Böhmen und Mähren" am 16. März 1939. Insgesamt durchliefen 5681 Tschechoslowaken – davon 5034 Tschechen und 647 Slowaken – das KZ Dachau.[26]

Gemäß der nationalsozialistischen Rassenideologie wurden Tschechen in die Kategorie „assimilierungswürdig" eingestuft. Dies hatte zur Folge, dass sie nicht wie Russen und Polen zu den rassisch „minderwertigen" Häftlingen gezählt wurden. Während sie in der Anfangsphase ihrer Inhaftierung starken Eingangsrepressalien unterlagen, verbesserte sich ab der zweiten Jahreshälfte 1942 die Situation der Tschechen im Konzentrationslager Dachau soweit, dass auch sie Funktionsstellen einnehmen konnten.[27] Eine wesentliche Ursache dafür lag neben der rassenideologischen Sonderstellung der Tschechen in ihren Sprachkenntnissen, die sich die Lager-SS zunutze machte, indem sie für Schreibarbeiten und Dolmetschertätigkeiten eingesetzt wurden. Darüber hinaus begründete Stanislav Zámečník die Verbesserung mit der Erlaubnis, Lebensmittelpakete zu erhalten. Diese besserten nicht nur ihre täglichen Rationen auf, sondern waren auch wichtiges Tauschmittel.[28]

Nicht-jüdische Tschechen befanden sich in vielen Außenkommandos und -lagern, doch gab es keine eindeutige Häufung dieser Häftlingsnationalität. Auffällig ist aber, dass sie häufig in Außenkommandos mit Belegungen unter 100 Gefangenen nachweislich waren.[29] Eine Erklärung dafür könnte in der Entstehungsgeschichte der Außenlager der Verlagerungsprojekte begründet sein. Sie wurden erst ab Mitte 1944 errichtet und waren vor allem ein Sammelbecken für die unterprivilegierten Häftlingsgruppen aus Osteuropa. Zu diesem Zeitpunkt hatten die tschechischen Häftlinge im KZ Dachau bereits eine verbesserte Position in der Lagerhierarchie. Dies galt jedoch nicht für tschechische Juden,

---

26 Häftlingsdatenbank der KZ-Gedenkstätte Dachau, Stand: 30.3.2012. Im Folgenden wird nur noch auf die wesentlich größere Gruppe der tschechischen Häftlinge eingegangen.
27 Sofsky, Ordnung des Terrors, S. 139 f.
28 Schreiben von Stanislav Zámečník an die Autorin, 23.3.2005.
29 Dazu zählten: Ellwangen, Markt Schwaben, München Bergmannschule, München Ehrengut, München Katastropheneinsatz, München Lebensborn e. V., München Bartolith Werke, Nürnberg, Oberstdorf, Schloss Lind, Seehausen, Sudelfeld Berghaus, Ulm.

die meist über Theresienstadt, Łódź, Auschwitz und Warschau in die Außenlagerkomplexe Kaufering/Landsberg und Mühldorf gelangten.

*5.1.4. Polen*

Über die polnischen Häftlinge, eine der größten nationalen Gruppen im Konzentrationslager Dachau, ist bisher wenig bekannt.[30] Nach Angaben der Häftlingsdatenbank der KZ-Gedenkstätte Dachau durchliefen bis zur Befreiung 40 775 Polen das KZ Dachau. Das waren mehr als 21 Prozent aller Inhaftierten. Die ersten Polen wurden bereits 1937 eingeliefert. In den folgenden zwei Jahren allerdings stellten sie eine kleine Minderheit unter den Dachauer Häftlingen dar. Dies veränderte sich mit den Folgen des Kriegsbeginns, als 1940 in Dachau 12 954 polnische Häftlinge als Zugänge registriert wurden. In den nächsten drei Jahren kamen weitere 5952 Polen hinzu.[31] 1944 erreichte die Zahl der polnischen Zugänge mit 13 191 ihren höchsten Stand. In den ersten vier Monaten des Jahres 1945 kamen weitere 7301 Polen nach Dachau.

In Namenslisten von Außenkommandos in Bad Tölz und Sudelfeld Berghaus sind im Sommer 1940 114 polnische Häftlinge nachweisbar.[32] In beiden Fällen handelte es sich um schwere Baukommandos. Dieser Arbeitseinsatz war demnach die Fortsetzung der SS-Praxis im Stammlager des Jahres 1940, unterprivilegierte Polen gezielt in schweren Arbeitskommandos einzusetzen.

Ab 1941 wurden polnische Häftlinge vielen verschiedenen Außenkommandos und -lagern zugewiesen, ein spezifischer Einsatz lässt sich nicht mehr ablesen. Die breite Masse der polnischen Gefangenen war als Hilfsarbeiter tätig und wurde je nach Bedarf zum Arbeitseinsatz herangezogen. Eine Ausnahme bildeten etwa 300 Polinnen, die von Ravensbrück direkt in das Außenlager München-Giesing überstellt worden und hier in der Rüstungsproduktion eingesetzt waren.[33] Anfang der 1940er-Jahre konnten polnische Häftlinge in den Dachauer Außenkommandos und -lagern nur in Ausnahmefällen hohe Funktionsstellen

---

30  Wichtige Ansätze finden sich bei Kosmala, Polnische Häftlinge, S. 94–113.
31  Zugänge von Polen im Konzentrationslager Dachau: 1941: 1806; 1942: 1574; 1943: 2572. Häftlingsdatenbank der KZ-Gedenkstätte Dachau, Stand: 30. 3. 2012.
32  Namensliste des Außenkommandos Bad Tölz, 18. 5. 1942 (ausgerückt im Sommer 1940); Namensliste des Außenkommandos Sudelfeld, 18. 5. 1942 (ausgerückt im Sommer 1940); beide: DaA 35 673.
33  Lingens, Erinnerungen, S. 29.

einnehmen, was nicht zuletzt auch auf ihre mangelnden Deutschkenntnisse zurückzuführen ist.[34]

### 5.1.5. Russen

Gefangene aus dem Gebiet der ehemaligen Sowjetunion wurden im Konzentrationslager Dachau ohne Unterscheidung unter der Kategorie Russen subsumiert. Eigene Nationalitätenkennungen erhielten Häftlinge aus dem Baltikum. In der Datenbank der KZ-Gedenkstätte Dachau ließen sich 25 386 Häftlinge der ehemaligen Sowjetunion zuordnen, darunter bis zu zwei Drittel Ukrainer, was etwas mehr als 13 Prozent der Gesamtbelegung entspricht.[35] Die ersten 60 Russen erreichten bereits 1941 das Konzentrationslager Dachau. Im folgenden Jahr waren es schon mehr als 5000 Zugänge und 1943 und 1944 jeweils mehr als 7000. Im letzten Kriegsjahr wurden 4206 russische Häftlinge neu registriert.

Auch in den Außenkommandos und -lagern standen die russischen Häftlinge am unteren Ende der Hierarchie und waren außergewöhnlich harten Lebensbedingungen ausgesetzt. Als besondere Demütigung wurde ihnen die sogenannte Straße in das Haar rasiert, und im Gegensatz zu anderen Häftlingen war den russischen Gefangenen der Empfang jeglicher Pakete verboten, wodurch sie von einer wesentlichen, oftmals lebensrettenden Lebensmittelzufuhr abgeschnitten waren. Auch der Zugang zu einflussreicheren Funktionspositionen blieb ihnen verwehrt.

Bevor russische Häftlinge in Dachauer Außenkommandos und -lager gelangten, wurde das KZ Dachau 1941 Hinrichtungsstätte für mehr als 4000 sowjetische Kriegsgefangene.[36] Der erste Nachweis einer Überstellung eines einzelnen russischen Häftlings als Hilfsarbeiter datierte auf den 5. Juni 1942 für das Außenkommando Heidenheim.[37] In den vorhandenen Überstellungslisten ist der nächste Eintrag russischer „Schutzhäftlinge" erst wieder am 21. Mai 1943 zu finden, als elf Häftlinge aus dem Außenlager Allach BMW in das KZ Dachau rücküberstellt wurden.[38] Ab Juni 1943 folgten dann zahlreiche Überstellungen

---

34  Zeugenvernehmung Jan Domagała, 7. 1. 1946, DaA 32 938.
35  Häftlingsdatenbank der KZ-Gedenkstätte Dachau, Stand: 30. 3. 2012.
36  Jürgen Zarusky, Die „Russen" im KZ Dachau. Die Bürger der Sowjetunion als Opfer des NS-Regimes, in: Dachauer Hefte 23 (2007), S. 105–139, hier: S. 115–124.
37  Überstellungsliste des KL Dachau, 5. 6. 1942, DaA 35 673.
38  Überstellungsliste des SS-Arbeitslager Allach, 21. 5. 1943, DaA 35 674.

russischer Gefangener in unterschiedlichste Außenkommandos und -lager. Die wenigen Überlieferungen russischer Überlebender beschrieben den häufigen Einsatz in den gefährlichen Bombenräumkommandos und in der Rüstungsindustrie.[39] Dazu zählten die Außenlager Augsburg-Pfersee,[40] Kottern,[41] Bäumenheim,[42] Allach BMW,[43] Landsberg[44] sowie Friedrichshafen[45]. Aus Überstellungslisten ließ sich vor allem der Einsatz auf den Großbaustellen der Untertageverlagerung ablesen.

*5.1.6. Italiener*

Nach der Kapitulation Italiens am 8. September 1943 rückte die deutsche Wehrmacht in weite Teile Ober- und Mittelitaliens vor und führte im Rahmen der sogenannten Bandenbekämpfung Massenverhaftungen durch.[46] Das Arbeitskräftepotenzial der italienischen Gefangenen sollte der deutschen Rüstungs- und Schwerindustrie zufließen.[47] Ihr Status allerdings wechselte bis zum Kriegsende

39   Bericht von Juri Zijoma, 1994, DaA 29 425; Brief von Juri Piskunow, n. d., DaA 34 011; Brief von Nikolai Adamtschyk, 26. 4. 1994, DaA 29 159; Brief von Kuzma Jamemtschuk, 22. 2. 1995, DaA 31 752; Fragebogen von Wassilij Kornienko, n. d., DaA 29 163/1.
40   Brief Nr. 9 von Nikolaj Powstjonj, n. d., DaA 29 165; Brief von Anatolij Lagutkin, n. d., DaA 29 886; Fragebogen von Wassilij Kornienko, n. d., DaA 29 163/1; Bericht von Nikolaj Powstjanoj, 29. 10. 1997, DaA 31 739.
41   Brief von Kuzma Jamemtschuk, 22. 2. 1995, DaA 31 752; Nikolai Jatschenko, Es darf sich nicht wiederholen. Erinnerungen eines ehemaligen Häftlings im KL Stutthof u. Dachau, n. d., DaA 20 225.
42   Brief von Anatolij Schwerz, 11. 3. 1993, DaA 29 434.
43   Brief von Dimitri Kutowoi, 12. 5. 1994, DaA 29 428; Bericht Jossif Jankowski, n. d., DaA 33 597/2.
44   Fragebogen von Wassilij Kornienko, n. d., DaA 29 163/1.
45   Brief von Andrej Kosoj, 25. 11. 1993, DaA 29 430.
46   Martin Seckendorf, Die Okkupationspolitik des deutschen Faschismus in Jugoslawien, Griechenland, Albanien, Italien und Ungarn (1941–1945), Berlin u. a. 1992, S. 84; Gerhard Schreiber, Die italienischen Militärinternierten im deutschen Machtbereich 1943–1945. Verraten – Verachtet – Vergessen, München 1990, S. 63 f.; Lutz Klinkhammer, Deportationen aus Italien nach Deutschland 1943–1945, in: Andreas Gertrich/Gerhard Hirschfeld/Holger Sonnabend (Hrsg.), Ausweisung und Deportation. Formen der Zwangsmigration in der Geschichte, Stuttgart 1995, S. 141–166.
47   Zu den divergierenden Planungen des Arbeitseinsatzes der Militärinternierten vgl. Gabriele Hammermann, Zwangsarbeit für den „Verbündeten". Die Arbeits- und Lebensbedingungen der italienischen Militärinternierten in Deutschland 1943–1945, Tübingen 2002, S. 137–149.

mehrmals. Wurden sie bis Ende September 1943 als Kriegsgefangene klassifiziert, galten sie bis August 1944 als „Militärinternierte" und zuletzt als Zivilarbeiter.[48]

Gabriele Bergner ermittelte in ihrer Untersuchung zu italienischen Häftlingen des KZ Dachau 10 368 Menschen, die unter der Nationalitätenkennzeichnung als Italiener zusammengefasst waren.[49] Sie nennt folgende Außenkommandos und -lager mit italienischen Häftlingen:[50]

| Einsatzorte | Überlebende | Tote |
|---|---|---|
| Augsburg | 50 | 18 |
| Allach | 365 | 16 |
| Blaichach | 34 | – |
| Kaufering | 70 | 37 |
| Kempten | 48 | 2 |
| Kottern | 60 | 3 |
| Mühldorf | 71 | 59 |
| München | 26 | – |
| München-Riem | 68 | 2 |
| Ottobrunn | 62 | 1 |
| Saulgau | 38 | 4 |
| Trostberg | 18 | – |
| Überlingen | 97 | 93 |
| Sonstige | 111 | 13 |
| **Gesamt** | **1118** | **248** |

Trotz fehlender Differenzierungen der Außenlagerkomplexe und den Münchner Außenkommandos zeigt diese Aufstellung, dass Italiener in verschiedenen Außenkommandos und -lagern eingesetzt waren. Jens-Christian Wagner stellte für das KZ Mittelbau-Dora fest, dass sich die meisten der dort gefangenen italienischen „Militärinternierten" in Baukommandos befanden.[51] Dies ließ sich für die Dachauer Außenkommandos und -lager nicht uneingeschränkt bestätigen, vor allem aufgrund der fehlenden Kennzeichnung dieser Häftlingsgruppe. Allerdings ist die Konzentration italienischer Häftlinge in Außenlagern der Rüstungsfertigung auffällig. Für Arbeiten im BMW Werk Allach wurden in

---

48  Ebenda, S. 61–64.
49  Bergner, Bündnis hinter Stacheldraht, S. 78. Häftlingsdatenbank der KZ-Gedenkstätte Dachau: 9688 Italiener, Stand: 30. 3. 2012.
50  Ebenda, S. 102.
51  Wagner, Produktion des Todes, S. 425.

Dachau Facharbeiter ausgesucht.[52] In der Statistik von Gabriele Bergner fehlt das Außenkommando Ulm Magirus, in dem die Mehrzahl der Häftlinge aus Italien stammte und sie als Facharbeiter mit der Reparatur des Ein-Mann-U-Bootes „Biber" betraut waren.[53] Insgesamt war mehr als die Hälfte der italienischen Überlebenden in Außenkommandos und -lagern der Luftrüstung eingesetzt. Darüber hinaus arbeitete eine große Zahl italienischer Häftlinge in Baukommandos für die OT in Kaufering/Landsberg, Mühldorf, München-Riem oder Überlingen. Nachdem anfänglich noch versucht worden war, italienische „Militärinternierte" qualifikationsorientiert in der Rüstungsindustrie einzusetzen, wurde bereits Ende September 1943 im Reichswirtschaftsministerium entschieden, dass alle dafür tauglichen für den Bergbau, und damit 1944 auf Untertagebaustellen, abgezogen werden sollten.[54] Die Verteilung der italienischen Häftlinge in den Außenkommandos und -lagern des KZ Dachau ist ein weiteres Indiz für diese Ausbeutungsstrategien der Reichsleitung.[55]

Nach Gabriele Bergner wurden 1118 Italiener in Außenkommandos oder -lagern befreit, während 248 hier ums Leben kamen. Vor allem die Sterberate muss kritisch bewertet werden, da die Differenzierungen der Toten in Außenkommandos und -lagern sehr lückenhaft überliefert sind.[56]

### 5.1.7. Franzosen

Nach der vollständigen Besetzung Frankreichs am 11. November 1942 durch die deutsche Wehrmacht folgten mehrere Verhaftungswellen und Deportationen nach Dachau.[57] Insgesamt waren bis Ende April 1945 14 638 Häftlinge des Kon-

---

52  Interview Mario Tardivo, 7. 1. 1992, zit. nach: Bergner, Bündnis hinter Stacheldraht, S. 249.
53  Sabine Schalm, Magirus, S. 6 ff.
54  Vermerk über Besprechung bei Präsident Hans Kehrl (Reichswirtschaftsministerium), 24. 9. 1943, zit. nach Schreiber, Militärinternierte, S. 346 f.
55  Zu den Ausbeutungsstrategien der Reichsleitung vgl. Hammermann, Zwangsarbeit, S. 62. An dieser Stelle wäre eine vertiefende Studie notwendig, die klärt, ob die Zuweisung italienischer Gefangener in ein Produktions- oder Baukommando mit einer bestimmten Haftkategorie wie beispielsweise den „Asozialen" oder AZR-Häftlingen in Verbindung gebracht werden kann.
56  Vgl. Kapitel 6.9. Tote.
57  Grundlegend dazu vgl. Eberhard Jäckel, Frankreich in Hitlers Europa. Die deutsche Frankreichpolitik im Zweiten Weltkrieg, Stuttgart 1966; David Pryce-Jones, Paris in the

zentrationslagers Dachau als Franzosen registriert und bildeten damit die fünftgrößte Nationalitätengruppe. Der erste Nachweis von 21 Franzosen datiert aus dem Jahr 1940. In der Zeit vor der vollständigen Besetzung Frankreichs wurden 109 Zugänge registriert. Für das Jahr 1943 enthält das Zugangsbuch 702 französische Häftlinge. Die größte Anzahl von Franzosen, 11 576, erreichte im Jahr 1944 das KZ Dachau. In den ersten vier Monaten 1945 wurden nochmals mehr als 2000 Franzosen in Dachau neu registriert. Im Vergleich zur Gesamtzahl stellten die französischen Häftlinge etwa acht Prozent der Inhaftierten des Konzentrationslagers Dachau.

Bis 1944 waren nur wenige hundert Franzosen im KZ Dachau und damit auch in den Außenkommandos und -lagern nur vereinzelt oder in kleineren Gruppen. Mit der zunehmenden Ankunft seiner Landsleute veränderte sich nach Angaben von Edmond Michelet die Situation der Franzosen im KZ Dachau.[58]

Henry Laffitte, der französische Revierkapo im Allacher Hauptaußenlager, berichtete von etwa 2000 Franzosen Ende April 1945.[59] Die ersten französischen Häftlinge erreichten das Außenlager Allach BMW bereits im März und August 1943 aus dem KZ Natzweiler kommend.[60] Von der Lager-SS wurden die französischen Neuankömmlinge besonders brutal behandelt, aber auch von vielen der Mitgefangenen erfuhren sie aufgrund der Kollaboration des Vichyregimes Ablehnung.[61] Mangelnde Sprachkenntnisse erschwerten den Lageralltag zusätzlich. In den Arbeitskommandos waren alle Nationalitäten gemischt. Ganz entscheidend war jedoch die gemeinsame Unterbringung der Franzosen in den Blöcken 19, 20 und 21. Hier war nicht nur die Verständigung einfacher, sondern es bauten sich auch Zusammengehörigkeitsgefühl und solidarische Unterstützung auf.[62]

Neben dem Außenlager Allach BMW waren französische Häftlinge auch in weiteren BMW Außenlagern eingesetzt. Am 2. August 1944 erreichte ein Transport aus Dachau mit 300 französischen Häftlingen das Außenlager Kempten. Sie

---

Third Reich. A History of the German Occupation 1940–1944, New York 1981; Ludwig Nestler/Friedel Schulz, Die faschistische Okkupationspolitik in Frankreich (1940–1944), Berlin 1990; Ruth Bettina Birn, Die Höheren SS- und Polizeiführer. Himmlers Vertreter im Reich und in den besetzten Gebieten, Düsseldorf 1986, S. 258.
58 Michelet, Freiheitsstraße, S. 137.
59 Amicale, Allach, S. 35.
60 Ebenda, S. 54. Überstellungslisten des KL Dachau mit französischen Häftlingen in das Außenlager Allach BMW sind nicht vorhanden.
61 Michelet, Freiheitsstraße, S. 92.
62 Amicale, Allach, S. 60.

bildeten bei einer durchschnittlichen Gesamtstärke von 500 Mann eine große Gruppe, wie der Überlebende Louis Terrenoire schrieb:

„Les conditions dans lesquelles ont peiné, trimé et tenté de survivre les trois cents bagnards, dont nous relatons l'histoire, ont été, en effet, exceptionelles parce que nous sommes restés entre Français, situation isolite dans l'univers des camps. Notre organisation de solidarité en a été facilitée."[63]

Die gemeinsame Unterbringung half ihnen auch hier, in den folgenden Monaten mit der Bildung eines französischen Komitees eine Solidargemeinschaft aufzubauen.

Die Beispiele Allach und Kempten weisen eine Häufung von französischen Häftlingen für BMW auf. Da auch zivile Zwangsarbeiter aus Frankreich die größte Gruppe unter den ausländischen Zwangsarbeitern im Allacher BMW Werk bildeten,[64] wäre eine Fortführung des gezielten Einsatzes von französischen Kriegsgefangenen für die Luftfahrtindustrie von 1941 an denkbar.[65]

### 5.1.8. Ungarn

Nach der Besetzung Ungarns am 19. März 1944 durch die Deutsche Wehrmacht begann zwischen Mai und Juni mit beispielloser Geschwindigkeit die Deportation der dort lebenden Juden.[66] Zu diesem Zeitpunkt, als das Deutsche Reich keine Aussicht mehr auf einen militärischen Sieg hatte, wurde die letzte Großgruppe des europäischen Judentums Opfer des nationalsozialistischen Massenmords.[67] Grundlegend war die Entscheidung Adolf Hitlers Anfang April 1944, ungarische Juden für die Bunkerbauprojekte im Reich einzusetzen.[68] Insgesamt

---

63 Terrenoire, Sursitaires de la morte, S. 8.
64 BMW Kriegsleistungsbericht 10. 3. 1943, BMW Archiv UA 551.
65 Anordnung des Reichsministers der Luftfahrt und Oberbefehlshaber der Luftwaffe an das Oberkommando der Wehrmacht, 15. 10. 1941, BArchB R58/271.
66 Grundsätzlich vgl. Raul Hilberg, Die Vernichtung der europäischen Juden, Bd. II, erweiterte Auflage, Frankfurt a. M. 1990, S. 859–926.
67 Randolph L. Braham, The Uniqueness of the Holocaust in Hungary, in: Randolph L. Braham/Béla Vago (Hrsg.), The Holocaust in Hungary. Forty Years later, New York 1985, S. 177–190, hier: S. 186.
68 Jägerstabsprotokoll, 6./7. 4. 1944, BArchB R3/1509; Schreiben von Heinrich Himmler, 11. 5. 1944, BArchB NS 19/1922.

waren im Konzentrationslager Dachau etwa 21 300 ungarische Häftlinge registriert, sie stellten damit die viertgrößte Häftlingsgruppe im KZ Dachau.[69] Seit Juli 1944 gelangten sie vorwiegend über Auschwitz in das Stammlager oder direkt in die Außenlagerkomplexe Kaufering/Landsberg und Mühldorf. Im Rahmen einer zweiten Verhaftungswelle im Herbst 1944 erreichten auch zahlreiche Ungarinnen und Ungarn ohne Aufenthalt in Auschwitz oder Dachau teils zu Fuß oder in Transporten diese Außenlagerkomplexe.[70] Die Mehrzahl von ihnen waren Juden,[71] darunter mehr als 5000 Frauen. Ungarische Gefangene gelangten auch in Außenlager der Rüstungsindustrie. In Augsburg-Kriegshaber existierte zwischen August 1944 und Kriegsende in den Räumen der Augsburger Michelwerke ein Frauenaußenlager. Alle 500 Jüdinnen stammten aus Ungarn und waren über Auschwitz nach Augsburg deportiert worden. Über Bergen-Belsen erreichte Anfang März 1945 ein Transport mit 500 polnischen und ungarischen Jüdinnen das Außenlager Burgau. Einen Tag später folgte ein weiterer Transport aus Ravensbrück – ebenfalls mit 500 Jüdinnen aus Polen und Ungarn. Die Mehrzahl von ihnen war bereits bei ihrer Ankunft so geschwächt, dass sie nicht mehr zum Arbeitseinsatz kamen,[72] 13 starben noch in Burgau an Unterernährung.[73]

## 5.2. Juden

Juden standen innerhalb der Häftlingshierarchie im Konzentrationslager Dachau an unterster Stelle und wurden von der SS am schlechtesten behandelt.[74] Maßgeblich lag dies in der NS-Rassenideologie begründet. Stanislav Zámečník fasst es so zusammen: „Das Leben in Dachau war schwer. Was jedoch die Juden dort erleiden mussten, übersteigt die normale menschliche

---

69 Vgl. Dirk Riedel, Die ungarischen Häftlinge des KZ Dachau, in: Benz/Königseder, Konzentrationslager Dachau, S. 269–283. Häftlingsdatenbank der KZ-Gedenkstätte Dachau, Stand: 30. 3. 2012.
70 Szabolcs Szita, Todesmärsche ungarischer Juden, in: Brigitte Mihok (Hrsg.), Ungarn und der Holocaust. Kollaboration, Rettung und Trauma, Berlin 2005, S. 115–128.
71 Aktenvermerk der Stadtverwaltung Burgau, 8. 3. 1945, BArchL B 162/28 397.
72 In ihrem Tagebuch berichtet Eva Danos über den Transport aus Ravensbrück; vgl. Eva Danos, Prison Roulante. Journal, St. Ottilien 1945, DaA 18 788/2.
73 Verzeichnis der in Burgau verstorbenen KZ-Häftlinge im Jahre 1945, Internationaler Suchdienst Arolsen, 21. 10. 1949, DaA 15 013.
74 Vgl. Edgar Kupfer-Koberwitz, Die Mächtigen und die Hilflosen. Als Häftling in Dachau, Bd. 1, Stuttgart 1957, S. 134, 148; Michelet, Freiheitsstraße, S. 110 f, S. 148.

Vorstellungskraft."[75] Nach ihrer Ankunft wurden die jüdischen Häftlinge in Dachau sofort in der sogenannten Strafkompanie isoliert, und jeder Kontakt zu anderen Gefangenen war ihnen streng verboten. Ihre Lebensbedingungen waren unter anderem durch geringere Essensrationen, Rauchverbot und überfüllte Unterkünfte gekennzeichnet. Sie wurden zu sinnlosen, entwürdigenden oder schweren Arbeiten meist unter freiem Himmel eingeteilt.[76]

Auch nicht-jüdische Häftlinge konnten diesen schweren Arbeitskommandos zugewiesen werden, allerdings bestand für sie grundsätzlich aufgrund von Kontakten oder ihrer fachlichen Qualifikation die Möglichkeit, wieder in andere Kommandos zu gelangen. Dieser Weg stand Juden im KZ Dachau nicht offen.[77] Sie wurden ausnahmslos von Tätigkeiten in den Werkstätten, Schreibstuben oder dem Krankenrevier ausgeschlossen.

Bis zum Eintreffen der ersten großen Judentransporte aus Österreich Ende Mai 1938 befanden sich im KZ Dachau weniger als 100 Juden in „Schutzhaft". Im Zuge der „Asozialen-Aktion" sowie einer weiteren Verhaftungswelle von Wiener Juden waren bis Juni 1938 1898 Juden in das KZ Dachau eingewiesen worden. Diesen folgten im Zuge der Novemberpogrome 1938 mehr als 10 000 Juden aus Süd- und Westdeutschland sowie Österreich.[78] Die sogenannten Aktionsjuden waren nicht für den Arbeitseinsatz und dauerhaften Aufenthalt im KZ vorgesehen. Stattdessen sollten besondere Demütigung und Terrorisierung sie zur Auswanderung und Überschreibung ihrer Vermögenswerte zwingen.

Bis Herbst 1942 gibt es in verfügbaren Überstellungslisten der Dachauer Außenkommandos keine Hinweise auf jüdische Häftlinge. Die Grundsatzentscheidung im September 1942, KZ-Häftlinge außerhalb der Konzentrationslager in der Rüstungsproduktion einzusetzen, hatte für die jüdischen Häftlinge im KZ Dachau zunächst keine wesentliche Auswirkung. Viel entscheidender war die Anordnung von Heinrich Himmler vom 2. Oktober 1942, das Deutsche Reich „judenfrei" zu machen und die Juden in Konzentrations- und Vernichtungslager im Osten zu deportieren. Mehrere Transporte mit jüdischen Häftlingen aus Dachau erreichten Auschwitz, der zunächst letzte am 19. Oktober 1942 mit 71 Juden.[79]

75 Zámečník, Das war Dachau, S. 102.
76 Marco Esseling, Juden als Häftlingsgruppe in Konzentrationslagern. Verhaftungen von Juden und ihre Stellung im Lager bis 1942 unter besonderer Berücksichtigung des KZ Dachau, Magisterarbeit, München 1995, S. 96 f.
77 Ebenda, S. 98.
78 Benz, Aktionsjuden, S. 178–196.
79 Transportliste des KL Dachau nach KL Auschwitz, 19. 10. 1942, DaA 32 496/3.

Im Jahr 1943 wurden laut Häftlingsdatenbank mindestens 25 Juden als Neuzugänge in Dachau registriert. Überwiegend Deutsche, aber auch Jugoslawen waren einzeln von der Gestapo in das KZ Dachau eingewiesen worden.[80] Sie alle wurden mit dem Zusatz „Nicht Außenkommando" oder „Nicht aus dem Lager" versehen und standen formal nicht als Arbeitskräfte außerhalb des Stammlagers zur Verfügung.

Dies änderte sich erst mit der Genehmigung Adolf Hitlers, Juden im Deutschen Reich zur Untertageverlagerung von gefährdeten Rüstungsbetrieben einzusetzen. Im Zusammenhang mit dem Bau von Großbunkern unter der Bauleitung der Organisation Todt ordnete Hitler Anfang April 1944 die Bereitstellung von 100 000 jüdischen Häftlingen an.[81] Sie stammten vor allem aus Ungarn und dem Baltikum und erreichten ab Mai 1944 meist über Auschwitz die Konzentrationslager im Altreich. Die ersten 500 ungarischen Juden wurden in Dachau am 18. Juni 1944 aus dem KZ Auschwitz registriert.[82] Sie waren die ersten Häftlinge des Außenlagers Kaufering III.[83]

Die überwiegende Mehrheit der jüdischen Häftlinge, die seit Juni 1944 in das Konzentrationslager Dachau gelangten, wurde gezielt auf die Außenlager in Riederloh, Landshut, Karlsfeld, Rothschwaige und die Außenlagerkomplexe Kaufering/Landsberg und Mühldorf verteilt. Grundsätzlich sind zwei Formen des Arbeitseinsatzes jüdischer Häftlinge in Dachauer Außenlagern zu unterscheiden. Die Lager, in denen ausschließlich Juden in Arbeitskommandos eingesetzt waren und Außenlager, wo auch nicht-jüdische Häftlinge arbeiten mussten. Für den zweiten Fall ist die Quellenlage wenig aussagekräftig.

In München-Riem beispielsweise bestand bereits seit Februar 1943 in den Pferdeställen der SS-Reit- und Fahrschule ein Außenlager für die OT. Dessen Insassen waren mit der Instandsetzung des nach Luftangriffen zerstörten Flugplatzes beschäftigt. Im April 1944 tauchen in Transportlisten auch vereinzelt Juden auf.[84] Aufgrund der Lücken der Überstellungslisten des KZ Dachau zwischen Dezember 1944 und April 1945 lässt sich nicht mehr eindeutig rekonstruieren, wann und wie viele Juden nach Riem kamen. Am 24./25. April 1945 erfolgte jedoch die Evakuierung einer größeren Gruppe von Juden

---

80  Häftlingsdatenbank in der KZ-Gedenkstätte Dachau, Stand: 19. 10. 2004.
81  Jägerstabsprotokoll, 6./7. 4. 1944, BArchB R3/1509.
82  Häftlingsdatenbank in der KZ-Gedenkstätte Dachau, Stand: 19. 10. 2004.
83  Raim, Dachauer KZ-Außenkommandos, S. 166 f.
84  Überstellungslisten des KL Dachau, 13. 4. 1945, 26. 4. 1945, beide: DaA 35 678.

mit einem LKW aus dem Außenlager München-Riem in das Stammlager Dachau.[85]

Zwischen September 1944 und März 1945 errichteten Häftlinge in einem Waldstück nahe dem Horgauer Bahnhof ein Messerschmittwerk für die Me 262-Produktion. Mit Beendigung dieser Baumaßnahmen wurden die Häftlinge am 5. März 1945 in den Kauferinger Außenlagerkomplex überführt. Nur fünf Tage nach dem Abzug des Kommandos traf auf dem Messerschmittgelände ein Transport mit 307 Gefangenen unterschiedlicher Nationalitäten aus dem KZ Bergen-Belsen ein.[86] Dabei handelte es sich auch um jüdische Häftlinge. Bei der Ankunft waren die Gefangenen in einem desolaten Zustand, auf dem achttägigen Transport ohne Verpflegung starben 15. In Horgau angekommen setzte sich für die Überlebenden das Leiden fort. Tobias Grunbaum beschrieb die Situation vor Ort und vor allem den „grünen" Kapo Wilhelm Metzler:

„Mit der Verpflegungsausgabe hat er immer gesagt, Juden, ihr Saubande geht weg und hat es seinen kriminell bestraften Kameraden gegeben. Wenn wir beim Appell waren, ließ er uns Juden in einer Reihe antreten und prügelte uns alle mit dem Stock durch, wohin er auch traf, meist auf den Kopf. Er hat jeden Tag, bei jeder Gelegenheit geschlagen."[87]

An den Folgen der gewaltsamen Behandlung in Horgau starben weitere Häftlinge.[88] Die Unterbringung war primitiv, die Verpflegung unzureichend, eine medizinische Versorgung nicht existent.

Die quantitativ bedeutendere Form des Häftlingseinsatzes von Juden in Außenlagern des KZ Dachau ist die gezielte Einrichtung von Judenlagern. Die Mehrzahl der jüdischen Häftlinge des Stammlagers kam in Außenlager der Verlagerungsprojekte. Mehr als 31 500 Gefangene wurden in den elf Kauferinger und vier Mühldorfer Außenlagern unter besonders schweren und menschenunwürdigen Bedingungen gefangen gehalten und zu mörderischem Arbeitseinsatz gezwungen.[89] Gleichzeitig waren die Essensrationen bewusst so niedrig gehal-

---

85  Aussage Zwi Schiffeldrin, 12. 12. 1974; Aussage Bernhard Friedmann, 13. 3. 1975, beide: Staatsanwaltschaft München I 320 u JS 200 272/77, Bd. 2.
86  Angabe des Internationalen Suchdienstes, 2. 4. 1967, BArchL B 162/28 117.
87  Aussage Tobias Grunbaum, 29. 5. 1946; USHMM War Crimes Cases Not Tried RG 06.005.05M*03a.
88  Ebenda.
89  Vgl. Kapitel 6. Existenzbedingungen.

ten, dass die Häftlinge innerhalb weniger Wochen völlig abgemagert waren. Trotzdem wurden sie unter Schlägen und Misshandlungen weiter angetrieben. Die War Crimes Commission der Dachauer Prozesse ging für den Außenlagerkomplex Kaufering/Landsberg von einer Sterblichkeit von 50 Prozent und für die Mühldorfer Außenlager von einer Mortalität von 47 Prozent aus.[90]

Neben den Außenlagerkomplexen Kaufering/Landsberg und Mühldorf gab es weitere Außenlager, deren Belegung vornehmlich aus jüdischen Häftlingen bestand. Im September 1944 traf eine Bautruppe der OT in Landshut ein, um die Errichtung eines Nachschublagers für die Wehrmacht zu organisieren. Im Dezember erreichten etwa 500 jüdische KZ-Häftlinge das Gelände. Neben dem Bau des Nachschublagers waren sie bei Straßenplanierung und nach Luftangriffen zu Aufräumarbeiten eingeteilt. Auch in Landshut waren die Verhältnisse in dem Wellblechbarackenlager sehr schlecht, es mangelte an Verpflegung, Kleidung und medizinischer Versorgung. Von den SS-Wachmannschaften sind Misshandlungen und Tötungen bekannt. Insgesamt überlebten mindestens 80 Häftlinge ihren Einsatz im Außenlager Landshut nicht, einige kamen bei Luftangriffen ums Leben. Der katastrophal schlechte gesundheitliche Zustand der verbliebenen Häftlinge führte am 5./6. Februar 1945 zur Auflösung des Außenlagers und zur Rücküberstellung von etwa 150 Häftlingen in das Stammlager Dachau.[91]

Im Außenlager Riederloh mussten vor allem polnische und ungarische Juden seit September 1944 in verschiedenen Baukommandos eine Zündhütchenfabrik der Dynamit AG[92] errichten, einen Gleisanschluss zum nahe gelegenen Kieswerk verlegen und im Straßenbau arbeiten. Mehr als 470 der insgesamt rund 1300 Häftlinge kamen bis zur Auflösung am 11. Januar 1945 ums Leben. Die Versorgung mit Essen und Kleidung war auch hier unzureichend. Wie in anderen Außenlagern mit ausschließlich jüdischer Belegung zeugten Überlebende von den besonders schlimmen Verhältnissen:[93]

---

90  Tabelle Prisoners Confined in Mühldorf, n. d., NARA Trials of War Criminals RG153 B225. Vgl. Gedenkbuch für die Toten des Konzentrationslagers Dachau, S. 10.
91  Erklärung Karl Kuczmierczyk, 29. 11. 1946, NARA Trials of War Criminals RG338 B313; Zeugenaussage William Wermuth, 7. 5. 1968, StAM Stanw 34 747.
92  Forderungsnachweise der Dynamit AG über den Häftlingseinsatz im Oktober und November 1944, BArchB NS 4/Da 21.
93  Vgl. Aussagen im Ermittlungsakt des Bayerischen Kriminalamtes, StAM Stanw 34 798/1, weitere Angaben zu Riederloh im Ermittlungsakt der ZStL, BArchL B 162/28 397.

„Die SS-Leute vom Lager Riederloh haben uns beim Appell schrecklich geschlagen, zwangen uns, uns nackt auszuziehen, und so mussten wir stundenlang im Winter bei Frost stehen. Sie zwangen uns Häftlinge, uns gegenseitig zu schlagen. Wir waren alle verlaust, und es gab sogar kein Wasser, um sich zu waschen [...]. Nach der Arbeit pflegten uns die SS-Leute im Lager herumzujagen; wir mussten stundenlang im Regen und Schnee herumlaufen. Auch nachts pflegten die SS-Leute in die Baracken zu kommen und uns zu schlagen [...]."[94]

Die kranken und arbeitsunfähigen Häftlinge wurden in den sogenannten Krepierblock zum Sterben abgeschoben und die Toten in das Konzentrationslager Dachau rücküberstellt.[95] Der Fabrikbau wurde nicht mehr vollendet. Mit Auflösung dieses Außenlagers erfolgte die Rücküberstellung von nur noch 200 bis 300 extrem entkräfteten, durch Krankheiten geschwächten Häftlingen nach Dachau und dort die Isolierung im Quarantäneblock.[96]

Ebenfalls im Zusammenhang mit der Rüstungsindustrie stand die Einrichtung des Außenlagers Burgau, etwa 40 Kilometer östlich von Augsburg. Im Scheppacher Forst wurden in den Kuno Werken Teile des Me 262-Flugzeuges endmontiert. Dafür waren vor allem zivile Zwangsarbeiter eingesetzt. Im Februar 1945 wurden die Baracken der Personalverwaltung geräumt und von einem 120 Mann starken jüdischen Häftlingskommando zu einem Außenlager umgebaut. Diese Gefangenen waren Überlebende aus dem nach Dachau rücküberstellten Außenlager Riederloh, die von dort über Augsburg nach Burgau gelangten.[97] Nach dem Lageraufbau waren sie in der Fertigung eingesetzt. Am 3./4. März 1945 traf ein Transport mit 500 polnischen und ungarischen Jüdinnen aus Bergen-Belsen ein und am folgenden Tag weitere 500 Jüdinnen aus dem KZ Ravensbrück. Beide Transporte waren seit dem 17. Februar 1945 unterwegs und die Häftlingsfrauen völlig erschöpft. Die Mehrheit war ausgezehrt und arbeitsunfähig, vier Ungarinnen erreichten Burgau nur noch tot.[98] Im

---

94 Aussage Abraham Herzberg, 16. 11. 1969, BArchL B 162/28 397.
95 Gemäß den verfügbaren Überstellungslisten wurden zwischen 4. 10. und 24. 11. 1944 124 Tote aus dem Außenlager Riederloh in das KL Dachau rücküberstellt. Vgl. Überstellungslisten des KL Dachau 4. 10. 1944–24. 11. 1944, alle: DaA 35 675, 35 676.
96 Vierteljahresbericht des 1. SS-Lagerarztes des KL Dachau, 27. 3. 1945, DaA 32 769.
97 Aussagen Abraham Herzberg, 16. 11. 1969; Aussage Mosche Basista Majer, 23. 6. 1969, beide: BArchL B 162/28 397.
98 Aktenvermerk der Stadtverwaltung Burgau, 8. 3. 1945, ebenda.

Rüstungsbetrieb Kuno Werk kamen daher nur 120 Frauen zum Arbeitseinsatz. Sowohl vom Arbeitsplatz wie auch aus dem Lager wurde von Misshandlungen und leidvollem Hunger berichtet.[99] 18 Tote sind dokumentiert.[100]

Der Arbeitseinsatz von 500 Jüdinnen in der Rüstungsfertigung der Münchner AGFA Kamerawerke dagegen forderte keine Todesopfer. Allerdings berichteten die Frauen auch hier von Misshandlungen und schlechten Lagerverhältnissen, die auch zur „Selektion" von nicht mehr arbeitsfähigen Jüdinnen führten.[101]

Für die Häftlingsgruppe der Juden besteht eine Problematik darin, dass viele der Inhaftierten sich nicht als Juden fühlten oder keine waren, aber aufgrund der rassenideologischen Kriterien im Nationalsozialismus als solche definiert wurden. Daraus ergab sich auch in den Konzentrationslagern eine sehr heterogene Verfolgtengruppe. So sahen sich manche eher als politische Regimegegner, bei anderen, vor allem mit Kriegsbeginn eingelieferten Juden, überwog die Nationalität als identitätsstiftendes Element. Und auch unter den Juden im KZ Dachau waren bis 1938 verschiedene Häftlingskategorien vertreten: „Politische", „Rassenschänder", Emigranten, „Ausweisungshäftlinge", „Asoziale" und „Kriminelle". Dies verhinderte ein spezifisches Zusammengehörigkeitsgefühl der jüdischen Gefangenen innerhalb des Konzentrationslagers, wie es in anderen Häftlingsgruppen offensichtlich wurde, und hatte wesentlichen Einfluss auf den Lager- und Arbeitsalltag dieser Gruppe sowie ihr Überleben.[102]

### 5.3. Zeugen Jehovas

Die Verfolgung der Zeugen Jehovas[103] im Nationalsozialismus gründete sich auf religiöse Grundsätze der Glaubensgemeinschaft, die für die Machthaber im Widerspruch mit ihren eigenen Zielen und dem von ihnen beherrschten

---

99 Aussage Mosche Basista Majer, 23. 6. 1969, ebenda.
100 Verzeichnis der in Burgau verstorbenen KZ-Häftlinge im Jahre 1945, Internationaler Suchdienst Arolsen, 21. 10. 1949, DaA 15 013.
101 Aussage Kazimiera Stefanska, 14. 3. 1975; Aussage Irena Roston, 22. 1. 1975, beide: BArchL B 162/16 347.
102 Vgl. Thomas Rahe, „Höre Israel": jüdische Religiosität in nationalsozialistischen Konzentrationslagern, Göttingen 1999, S. 53–75.
103 1931 gab sich die Internationale Vereinigung Ernster Bibelforscher den Namen Zeugen Jehovas. Die Bezeichnung Ernste Bibelforscher oder Bibelforscher war aber im deutschsprachigen Raum noch in den folgenden Jahren weit verbreitet. Vgl. Wolfgang Benz/Hermann Graml/Hermann Weiß (Hrsg.), Enzyklopädie des Nationalsozialismus, 2. Auflage, München 1998, S. 449 f.

Staat standen.[104] So lehnten die Zeugen Jehovas grundsätzlich den Führerkult und -anspruch der Nationalsozialisten ab und verweigerten den Hitlergruß, sie beteiligten sich weder an Parteiorganisationen noch an den Reichstagswahlen. Als besonders staatsfeindlichen Akt empfanden die Nationalsozialisten aber die grundsätzliche Kriegsdienstverweigerung.

In Bayern und einigen anderen deutschen Ländern waren Zeugen Jehovas bereits 1933 verboten worden.[105] Die am 1. April 1935 amtlich vollzogene Auflösung der Wachtturm-Gesellschaft in Magdeburg wird als allgemeines „Reichsverbot" der Zeugen Jehovas interpretiert.[106] Am 28. August 1936 erfolgten in einer reichsweiten Aktion die Verhaftung vieler Zeugen Jehovas und ihre Verurteilung vor Sondergerichten in sogenannten Bibelforscherprozessen. Mit Kriegsbeginn spitzte sich die Situation der Zeugen Jehovas weiter zu, als die Glaubensgemeinschaft kategorisch Wehrdienstverweigerung propagierte. In den Konzentrationslagern wurden über 3000 Bibelforscherhäftlinge, davon etwa ein Drittel Deutsche, gefangen gehalten. Vor allem der Frauenanteil war bedeutend höher als der von sozialdemokratischen und kommunistischen Häftlingsgruppen.[107]

Insgesamt 479 Zeugen Jehovas durchliefen zwischen 1933 und 1945 das KZ Dachau.[108] Von ihnen überlebten 101 die KZ-Haft nicht.[109] Im Oktober 1937

---

104 Vgl. Friedrich Zipfel, Kirchenkampf in Deutschland 1933–1945. Religionsverfolgung und Selbstbehauptung der Kirchen in der nationalsozialistischen Zeit, Berlin 1965, S. 175–203; Michael H. Kater, Die Ernsten Bibelforscher im Dritten Reich, in: VfZ 17 (1969), S. 181–218. Eine detaillierte Untersuchung der spezifischen Verfolgungsgeschichte bei Detlef Garbe, Zwischen Widerstand und Martyrium. Die Zeugen Jehovas im „Dritten Reich", München 1993. Dem folgten Publikationen zum Gruppenschicksal der Zeugen Jehovas in einzelnen Konzentrationslagern. Vgl. Hans Hesse (Hrsg.), „Am mutigsten waren immer wieder die Zeugen Jehovas". Verfolgung und Widerstand der Zeugen Jehovas im Nationalsozialismus, 2. Auflage, Bremen 2000; Hans Hesse/Jürgen Harder, Und wenn ich lebenslang in einem KZ bleiben müsste ... Die Zeuginnen Jehovas in den Frauenkonzentrationslagern Moringen, Lichtenburg und Ravensbrück, Essen 2001; Erhard Klein, Jehovas Zeugen im KZ Dachau. Geschichtliche Hintergründe und Erlebnisberichte, Bielefeld 2001.
105 Wachtturm Bibel- und Traktat-Gesellschaft (Hrsg.), Jahrbuch der Zeugen Jehovas 1974, Wiesbaden 1974, S. 109.
106 Garbe, Widerstand und Martyrium, S. 133 f. Eine entsprechende Veröffentlichung im RGBl. lässt sich nicht nachweisen. Grundsätzlich zum „Reichsverbot" vgl. Johannes Wrobel, Die Verfolgung der Zeugen Jehovas im Nationalsozialismus – Rezeption, Rezension, Interpretation, in: Religion – Staat – Gesellschaft. Zeitschrift für Glaubensformen und Weltanschauungen (2003), Bd. 4/1, S. 115–150, hier: S. 116.
107 Zu Opferzahlen vgl. Garbe, Widerstand und Martyrium, S. 491–500.
108 Häftlingsdatenbank der KZ-Gedenkstätte Dachau, Stand: 19. 4. 2012.
109 Klein, Jehovas Zeugen, S. 46.

befanden sich im Konzentrationslager Dachau 144 Zeugen Jehovas[110] und am 25. April 1945 85.[111] Sie wurden bereits 1935/36 durch eine blaue Markierung auf der Häftlingsbekleidung stigmatisiert. Erst nach der Einführung des einheitlichen Systems der Häftlingskennzeichnung 1937/38 erhielten die Zeugen Jehovas den lila Winkel. Als Häftlingsgruppe zeichneten sie sich durch ein enges Zusammengehörigkeitsgefühl, einen eigenen Gruppenkodex und ihre weltanschauliche Distanz zu politischen Häftlingen aus, die es ihnen ermöglichten, im Lageralltag eine kollektive Strategie des Überlebens zu entwickeln.[112] An Resistenzhandlungen nahmen sie nicht teil und lehnten jede Form der Sabotage und Aktionen gegen die SS ab. Auflehnung gegen ihre Lebenssituation war in ihren Augen gleichbedeutend mit einer Missachtung des Willens Gottes. Durch ihre offene Verweigerungshaltung wurden die Zeugen Jehovas zum gezielten „Hassobjekt" der Lager-SS, was sich für sie in der Vorkriegszeit in verschärften Prügel- und Arreststrafen niederschlug.[113] Vielfach kam es auch zu kollektiver Bestrafung, beispielsweise der Zuweisung in besonders schwere Arbeitskommandos, Essensentzug oder Revierverbot.[114]

Den Zeugen Jehovas versuchte die SS seit 1937 durch erhöhten Terror entgegenzutreten. Auch in Dachau wurden sie einer besonders grausamen Einlieferungszeremonie[115] unterzogen und in die sogenannte Isolierung eingewiesen, um ihre Missionstätigkeit zu unterbinden.[116] Darüber hinaus war ihnen nur eingeschränkter Postverkehr erlaubt.[117]

In den Jahren 1941/42 setzte für diese Häftlingsgruppe eine entscheidende Wende im Lageralltag ein. Durch ihre Arbeitsethik und ihre Gewissenhaftigkeit wurden sie im Rahmen der zunehmenden Bedeutung der Häftlingsarbeitskraft zu begehrten Arbeitskräften und übernahmen auch Funktionsstellen in der Lagerverwaltung, so etwa Conrad Klug, der zeitweise Kapo im Außenkommando Unterfahlheim war.[118]

110 Zámečník, Das war Dachau, S. 227.
111 Haftarten, 25. 4. 1945, DaA 1284.
112 Aussage Matthias Lex, 16. 11. 1945, Nbg. Dok. PS-2928.
113 Kupfer-Koberwitz, Die Mächtigen, S. 215.
114 Garbe, Widerstand und Martyrium, S. 399–411.
115 Berichte über Einlieferungszeremonien: vgl. Wachtturm Bibel- und Traktat-Gesellschaft (Hrsg.), Jehovas Zeugen in Gottes Vorhaben, Wiesbaden 1960.
116 Vgl. auch zu entwürdigenden Beschimpfungen im KL Dachau Kupfer-Koberwitz, Die Mächtigen, S. 170–246.
117 Jan J. Mozdzan, Der Postverkehr mit dem Konzentrationslager Dachau 1933–1945, Düsseldorf 1984, S. 24.
118 Bericht von Conrad Klug, 5. 2. 1954, GAZJ Selters Dok 05/02/54.

Mit den zunehmenden Tätigkeitsfeldern in der Kriegswirtschaft stellte sich für die Zeugen Jehovas ein neues Problem. Ausgehend von ihrer pazifistischen Haltung kam für sie eine Arbeit in der Rüstungsfertigung nicht in Betracht. Arbeitsverweigerung galt jedoch für die Lager-SS als eines der schwersten Vergehen und wurde brutal geahndet. Aber auch diese Maßnahmen führten nicht zu einer grundsätzlichen Verhaltensänderung der Zeugen Jehovas. Als Folge kam es zu einem Umdenken in der SS-Führung und zum gezielten Einsatz der Zeugen Jehovas in handwerklichen oder landwirtschaftlichen Arbeitskommandos sowie in privaten SS-Haushalten. Diese in Dachau bereits gängige Praxis wurde am 6. Januar 1943 von Reichsführer SS Heinrich Himmler für alle Konzentrationslager angeordnet.[119] Seit 1940 sind einzelne Bibelforscherhäftlinge, überwiegend eingesetzt bei Baumaßnahmen, in Dachauer Außenkommandos und -lagern nachzuweisen. Welcher Art der Arbeitseinsatz der Zeugin Jehovas Josefine Studer allerdings im AGFA Kamerawerk war, ist ungeklärt. Sie kam am 10. April 1945 aus dem KZ Ravensbrück nach Dachau und wurde einen Tag später zu den Kamerawerken überstellt.[120] Weitere Angaben zu ihr sind nicht vorhanden. Möglich wäre, dass sie nicht in der Rüstungsproduktion tätig war, sondern eine produktionsfremde Aufgabe im Außenlager erfüllen musste.

Erkenntnisreicher bei der Betrachtung von Gruppenspezifika sind 15 Außenkommandos, die ausschließlich oder mehrheitlich aus Bibelforschern zusammengesetzt waren.

| AK St. Gilgen | Bis 25 Bifo-Häftlinge |
|---|---|
| AK Sudelfeld Berghaus | Bis 40 Bifo-Häftlinge, u. a. Häftlingen |
| AK Spitzingsee | 6 Bifo-Häftlinge |
| AK Valepp | 3–8 Bifo-Häftlinge, u. a. Häftlingen |
| AK Halfing | Überwiegend Bifo-Häftlinge |
| AK Hausham | 15 Bifo-Häftlingsfrauen<br>15 Bifo-Häftlinge |
| AK Augsburg | Mind. 4 Bifo-Häftlinge |
| AK Unterfahlheim | Mind. 9 Bifo-Häftlinge |

---

119 Befehl des RFSS, 6. 1. 1943, zitiert im Schreiben des Chefs der Sicherheitspolizei und des SD vom 15. 7. 1943, Faksimile in: Filip Friedmann/Tadeusz Hołuj, Oświęcim/Warszawa 1946, S. 183–186; Wachturm Bibel- und Traktat-Gesellschaft (Hrsg.), Jahrbuch der Zeugen Jehovas 1974, Wiesbaden 1974, S. 196 f.
120 Überstellungsliste des KL Dachau, 11. 4. 1945, DaA 35 678.

| AK Fridolfing | 1 Bifo-Häftling (1943) |
|---|---|
| | 2 Bifo-Häftlingsfrauen (1944) |
| AK München-Oberföhring | 3 Bifo-Häftlinge |
| AK Steinhöring | ca. 20 Bifo-Häftlingsfrauen |
| AK Dachau Entomologisches Institut | 4 Bifo-Häftlingsfrauen |
| AK Fischbachau | 15-20 Bifo-Häftlinge |
| AK Pabenschwandt | 10 Bifo-Häftlingsfrauen |
| AK Bad Oberdorf | 1 Bifo-Häftling |

Hierbei handelt es sich um kleine Außenkommandos, nie um große Außenlager. Das lag einerseits in der geringen Gesamtzahl dieser Häftlingsgruppe im KZ Dachau, andererseits an der Art des Arbeitseinsatzes für kleinere Bauvorhaben, in der Landwirtschaft oder als Putz- und Haushaltshilfen begründet. Die ersten beiden Außenkommandos von Bibelforschern, St. Gilgen und Sudelfeld Berghaus, zeigen, dass diese Häftlingsgruppe schon 1938 gezielt eingesetzt wurde. Zu diesem Zeitpunkt existierte nur noch ein weiteres Außenkommando. Alle standen in enger Verbindung mit der Person des damaligen Dachauer Lagerkommandanten Hans Loritz, der die Bibelforscher nicht nur auf einer privaten Baustelle bei der Errichtung seiner Villa in St. Gilgen, sondern auch zu Baumaßnahmen für das SS-Erholungsheim nach Sudelfeld schickte.[121] Auch das Außenkommando Augsburg Bibelforscher stand wahrscheinlich in Verbindung mit Hans Loritz. Hier mussten vier Zeugen Jehovas zwischen April und Juli 1942 eine Schlachterei errichten.[122]

Auch für andere namhafte SS-Funktionäre kamen später Bibelforscher zum Einsatz. Für Heinrich Himmler wurden im Mangfallgebirge drei Jagdhäuser in Valepp umgebaut.[123] Wegen des Wintereinbruchs wurden die Arbeiten bereits am 1. Dezember 1942 abgebrochen und die Häftlinge nach Dachau rücküberstellt.[124] Ein neues Außenkommando von zehn Häftlingen, darunter keine

---

121 Vgl. zu St. Gilgen: Riedel, „Wildpark", S. 66; zu Sudelfeld: Klein, Jehovas Zeugen, S. 91.
122 Namensliste von vier Bibelforscherhäftlingen für das Kommando Augsburg, 18. 5. 1942 (ausgerückt 14. 4. 1942) und deren Rücküberstellung, 22. 7. 1942, beide: DaA 35 673. Lebensbericht von Reinhold Lühring, 10. 2. 1971, S. 18, GAZJ Selters LB Lühring, Reinhold.
123 Lebensbericht von Paul Wauer, n. d., GAZJ Selters LB Wauer, Paul. Überstellungsliste des KL Dachau, 1. 11. 1942, DaA 35 674.
124 Überstellungsliste des KL Dachau, 1. 12. 1942, DaA 35 674.

Zeugen Jehovas, kehrte am 15. September 1944 nach Valepp zurück.[125] Wegen „unangemessenen" Verhaltens blieben sie aber nur kurze Zeit vor Ort[126] und wurden bereits am 5. Oktober und 20. Dezember 1944 durch zehn Häftlinge, darunter acht Bibelforscher, ersetzt.[127] Im oberbayerischen Halfing renovierten seit 1942 wechselnde Außenkommandos ein Anwesen der Verlobten von Oswald Pohl, auch hier überwiegend Zeugen Jehovas.[128] Ein weiteres Baukommando mit Zeugen Jehovas wurde im September 1944 nach Fischbachau im oberbayerischen Landkreis Miesbach gebracht, um hier ein Behelfsheim für die Familien von SS-Offizieren aus München zu errichten.[129]

Meist um Einzelabstellungen unter zehn Häftlingen handelte es sich bei Außenkommandos, in denen Zeugen Jehovas in privaten SS-Haushalten arbeiteten. In diese wurden die Bibelforscherhäftlinge bevorzugt eingeteilt, weil sie nicht nur als fleißig und ehrlich galten, sondern auch als nicht fluchtverdächtig. Meist ohne Bewachung durften sie nicht selten Zivilkleidung tragen und auch selbstständig Einkäufe erledigen. Dazu gehörten die Außenkommandos Fridolfing,[130] München-Oberföhring[131] und Bad Oberdorf.[132] Auch in anderen Konzentrationslagern war diese Art des Häftlingsarbeitseinsatzes von Zeugen Jehovas üblich.[133]

Aber nicht nur in Privathaushalten waren die Reinigungs- und Putzkräfte gefragt. Auch in verschiedenen SS-Unternehmen und Forschungseinrichtungen kamen Zeugen Jehovas zum Einsatz. Dazu zählten 15 Bibelforscherinnen und -forscher im SS-Erholungsheim in Hausham, vier Frauen im Dachauer Entomologischen Institut, zehn im Versuchsgut Pabenschwandt und etwa 20 Frauen für das Lebensbornheim in Steinhöring. Vereinzelt mussten sie neben den Haushaltsarbeiten auch Tiere versorgen oder Erntearbeiten

---

125 Überstellungsliste des KL Dachau, 15. 9. 1944, DaA 35 672; Aussagen zu diesem Kommando im Ermittlungsakt der Staatsanwaltschaft München, StAM Stanw 34 434.
126 Ein Häftling hatte mit einem deutschen Mädchen getanzt. Die Meldung dieses Vorganges führte zur Strafrücküberstellung des gesamten Außenkommandos in das KL Dachau. Vgl. Aussage Pawel Respondek, 22. 10. 1949, StAM Stanw 34 434.
127 Überstellungslisten des KL Dachau, 5. 10. 1944, 20. 10. 1944, beide: DaA 35 674.
128 Überstellungslisten des KL Dachau, 19. 11. 1942, 18. 12. 1942, beide: DaA 35 674; 7. 9. 1944, DaA 35 672; 12. 11. 1944, DaA 35 676; 8. 4. 1945, DaA 35 678.
129 Überstellungslisten des KL Dachau, 14. 10. 1944, 23. 10. 1944, beide: DaA 35 675.
130 Vgl. Spruchkammerverfahren gegen Alois Rehrl, StAM SpK, Karton 4148 (Alois Rehrl). Lebensbericht von Katarina Thoenes, n. d., GAZJ Selters Dok 15/03/40 (1).
131 Lebensbericht von Kurt Ropelius, 1. 2. 1971, GAZJ Selters LB Ropelius, Kurt.
132 Bericht von Friedrich Frey, 15. 4. 1971, GAZJ Selters Bericht Frey, Friedrich.
133 Zu Beispielen des KL Ravensbrück und KL Flossenbürg vgl. Garbe, Widerstand und Martyrium, S. 456.

leisten. In Unterfahlheim im Landkreis Neu-Ulm[134] betrieben mindestens neun Bibelforscher eine Fischzuchtanlage von Karl Rühmer im Auftrag der Deutschen Versuchsanstalt für Ernährung und Verpflegung.[135] Eine Gruppe von Zeugen Jehovas wurde aus diesem Außenkommando zur Strafe in das Stammlager Dachau zurückversetzt, als sich einer der Häftlinge geweigert hatte, in Leipheim auf einem Militärgelände zu arbeiten.[136]

In der Behandlung der Zeugen Jehovas in den Außenkommandos ist eindeutig eine Verbesserung gegenüber den Lebensbedingungen im Stammlager Dachau festzustellen. Die Zeugen Jehovas stellten in Außenkommandos vor Kriegsbeginn eine wesentliche Häftlingsgruppe dar. Im Jahr 1939 existierten drei Außenkommandos, zwei davon waren ausschließlich aus Zeugen Jehovas zusammengesetzt. Die überdurchschnittliche Präsenz dieser Häftlingsgruppe in den Außenkommandos änderte sich 1940.

Die danach gegründeten reinen „Bibelforscherkommandos" zeichneten sich trotz schwerer Arbeiten nicht durch besondere Brutalität aus. In der überwiegenden Mehrheit berichteten die Überlebenden von einer relativen Bewegungsfreiheit und der Erlaubnis, Zivilkleidung tragen zu dürfen.[137] Trotz anders lautender Anweisung aus Berlin[138] wurde scheinbar in den Außenkommandos mit Bibelforscherhäftlingen die Postzensur weniger rigide gehandhabt. Ebenso ist überliefert, dass es in Sudelfeld Berghaus, Hausham und Steinhöring Bibelexemplare gab und aus dem Außenkommando Hausham Teile einer Wachtturmschrift in das Stammlager gelangten.[139] Darüber hinaus konnten Gefangene in den Außenkommandos Hausham, Unterfahlheim und Fridolfing[140] von ihren Familien-

---

134 Unterfahlheim wird bei Detlef Garbe fälschlicherweise in der Nähe von München lokalisiert. Vgl. Garbe, Widerstand und Martyrium, S. 457. Dieser Fehler kommt wohl daher, dass Obersturmführer Karl Rühmer nicht nur Leiter der Unterfahlheimer Fischzuchtanlage war, sondern auch Besitzer und Autor des Germanenverlag Dr. Karl Rühmer in Ebenhausen bei München. Hier publizierte er neben Geschichten rund um die Fischzucht auch nationalsozialistische Propagandaschriften.
135 Schalm, Unterfahlheim, S. 6–9.
136 Summary of Léon Edouard Floryn, n. d., GAZJ Zweigstelle Belgien.
137 Dies galt für Hausham, Steinhöring, Entomologisches Institut Dachau, Pabenschwandt und Bad Oberdorf.
138 Schreiben des Chefs des WVHA an die Lagerkommandanten der KL, September 1943, BArchB NS 3/426.
139 Johannes Wrobel, Hausham, in: Benz/Distel, Ort des Terrors, Bd. 2, S. 346.
140 Die Tochter von Wilhelmine Hoffmann besuchte ihre Mutter in Hausham, vgl. Eidesstattliche Erklärung Wilhelmine Hoffmann, 15. 8. 1947, GAZJ Selters Dok 16/12/49 (2). Martha Knie und Auguste Wolf wurden von Familienangehörigen in Fridolfing besucht, vgl. Dirksen, Martha Knie, S. 68.

angehörigen besucht werden. In Hausham, unweit vom Tegernsee, gelang es einer Zeugin Jehovas, sich sonntagnachts aus den Unterkünften zu schleichen und im Wald an Bibellesungen mit Zivilisten teilzunehmen. Insgesamt gab es zwischen den „Bibelforscherkommandos" und ortsansässiger Bevölkerung überproportional häufigen Kontakt. Unmittelbare Todesfälle von Bibelforscherhäftlingen in den Außenkommandos sind nicht bekannt.

### 5.4. „Kriminelle"

In den Erinnerungen ehemaliger KZ-Häftlinge ist die Gruppe der „kriminellen" Gefangenen überwiegend negativ konnotiert.[141] Sie werden als gewalttätig, hinterlistig und als Spitzel der SS dargestellt. Wenn in wenigen Ausnahmen positiv über diese Häftlingsgruppe berichtet wird, dann handelt es sich um konkrete Einzelfälle. Nicht selten diente das negative Bild der „Kriminellen" zur Abgrenzung oder Rechtfertigung des eigenen Handelns. Erinnerungsliteratur oder Berichte von Überlebenden dieser Häftlingsgruppe selbst gibt es wenig.[142] Einerseits war dieser Personenkreis im Gegensatz zu zahlreichen Intellektuellen, die aus politischen Gründen in Konzentrationslagern inhaftiert waren, nicht gewohnt, die eigenen Lebenserfahrungen zu reflektieren oder niederzuschreiben, andererseits hielt sie die fortgeführte Stigmatisierung ihrer Haftgründe in der Nachkriegsgesellschaft davon ab. Darüber hinaus wird diese Häftlingsgruppe von Überlebendenverbänden in der Nachkriegszeit nicht repräsentiert.

Größte Schwierigkeit bei der Quellenanalyse zu dieser Häftlingsgruppe ist die Durchbrechung der ideologischen NS-Terminologie und deren Reproduktion in Nachkriegsdokumenten.[143] Daher fällt es nicht zuletzt aufgrund mangelnder Forschungsergebnisse bis heute schwer, ein ausgewogenes Bild der „Kriminellen" in den Konzentrationslagern zu zeigen.

---

141 Grundsätzlich vgl. Kogon, Der SS-Staat, S. 68 f. Benedikt Kautsky, Teufel und Verdammte. Erfahrungen und Erkenntnisse aus sieben Jahren Konzentrationslager, Wien 1948, S. 153. Für Dachau vgl. Joseph Joos, Leben auf Widerruf, 2. Auflage, Olten (Schweiz) 1946, S. 77. Für Buchenwald vgl. Walter Poller, Arztschreiber in Buchenwald, Hamburg 1946, S. 150 f.

142 „Die Vergessenen". Halbmonatsschrift für Wahrheit und Recht aller ehemaligen Konzentrationäre und Naziopfer, Heft 3, München-Harlaching Juli 1946, DaA 14 444.

143 Lutz Niethammer (Hrsg.), Der „gesäuberte" Antifaschismus. Die SED und die roten Kapos von Buchenwald. Dokumente, Berlin 1994.

Mit der Existenz nationalsozialistischer Konzentrationslager begannen auch die dortige Inhaftierung von vorbestraften Menschen und die Überstellung von Straftätern nach ihrer Haftverbüßung aus Justizanstalten. Vereinheitlicht unter der Bezeichnung „Kriminelle" oder „Berufsverbrecher" trugen sie nach der Einführung des Winkelsystems ein grünes Dreieck. In den Häftlingslisten wurden sie als „Polizeiliche Sicherungsverwahrte" (PSV) und „Berufsverbrecher" (BV) oder in „befristeter Vorbeugehaft" (BV) geführt.[144] Für Dachau ist eine Unterscheidung nach PSV- und BV-Häftlingen nicht eindeutig, darum werden diese beiden Gruppen im Folgenden nicht weiter differenziert.

Zwischen 1933 und 1936 sind in den 3360 Zugangsregistrierungen 72 PSV-Häftlinge enthalten.[145] Damit bildeten sie damals nur knapp über zwei Prozent der Gesamtbelegung. Im März 1937 wurden etwa 2000 „Berufsverbrecher", „Gewohnheitsverbrecher" und „Gemeingefährliche Sittlichkeitsverbrecher" reichsweit verhaftet und in Konzentrationslager eingeliefert,[146] in Dachau war dies mit einem deutlichen Anstieg dieser Gefangenengruppe verbunden. Unter den Neuzugängen befanden sich 22 Prozent „Kriminelle", verglichen mit anderen Neuregistrierungen die höchste Zugangsrate. Nach einem deutlichen Rückgang 1938 erhöhte sich der Prozentsatz zwar in den folgenden drei Jahren kontinuierlich und erreichte 1941 einen Stand von 16 Prozent. In den Jahren 1944 und 1945 war weniger als ein Prozent der Zugänge im KZ Dachau unter dieser Häftlingsbezeichnung registriert. Als Gesamtzahl zwischen 1933 und 1945 bildeten die „Polizeilichen Sicherungsverwahrten" im KZ Dachau eine kleine Gruppe mit 6456 Personen. Hinzu kamen noch 110 eigens als „Berufsverbrecher" geführte Gefangene. 208 PSV-Häftlinge überlebten ihre Haft in Dachau zwischen 1933 und 1945 nicht. 184 wurden nach Invalidentransporten in der Euthanasieanstalt Schloss Hartheim ermordet.[147]

Obwohl die „Grünen" im Konzentrationslager Dachau quantitativ nicht zu den dominierenden Häftlingsgruppen gehörten, treten sie in den Erinnerungen von Überlebenden für die Außenkommandos und -lager häufig in Erschei-

---

144 Für die Erklärung des Kürzels „BV" vgl. Annette Eberle, Häftlingskategorien und Kennzeichnungen, in: Benz/Distel, Ort des Terrors, Bd. 1, S. 91–109, hier: S. 96.
145 Alle statistischen Angaben im Folgenden aus der Häftlingsdatenbank der KZ-Gedenkstätte Dachau, Stand: 11. 1. 2005.
146 Patrick Wagner, Volksgemeinschaft ohne Verbrechen, Konzeptionen und Praxis der Kriminalpolizei in der Zeit der Weimarer Republik und des Nationalsozialismus, Hamburg 1996, S. 254–258.
147 Alle Zahlenangaben aus der Häftlingsdatenbank der KZ-Gedenkstätte Dachau, Stand: 19. 4. 2012.

nung. Es ist jedoch festzuhalten, dass in keinem Dachauer Außenkommando und Außenlager ausschließlich PSV-Häftlinge abgestellt waren. In der überwiegenden Mehrzahl sind sie in äußerst heterogenen Gruppenkonstellationen nur in Einzelabstellungen nachweisbar. Die in Zeugenaussagen, Überlebendenberichten und Erinnerungsliteratur aufgestellte These, dass in den Außenkommandos Hallein, München-Freimann SS-Standortverwaltung, Neustift und Plansee sowie den Außenlagern Gablingen, Ottobrunn, Saulgau und Überlingen „überwiegend" „Kriminelle" eingesetzt waren, ist nicht haltbar.

Als Beispiel dient das Außenkommando München-Freimann SS-Standortverwaltung. Ein ehemaliger Häftling gab in seiner Vernehmung bei der Staatsanwaltschaft München 1974 an, dass unter den circa 25 Häftlingen in der SS-Kaserne zehn „Kriminelle" waren.[148] Dies entspräche 40 Prozent, was eine vergleichsweise hohe Zahl an PSV-Häftlingen in einem Außenkommando wäre. Die Auswertung der vorhandenen Überstellungslisten des KZ Dachau ergibt dagegen, dass unter den 27 Gefangenen dieses Außenkommandos kein einziger PSV-Häftling nachweisbar ist.[149]

Für das Außenlager Ottobrunn zeigt sich, dass die Angabe, es seien dort neben politischen Häftlingen „vorwiegend Kriminelle" im Einsatz gewesen,[150] ebenfalls durch Überstellungslisten des KZ Dachau nicht zu stützen ist. Die Belegung des Außenlagers Ottobrunn erreichte im September 1944 600 Häftlinge. Gemäß den Überstellungslisten wurden zwischen März und September 1944 sieben PSV-Häftlinge nach Ottobrunn gebracht,[151] und im Oktober und November 1944 durch weitere drei PSV-Häftlinge aus Dachau ergänzt, während zwei in das Stammlager zurückkehrten und einem weiteren die Flucht gelang.[152]

Für eine umfassende Analyse fehlen detaillierte Untersuchungen für diese Häftlingsgruppe im Stammlager Dachau. Erste Befunde aus den Überstellungs-

---

148 Aussage Ludwig Schneider, 8. 10. 1974, Staatsanwaltschaft München I Mü I 320 Js ab 12 953/76.
149 Namensliste des Kdo München-SS-Standortverwaltung, 18. 5. 1942 (ausgerückt am 10. 11. 1941), DaA 35 673.
150 Martin Wolf, Im Zwang für das Reich. Das Außenlager des KZ Dachau in Ottobrunn, in: Plöchinger, Vergessen?, S. 91. Beschuldigtenvernehmung Alfred Kraus, 15. 6. 1965, BArchL B 162/4005.
151 Überstellungslisten des KL Dachau, 8. 9. 1944 (6 PSV-Häftlinge) und 19. 9. 1944 (1 PSV-Häftling), beide: DaA 35 672.
152 Überstellungslisten des KL Dachau, 11. 10. 1944, 24. 10. 1944, 28. 10. 1944, alle: DaA 35 675; 6. 11. 1944, DaA 35 676; 15. 11. 1945, DaA 35 677.

listen deuten auf ein erhöhtes Aufkommen von PSV-Häftlingen im Außenlagerkomplex Allach.[153]

### 5.5. Frauen

Das KZ Dachau wurde 1933 als Männerkonzentrationslager errichtet. Für die Zeit seiner Existenz sind jedoch auch 7832 weibliche Häftlinge ermittelt, von denen 7794 namentlich erfasst sind.[154] Darüber hinaus kamen zwischen dem 23. und 29. April 1945 noch weitere Frauen aus anderen evakuierten Lagern in das KZ Dachau, die nicht namentlich in den Zugangsbüchern registriert wurden. Ebenfalls nicht erfasst wurden Frauen, die von der Gestapo zur Hinrichtung in das Konzentrationslagers Dachau gebracht wurden.[155] Trotz eingeschränkter Quellenlage ist anzunehmen, dass der Frauenanteil insgesamt nicht höher als bei vier bis fünf Prozent lag.

Die ersten vier weiblichen KZ-Häftlinge erreichten Dachau am 13. Oktober 1942 und waren Dr. Sigmund Rascher für seine pseudomedizinischen Versuche zur Verfügung gestellt worden.[156] Die nächsten Frauen, die am 16. April und 3. Mai 1944 in das KZ Dachau eingeliefert wurden, waren für das vermutlich im April eröffnete Häftlingsbordell vorgesehen, eingerichtet hinter Block 29 bei der Desinfektionsbaracke.[157] Am 12. Dezember 1944 waren 13 Frauen dem sogenannten Sonderbau in Dachau zugeordnet.[158] Sie waren, abgesehen von einer Polin, ausnahmslos Deutsche und in der Mehrzahl „Schutzhäftlinge". Eine Frau wurde als „Berufsverbrecherin" geführt, vier als „Asoziale". Die Schließung des Bordells wird im Januar 1945 vermutet. Trotzdem scheinen die Frauen noch darüber hinaus in Dachau geblieben zu sein. Erst am 9. April 1945 wurden neun

---

153 Überstellungslisten des KL Dachau, 3. 5. 1942–25. 4. 1945, alle: DaA 35 672–35 678, 35 920–35 921.
154 Häftlingsdatenbank der KZ-Gedenkstätte Dachau, Stand: 15. 3. 2006.
155 Häftlingsbericht von Josef Eckstein, August 1936, S. 15, DaA A 8836.
156 Schreiben Dr. Rascher an den RFSS mit Versuchsanordnung und Ergebnissen, 17. 2. 1943, Nbg. Dok. PS-400; Vgl. Benz, Sigmund Rascher, S. 190–214.
157 Zum Bordell des KL Dachau vgl. Kerstin Engelhardt, Frauen im Konzentrationslager Dachau, in: Dachauer Hefte 14 (1998), S. 218–244, hier: 223 ff. Zu Zwangsprostitution in Konzentrationslagern vgl. Christa Paul, Zwangsprostitution. Staatlich errichtete Bordelle im Nationalsozialismus, Berlin 1994; Robert Sommer, Das KZ-Bordell. Sexuelle Zwangsarbeit in nationalsozialistischen Konzentrationslagern, Diss., Lübeck 2009.
158 Weibliche Häftlinge (Sonderbau), 12. 12. 1944, DaA 987.

der Zwangsprostituierten in das Frauenaußenlager München-Giesing zu den AGFA Kamerawerken überstellt.[159] Ob diese Frauen hier noch in der Fertigung eingesetzt waren, ist unklar. Häftlingsbordelle in Dachauer Außenkommandos und -lagern existierten nicht.

Mehrheitlich kamen die weiblichen Gefangenen aus den Konzentrationslagern Ravensbrück und Auschwitz nach Dachau. Nicht selten waren sie, wenn überhaupt, nur für kurze Zeit im Stammlager, bevor sie in die Außenkommandos oder -lager überstellt wurden. Darin liegt ein grundlegender Unterschied zu vielen männlichen Häftlingen, da nur in wenigen Ausnahmen für Frauen ein längerfristiger Aufenthalt im Stammlager vorgesehen war.

Bis Herbst/Winter 1944 waren die weiblichen Häftlinge in süddeutschen und österreichischen Außenkommandos zunächst der Verwaltung des KZ Ravensbrück unterstellt, bevor sie dann an die Verwaltung des Konzentrationslagers Dachau abgegeben wurden. Das bedeutet, dass die Frauen, wenn überhaupt, erst nach der Umstrukturierung in den Dachauer Zugangsbüchern verzeichnet sind und als Dachauer Häftlinge gelten.

| Einsatzort | AK des KL Ravensbrück | AK des KL Dachau |
|---|---|---|
| Hausham | seit Januar 1942 | ab 5. 10. 1944 |
| Plansee | seit 2. 9. 1944 | ab 5. 10. 1944 |
| Schloss Itter | seit 8. 8. 1943 | ab 6. 10. 1944 |
| Pabenschwandt | seit Februar 1942 | ab 1. 12. 1944 |

Mit der starken Zunahme von Außenkommandos und -lagern ab dem Frühjahr 1944 entstanden aber auch Dachauer Gründungen.

| AK Fridolfing | seit 16. 5. 1944 |
|---|---|
| AL Kaufering I (Landsberg) | seit 1. 8. 1944 |
| AL Augsburg Michelwerke | seit August 1944 |

Bis Herbst 1944 zeigte sich also keine einheitliche Praxis der Verwaltungshoheit aller weiblichen Häftlinge, erst danach erfolgte eine Umstrukturierung und Dezentralisierung.[160] Zu diesem Zweck schrieb der Verwaltungsführer des Konzentrationslagers Ravensbrück an seine Kollegen in Buchenwald, Dachau, Flossenbürg, Mauthausen, Neuengamme und Sachsenhausen:

---

159 Überstellungsliste des KL Dachau, 9. 4. 1945, DaA 35 678.
160 Zur Umstrukturierung vgl. Strebel, Ravensbrück, S. 441 ff.

„Mit Verfügung vom 15. 8. 1944 hat die Amtsgruppe D entschieden, in welches Gebiet eine Anzahl bisher vom KL Ravensbrück betreuter Arbeitslager [sic!] bzw. Kommandos mit Wirkung vom 1. 9. 1944 entfallen.[ ...] Da angenommen wird, dass in aller Kürze sämtliche KL, welchen weibliche Arbeitslager [sic!] zugeteilt worden sind, das erforderliche Aufsichtspersonal selbst einstellen und einkleiden – wie das auch bereits in einzelnen KL durchgeführt wird –, wird schon heute gebeten, bei Vornahme von Einstellungen die Besoldungspapiere sofort an die Verwaltung des KL Ravensbrück zu übersenden, da gemäß Anordnung des Amtsgruppe D vom 25. 8. 1944 sämtliche Aufseherinnen von hier aus besoldet werden."[161]

Das KZ Ravensbrück trat ungefähr die Hälfte seiner Außenkommandos und -lager für weibliche Häftlinge an andere Konzentrationsstammlager ab. Der Verwaltungswechsel nach Buchenwald und Flossenbürg vollzog sich am 1. September 1944, wie die erhalten gebliebenen Übergabeprotokolle belegen. Mauthausen folgte am 15. September 1944. In Dachau scheint die Reorganisation erst am 5./6. Oktober 1944 stattgefunden zu haben, als drei der vier Ravensbrücker Frauenaußenkommandos dem KZ Dachau zugeordnet wurden. Zwei Monate später folgte als letztes Frauenaußenkommando Pabenschwandt.[162]

Mit dieser Umstrukturierung übernahm das Konzentrationslager Dachau nun auch die Versorgung und Logistik der Kranken und Arbeitsunfähigen sowie deren Austausch mit gesunden weiblichen Häftlingen. Verglichen mit dem KZ Flossenbürg waren nur wenige weibliche Häftlinge in Dachau eingegliedert worden. Es handelte sich um weniger als 50 Frauen.

Dennoch zog dieser Verwaltungsakt für das Stammlager Dachau entscheidende Veränderungen nach sich. Waren zuvor die kranken Frauen in das KZ Ravensbrück rücküberstellt worden, findet im November 1944 die neu eingerichtete Krankenstation für Frauen aus den Außenkommandos und -lagern erstmals Erwähnung.[163] Im Schutzhaftlager Dachau wurden neben der Desinfektionsbaracke fünf Zimmer als Krankenrevier eingerichtet, in denen 25 Frauen behandelt werden konnten. Die Häftlingsärztin Ella Lingens war hier seit Februar 1945 tätig.[164] Außerdem erforderte die Bewachung der weiblichen

---

161 Schreiben des Verwaltungsführer KL Ravensbrück an Verwaltungsführer KL Buchenwald, 1. 9. 1944, zit. nach Strebel, KZ Ravensbrück, S. 441.
162 Vgl. die Beiträge zu Hausham, Pabenschandt, Plansee und Schloss Itter in: Benz/Distel, Ort des Terrors, Bd. 2, S. 345, 464, 466, 485.
163 Nico Rost, Goethe in Dachau, hrsg. v. Hein Kohn/Werner Schartl, Hamburg 1981, S. 129.
164 Lingens, Erinnerungen, S. 43–52.

Häftlinge Veränderungen in der Zusammensetzung des Lagerpersonals, da SS-Aufseherinnen zur Bewachung dieser Gefangenen angeworben werden mussten.[165]

Insgesamt existierten sechs Dachauer Außenkommandos und zwölf Außenlager, die zusammen mehr als 7000 weibliche Häftlinge aufnahmen. Ausschließlich Frauen waren nur im Außenkommando Dachau Entomologisches Institut und in den Außenlagern Augsburg-Kriegshaber und München-Giesing inhaftiert. In den restlichen Fällen waren die Frauen in abgetrennten Bereichen mit männlichen Häftlingen untergebracht. In keinem Außenkommando oder Außenlager des KZ Dachau gab es eine gemischte Unterbringung.

Als geschlechtsspezifischer Befund für Häftlinge des KZ Dachau gilt, dass Frauen weniger häufig verschiedene Dachauer Außenkommandos und -lager durchliefen als Männer. Erinnerungsberichte oder Aussagen von weiblichen Häftlingen, die mehrfach ihren Arbeitsplatz in unterschiedlichen Außenkommandos und -lagern wechselten oder zwischenzeitlich im Stammlager eingesetzt waren, liegen nicht vor.[166] Dabei ist zu berücksichtigen, dass die Mehrzahl der Frauen Jüdinnen waren und in Außenlagerkomplexen der Untertageverlagerung zum Einsatz kamen. Eine große Zahl überlebte dort nur kurze Zeit oder wurde innerhalb der Lagerkomplexe überstellt. Unter den weiblichen Häftlingen in Außenlagern der Rüstungsindustrie gab es ebenfalls Veränderungen in der Häftlingsbelegung, wenn beispielsweise „Selektionen" kranker und arbeitsunfähiger Frauen vorgenommen wurden. Ziele dieser Transporte waren andere Konzentrations- oder Vernichtungslager. Zu berücksichtigen ist außerdem, dass Frauen als Häftlingsgruppe im KZ Dachau erst eine Erscheinung der Kriegsendphase waren. Ein ebenfalls bedeutsamer Aspekt ist, dass weiblichen Häftlingen der Zugang zu höheren Funktionsposten weitgehend verwehrt blieb. Dadurch verfügten sie über weniger Privilegien und bekamen keine zusätzlichen Waren und Güter, die ihnen das Überleben erleichtern konnten.[167]

165 Die Täterinnenforschung zum KZ Dachau ist ein Forschungsdesiderat. So fehlen bislang Erkenntnisse zu Rekrutierung und Zusammensetzung. Ein Aspekt wären hier die Veränderungen innerhalb der Dachauer Lager-SS, die mit der Gründung eigenständiger Frauenaußenkommandos und -lager einhergingen.
166 Dagegen vgl. Erinnerungen von Karl Wagner, der im AK Neustift, dann im Stammlager und zuletzt im AL Allach BMW eingesetzt war. Wagner, Neustift; ders., Ich schlage nicht. Conrad Klug war zwischen 1933 und 1945 in sechs verschiedenen AK (St. Gilgen, Lodenfrey, Unterfahlheim, Sudelfeld-Berghaus, München Höchlstraße, Garmisch) und zwischenzeitlich im Stammlager eingesetzt. Bericht von Conrad Klug, 5. 2. 1954, GAZJ Selters Dok 05/02/54.
167 Vgl. Kapitel 4.3. System der Funktionshäftlinge.

## 5.5.1. Frauen in Außenkommandos

Seit dem 16. Mai 1944 bestand in Fridolfing das erste Dachauer Außenkommando mit zwei Bibelforscherinnen, die Heinrich Himmler seinem langjährigen Bekannten Alois Rehrl für haus- und landwirtschaftliche Arbeiten vermittelte.[168] Neben diesem „Gefälligkeitskommando" gab es in der Folgezeit weitere Dachauer Außenkommandos mit Bibelforscherinnen, die in Haus- oder Landwirtschaft eingesetzt waren. Dazu zählten vier Frauen des Außenkommandos Dachau Entomologisches Institut[169] und je zehn Frauen der Außenkommandos Hausham[170] und Pabenschwandt.[171] Zwei weitere Außenkommandos bestanden in Österreich in Plansee und auf Schloss Itter. Beide Orte wurden von der SS als Internierungslager für hochrangige Geiseln genutzt. Die Bewirtschaftung und Reinigung des Hotels „Forelle" und der Schlossanlage erledigten KZ-Häftlinge. Darunter waren auch zwischen vier und 18 weibliche deutsche „Schutzhäftlinge".

Für keines der Außenkommandos, in denen Bibelforscherinnen in Haus- und Landwirtschaft eingesetzt waren, sind schwerwiegende Misshandlungen oder Todesfälle bekannt. Überlebende berichteten stattdessen, dass sie relative Bewegungsfreiheit ohne Bewachung genossen, zwar durchaus hart arbeiten, aber dafür keinen Mangel an Verpflegung erleiden mussten. Die Frauen trugen Zivilkleidung. Aber auch die Tatsache, dass die Frauen in hauswirtschaftlichen Kommandos in einer ihnen nicht völlig fremden Arbeitsumgebung eingesetzt waren, erhöhte ihre Überlebenschancen.[172] Im Rahmen der kleinen und geradezu familiären Unterbringung konnten sich persönliche Kontakte zu den SS-Mannschaften entwickeln, die dazu führten, dass die Frauen oft ohne Zensur Briefe verschicken oder erhalten und sogar Besuch von ihren Familienangehörigen empfangen durften. Martha Knies Sohn Wilhelm beispielsweise reiste mit seiner Verlobten nach Fridolfing, um seine Mutter dort zu besuchen, und auch in Hausham wurden Verwandtenbesuche stillschweigend

---

168 Dirksen, Martha Knie, S. 67–70.
169 Liste der weiblichen Häftlinge (Ethymologisches [sic!] Institut), 27. 8. 1944, DaA 981.
170 Zeitzeugenberichte von Frieda Hopp, Gertrud Krämer, Kurt Hedel, Wilhelmine Hoffmann, alle: GAZJ Selters ZZ Hopp, Frieda; LB Krämer, Gertrud; LB Hedel, Kurt; ZZ Hoffmann, Wilhelmine.
171 Aussage Sofie Gurr, 21. 11. 1974, BArchL B 162/25 888.
172 Gabriele Pfingsten/Claus Füllberg-Stolberg, Frauen in Konzentrationslagern – geschlechtsspezifische Bedingungen des Überlebens, in: Herbert/Orth/Dieckmann, Die nationalsozialistischen Konzentrationslager, Bd. 2, S. 911–938, hier: S. 928–931. Das gilt auch für ca. 20 Bibelforscherinnen, die im Lebensbornheim Steinhöring eingesetzt

geduldet.[173] In Hausham nahmen die Frauen sogar sonntags heimlich an Zusammenkünften ortsansässiger Zeugen Jehovas teil und lasen sich aus der Bibel vor. Auch aus Pabenschwandt sind Kontakte zu Dorfbewohnern überliefert.[174] Die Frauen aus dem Entomologischen Institut gingen in Zivilkleidung ohne Bewachung zu Fuß nach Dachau, um für die Wissenschaftler Einkäufe zu erledigen.[175]

Diese Außenkommandos stellen im Gesamtzusammenhang einen ganz eigenen Typus dar. Sie wurden variabel in Haushalten, Landwirtschaften oder Forschungseinrichtungen eingesetzt, in denen Haushalts- oder Reinigungstätigkeiten verrichtet werden mussten oder auch Ernte- und Landarbeiterinnen vonnöten waren. Es handelte sich um kleine Kommandos mit bis zu 15 Frauen, unter ihnen überwiegend Zeuginnen Jehovas, die in ihrer Besetzung relativ konstant blieben und bis Kriegsende bestanden. Eine Besonderheit ist auch die Endphase dieser Außenkommandos. Die Insassen wurden nicht evakuiert, sondern blieben vor Ort und wurden dort befreit.[176]

### 5.5.2. Frauen in Außenlagern

Bereits Anfang 1942 hatte die SS der Industrie erstmalig auch weibliche KZ-Häftlinge zum Arbeitseinsatz angeboten.[177] Bis 1944 setzte sich diese Praxis allerdings nicht durch. Dies war nicht zuletzt eine Folge der für die Industrie zu starren Bedingungen von Seiten der SS, die nur einem Einsatz von mindestens 1000 Häftlingsfrauen zustimmte. Die SS begründete dies mit der pseudogeschlechtsspezifisch schwierigeren Bewachungssituation:

> „Das Ganze ist eine reine Bewachungsfrage. Es ist nicht leicht, die Frauen zu bewachen, weil Frauen besser schwindeln und, wenn sie ausbrechen, sich verstecken und durchmogeln. Die vorhandenen geringen Bewachungsmann-

waren. Vgl. Sabine Schalm, Zwangsarbeit für den Lebensborn e. V., in: Angelika Baumann/Andreas Heusler (Hrsg.), Bevölkerungspolitik und Elitenbildung. Der Lebensborn e. V. in München und das rassiche Konzept der „Aufnordung", München, geplant 2013.
173 Dirksen, Martha Knie, S. 69–70. Zu Hausham vgl. Erklärung Wilhelmine Hoffmann, 15. 8. 1947, GAZJ Selters Dok 16/12/49 (2).
174 Aussage Sofie Gurr, 21. 11. 1974, BArchL B 162/25 888.
175 Aussage Martha Knie, 13. 4. 1973, BArchL B 162/25 867.
176 Vgl. Kapitel 3.2.3. Räumung im April 1945.
177 Strebel, Ravensbrück, S. 426.
178 Mitschrift der Jägerstabssitzung, 24. 6. 1944, Nbg. Dok. NG–1571.

schaften reichen gerade aus, den Pulk zusammenzuhalten. Die Trennung würde den Einsatz neuer Wachmannschaften erfordern."[178]
Doch Mitte 1944 lenkte die SS-Bürokratie ein und senkte die weiblichen Häftlingskontingente auf 500, woraufhin bereits Ende Juni 1944 Anforderungen für 12 000 weibliche Häftlinge von deutschen Industriebetrieben vorlagen.[179]

Außenlager des KZ Dachau mit weiblicher Belegung wurden nur für die Rüstungsfertigung und die Organisation Todt eingerichtet. Am 7. September 1944 erreichte ein Transport mit 500 ungarischen Jüdinnen über Auschwitz die Augsburger Michelwerke. 300 weibliche Häftlinge des Außenlagers Augsburg-Kriegshaber arbeiteten dort an der Fertigung von Elektroteilen, Steckern und Relais für Flugzeuge. Die restlichen 200 Frauen waren für die unweit entfernt liegenden Keller und Knappich Werke bei der Herstellung von kleinen Granatwerfern und Magazinen eingesetzt.[180]

Nur sechs Tage nach dem Transport nach Augsburg erreichten 500 Frauen aus Polen, Holland, Frankreich, Jugoslawien, Belgien und der Ukraine am 13. September 1944 aus Ravensbrück das Münchner Frauenaußenlager der AGFA Kamerawerke.[181] In einem noch nicht fertiggestellten Wohnhaus waren die weiblichen Gefangenen in Dreizimmerwohnungen untergebracht. Bis zum 27. April 1945 mussten sie täglich zum Werksgelände marschieren und am Fließband Bombenzünder fertigen.[182]

Zwei Transporte aus Bergen-Belsen und Ravensbrück mit je 500 weiblichen KZ-Häftlingen erreichten am 3. und 4. März 1945 das Außenlager Burgau. Seit Februar 1945 hatten hier etwa 120 männliche Häftlinge aus Dachau zunächst das Lager eingerichtet und waren dann in den Kuno Werken bei der Endmontage des Messerschmitt Flugzeuges Me 262 eingesetzt. Der Zustand der Frauen, darunter viele ungarische Jüdinnen, war nach den tagelangen Transporten ohne Verpflegung bei ihrer Ankunft in Burgau so jämmerlich, dass die Mehrzahl nicht zum Arbeitseinsatz herangezogen werden konnte.[183] Der ehemalige Kommandoführer Johann Kullik erklärte 1947 in den Dachauer Prozessen, dass das KZ Dachau die Frauen nicht mehr aufnehmen konnte und daher der

---

179 Strebel, Ravensbrück, S. 427.
180 Römer, Für die Vergessenen, S. 56–62; Gespräch mit Charlotte Keller, 11. 1. 2002, PA Schalm.
181 Transportliste des KL Ravensbrück, 13. 9. 1944, DaA 34 856.
182 Zum AL München AGFA vgl. Ella Lingens, Gefangene der Angst. Ein Leben im Zeichen des Widerstandes, 2. Auflage, Frankfurt a. M. 2003, S. 296–316.
183 Sara Tuvel, Die Näherin. Erinnerungen einer Überlebenden, München/Wien 1998, S. 336–340.

Transport direkt nach Burgau gelangte.[184] Täglich starben mehrere Frauen an Unterernährung und Krankheit. Nur etwa 120 der Arbeitsfähigen erhielten eine aufgebesserte Ration Brot, die Übrigen litten großen Hunger.[185]

Im Außenlager Karlsfeld OT wurde am 11. April 1945 ein Krankenlager für weibliche Häftlinge eingerichtet. Dieses entstand nicht im Rahmen eines Arbeitseinsatzes für BMW oder OT, sondern war eine Maßnahme der Dachauer Lagerführung, um der chaotischen Überfüllung des Stammlagerreviers zu begegnen. Das Außenlager Geislingen des KZ Natzweiler wurde am 10. April 1945 aufgelöst und die weiblichen Häftlinge wurden nach Karlsfeld evakuiert.[186] Etwa 1000 Frauen kamen am 11. April 1945 dort an und wurden in einem abgetrennten Teil des Männerlagers untergebracht. Sie kamen nicht mehr zum Arbeitseinsatz, sondern blieben sich mehr oder weniger selbst überlassen.[187]

Im Vergleich zu den Außenkommandos in Haus- und Landwirtschaft waren die Verhältnisse in den Außenlagern für die Rüstungsindustrie für weibliche Häftlinge schlechter. Die Frauen berichteten vor allem von mangelnder Verpflegung, Kälte und der ständigen Angst vor alliierten Luftangriffen, denen sie meist ungeschützt ausgesetzt waren.[188] Aufgrund der Größe der Außenlager entwickelten sich kaum persönliche Kontakte zwischen Wachmannschaften und Häftlingen wie sie aus den kleinen Haus- und Landwirtschaftskommandos überliefert sind.

Von den Frauenaußenlagern für Rüstungsproduktionszwecke sind die OT-Frauenlager in den Außenlagerkomplexen Kaufering/Landsberg und Mühldorf zu unterscheiden. Nachdem Hitler im April 1944 sein Einverständnis zum Arbeitseinsatz von Juden für Bauvorhaben der Organisation Todt im Deutschen Reich gegeben hatte, erreichten im Sommer 1944 die ersten Transporte mit ungarischen Juden die OT Außenlagerkomplexe Kaufering/Landsberg und Mühldorf. Die Hälfte dieser Häftlinge waren Frauen. Auf Pohls Nachfrage, ob denn auch die Jüdinnen zum Arbeitseinsatz herangezogen werden sollten, antwortete Heinrich Himmler im Mai 1944:

---

184 Aussage Johann Kullik, 7. 1. 1947, NARA Trials of War Criminals RG338 B310.
185 Zum AL Burgau vgl. Römer, Für die Vergessenen, S. 28 f., 97–104.
186 Zum AL Geislingen vgl. Annette Schäfer, Geislingen an der Steige, in: Benz/Distel, Ort des Terrors, Bd. 6, S. 95–99.
187 In einem Ermittlungsverfahren der Staatsanwaltschaft München schilderten Überlebende des Frauenaußenlagers Karlsfeld OT die Ankunft, die Zustände im Lager und die Befreiung, Staatsanwaltschaft München I Mü I 320 Js 13 348/76 a–b.
188 Aussage Irena Roston, 22. 1. 1975; Aussage Kazimiera Stefanska, 14. 3. 1975, beide: BArchL B 162/16 347; Aussage Abraham Herzberg, 16. 11. 1969, Staatsanwaltschaft München I Mü I 120 Js 18 815/75 a–c, Bd. 1.

"Selbstverständlich sind jüdische Frauen zur Arbeit einzusetzen. Man muss in diesem Falle lediglich für gesunde Ernährung sorgen. Hier ist Ernährung mit Rohkostgemüse wichtig. Vergessen Sie ja nicht die Einfuhr von Knoblauch in ausreichenden Mengen aus Ungarn."[189]

Keines der Außenlager der Kauferinger und Mühldorfer Außenlagerkomplexe mit weiblicher Belegung wurde eigenständig gegründet. Sie entstanden teilweise mit den Männerlagern, teilweise zeitlich etwas verzögert. Alle Frauen in den Kauferinger Außenlagern waren Jüdinnen, während in Mühldorfer Lagern etwa zehn Prozent aller Häftlinge Nichtjuden waren. Insgesamt sind etwa 4200 weibliche Gefangene für Kaufering I, II, III, IV, VI, VII und XI belegbar.[190] Dabei handelte es sich um das größte Konglomerat weiblicher Häftlinge des Konzentrationslagers Dachau.

In den Mühldorfer Außenlagern M1 und Waldlager V/VI wurden insgesamt 800 weibliche Häftlinge aufgenommen.[191] Etwa 500 Insassinnen gehörten zum Lager M1 und wurden am 25. September 1944 erstmals erwähnt. Im Waldlager V/VI waren nach der Eröffnung des Frauenlagers rund 300 weibliche Häftlinge inhaftiert.[192] Für die beiden anderen Mühldorfer Außenlager Mittergars und Thalham sind keine weiblichen Gefangenen belegt. Damit befand sich die überwiegende Mehrheit aller weiblichen Häftlinge des KZ Dachau in den OT-Außenlagerkomplexen Kaufering/Landsberg und Mühldorf.

Wie auch für die männlichen Leidensgenossen waren die Lebens- und Arbeitsverhältnisse in diesen OT-Außenlagern katastrophal. Die Frauen arbeiteten in der Mehrzahl auf Baustellen der Bunkeranlagen, aber auch in der Landwirtschaft.[193] Bei diesen schweren körperlichen Tätigkeiten auf den Baustellen wurde keine Rücksicht auf das Geschlecht der Häftlinge genommen. Frauen mussten wie die Männer zwischen acht und elf Stunden Schwerstarbeit ohne Hilfsmittel, Werkzeuge oder Schutzbekleidung leisten. Daneben gab es zahlrei-

---

189 Fernschreiben Himmler an Pohl, 27. 5. 1944, Nbg. Dok. NO-030.
190 Raim, Frauen, S. 91.
191 Memorandum vom 2. 6. 1945, zit. nach: Raim, Dachauer KZ-Außenkommandos, S. 165.
192 Alle Zahlenangaben zit. nach: ebenda, S. 174–175.
193 In Landsberg wurden seit 11. 2. 1945 100 Frauen bei der Herstellung von Zündhütchen für die Dynamit AG eingesetzt. Sie wurden aus den umliegenden Kauferinger Lagern rekrutiert und bildeten kein eigenständiges Außenlager, sondern sind nur abrechnungstechnisch als separates Arbeitskommando geführt, da der Arbeitgeber nicht die OT, sondern die Dynamit AG war. Untergebracht und verpflegt wurden die Frauen in Kaufering I, sie rückten nur zum Arbeitseinsatz in die Dynamit AG nach Landsberg aus.

che Lagerwirtschaftskommandos wie Küchen-, Reinigungs- oder Holzkommandos. Zumindest für das Waldlager V/VI ist bekannt, dass Frauen zu leichteren Arbeiten in der Küche oder in Aufräumkommandos eingesetzt wurden. Dies lässt sich aber nicht pauschal auf alle Außenlager von Kaufering/Landsberg und Mühldorf ausdehnen. In vielen Fällen lassen fehlende Quellen keine Schlüsse über die Arbeitssituation der Frauen zu.

Die Unterbringung in den Erdhütten, mangelhafte Verpflegung, fehlende Wechselwäsche, körperliche Schwerstarbeit, Krankheit, Strafe und „Selektion" bedeuteten auch für die weiblichen Häftlinge eine immerwährende Lebensbedrohung. In den Kauferinger und Mühldorfer Außenlagern herrschte eine Sterblichkeitsrate von knapp 50 Prozent.[194] Eine Analyse von 1292 weiblichen Häftlingen ergab, dass diese weniger als vier Wochen im Kauferinger Außenlagerkomplex verblieben, bevor sie als arbeitsunfähig „selektiert" wurden.[195] Die körperliche Schwerstarbeit forderte unter den Frauen mehr Opfer als unter den Männern.[196] Wenn es ihnen gelang, in Küchen- oder Reinigungskommandos eingeteilt zu werden, konnten sie ihre körperliche Konstitution, relativ betrachtet, schonen.

## 5.6. Minderjährige

Die Thematik Minderjähriger als Häftlingsgruppe im Konzentrationslager Dachau ist bisher in der wissenschaftlichen Bearbeitung wenig berücksichtigt.[197] Im Gegensatz dazu gibt es eine breite Erinnerungsliteratur von Überlebenden, bei denen häufig erst das Geburtsdatum des Autors oder Erzählers das damalige Alter offenlegt.[198]

194 Zu den Todeszahlen vgl. Raim, Dachauer KZ-Außenkommandos, S. 240–246.
195 Raim, Frauen, S. 96 f.
196 Barbara Distel, Frauen in den Konzentrationslagern, in: Benz/Distel, Ort des Terrors, Bd. 1, S. 202.
197 Grundsätzlich vgl. Dachauer Hefte 9 (1993): Die Verfolgung von Kindern und Jugendlichen; Verena Walter, Kinder und Jugendliche als Häftlinge des KZ Dachau, in: Wolfgang Benz/Angelika Königseder (Hrsg.), Das Konzentrationslager Dachau. Geschichte und Wirkung nationalsozialistischer Repression. Festschrift für Barbara Distel, Berlin 2008, S. 183–192; Verena Buser, Überleben von Kindern und Jugendlichen in den Konzentrationslagern Sachsenhausen, Auschwitz und Bergen-Belsen, Berlin 2011; Edgar Bamberger/Annegret Ehmann (Hrsg.), Kinder und Jugendliche als Opfer des Holocaust, Heidelberg 1995.
198 Zur Problematik der „Kindheitsautobiografie" vgl. Mona Körte, Zeugnisliteratur. Autobiographische Berichte aus den Konzentrationslagern, in: Benz/Distel, Ort des Terrors, Bd. 1, S. 333.

Im Folgenden wird die Gruppe der minderjährigen Häftlinge eingeteilt in Kinder unter 14 Jahren und in Jugendliche bis einschließlich 18 Jahre.[199] Für die Untersuchung der minderjährigen KZ-Häftlinge ist einschränkend zu berücksichtigen, dass viele Neuankömmlinge bei der Ankunft in Dachau ein falsches Alter angaben.[200] Gerade in den letzten Kriegsjahren war es unter den KZ-Häftlingen bereits bekannt, dass das Hauptkriterium für das Überleben die Arbeitsfähigkeit war. Ein angeblich 16-Jähriger hatte größere Chancen, für ein Arbeitskommando ausgewählt zu werden, als ein 13-Jähriger, dem die Deportation nach Auschwitz oder Majdanek drohte.

Offiziell wurden deutsche Minderjährige bis 1938 nicht in Konzentrationslager eingewiesen, sondern in Erziehungs- oder Jugendschutzheimen untergebracht. Auch nach Kriegsbeginn bestand diese Regelung fort. Laut den Richtlinien für die Lagereinweisung aus dem Jahr 1943 mussten die reichsdeutschen Häftlinge der Konzentrationslager mindestens 18 Jahre sowie Polen und „Ostarbeiter" mindestens 16 Jahre alt sein.[201] Dass die Praxis tatsächlich nicht dieser Anweisung entsprach, bestätigte Rudolf Höß, Kommandant des KZ Auschwitz, während der Nürnberger Prozesse.[202] Für das KZ Dachau finden sich zahlreiche Beispiele in der Häftlingsdatenbank. Der tschechische Häftling Karel Kašák zeichnete im März 1945 in der Plantage des Konzentrationslagers Dachau einen acht- und einen elfjährigen Jungen.[203] Und Richard Cizař, ebenfalls ein Dachauer Häftling, hatte mit einer heimlich eingeschmuggelten Kamera mehrere Fotos im Stammlager aufgenommen, darunter auch eines von einem neunjährigen Russen.[204]

Bis November 1938 erfolgte im KZ Dachau die Registrierung von 65 deutschen Jugendlichen mehrheitlich zwischen 17 und 18 Jahren. Angaben zum Grund ihrer Einweisung liegen nur spärlich vor, in diesen Fällen wurden sie

---

199 Diese Kategorisierung der Jugendlichen, die auch 18-Jährige einschließt, ist den Statistiken in der KZ-Gedenkstätte Dachau geschuldet, die eine derartige Einteilung vorgenommen hat.
200 Max Volpert kam am 15. 7. 1944 als 13-Jähriger zusammen mit seinem Vater nach Landsberg. Hier gab der Vater für den Sohn ein falsches Geburtsdatum an; Bericht von Max Volpert, n. d., DaA 30 953.
201 Schreiben des Chefs der Sicherheitspolizei und des SD vom 23. 3. 1943, DaA A 1659.
202 Zit. nach: Dietrich Eichholtz/Wolfgang Schumann (Hrsg.), Anatomie des Krieges, Bern 1969, S. 478.
203 Die Zeichnungen von Karel Kašák liegen in Kopie in der KZ-Gedenkstätte Dachau, DaA F 483, F 484.
204 Illegales Foto von Richard Cizař, DaA A 4376.

als Polizeihäftlinge geführt oder als Juden identifiziert. Die erste größere Zahl von 111 deutschen und österreichischen Jugendlichen kam im Rahmen der Verhaftungen von jüdischen Bürgern in der Folge der Novemberpogrome 1938[205] in das KZ Dachau. Alle wurden bis März 1939 entlassen und waren nicht in Außenkommandos eingesetzt.

Zwischen 1939 und 1942 sind in Dachauer Zugangsbüchern 3751 Minderjährige enthalten, die vorrangig aus den besetzten Ostgebieten stammten und über das Konzentrationslager Auschwitz nach Dachau gelangten. 1943 wurden 2693 Häftlinge unter 19 Jahren in das KZ Dachau deportiert, überwiegend Juden aus Osteuropa. Nach der Liquidierung des Warschauer Ghettos kamen Weitere aus Polen über Auschwitz-Birkenau nach Dachau.[206] 1944 wurden 9260 und 1945 1550 Neuzugänge unter 19 Jahren in der Registratur des KZ Dachau erfasst.[207] Mehr als die Hälfte aller minderjährigen Häftlinge des Konzentrationslagers Dachau traf erst 1944 und 1945 ein und war jüdisch. Insgesamt sind in der Häftlingskartei 17 410 Kinder und Jugendliche zu ermitteln, etwa zehn Prozent der Gesamthäftlingszahl. Darin enthalten sind 124 Kinder und 10 754 Jugendliche, wobei 17- und 18-Jährige mit mehr als 5100 die am stärksten vertretene Gruppe der minderjährigen Häftlinge im KZ Dachau ausmachen.

Die Häftlingskategorien, denen Minderjährige in Dachau angehörten, beschränkten sich auf eine Einteilung nach Nationalitäten, Juden, „Zigeuner", „Schutzhäftlinge". Untergruppen davon waren „Nicht Außenlager Häftlinge" (NAL) und ein kleiner Anteil „Nacht-und-Nebel-Häftlinge".

Im Lebens- und Arbeitsalltag von minderjährigen Häftlingen der Dachauer Außenkommandos und -lager erfolgte von Seiten der Lagerführung formal keine Unterscheidung zwischen Erwachsenen und Minderjährigen. Ab einer Körpergröße von 120 Zentimetern sollten Letztere zum Arbeitseinsatz „selektiert" werden.[208]

---

205 Grundsätzlich Vgl. Benz, Aktionsjuden, S. 179–196.
206 Nürnberger Prozessakten, Protokoll der Gerichtsverhandlung vom 27. 2. 1946; in: Der Prozeß gegen die Hauptkriegsverbrecher vor dem Internationalen Militärgerichtshof in Nürnberg, Bd. VI, Nürnberg 1947, S. 353.
207 Statistik der Kinder und Jugendlichen im KZ Dachau auf Grundlage der Häftlingsdatenbank der KZ-Gedenkstätte Dachau, Stand: 7. 10. 1997, DaA 1071.
208 Oliver Lustig, KZ-Wörterbuch, Bukarest 1987, S. 121 f.; Nürnberger Prozessakten, Protokoll der Gerichtsverhandlung vom 27. 2. 1946; in: Der Prozeß gegen die Hauptkriegsverbrecher vor dem Internationalen Militärgerichtshof in Nürnberg, Bd. VI, S. 354.

## 5.6.1. Kinder

Während Kinder in Außenkommandos nicht nachweisbar sind, befanden sich in den Außenlagern ausländische Kinder. Allerdings existierten keine Kinderblöcke oder -kommandos wie sie für Majdanek,[209] Neuengamme[210] und Buchenwald[211] bekannt sind. Häufig finden sich Hinweise in Berichten von Überlebenden oder vereinzelt in Transportlisten oder Zugangsbüchern, oft nicht offiziell im Büro für den Arbeitseinsatz eingetragen, da sie keinem Arbeitskommando unterstellt waren. Im Lagerbuch Kaufering III war beispielsweise Jenö Krausz, geboren am 8. März 1933, als „Arbeiter" registriert.[212] Die Jüngsten fungierten in den Außenlagern als sogenannte Läufer und Putzer, da sie für schwere körperliche Arbeiten entweder zu klein oder zu schwach waren. „Läufer" und „Putzer" wurden sowohl von SS-Angehörigen als auch von Funktionshäftlingen mit Botengängen beauftragt. Mancherorts arbeiteten sie als deren persönliche Bedienstete. Sie putzten Schuhe und reinigten Uniformen oder hielten Stuben in Ordnung.[213] Im Gegenzug standen sie unter dem Schutz und der Fürsorge der Männer, für die sie arbeiteten, und erhielten meist zusätzliches Essen. Für diese Hafterleichterungen mussten einige sexuelle Übergriffe erdulden, die jedoch nur selten in Berichten überlebender Häftlinge thematisiert wurden.[214]

Wenn die Kinder nicht im Dienst von SS-Angehörigen oder Funktionshäftlingen standen, arbeiteten sie häufig, wie András Garzo mit 13 Jahren in einem der Mühldorfer Außenlager, in der Küche.[215] Auch hier waren sie vor Kälte und Unwetter geschützt und konnten sich mit Essensresten und -abfällen versorgen. Ber Makowski bezeichnete seine Tätigkeit in der Küche sogar als „Himmel".[216] Der Rumäne Joshua Brisk kam als 13-Jähriger mit weiteren 260 Kindern von

---

209 Richard C. Lukas, Did the children cry? Hitler's war against Jewish and Polish children 1939–45, New York 1994, S. 90.
210 Michael Grill, Kinder und Jugendliche im KZ Neuengamme, in: Bamberger/Ehmann, Kinder, S. 108.
211 Rosemarie Hofmann, Das Schicksal der Kinder und Jugendlichen des Konzentrationslagers Buchenwald: Reflexion der Literatur, in: Bamberger/Ehmann, Kinder, S. 146.
212 Raim, Dachauer KZ-Außenkommandos, S. 190.
213 Bericht von Alfred Hirsch, 18. 10. 1972, BArchL B 162/2484.
214 Vgl. Bertrand Perz, Kinder und Jugendliche im Konzentrationslager Mauthausen und seinen Außenlagern, in: Dachauer Hefte 9 (1993), S. 71–90, hier: S. 85–88; Buser, Überleben von Kindern, S. 192–197.
215 Debórah Dwork, Kinder mit dem gelben Stern – Europa 1933–1945, München 1994, S. 237.
216 Bericht von Josef und Ber Makowski, n. d., DaA A 1009.

Auschwitz-Birkenau nach Kaufering IV. Hier arbeitete er auf umliegenden Bauernhöfen bei der Ernteeinbringung.[217]

Aus Augsburg-Pfersee ist bekannt, dass zehn bis 30 Kinder zwischen neun und zwölf Jahren bei der Messerschmitt AG arbeiten mussten. Genauere Hinweise auf ihre Tätigkeit liegen nicht vor. Als ein Großteil von ihnen zu krank oder schwach für die Arbeit war, wurden sie in das Außenlager Horgau abgeschoben.[218]

Die jüngsten Außenlagerhäftlinge waren drei Jungen und vier Mädchen, die zwischen Dezember 1944 und Februar 1945 im Außenlager Kaufering I zur Welt kamen.[219] Die Mütter waren bereits vor ihrer KZ-Einlieferung schwanger und ihr Zustand bei den vorangegangenen Selektionsprozessen unentdeckt geblieben. Grundsätzlich waren Schwangerschaften von Häftlingsfrauen im KZ keine Seltenheit, doch wurden die Frauen und ihre Kinder zumeist ermordet. Dass alle sieben Mütter des sogenannten Schwangerenkommandos in Kaufering I mit ihren Säuglingen überlebten (Abb. 8),[220] stellt innerhalb des mörderischen KZ-Systems eine Ausnahme dar. Maßgeblich dafür waren vermutlich der Zeitpunkt der Schwangerschaften und das nahende Kriegsende, die Unterstützung durch Angehörige des SS-Lagerpersonals und insbesondere die große Solidarität der Mitgefangenen.[221]

Im Mühldorfer Außenlager M1 wurden zwei Babys geboren, eines starb.[222] Aufgrund der schlechten hygienischen Verhältnisse und der mangelhaften Verpflegung hatten die Säuglinge aber ohne Unterstützung der Lagerleitung oder Funktions- wie Mithäftlinge keine Überlebenschance. Die Geburten und das Überleben in den Außenlagern Kaufering I und Mühldorf M1 waren in der Realität des Außenlageralltags eine Ausnahme.

Stattdessen berichtete Alexander Ehrmann, dass viele seiner jüngsten Mitgefangenen in den Mühldorfer Außenlagern nur drei Monate lang Hunger,

217 Testimony Joshua Brisk, Yale Fortunoff Video Archive HVT-1515.
218 Testimony Herbert Slawinski, 29. 5. 1947, NARA Trials of War Criminals RG338 B325.
219 Vgl. Schalm/Gruberová, „Sie gaben uns wieder Hoffnung"; Eva Gruberová/Helmut Zeller, Geboren im KZ. Sieben Mütter, sieben Kinder und das Wunder von Kaufering I, München 2011.
220 Gespräch mit Oliver Lustig, 4. 5. 2003, PA Schalm. Der ehemalige Häftling Oliver Lustig übergab der KZ-Gedenkstätte Dachau ein Foto, aufgenommen bei der Befreiungsfeier in Dachau am 1. 5. 1945, auf dem fünf Frauen mit ihren Neugeborenen zu sehen sind, DaA F 1382. Auf zwei weiteren Fotos sind die Frauen mit ihren Säuglingen im Spital St. Ottilien im Sommer 1945 zu sehen, DaA F 1383, F 1384.
221 Statement Elisabeth Legmann, 9. 9. 1945, NARA Trials of War Criminals RG 338 B308; Buser, Überleben von Kindern, S. 201–208.
222 Raim, Dachauer KZ-Außenkommandos, S. 239.

Abb. 8: *Jüdische Häftlingsfrauen mit ihren im Außenlager Kaufering I geborenen Kindern, aufgenommen am 1. Mai 1945 bei der Befreiung in Dachau.*

Krankheiten oder Überanstrengung in einem der Baustellenkommandos standhielten.[223] Daniel Chanoch war erst zwölf Jahre alt, als er mit seinem Vater und Bruder aus dem Ghetto Kaunas über Stutthof nach Landsberg gebracht wurde. In einem der Kauferinger Außenlager konnte er in der Küche eine leichtere Arbeit finden. Doch am 1. August 1944 wurde er mit 130 Kindern nach Dachau überstellt und von dort nach Birkenau transportiert.[224] Während die meisten der Kinder ermordet wurden, überlebte Daniel Chanoch mehrere „Selektionen" und den Todesmarsch nach Süden. Die überlebenden Kinder waren in der Regel den schwersten Arbeitskommandos entkommen.

### 5.6.2. Jugendliche

Jugendliche sind in Dachauer Außenkommandos nur vereinzelt nachweisbar. So kam der Pole Gregor Wicensky Anfang April 1943 als 16-Jähriger nach Dachau und später in das Außenkommando Unterfahlheim.[225] Als damals 17-Jähriger

---

223 Dwork, Kinder, S. 242.
224 Personal Testimony of Daniel Chanoch 1933–1946, n. d., DaA 36 136.
225 Häftlingsdatenbank der KZ-Gedenkstätte Dachau, Stand: 11. 3. 2003.

war Simon Uznansky am 27. November 1944 dem Sprengkommando in München zugewiesen.[226]

Im Jahr 1942 ist im KZ Dachau ein Anstieg von etwa 2500 jugendlichen Neuzugängen, vorwiegend Russen, zu verzeichnen, die von dort in Außenlager weitergeleitet wurden. Vor allem 1944 und 1945 erfolgte aus anderen Konzentrationslagern die Deportation direkt in Dachauer Außenlager. Beispielsweise erreichte ein Transport mit 307 Häftlingen aus Bergen-Belsen, der im Dachauer Zugangsbuch nicht geführt wurde, am 9. März 1945 das Außenlager Horgau. Der damals 16-jährige Chaskiel Laufer berichtete, dass der Transport ohne Verpflegung sieben bis acht Tage dauerte. Bei der Ankunft in Horgau waren 15 der minderjährigen Häftlinge bereits tot.[227] Tobias Grunbaum gehörte mit seinen damals 16 Jahren zu den ältesten der 52 Jugendlichen im Transport. Nach seinen Angaben wurden die jüdischen Minderjährigen in Horgau sehr schlecht behandelt und von dem „kriminellen" Kapo Wilhelm Metzler terrorisiert und verprügelt.[228] Nur ein Teil der Jugendlichen blieb in Horgau, die Schwerkranken und Arbeitsunfähigen wurden in andere schwäbische Außenlager gebracht.[229]

Für das Außenlager Burgau sind 18 jugendliche Mädchen, ebenfalls aus dem KZ Bergen-Belsen, in Transportlisten verzeichnet.[230] Der Tod von zwei jugendlichen Häftlingen aus Budapest ist in Burgau belegt.[231] Im Außenlager München-Giesing mussten drei Mädchen unter 18 Jahren in der Rüstungsfertigung arbeiten.[232] Michael Milar wurde als 17-Jähriger im Außenlager Saulgau von französischen Soldaten befreit.[233]

Die größte Zahl jugendlicher Häftlinge findet sich 1944 und 1945 in den Außenlagerkomplexen Kaufering/Landsberg sowie in Mühldorf und Allach. Eine Totenliste aus dem Außenlager Ampfing beispielsweise belegt für die Zeit vom 28. August 1944 bis 28. April 1945 31 jüdische Tote unter 18 Jahren.[234] Im Außenlager Waldlager V/VI war der Jahrgang der 1927 Geborenen zum Stich-

---

226 Sprengkommando Einsatz am 27. 11. 1944, DaA 23 769.
227 Eidesstattliche Erklärung Chaskiel Laufer, 29. 5. 1946; Eidesstattliche Vernehmung Wilhelm Metzler, 11. 6. 1946, beide: NARA Trials of War Criminals RG338 B314.
228 Eidesstattliche Erklärung Tobias Grunbaum, 29. 5. 1946, ebenda.
229 Aussage Baruch Ginzberg, 16. 4. 1969, BArchL B 162/28 117.
230 Transportliste von Bergen-Belsen nach Dachau, 5. 3. 1945, DaA 31 418.
231 Verzeichnis der in Burgau verstorbenen KZ-Häftlinge im Jahre 1945, Internationaler Suchdienst Arolsen, 21. 10. 1949, DaA 15 013.
232 Häftlingsdatenbank der KZ-Gedenkstätte Dachau, Stand: 11. 3. 2003.
233 Unterlagen zu Michail Milar, DaA A 2210.
234 Totenliste aus dem Lager Mühldorf-Ampfing vom 28. 8. 1944 bis 28. 4. 1945, DaA A 285.

tag 14. Januar 1945 mit 118 sogar der am stärksten vertretene Jahrgang der insgesamt 1629 männlichen Häftlinge.[235]

Henry Jacobowitz, Jahrgang 1929, berichtete über die hohe Sterblichkeit seiner Altersgenossen im Außenlager Mettenheim:

„People my age, you know fifteen years old, I don't know whether they had two hundred people that age survived. But uh, I think that there was one thing that probably saved me and that is, I had a winter coat that was made out, it was very cold in our area, and I remember my mother was able to get a blanket, you know a military blanket, and they cut it up for, for a coat for me. It was a half coat, a three-quarters and it was lined with, uh, lamb skin. And when I put that on I must have been twice that I really was. And I guess that's what did it."[236]

Im Vergleich zu Kindern waren die Jugendlichen zwar physisch widerstandsfähiger, doch durch ihren verstärkten Arbeitseinsatz in Außenlagern einem erhöhten Vernichtungsdruck ausgesetzt. Dies schloss auch die Gefahr der „Selektion" ein. In zwei Transporten im November 1944 sind auch jugendliche Häftlinge nachweisbar, die nach ihrer Ankunft in Auschwitz ermordet wurden.[237]

## 5.7. Resümee

Die Häftlingsgesellschaft in Dachauer Außenkommandos und -lagern war kein freies soziales Feld, sondern ein von der SS auf Grundlage der nationalsozialistischen Rassenideologie aufgezwungenes soziales Gefüge. Parameter wie Häftlingsnummer, Haftkategorie, Nationalität, berufliche Qualifikation, Zugehörigkeit zu Arbeitskommandos und Funktion waren entscheidend für die Stellung eines Häftlings. Für die Situation in den Außenkommandos und -lagern war die Häftlingsgesellschaft des Stammlagers Dachau von großer Bedeutung, da sich aus ihrer Mitte heraus viele der Außenkommando- und Außenlagerhäftlinge rekrutierten. Rassenideologische Kriterien und Anweisungen der Zentralbehörden spielten eine wesentliche Rolle bei der Zuweisung in die Außenkom-

---

235 Raim, Dachauer KZ-Außenkommandos, S. 188 f.
236 Interview Henry Jacobowitz, 1990, DaA A 290.
237 Transportliste des KL Dachau nach Auschwitz, 2. 11. 1944 und 24. 11. 1944, DaA 32 507, 32 509.

mandos und -lager wie beispielsweise bei Juden oder Zeugen Jehovas. Darüber hinaus unterlag die Hierarchisierung von Nationalitätengruppen im Lageralltag einem kontinuierlichen Wandel. Bedeutsame Veränderungen gingen immer mit Einlieferung einer neuen Nationalitätengruppe einher, die als Neuankömmlinge besonderem Leidensdruck ausgesetzt waren und sich innerhalb der Häftlingshierarchie behaupten mussten.

Für die Zuweisung von Häftlingen in die Außenkommandos und -lager spielte der Zeitpunkt der Einlieferung in das Stammlager eine entscheidende Rolle. Als einzelne Nationalitätengruppen nach Dachau verschleppt wurden, existierten bereits einige Außenkommandos und -lager nicht mehr. Dagegen waren andere Nationalitäten bei Gründung der großen Außenlagerkomplexe der Verlagerungsprojekte 1944 nur noch eine Minderheit im Stammlager oder aufgrund rassenideologischer Zuordnung durch die SS innerhalb der Lagerhierarchie bereits in einflussreichere Positionen gelangt.

Innerhalb der Außenkommandos und -lager lässt sich keine durchgängig homogene Zusammensetzung nach Nationalitäten konstatieren. In nur wenigen Fällen erfolgte eine getrennte Unterbringung, was einer Herausbildung nationalitätenspezifischer Solidaritätsgemeinschaften wesentlich entgegenwirkte. Vor allem deutsche Sprachkenntnisse von ausländischen Häftlingen waren entscheidende Grundvoraussetzung, in privilegierte Funktionsstellen aufsteigen zu können.

Juden galten innerhalb der Dachauer Häftlingsgesellschaft als unterprivilegiert und kamen in Außenkommandos für SS-Unternehmungen und kriegswichtiger Privatwirtschaft nicht zum Einsatz. Erst nach Hitlers Grundsatzentscheidung im April 1944 wurden sie gezielt in Außenlager für Bauprojekte der OT überstellt. Auch in Außenlagern der Rüstungsindustrie waren Juden eingesetzt, ebenso überwiegend in Baukommandos. An allen Einsatzorten war diese Häftlingsgruppe aufgrund der katastrophalen Lebens- und Arbeitsbedingungen einem hohen Vernichtungsdruck ausgesetzt.

Der Einsatz von Zeugen Jehovas wurde schon früh in Dachauer Außenkommandos primär im Umfeld der SS praktiziert. Für hochrangige SS-Funktionäre bestanden „Gefälligkeitskommandos", vor allem für private Bauprojekte. Im Jahr 1942 hatten sich die anfangs schlechten Lebensbedingungen der Bibelforscherhäftlinge in den Konzentrationslagern durch den massiven Zustrom „unterprivilegierter" ausländischer Häftlinge erheblich verbessert. Dadurch war ihre Stellung innerhalb der Lagerhierarchie aufgewertet und, vor allem die deutschen Bibelforscher konnten Vorzugsstellungen besetzen. Insgesamt scheint die Überstellung in ein „Bibelforscherkommando" für die Zeugen Jehovas im Vergleich zum Stammlager Dachau vor allem eine größere Bewegungsfreiheit und ein geringeres Maß an Terrorisierung bedeutet zu haben. Durch ihre Arbeitsethik und verminderte Fluchtgefahr profitierten sie von Hafterleichterungen. Andererseits bedeutete der Masseneinsatz von KZ-Häftlingen in der deutschen Rüstungsindustrie für die Zeugen Jehovas eine zusätzliche Gefahr, da sie aus Glaubensgründen die Mitwirkung an der Kriegsproduktion ablehnten und mit der Lager-SS in Konflikt gerieten.

Für die Häftlingsgruppe der „Kriminellen" in den Dachauer Außenkommandos und -lagern ist festzuhalten, dass sie immer eine Minderheit blieb. Entgegen der subjektiven Wahrnehmungen von Zeitzeugen sind sie nur vereinzelt in unterschiedlichen Außenkommandos und -lagern nachweisbar, dann allerdings auch als Funktionshäftlinge mit weitreichenden Einflussmöglichkeiten.

Weibliche Häftlinge waren erst seit Frühsommer 1944 für Zwangsarbeiten in Dachauer Außenkommandos und -lagern eingesetzt. Im Stammlager selbst verblieben sie nur in Ausnahmefällen. Auch eine Rücküberstellung in das Stammlager zum Arbeitseinsatz war in der Regel nicht möglich. Ebenso zeigt sich für Frauen, dass sie nicht fortlaufend in mehreren verschiedenen Dachauer Außenkommandos und -lager eingesetzt waren. Nur innerhalb der Außenlagerkomplexe Kaufering/Landsberg und Mühldorf kam es zu Verschiebungen von weiblichen Häftlingen in unterschiedliche Lager. Für das Stammlager Dachau hingegen bedeutete diese neue Häftlingsgruppe in den Außenkommandos und -lagern rückwirkende Veränderungen, da ein Krankenrevier für sie errichtet und weibliches Bewachungspersonal eingegliedert werden mussten. Im Gegensatz zu den männlichen Häftlingen erhöhte eine Zuweisung von Frauen in ein Außenkommando die Überlebenschancen erheblich. Allerdings profitierten davon nur weniger als ein Prozent der weiblichen Häftlinge. In den Außenlagern der Rüstungsindustrie und der Verlagerungsprojekten standen sie unter dem gleichen Vernichtungsdruck wie männliche Gefangene. Privilegien, von denen männliche Funktionshäftlinge profitierten, blieben Frauen verwehrt, da sie keinen Zugang zu höheren Funktionsposten in Außenkommandos und -lagern hatten.

Entgegen anderslautenden Anweisungen waren auch Minderjährige im KZ Dachau inhaftiert, wobei die größte Gruppe osteuropäische Juden zwischen 17 und 18 Jahren bildeten. Die Geburten von Kindern und ihr Überleben in den Außenlagern Kaufering I und Mühldorf-Mettenheim sind Ausnahmeerscheinungen der Kriegsendphase. In den Dachauer Außenkommandos gab es keine Kinder unter 14 Jahren, in Außenlagern mussten sie überwiegend als „Läufer", „Putzer" oder in der Küche arbeiten. Jugendliche zwischen 14 und 18 Jahren waren vereinzelt in Außenkommandos, insbesondere aber 1944 und 1945 in den großen Außenlagerkomplexen nachweisbar. Charakteristisch für ihren Lager- und Arbeitsalltag war, dass abgesehen von wenigen Ausnahmen keine Rücksichtnahme oder altersgerechte Behandlung von Seiten der Lager-SS, Betriebsleitungen und der Organisation Todt praktiziert wurde. Die kindlichen Organismen der jüngsten Häftlinge konnten Misshandlungen, Hunger und Krankheiten schlechter standhalten als die der Erwachsenen. Die Jugendlichen dagegen, vor allem die 17- und 18-Jährigen, waren zwar physisch widerstandsfähiger als ihre jüngeren Mitgefangenen, jedoch auch in den Außenlagerkomplexen der Verlagerungsprojekte den schlechtesten Überlebensbedingungen ausgesetzt. Für die Minderjährigen gilt in besonderem Maße, dass die Art des Arbeitseinsatzes zu einer existenziellen Frage avancierte.

# 6. Existenzbedingungen

## 6.1. Verpflegung

Verpflegungsfragen innerhalb des Konzentrationslagers wurden seit 1938 von einem dem Lagerkommandanten unterstellten SS-Verwaltungsführer bearbeitet.[1] In Dachau war Sylvester Filliböck seit Mai 1933 zunächst als Lagerist und Magazinverwalter unter SS-Hauptsturmführer Fritz und später SS-Oberscharführer Frank eingesetzt, bis er 1941 zum Verwaltungsführer des KZ Dachau aufstieg.[2] In seiner Funktion erhielt er Verfügungen aus dem WVHA Amt B I über Verpflegungssätze der KZ-Häftlinge, die Zubereitung der Nahrung sowie Vorgaben über Transport und Lagerung der Lebensmittel. Monatlich erstattete Sylvester Filliböck Bericht an das WVHA. Für die großen Außenlagerkomplexe sind einzelne Verpflegungsverwalter vor Ort bekannt, die eng mit Filliböck zusammenarbeiteten. Seit Januar 1943 war SS-Oberscharführer Franz Pichner Verpflegungsabteilungsführer für das Außenlager Haunstetten, später für Gablingen und Augsburg-Pfersee.[3] In Friedrichshafen war Fritz Leutze Verpflegungsverwalter.[4] Diese Funktion hatten zeitweise Hermann Rabe und SS-Oberscharführer Schoerer für den Kauferinger Außenlagerkomplex inne.[5] Auch in den untergeordneten Kauferinger Außenlagern gab es Verpflegungsunteroffiziere.[6] Für die Dachauer Außenkommandos dagegen sind keine Verpflegungsverwalter bekannt. Dort waren die Kommandoführer für diese Fragen zuständig.

1 Zur Organisations- und Verwaltungsstruktur vgl. Orth, Konzentrationslager, S. 39–46; siehe dazu: Vordruck eines leeren Formblattes zur Verpflegung eines Arbeitskommandos, BArchB NS 3/379.
2 Aussage Sylvester Filliböck, 21. 5. 1947, Nbg. Dok. NO-3707.
3 Erklärung Franz Pichner, 27. 11. 1946, NARA Trials of War Criminals RG153 B212.
4 Aussage August Hürner, 22. 10. 1947, NARA Trials of War Criminals RG338 B324.
5 Schreiben des War Crime Investigation Department, 9. 4. 1947, NARA Trials of War Criminals RG153 B221.
6 Aussage Johann Eichelsdorfer, 29. 10. 1945, NARA Trials of War Criminals RG338 B289.

*6.1.1. Offizielle Rationen und tatsächliche Verpflegung*

Bis Kriegsbeginn war die durchschnittliche Verpflegung der Dachauer Häftlinge zwar karg, aber noch ausreichend. Doch bereits 1938 führten Lebensmittelkürzungen in den Konzentrationslagern in Verbindung mit schwerer Arbeit unmittelbar zu steigenden Todeszahlen.[7] Hunger gehörte seit 1939 zum KZ-Alltag. In den Jahren 1940/41 erhielten die Häftlinge gemäß dem Reichsernährungsministerium[8] morgens einen halben Liter ungesüßten Ersatzkaffee oder Tee, mittags drei bis vier Pellkartoffeln und einen Liter Eintopf, gelegentlich mit Gemüseeinlage, selten mit Fleisch. Sonntags wurde Sauerkraut oder Nudelsuppe verabreicht. Das Abendessen bestand aus der Tagesration Brot, einem Drittel eines Kommisslaibes, dazu ein- oder zweimal wöchentlich eine dünne Suppe. An den übrigen Tagen gab es zum Brot ein Stück Wurst, Käse, Margarine oder Marmelade.[9]

Diese Vorgaben spiegelten jedoch nicht die reale Versorgungssituation wider. Von den offiziellen Rationen erhielten die Häftlinge nur einen Bruchteil, da durch Korruption und Tauschhandel große Teile der Nahrungsmittel in anderen Kanälen verschwanden.[10] Über die Situation im Außenlager Allach BMW gab der stellvertretende Küchenkapo Erich Kunter Auskunft:

„Eine ganze Reihe an Leuten wollte an der Verköstigung der Ärmsten der Armen noch profitieren, verdienen, mitessen; angefangen vom Lieferanten, der sicher Schiebungen machte und minderwertige Ware lieferte über die großen SS-Bonzen, zu den kleinen Bonzen. Was sah ich nicht alles an Schmarotzertum in meiner Umgebung unter den begehrlichen und gefräßigen SS-Leuten, die ständige Besucher unserer Küche waren! Ihnen gegenüber war man auch als Kapo nur Häftling und damit machtlos. Ingrimmig musste man zusehen, wenn sie sich die fettesten Bissen holten, den ausgehungerten Häftlingen vom Munde wegstahlen."[11]

7 Kaienburg, Vernichtung durch Arbeit, S. 60.
8 Ernährungsrichtlinien für Gefangene (in Gramm pro Woche) des Ernährungsministeriums, 1940–1945, abgedruckt in: Kaienburg, Vernichtung durch Arbeit, S. 474 f.; Aussage Anton Kaindl, 19. 7. 1946, Nbg. Dok. NO-1203.
9 Zámečník, Das war Dachau, S. 144 f.
10 Eugen Kogon beschrieb dies am Beispiel des KL Buchenwald: Kogon, Der SS-Staat, S. 136–142. Stanislav Zámečník geht für das KL Dachau davon aus, dass nur ein Drittel der offiziellen Lebensmittel die Häftlinge erreichten; vgl. Zámečník, Das war Dachau, S. 144.
11 Wittmann, Weltreise nach Dachau, S. 207.

Dass den Häftlingen Lebensmittel durch die SS-Lagermannschaften vorenthalten wurden, ist auch aus dem Außenkommando Hallein[12] und den Außenlagern Augsburg-Pfersee[13] und Waldlager V/VI[14] bekannt. Das amerikanische War Crimes Investigation Department fasste die Situation im Kauferinger Außenlagerkomplex 1947 so zusammen: „Although O. T. supplied standard rations, less than one third of the attached rations were given the inmates. Much of the rations were taken by the S.S. personnel and falsified reports."[15] Aus dem Außenkommando München Bartolith berichtete der Überlebende Johann Leitameier, dass die Betriebsleitung Lebensmittel für die zivile Belegschaft abzweigte.[16] Darüber hinaus unterschlugen auch Funktionshäftlinge Lebensmittel für sich und ihre Vertrauten.

Als Folge ergaben sich stark verminderte Verpflegungssätze. In München-Riem erhielten die Häftlinge morgens dünnen Kaffee, mittags wässrige Kohloder Kartoffelsuppe und abends ein Stück Brot mit Kaffee.[17] John Pedro, ein Überlebender des Außenlagers Augsburg-Pfersee, sprach von einem halben Liter kalten braunen Wassers und meinte damit den morgendlichen Kaffee. Zum Mittagessen in den Messerschmittwerken erhielten die Häftlinge vier bis fünf gekochte Kartoffeln, dazu manchmal einen Liter dünne Suppe. Zurück im Außenlager wurden abends etwa 160 Gramm Brot pro Häftling ausgegeben.[18] Im Außenlager Burgau erhielten Häftlinge zeitweise am Tag nur eine „Schnitte Brot und Wassersuppe".[19]

Berichte von Überlebenden aus den Außenlagern Überlingen,[20] München-Riem,[21] Burgau[22] und Stephanskirchen[23] zeugen von Todesfällen infolge von

12  Plieseis, Vom Ebro, S. 226.
13  Aussage Herbert Slawinski, 31. 1. 1947, NARA Trials of War Criminals RG338 B325.
14  Memorandum ehemaliger Häftlinge des Lagers Mühldorf Waldlager V/VI, 2. 6. 1945, NARA Trials of War Criminals RG153 B225.
15  Report War Crimes Investigation Department, 9. 7. 1947, NARA Trials of War Criminals RG153 B221.
16  Bericht von Johann Leitameier, 1. 8. 1946, StAM SpK, Karton 1508 (Christian Seidl).
17  Aussage Joszef Jedrzejczak, 28. 3. 1975, Staatsanwaltschaft München Mü I 320 u Js 200 272/77, Bd. 3.
18  Aussage John Pedro, 11. 2. 1947, NARA Trials of War Criminals RG153 B209.
19  Aussage Basista Majer, 23. 6. 1969; Aussage Abraham Herzberg, 14. 7. 1969, beide: BArchL B 162/28 397.
20  Aussage Alfred Wilhelm Hübsch, 18. 6. 1968, BArchL B 162/2484.
21  Aussage Joszef Jedrzejczak, 28. 3. 1975, Staatsanwaltschaft München Mü I 320 u Js 200 272/77, Bd. 3.
22  Aussage Basista Majer, 23. 6. 1969; Aussage Abraham Herzberg, 14. 7. 1969, beide: BArchL B 162/28 397.
23  Tas, Overleven in Dachau, S. 144.

Unterernährung. Die schlechteste Verpflegung herrschte in den großen Außenlagerkomplexen der Untertageverlagerung unter Leitung der OT, in denen mehrheitlich jüdische Häftlinge eingesetzt waren. Der ehemalige Häftlingsarzt aus dem Außenlager Kaufering XI sagte später in den Dachauer Prozessen aus, dass dort täglich nur noch etwa 800 der durchschnittlich erforderlichen 3000 bis 4500 Kalorien an die Häftlinge ausgegeben wurden.[24] Ähnliche Angaben finden sich für die Mühldorfer Außenlager M1 und Waldlager V/VI:

„For breakfast: black coffee or black tea, sometimes with skimmed milk, a quarter of a liter to each man. For dinner: three quarter of a liter of either potato, farina, macaroni, or pea soup without meat or grease. This was a very thin soup. For supper: for four months we had 500 grams of bread, 20 grams of butter or margarine or half spoon of marmalade or 100–150 grams of cheese or 100 grams of honey."[25]

In den ersten vier Monaten wurde abends noch ein dreiviertel Liter dünne Kartoffelsuppe verabreicht, danach wurde die Verpflegung weiter gekürzt:

„In December and January [1944/1945] we got 100 grams less bread, 100 grams less butter, 50 grams less honey, 50 grams less cheese. [...] Starting in February there was once a day soup and 200 grams of bread. In April sometimes for two or three days there was no bread or cheese or margarine."[26]

Diese Rationen standen nur den arbeitsfähigen Häftlingen zu, Kranke erhielten halbe Essenszuteilung, was zur Folge hatte, dass sich viele Kranke zur Arbeit schleppten.[27]

---

24  Aussage Mikulos Fay, 19. 2. 1947, NARA Trials of War Criminals RG153 B207.
25  Aussage Lajes Grunbaum, 31. 5. 1945, NARA Trials of War Criminals RG153 B225.
26  Ebenda.
27  Memorandum ehemaliger Häftlinge des Lagers Mühldorf Waldlager V/VI, 2. 6. 1945, NARA Trials of War Criminals RG153 B225.

## 6.1.2. Belieferung

Die Außenkommandos wie beispielsweise Hausham,[28] St. Gilgen,[29] Sudelfeld Berghaus,[30] Valepp,[31] Feldafing[32] und zahlreiche Münchner Außenkommandos wie Ehrengut,[33] Gestapo,[34] Nützl[35] und Bartolith[36] wurden meist einmal wöchentlich oder alle zehn Tage vom Stammlager mit dem Auto oder LKW angefahren, um Vorräte zu übergeben. Das Außenlager Allach BMW erreichten nach Angaben des stellvertretenden Küchenkapos immer donnerstags und sonntags Warenlieferungen aus Dachau.[37] Schwester Pia fuhr selbst einmal in der Woche mit ihrem Chauffeur an der Dachauer Häftlingsküche vor und ließ sich Lebensmittel einpacken.[38]

In Außenlagerkomplexen wurde die Verpflegung meist dem Hauptaußenlager zugeteilt und von dort weiter vergeben. Das Wirtschaftsbuch des Hauptaußenlagers Augsburg-Pfersee belegt Lieferungen an die SS-Küche Bäumenheim. Aus dem Wirtschaftsbuch des Außenlagers Kempten gehen Lebensmittelübergaben an die Außenlager Fischen und Kottern hervor.[39] Überlebende berichteten, dass auch das Außenlager Lauingen[40] von Augsburg aus versorgt wurde und das Außenlage Blaichach[41] Vorräte aus dem Außenlager Kempten erhielt.

---

28  Aussage Wilhelmine Hoffmann, 15. 8. 1947, GAZJ Selters Dok 16/12/49 (2).
29  Lebensbericht von Paul Wauer, n. d., GAZJ Selters LB Wauer, Paul.
30  Wrobel, Sudelfeld Berghof, in: Benz/Distel, Ort des Terrors, Bd. 2, S. 506.
31  Aussage Babette Schmaus, 17. 3. 1950, StAM Stanw 34 434.
32  Aussage Christoph Weydemann, 3. 8. 1977, StAM Stanw 34 800.
33  Eidesstattliche Aussage Max Ehrengut, 20. 8. 1947, NARA Trials of War Criminals RG338 B323.
34  Aussage Willegis Ruffing, 11. 7. 1978, Staatsanwaltschaft München I 320 Js 136 30/76 a–b.
35  Aussage Therese Müller, 20. 12. 1946, StAM SpK, Karton 1261 (Franz Nützl).
36  Aussage Josef Neumann, 26. 3. 1969, StAM Stanw 22 491.
37  Wittmann, Weltreise nach Dachau, S. 207.
38  Aussage Josef Liehl, 2. 3. 1950; Aussage Julius Schützle, 5. 1. 1950, beide: StAM Stanw 34 448/1.
39  Zusammenstellung für das Wirtschaftsbuch SS-Arbeitslager Augsburg-Pfersee, 31. 12. 1944; Zusammenstellung des 15. SS-T.-Stuba Kempten über die vom A. Kdo. Fischen beschafften Lebensmittel, 10. 12. 1944; Zusammenstellung für das Wirtschaftsbuch SS-Arbeitslager Kempten, 31. 12. 1945; alle: BArchB NS 4/Da 19.
40  Schreiben der Bayerischen Landpolizei Lauingen an die ZStL, 15. 8. 1969, BArchL B 162/16 463–16 464.
41  Aussage Theodor Stutz-Zenner, 20. 5. 1947, NARA Trials of War Criminals RG338 B323.

Als ab Dezember 1944 die Lebensmittelmagazine in Dachau die Nachfrage der Außenkommandos und -lagern nicht mehr decken konnten, kam es zu Lieferschwierigkeiten.[42] Verschiedentlich berichteten ehemalige Häftlinge davon, dass sie zeitweise, häufig nach Luftangriffen, ganz ohne Verpflegung auskommen mussten.[43] Daraufhin erfolgten vor Ort selbständig Lebensmittelkäufe, teilweise über firmeneigene Bezugsscheine.[44] Beispielsweise war ein Angestellter der Luftschiffbau Zeppelin GmbH dafür zuständig, das Außenlager Friedrichshafen mit Lebensmitteln zu beliefern.[45] Es blieben zahlreiche Lieferscheine von ortsansässigen Firmen erhalten, die seit Dezember 1944 Außenkommandos und -lager versorgten. Die Warenpalette reichte von Margarine, Marmelade, Frischwurst, Käse, Kunsthonig über Haferflocken, Nudeln, Steckrüben, Grieß, Kartoffeln, Sauerkraut, Brot, Kaffeeersatz und Milch, Quark bis zu Schweineschlegel, Zucker und Gewürzen.[46] Damit verbunden war jedoch keine allgemeine Verbesserung der Verpflegungslage, denn an den vorgegebenen Rationen änderte sich nichts. Forderungsnachweise dieser Zeit über verschiedene Häftlingseinsätze zeigen, dass von den an das Konzentrationslager abgeführten Häftlingsentgelten 0,80 RM für Männer und 0,70 RM für Frauen als Verpflegungssätze pro Tag und Häftling abgezogen wurden.[47] Nicht selten wurden Lebensmittelkäufe von betrieblicher Seite in Spruchkammerverfahren und Gerichtsurteilen der Nachkriegszeit den Angeklagten als herausragendes Engagement zugute gehalten und dabei nicht berücksichtigt, dass Kontoauszüge

---

42 Aussage Friedrich Julius Wetzel, 2. 11. 1945, NARA Trials of War Criminals RG338 B289.
43 Zu Kaufbeuren vgl. Testimony Joshua Brisk, Yale University Fortunoff Video Archive HVT-1515; zu Kaufering vgl. Testimony Charles Liebeskind, Yale University Fortunoff Video Archive HVT-1209.
44 Für Messerschmitt AG in Augsburg vgl. Brief von Edmond Falkuss, 28. 3. 1989, DaA A 130, Brief Jerzy Skrzypek, n. d., DaA 26 769. Für BMW in Blaichach vgl. Bericht des ehemaligen Verpflegungskapo Karl Rüstl, zit. nach: Römer, Für die Vergessenen, S. 39.
45 Aussage Albert Knoll, 21. 10. 1947, NARA Trials of War Criminals RG338 B324.
46 Lieferscheine für Lebensmittel von verschiedenen Firmen an KL Dachau, 29. 11. 1944– Februar 1945, BArchB NS 4/Da 19, 21.
47 Forderungsnachweis über den Häftlingseinsatz bei Feinmechanische Werkstätte Ing. G. Tipecska VDI, Seehausen-Burg/Murnau Obb. vom 1.–31. 12. 1944; Forderungsnachweis über den Häftlingseinsatz bei Dynamit AG, Kaufbeuren, (SS-Arb-Lager Riederloh), vom 1.–30. 11. 1944; Forderungsnachweis über den Häftlingseinsatz bei Dynamit AG, Kaufbeuren, (SS-Arb-Lager Riederloh), vom 1.–31. 10. 1944, alle: BarchB NS 4 Da/19. Forderungsnachweis über den Häftlingseinsatz bei Michel-Werke, Augsburg (Weibliche Häftlinge) vom 1.–30. 9. 1944, PA Schalm.

und Rechnungen über Lebensmittel keinesfalls gleichzusetzen sind mit einer intendierten und tatsächlichen Verbesserung der Häftlingsverpflegung.[48]

Arbeitgeber verfügten über Handlungsspielräume, die Verpflegungslage der Gefangenen zu verbessern, ließen sie aber in den überwiegenden Fällen ungenutzt oder fühlten sich nicht dafür zuständig.[49] Der Kommandant des Hilfszugs Bayern lehnte im Februar 1945 die Übernahme der Verpflegung von 34 slowenischen Häftlingen in München gänzlich ab: „Ich halte die Versorgung dieser Menschen und den Aufenthalt derselben in der von mir geleiteten Dienststelle für eine Belastung und für abwegig."[50]

### 6.1.3. Zubereitung

Die Zubereitung der Lebensmittel für Häftlinge in Außenkommandos und -lagern variierte je nach den örtlichen Gegebenheiten.[51] In vielen kleineren Außenkommandos, die saisonal oder kurzfristig eingesetzt waren, wurde behelfsmäßig in den Unterkünften oder unter freiem Himmel gekocht.[52] Ebenso üblich war zeitweise die Benutzung von bestehenden Küchen nahe gelegener Zwangsarbeiter- oder Kriegsgefangenenlager wie in Friedrichshafen,[53] Neuburg an der Donau[54] und Riederloh.[55] Die mobilen Außenkommandos, die an

---

48 Als Beispiel vgl. Spruchkammerverfahren gegen Christian Seidl, Betriebsleiter der Bartolith Werke in München-Freimann, StAM SpK, Karton 1508 (Christian Seidl).
49 Vernehmung Johann Leitameier, 9. 10. 1967, StAM Stanw 22 491.
50 Schreiben des Hilfszug Bayern, PG Breitsameter, an den Reichsschatzmeister der NSDAP, Reichsleiter Schwarz, 9. 2. 1945, BArchB NS 1/990.
51 Vgl. Kapitel 3.6. Lagertopografien.
52 Für Spitzingsee vgl. Bericht des ehemaliger Häftlingskoch Erich Frost, n. d., GAZJ Selters LB Frost, Erich. Für Unterfahlheim vgl. Ortsbegehung der Autorin mit Josef Scheiblhuber, 30. 4. 2004, PA Schalm. Für München Bartolith vgl. Befragungsbericht zu Hermabert Kazmierczak, 11. 3. 1969, StAM Stanw 22 491. Für St. Gilgen vgl. Bericht des ehemaligen Häftlingskoch Paul Wauer, n. d., GAZJ Selters LB Wauer, Paul. Für München Gestapo vgl. Aussage Josef Eberl, 8. 12. 1971, Staatsanwaltschaft München I 320 Js 136 30/76 a–b.
53 Küchenbaracke auf dem Gelände des Zwangsarbeiterlagers Don der Firma Zeppelin GmbH, vgl. Aussage Wilhelm Welter, 30. 10. 1945, NARA Trials of War Criminals RG338 B289; Tholander, Fremdarbeiter, S. 532 f.
54 Unterkunft und Verpflegung der Häftlinge im Kriegsgefangenenlager, vgl. Max Direktor, Neuburg, in: Benz/Distel, Ort des Terrors, Bd. 2, S. 451.
55 Vor dem Bau einer eigenen Küchenbaracke wurde das Essen im Fremdarbeiterlager Riederloh zubereitet, vgl. Römer, Für die Vergessenen, S. 169.

vielen Orten wie Augsburg, München oder Ingolstadt zur Bombenentschärfung eingesetzt waren, wurden flexibel in Amtsgerichtsgefängnissen, privaten Unterkünften oder Gastwirtschaften versorgt.[56] Die Verpflegung durch zivile Kantinen oder Gaststätten ist aber nicht mit einer verbesserten Verpflegung gleichzusetzen.[57] Auch hier galten die strengen KZ-Rationen. Häftlingskommandos in SS-Kasernen oder Polizeischulen wie in Bad Tölz,[58] Heidenheim[59] und Radolfzell[60] wurden über die existierenden Kantinen versorgt. Die Nutzung von bestehenden Werkskantinen und Großküchen wurde in den Außenkommandos Ulm,[61] München Ehrengut,[62] Lodenfrey[63] und im Außenlager Ottobrunn[64] praktiziert. Die Mehrzahl der großen Außenlager für die Rüstungsindustrie und Untertageverlagerungsprojekte waren mit Wirtschaftsgebäuden oder Küchenbaracken ausgestattet, in denen sich neben der Küche auch eigene Lebensmittelmagazine befanden.[65]

*6.1.4. Zusätzliche Lebensmittel*

Als 1942 ein Umdenken bezüglich der Bedeutung von Häftlingsarbeitskraft einsetzte, wurden auch Überlegungen über die Verpflegungssituation in den Konzentrationslagern angestellt.[66] Dazu zählte Ende Oktober 1942 die Erlaubnis,

56 Für Ingolstadt vgl. Maximiliana Schubert, Blindgängerbeseitigung durch KZ-Häftlinge, in: Fegert, Luftangriffe auf Ingolstadt, S. 84 f.; für Eschelbach vgl. Aussage Alois Hainzinger, 29. 3. 1955, StAM Stanw 34 722; für München-Sendling vgl. Aussage George F. Pavlik, 28. 1. 1975, Staatsanwaltschaft München I 320 u Js 201 656/76; für Garmisch vgl. Bericht von Conrad Klug, 5. 2. 1954, GAZJ Selters Dok 05/02/54.
57 Für Horgau vgl. Römer, Für die Vergessenen, S. 90.
58 Aussage Hermann Friedrich Rößner, 30. 3. 1977, StAM Stanw 34 828/2.
59 Aussage Josef Rittmann, 1. 12. 1969, BArchL B 162/2486.
60 Aussage Alfons Krzebietkw, 24. 3. 1969; Aussage Heinz Gustav Wendt, 13. 6. 1977, beide: BArchL B 162/16 384.
61 Aussage Karl Aubele, 21. 8. 1969, BArchL B 162/2491.
62 Eidesstattliche Erklärung Max Ehrengut, 20. 8. 1947, NARA Trials of War Criminals RG339 B323.
63 Interview mit Ernst W. geführt von Gernot Brauer, 6. 11. 2002, zur Verfügung gestellt von Lodenfrey Park GmbH München.
64 Andreas Daxheimer (Hrsg.), Spurensicherung. Ottobrunn im 3. Reich, Ottobrunn 1986, S. 22.
65 Beispiele dafür sind: Augsburg-Pfersee, Bäumenheim, Eching, Gendorf, München AGFA Kamerawerke, München Allach BMW, München-Riem, Neustift, Saulgau, Schleißheim, Überlingen, sowie einzelne Kauferinger und Mühldorfer Außenlager.
66 Schreiben Himmler an Pohl, 14. 12. 1942, BArchB NS 7/355. Grundsätzlich vgl. Kaienburg, Vernichtung durch Arbeit, S. 314–321.

Lebensmittelpakete aus der Heimat zu empfangen.[67] Einschränkend allerdings wurde festgelegt: „Der Inhalt muss jedoch am Tage der Ankunft oder am darauffolgenden Tag von dem Häftling verzehrt werden. Wenn dies nicht möglich ist, erfolgt die Verteilung an andere Häftlinge."[68]

Aber nicht alle Häftlinge kamen gleichermaßen in den Genuss von Lebensmittelpaketen. „Nacht-und-Nebel-Häftlinge", sowjetische, spanische, italienische sowie ungarische und jüdische Gefangene durften keine Pakete empfangen.[69] Georg Grein, ehemaliger Häftling im Außenlager Kempten, erinnerte sich noch gut an die benachteiligte Situation der sowjetischen Gefangenen aufgrund des Paketverbots.[70] Schließlich waren die zusätzlichen Nahrungsmittel aus den Paketsendungen lebenswichtiges Zubrot. Beispielhaft für viele Außenkommando- und Außenlagerhäftlinge erklärte Tadeusz Etter über das Außenkommando Feldafing: „Vor dem Hungertod rettete uns Häftlinge nur die Möglichkeit, Päckchen zu bekommen."[71] Briefe und Pakete, die an Häftlinge in Außenkommandos und -lagern adressiert waren, erreichten zunächst das Stammlager Dachau.[72] Um den Empfang von Lebensmittelsendungen für die Häftlinge zu erleichtern, wurden in großen Außenlagern Postzensurstellen eingerichtet.[73] Auch hier wurden strenge Kontrollen angeordnet. Die Aufbesserung der Rationen durch Paketsendungen von Angehörigen konnte aber die unzureichenden Verhältnisse in einzelnen Außenkommandos und -lagern nicht grundsätzlich beheben, wie das Beispiel des Außenlagers Trostberg zeigt. Hier starben Häftlinge trotz Zulagen aus Lebensmittelsendungen an Unterernährung.[74]

---

67 Rundschreiben des WVHA an die Lagerkommandanten der KL, 29. 10. 1942, Nbg. Dok. NO-1514.
68 Schreiben des Lagerkommandanten des KL Dachau, Paketsendungen an Häftlinge, n. d., BArchB NS 4/Da 29.
69 Ebenda.
70 Aussage Georg Grein, 14. 6. 1947, NARA Trials of War Criminals RG153 B226.
71 Aussage Tadeusz Etter, 21. 11. 1969, StAM Stanw 34 800. Für das AK Plansee vgl. Aussage Fritz Seifert, 7. 9. 1973, BArchL B 162/28 423; für das AK Seehausen vgl. Interview Geza Tipecska, sen. und Christian Tipecska geführt von Barbara Hutzelmann, 19. 1. 2004, zitiert nach: Hutzelmann, Seehausen, in: Benz/Distel, Ort des Terrors, Bd. 2, S. 490.
72 Allgemeine Anordnungen für den Briefverkehr und Paketempfang der Häftlinge im KL Dachau, 17. 3. 1943, BArchB NS 4 Da/29. Grundsätzlich vgl. Mozdzan, Postverkehr.
73 Schreiben des WVHA Amtsgruppe D KL, 11. 12. 1943, BArchB NS 3/426.
74 Erinnerungen von Miroslav Kriznar, unveröffentlichtes Mauskript, n. d., DaA 36 276.

Um die Jahreswende 1942/43 häuften sich Anweisungen aus Berlin, die die Lagerkommandanten zu einer Verbesserung der Verpflegungssituation aufforderten.[75] Diese mündeten im Mai 1943 in einer Dienstvorschrift für die Gewährung von Haftvergünstigung, die bestimmten Häftlingen Verpflegungszulagen einräumte und den Erhalt von Lebensmittelpaketen erweiterte.[76] Theoretisch konnten nun die Betriebe Schwerarbeiterzulagen für die Häftlinge beantragen oder ihnen Prämienscheine ausstellen. Nominell bedeutete dies 200 Gramm Brot pro Tag und 280 Gramm Fleisch pro Woche extra. Eine solche Zulage beantragte das Bauunternehmen Jos. Rapp & A. Schüle für die Gefangenen des Außenkommandos Heidenheim.[77] Im Mühldorfer Waldlager V/VI wurden Prämienscheine in Höhe von 0,50 RM für einen Liter Bier oder 1 RM für einen Liter Bier und Tabak ausgegeben.[78] Real veränderte sich die Situation aber nicht, da nur eine Minderheit der Häftlinge in den Genuss dieser Zulagen gelangte. Außerdem war das nicht selten nutzlose Angebot in den Kantinen wenig hilfreich, um den Hunger zu stillen.[79] Bereits im Konzernbericht von BMW 1943 wurde auf dieses Problem verwiesen:

„Das seit 1. 1. 43 geforderte Leistungslohnprinzip kann dabei auch nur bedingt wirksam werden, weil der Anreiz zur Leistungssteigerung, der erhöhte Verdienst, bei dieser Art von Arbeitern entfällt. Soweit überhaupt diesbezügliche Anerkennungen gezahlt werden dürfen, ist den Empfängern keine Gelegenheit gegeben, diesen Verdienst in erstrebenswerte Waren umzusetzen."[80]

### 6.1.5. Folgen der Mangelernährung

Durch die Mangelernährung verloren KZ-Gefangene innerhalb weniger Wochen sehr viel ihres Körpergewichts. Dadurch wurden jegliche physischen und psychischen Widerstandskräfte gebrochen.

75 Schreiben von Oswald Pohl, 20. 1. 1943, BArchB NS 3/1826; Schreiben von Oswald Pohl, 26. 10. 1943, BArchB NS 3/386
76 Dienstvorschrift für die Gewährung von Häftlingsvergünstigung, 15. 5. 1943, BArchB NS 7/355.
77 Schreiben der Arbeitsgemeinschaft „JoS. Rapp & A. Schüle" an Württ. Landesernährungsamt Abt. B, 21. 4. 1942, DZOK R1 102.
78 Schreiben des Waldlagers V, 12. 10. 1944, BArchB NS 4 Da/29.
79 Vgl. dazu die Untersuchung zur Häftlingskantine im KL Neuengamme: Kaienburg, Vernichtung durch Arbeit, S. 408.
80 Jahresbericht der Neubauleitung 1943, BMW Archiv UA 197.

„Binnen kurzem stellte sich quälender Hunger ein, der durch das physische Leiden noch gesteigert wurde. Man konnte an nichts anderes mehr denken als an Essen. In der Nacht wachte der Häftling vor Hunger auf, und wenn er schlief, träumte er vom Essen. Er sah, wie seine Kameraden in dieser furchtbaren Welt abmagerten, wie ihnen die Kräfte schwanden und sie an Unterernährung starben."[81]

Durch die schwere Mangelernährung kam es zu ausgeprägten Funktionsstörungen sämtlicher Organsysteme. Dies mündete in apathischem Verhalten, seelischer Abgestumpftheit, Gleichgültigkeit gegenüber sich selbst und der Umwelt und der Erwartung auf den Tod. Ein Häftling, der diese körperliche Reaktion zeigte, wurde in den Konzentrationslagern als „Muselmann" benannt und steht auch für die sogenannte Hungerkrankheit.[82]

Als Folge des quälenden Hungers aßen die Häftlinge, was immer sie finden konnten.[83] Willi Renz, Überlebender des Außenkommandos München Bartolith, sagte dazu: „Die Verpflegung war schlechter als in Dachau. Wir mussten uns aus einem Ackerstück gefrorene Kartoffeln herausbuddeln."[84] Ein Teil der Häftlinge erkrankte nach dem Verzehr daran so schwer, dass sie nach Dachau ins Revier überstellt werden mussten. In Rothschwaige aßen Gefangene einen toten Hund.[85] Häftlinge aus dem Außenlager Kaufering I, die Pilze im Wald gefunden und verzehrt hatten, starben infolge an Vergiftung.[86] Gegen Kriegsende, als im Außenlager Kaufering III die Lebensmittelversorgung zusammenbrach, sind Fälle von Nekrophagie bekannt.[87]

---

81 Zámečník, Das war Dachau, S. 145.
82 Grundsätzlich vgl. Zdzsław Ryn/Stanisław Kłodziński, An der Grenze zwischen Leben und Tod. Eine Studie über die Erscheinung des „Muselmanns" im Konzentrationslager, in: Die Auschwitz Hefte, Texte der polnischen Zeitschrift „Przegląd Lekarski" über historische, psychische und medizinische Aspekte des Lebens und Sterbens in Auschwitz, Bd. 1, hrsg. v. Hamburger Institut für Sozialforschung, Weinheim/Basel 1987, S. 89–154.
83 Bericht von Dr. Albert Menasche, 1947, DaA 9679; Testimony Jack Goldmann, Yale Fortunoff Video Archive HVT-2234.
84 Aussage Willi Renz, 6. 5. 1969, StAM Stanw 22 491.
85 Testimony Erwin Salamon, Yale Fortunoff Video Archive HVT-2712.
86 Aussage Johann Eichelsdorfer, 29. 10. 1945, NARA Trials of War Criminals RG338 B289.
87 Raim, KZ-Außenkommandos, S. 218.

*6.1.6. Tauschhandel und Diebstahl*

Aufgrund der mangelhaften Verpflegung war Brot der wertvollste Teil des Essens und bildete daher das Hauptzahlungsmittel. Der ehemalige tschechische Häftling Gerhard Bochner konnte aufgrund seiner Deutschkenntnisse Briefe für seine Kameraden aus dem Außenlager Allach BMW schreiben und wurde dafür mit Brot bezahlt.[88] Nach eigenen Angaben retteten ihm diese Extrarationen das Leben. Der Handel schloss neben den Häftlingen untereinander aber auch Wachmannschaften und Zivilisten ein. Häftlinge des Außenlagers Allach BMW beschafften sich von Zivilisten außerhalb des Lagers zusätzliche Lebensmittel[89] und bezahlten SS-Bewacher dafür, dass sie gegen diese Praxis nicht einschritten.[90] Durch Tauschhandel kamen Mitarbeiter der Münchner Parteikanzlei in den Genuss von Luxusgütern aus Magazinen des KZ Dachau.[91] Darüber hinaus wurde auch mit Zivilisten um Schuhe und Essen gehandelt.[92] In Kottern entstand zeitweilig zwischen Angestellten der Messerschmitt-Fertigung und Außenlagerhäftlingen ein florierendes Geschäftstreiben:

> „Vor Weihnachten, einem von alters her in deutschen Familien hochgeschätzten Feiertag wurde in der Fabrikhalle so etwas Ähnliches wie eine Messe mit den Erzeugnissen unserer Genossenschaft eröffnet. [...] Meine Hähne und Pfauen fanden Anklang. Für das schönste Spielzeug setzte der deutsche Meister einen Preis fest – 2 Brotlaibe und 100 Gramm Margarine."[93]

Dieser Handel wurde bekannt und die Häftlinge mit brutalen Misshandlungen und verschärfter Überwachung bestraft.

88 Testimony Gerhard Bochner, Yale Fortunoff Video Archive HVT-1849.
89 Für AL Allach BMW vgl. Testimony Paul Brusson, Yale Fortunoff Video ArchiveHVT-2992.
90 Testimony Joshua Brisk, Yale Fortunoff Video ArchiveHVT-1515.
91 Hans Schwarz, Wir haben es nicht gewusst, unveröffentlichtes Manuskript, n. d., DaA A 1960.
92 Für Kaufering IV vgl. Testimony Joshua Brisk, Yale Fortunoff Video Archive HVT-1515; für Unterfahlheim vgl. Hans Enderle, Oberfahlheim mit Glasenhart – Unterfahlheim. Zwei Dörfer und ihre Geschichte in alter und neuer Zeit, Langenau u. a. 1987, S. 369; für Neustift vgl. Aussage Eberhart von Quirsfeld, 26. 11. 1962, StAM Stanw 21 830; für Augsburg-Pfersee vgl. Gespräch mit Edmond Falkuss, 29. 4. 1995, zit. nach: Kucera, Fremdarbeiter, S. 99; für Markt Schwaben vgl. Aussage Josef Köstler, 1. 8. 1969, BArchL B 162/28 398.
93 Nikolai Jatschenko, Es darf sich nicht wiederholen. Erinnerungen eines ehemaligen Häftlings des KL Stutthof u. Dachau, n. d., DaA 20 225.

Eine andere Folge der prekären Versorgungssituation war Lebensmitteldiebstahl. Im besonderen Maße waren davon Außenkommandos und -lager betroffen, in denen Häftlinge aufgrund ihres Arbeitseinsatzes mit Lebensmitteln in Kontakt kamen. Dazu zählten die Außenkommandos für die Dachauer Fleisch- und Wurstfabrik Wülfert und die Gärtnerei Nützl im Münchner Ludwigsfeld. Nicht selten wurden zeitweise Häftlinge aus Außenkommandos und -lagern als Erntehelfer für Bauern in der Umgebung abgestellt. Diese Arbeitskommandos waren unter den Häftlingen begehrt, denn dort erhielten die Gefangenen oft Verpflegung auf den Höfen oder konnten Lebensmittel stehlen.

Essensdiebe wurden hart bestraft. Sowohl im Betrieb Wülfert[94] als auch Nützl[95] waren Misshandlungen wegen Mundraubes keine Seltenheit. Im Außenlager Augsburg-Pfersee waren einem Gefangenen die Hände zerschlagen worden, weil er sich beim Suppefassen vorgedrängelt hatte.[96] Mancherorts folgte auch unmittelbar die Hinrichtung des Häftlings, wie Beispiele aus den Außenkommandos München Gestapo[97] und SS-Standortverwaltung Freimann[98] sowie den Außenlagern Gablingen,[99] Kempten,[100] München-Riem[101] und Waldlager V/VI[102] belegen. Aber auch unter den Häftlingen selbst galt Lebensmitteldiebstahl als „unkameradschaftlich", da dies andere Gefangene in Lebensgefahr bringen konnte. Dazu gab der ehemalige Blockälteste im Außenlager Kaufbeuren Heinrich Baer 1969 zu Protokoll: „Kameradschaftsdiebstahl wurde mit aller Härte bestraft, das heißt, durch Prügelstrafe. Die ‚Exekution' wurde durch Los bestimmt und jeweils von einem Reichsdeutschen – Funktioner [Funktionshäftling] – ausgeführt."[103]

---

94 Aussage Michael Rufer, n. d., DaA Rau Papiere A 26 815.
95 Aussage Hanns Schneider, 6. 8. 1945, SpK Karton 1261 (Franz Nützl).
96 Kucera, Fremdarbeiter, S. 94.
97 Aussagen Josef Eberl, 8. 12. 1971 und Karl Frey, 16. 12. 1974, beide: Staatsanwaltschaft München I 320 Js 136 30/76 a–b.
98 Aussage Ludwig Schneider, 8. 10. 1974, Staatsanwaltschaft München I 320 Js ab 129 53/76.
99 Interview Czary Kordylewski, 5. 5. 1993, zit. nach Kucera, Fremdarbeiter, S. 92.
100 Der Franzose Joseph Jean Parson wurde Ende April 1945 vom Werkschutzleiter des BMW Werk Kempten nach einem Luftangriff erschossen, weil dieser annahm, dass der Häftling im Gebäude des Heeresverpflegungsamtes geplündert habe. Aussage Walter Fischer, 31. 5. 1945, BArchL B 162/17 143.
101 Bericht von Sylvester Lampert, 8. 5. 1996, DaA 30 290.
102 Aussage Alex Raskin, 27. 6. 1947, NARA Trials of War Criminals RG338 B330.
103 Aussage Heinrich Baer, 14. 10. 1969, BArchL B 162/4350.

### 6.1.7. Verbesserte Ernährungslage

Neben der großen Zahl von Quellen zu katastrophalen Ernährungszuständen sind vereinzelt Quellen überliefert, die von einer besseren Verpflegung in Außenkommandos und -lagern im Vergleich zum Stammlager Dachau sprechen. Grundsätzlich ist dabei zu hinterfragen, wie die Aussagen „relativ gut" oder „vergleichsweise besser" in Erinnerungsberichten einzuordnen sind. Als Beispiel sei hier das Außenlager Rothschwaige angeführt. In einem ehemaligen Durchgangslager für russische Zwangsarbeiter wurden zwischen 11. und 31. Juli 1944 mehr als 500 jüdische Häftlinge einquartiert. Sie waren in einem mehrere Wochen dauernden Transport von Auschwitz nach Dachau gebracht worden und mussten die letzte Strecke nach Rothschwaige zu Fuß gehen. Nach drei Wochen in Rothschwaige erfolgte ihre Verteilung auf die Allacher und Kauferinger Außenlagerkomplexe. In den Berichten Überlebender wurde der kurze Aufenthalt in Rothschwaige mit warmem Essen nach den Strapazen des Transportes und vor der folgenden schweren Zeit in den Baukommandos der OT als geradezu positiv dargestellt.[104] Nach Angaben des ehemaligen Befehlshabers der Wachmannschaften unterschied sich die Verpflegung allerdings nicht, sie kam von der OT in Kesseln aus dem Außenlager Allach BMW.[105] Einen Hinweis auf die Verpflegungsrealität in Rothschwaige gibt auch die Aussage des Überlebenden Erwin Salamon: „Once a SS guard shot his dog and told us to bury the dog. We buried the dog but not deep and ate the dog later."[106]

In den Genuss von besseren und mehr Lebensmitteln kam eine kleine Minderheit von KZ-Häftlingen, wenn es ihnen gelungen war, in kleinen Außenkommandos mit bis zu zehn Häftlingen in privaten Haushalten oder in der Landwirtschaft unterzukommen. Ihre Stellung dort war mit der von Knechten und Mägden vergleichbar, die durchaus schwere Arbeiten verrichten mussten, mancherorts auch schikaniert wurden, aber ihre Mahlzeiten mit den Bauern oder Arbeitgebern gemeinsam an einem Tisch einnahmen.[107] Diese Beispiele von überdurchschnittlicher Verpflegung zählen zu den Ausnahmen und sind aufgrund der geringen Zahl der betroffenen Häftlinge eine Randerscheinung.

104 Aussage Simon Hirsch, 17. 8. 1970, StAM Stanw 34 706.
105 Aussage Johann Kastner, 18. 1. 1977, StAM Stanw 34 814/2.
106 Testimony Erwin Salamon, Yale Fortunoff Video Archive HVT-2712.
107 Zum AK Schwester Pia vgl. Aussage Rudolf Wirth, 21. 2. 1950, Aussage Josef Eckl, 19. 9. 1950; beide: StAM Stanw 34 448/1; zu Bad Oberdorf vgl. Bericht von Friedrich Frey, 15. 4. 1971, GAZJ Selters LB Frey, Friedrich; zu Hausham: Eidesstattliche Erklärung Wilhelmine Hoffmann, 15. 8. 1947, GAZJ Selters Dok 16/12/49 (2).

Ebenso selten war der Rückfluss von Lebensmitteln in das Stammlager Dachau. In Außenkommandos wie München Schwester Pia, Fleischfabrik Wülfert und Schloss Itter gelang es Häftlingen, Essen nach Dachau zu schmuggeln.[108]

Darüber hinaus gab es verschiedentlich Außenkommandos und -lager, in deren Umfeld individuelle Versuche unternommen wurden, die unzureichende Verpflegungslage der Häftlinge zu verbessern. Im Außenkommando Heidenheim verhinderte der Kommandoführer SS-Scharführer Josef Ruder gegen den Widerstand des Kantinenleiters der Polizeischule die Kürzung der Brotrationen.[109] Den Gefangenen im Außenkommando Oberstdorf überließ der Kommandoführer und Kommandant der SS-Gebirgsjäger SS-Sturmführer Willi Baumgärtel an Weihnachten 1943 und 1944 aus SS-Beständen zehn Kilogramm Fleisch, fünf Kilogramm Margarine, zehn Kilogramm Nudeln, zwei Flaschen Schnaps und sieben Flaschen Wein.[110] Die Köchin des Sudelfelder Berghauses versorgte die dortigen Außenkommandohäftlinge mit zusätzlichen Nahrungsmitteln.[111]

Und auch von betrieblicher Seite verbesserten Zulagen die vorgeschriebenen Rationen der Häftlinge.[112] Betriebsleiter Georg Frey ließ dem Außenkommando Lodenfrey zusätzliche Brotrationen zukommen.[113] Die Dornierwerke stockten die Verpflegung der Außenlagerhäftlinge in Landsberg auf Intervention des Lagerschreibers auf.[114] Auch die Luftfahrtforschungsanstalt München[115] und die Firmen Philipp Holzmann sowie Leonhard Moll[116] hoben die Essens-

---

108 Zum AK Schwester Pia vgl. Aussage Josef Eckl, 19. 9. 1950; Aussage Wilhelm Grimm, 22. 6. 1950; beide: StAM Stanw 34 448. Zum AK Wülfert vgl. Gross, Zweitausend Tage Dachau, S. 111. Zum AK Schloss Itter vgl. Zvonimir Čučković, Zwei Jahre auf Schloß Itter, unveröffentlichtes Manuskript, DaA 20 134.
109 Hoffmann, Verschwunden, S. 99.
110 Aussage Wladislaus Krystofiak, 13. 8. 1966, StAM Stanw 34 654.
111 Bericht von Willi Lehmbecker, 15. 4. 1971, GAZJ Selters LB Willi Lehmbecker.
112 Franz Lohse erinnerte sich an ein reichhaltiges Weihnachtsessen im AK Wülfert, vgl. Franz Lohse, „Niemals wieder!" KZ-Erinnerungen 20 Jahre nach „Neuengamme", n. d.; NeuA Häftlingsberichte 1187.
113 Erklärung von sechs ehemaligen politischen Häftlingen des KL Dachau, 1. 8. 1945, StAM Spk Karton 448 (Georg Frey).
114 Fuchs, Landsberg-Sur-Lech, S. 168.
115 Martin Wolf, Verdrängt? Im Zwang für das Dritte Reich. Das Außenlager des KZ Dachau in Ottobrunn, in: Plöchinger, Vergessen?, S. 98 f.
116 Report of War Crimes Investigation Department, 9. 4. 1947, NARA Trials of War Criminals RG153 B221.

rationen für Häftlinge im Außenlager Ottobrunn und in ihren Baukommandos der Kauferinger Außenlager zeitweise an. Als Motiv hielt das amerikanische War Crimes Investigation Department in einem Bericht allerdings einschränkend fest:

> „The private firms Phillip Holzmann and Leonhard Moll, both old and important organizations in the construction business, are responsible for accepting contracts for profit. If they tried to give the internees additional food or build decontamination plants they did not do this out of human consideration, but only to keep the internees fit so the firm could finish the project."[117]

Zivilisten war es offiziell verboten, Kontakt mit den Gefangenen aufzunehmen. Einzelne setzten sich darüber hinweg und halfen mit Lebensmitteln, die sie für die Häftlinge deponierten wie Beispiele aus den Außenkommandos Neustift,[118] Eschelbach[119] und Schlachters[120] sowie den Außenlagern Burgau[121] und Ottobrunn[122] zeigen. Kuzma Jaremtschuk schrieb 1995 über zwei Helferinnen aus Kottern:

> „Ich habe Euch von zwei Frauen geschrieben, zwei Schwestern, die mich vor dem Verhungern gerettet haben. Diese Frauen lebten in einem zweistöckigen Haus, das am Zaun unseres Lagers stand. [...] Sie waren noch jung, ungefähr 25–27 Jahre alt und verheiratet. [...] Nach dem Bombenangriff von 1944 war ich krank, ich litt an Dystrophie. Ich wurde zur Arbeit in das Häuschen (für die Werkzeuge?) das nicht weit von ihrem Haus entfernt stand, nur hinter dem Zaun [eingesetzt]. Sie warfen jeden Morgen eine Tüte mit Essen über den Zaun, Äpfel, etwas Käse, Brot."[123]

Trotz dieser Beispiele waren Hilfsmaßnahmen von Zivilisten keinesfalls die Regel.

---

117 Ebenda.
118 Wagner, Neustift, S. 17 f.
119 Haiplik, Pfaffenhofen, S. 202 ff.
120 Römer, Für die Vergessenen, S. 178.
121 Ebenda, S. 104; Zofka, Burgau, S. 127.
122 Gespräch mit Hakoon Sörby, 12. 5. 2005, PA Schalm.
123 Brief von Kuzma Nikolaewitsch Jaremtschuk, 22. 2. 1995, DaA 31 752.

## 6.2. Bekleidung

Bis 1936 trugen Häftlinge des KZ Dachau teilweise ihre mitgebrachten Kleider.[124] In Presseberichten sind auch Fotos von Gefangenen in unterschiedlichen Uniformen abgebildet.[125] Erst 1937/38 unter Lagerkommandant Hans Loritz musste jeder Neuankömmling bei der Einlieferung seine Kleidung abgeben. Die Häftlinge erhielten einen blau-weiß gestreiften Anzug aus grober Zellwolle, ohne dass dabei auf individuelle Kleidergrößen Rücksicht genommen wurde.[126]

Das jährliche Ausstattungssoll des WVHA entsprach seit Januar 1943 jeweils einer Tuchjacke, -hose und -mantel, einer Drillichjacke, einer Drillichhose, einer Mütze, zwei Hemden, zwei Unterhosen, zwei Paar Socken, einem Paar Füßlingen oder Fußlappen, einer Wollweste, einem Paar Fäustlingen und Ohrenschützern sowie Schnürschuhen mit Holzsohle, Holländern oder Holzpantinen.[127] Tatsächlich stand aber mit der Ressourcenverknappung und der Zunahme der Gefangenen nach Kriegsbeginn nicht mehr ausreichend Häftlingsbekleidung zur Verfügung,[128] woraufhin das KZ Dachau 1942 die Kleiderausgabe einstellte.[129] Auch die Holzpantoffelwerkstätten wurden im April desselben Jahres geschlossen, „damit die jetzt noch damit eingesetzten Häftlinge für wichtigere Arbeiten frei werden".[130] Folglich behielten Gefangene, die nach 1942 in Dachau eingeliefert wurden, entweder das, was sie am Körper trugen, oder wurden mit fremden Zivilkleidern ausgestattet. Letztere waren mit dicker Ölfarbe beschmiert, um den Träger als KZ-Häftling kenntlich zu machen.[131]

---

124 Zur Bekleidung im KL Dachau vgl. Eidesstattliche Erklärung Karl Adam Röder, 20. 2. 1947, Nbg. Dok. NO-2122; Zámečník, Das war Dachau, S. 54.
125 Das Konzentrationslager Dachau, in: Wochenendbeilage der Dachauer Zeitung, 22. 6. 1933, S. 172 f., DaA 3847; Konzentrationslager Dachau, in: Illustrierter Beobachter, 11. Jahrgang, Folge 49, 3. 12. 1936, S. 2014–2017, DaA 36 488.
126 Stanislaw Grzesiuk, Fünf Jahre Konzentrationslager, Warschau 1972, Übersetzung: DaA 35770; Zámečník, Das war Dachau, S. 137. Für die Bekleidung wurde pro Häftling im KL Dachau im Haushaltsjahr 1939 45 RM veranschlagt zuzüglich 3 RM für Schuhe und Schuhpflege, vgl. Haushaltsanschlag 1939, KL Dachau, BArchB NS 3/478.
127 Schreiben des WVHA, Amtsgruppe D KL, 18. 1. 1944, BArchB NS 3/386.
128 Schreiben des Inspekteur der KL, 24. 9. 1941, BArchB NS 3/425; Kaienburg, Vernichtung durch Arbeit, S. 441.
129 Vgl. hierzu Einstellung der Lieferung von Socken, Schreiben WVHA Amt D IV, 26. 5. 1942, BArchB NS 3/425.
130 Schreiben des WVHA, Amt D IV Verwaltung, 15. 4. 1942, BArchB NS 4 Da/16; Aussage Willi Hertha [SS-Leiter der Holzschuhschnitzerei], 23. 9. 1946, NARA Trials of War Criminals RG153 B191.
131 Schreiben des WVHA, Amtsgruppe D, 9. 2. 1943, BArchB NS 4 Da/16.

Bis zur Einführung der Häftlingsbekleidung um 1937/38 trugen Gefangene der frühen Dachauer Außenkommandos bei ihren Einsätzen zivile Kleidung. Danach herrschten für Außenkommandos und -lager im Gegensatz zum Stammlager modifizierte Regeln. Grundsätzlich sollten Arbeiten außerhalb des Schutzhaftlagers nur von Häftlingen mit deutlich sichtbarer KZ-Bekleidung ausgeführt werden. Noch am 6. November 1942 lautete eine Anordnung aus dem WVHA: „Auf Außenkommandos eingesetzte Häftlinge müssen unbedingt die blau-weiß gestreifte Häftlingsbekleidung tragen."[132] Gefangene, die mit Zivilkleidern ausgestattet waren, durften dagegen nur an Arbeitsstätten eingesetzt werden, von denen eine Flucht ausgeschlossen schien. Aufgrund der ausbleibenden Textillieferungen konnte dies nicht umgesetzt werden. Dreieinhalb Monate später wurde bereits einschränkend festgelegt, dass Häftlingsanzüge nun ausschließlich an die Außenkommandos und -lager vergeben werden sollten.[133] Im August 1944 hatte sich die Bekleidungssituation weiterhin verschlechtert, sodass nun auch die Genehmigung zum Tragen von Zivilkleidern außerhalb des Stammlagers erteilt wurde.[134]

Doch auch in Bezug auf die Bekleidung wich die Praxis von den offiziellen Prämissen ab. 1942 trugen weibliche Gefangene auf dem Gut Hintereckart im Außenkommando Hausham Zivilkleidung.[135] Dies bestätigten Einwohner von Unterfahlheim für das Jahr 1943 über Außenkommandohäftlinge in der Rühmerschen Fischzuchtanlage.[136] In beiden Fällen handelte es sich bei den Gefangenen um Zeugen Jehovas, bei denen keine Fluchtgefahr bestand.[137] Gleiches galt für die Außenkommandos Dachau Entomologisches Institut[138] und Versuchsgut Pabenschwandt.[139] Aus der Mehrheit der Außenkommandos und -lagern allerdings berichteten Überlebende, dass die Kleidung unmissverständlich auf ihren KZ-Häftlingsstatus schließen ließ.[140]

---

132 Schreiben des WVHA, Amtsgruppe D, 6. 11. 1942, BArchB NS 3/425.
133 Schreiben des WVHA, Amtsgruppe D, 26. 2. 1943, BArchB NS 3/426.
134 Schreiben des WVHA Amtsgruppe D, 17. 8. 1944, BArchB NS 3/427.
135 Aussage Wilhelmine Hoffmann, 15. 8. 1947, GAZJ Selters Dok 16/12/49 (2). Allerdings ist hier zu berücksichtigen, dass dieses AK bis November 1943 dem KL Ravensbrück unterstand.
136 Erhardt Klein, Jehovas Zeugen als Zwangsarbeiter im Dachauer KZ-Außenkommando bei Unterfahlheim, n. d., unveröffentlichtes Manuskript, DaA 34 891.
137 Vgl. Kapitel 5.3. Zeugen Jehovas.
138 Aussage Martha Krützfeld, 13. 4. 1973, BArchL B 162/25 867.
139 Aussage Sophie Gurr, 21. 11. 1974, BArchL B 162/25 888.
140 Aussage Gabriel Rosenbaum, 22. 1. 1970, StAM Stanw 34 814/1; Aussage Herbert Slawinski, 29. 5. 1947, NARA Trials of War Crimes RG338 B325; Brief von Alexander Moskala, 6. 3. 1950, StAM Stanw 34 826.

Im Konzentrationslager Dachau war ein Verwaltungsführer im Kommandanturstab neben der Lebensmittelversorgung auch für Bekleidung und Unterbringung zuständig. Zweimal im Jahr wurden Anforderungen nach Berlin versandt, die auch Lieferungen für Außenkommandos und -lager einschlossen.[141] Wenn Häftlinge abgestellt wurden, registrierte die Bekleidungskammer seit Januar 1944 auch die Verschiebungen im Kleiderbestand.[142] Aus dem Außenlager Allach BMW wurden am 29. Juni 1944 123 Häftlinge in das Außenlager Blaichach überstellt, mit ihnen eine Aufstellung über die Bekleidung der Häftlinge „aus den Beständen des Konzentrationslagers Dachau".[143]

In den Außenkommandos trug der Kommandoführer oder sein Stellvertreter die Verantwortung für die Bekleidung. Ein- oder zweiwöchentlich wurden die Außenkommandos angefahren und mit Wechselwäsche versorgt.[144] Bekannt sind solche Fahrten aus Berichten Überlebender in Verbindung mit Lebensmitteltransporten für die Außenkommandos Plansee[145] und Hausham[146]. Im Außenlager Stephanskirchen bestand zeitweise das „Wäschekommando" aus vier Häftlingen, die von einem SS-Posten begleitet einmal wöchentlich die schmutzige Wäsche mit dem Zug nach Dachau transportierten.[147] Mehrheitlich jedoch erfolgte die Reinigung der Bekleidung von Außenlagerhäftlingen in der Rüstungsindustrie vor Ort, teilweise in lagereigenen Wirtschaftsgebäuden mit Waschküchen.[148] In den Außenlagerkomplexen Kaufering/Landsberg und Mühldorf waren eigens Verwaltungsunterführer für Bekleidungsfragen eingesetzt,[149]

141 Aussage Anton Weber, 23. 11. 1946, NARA Trials of War Criminals RG338 B300. Schreiben des WVHA, Laufende Termine der Abteilung V/3, [Termine für Bedarfsmeldungen], 22. 7. 1943, BArchB NS 4 Da/16.
142 Schreiben des WVHA, Amt D IV, 26. 1. 1944, BArchB NS 4 Da/16; Der ehemalige Kapo der Kleiderkammer Dachau führte zwischen 1. 12. 1944 und 23. 4. 1945 Buch über Bekleidungstransporte von und nach Dachau. Darin enthalten sind auch Tote, die in das KL Dachau rücküberstellt wurden. Vgl. Tagbuch Post Uiteweer, n. d., DaA A 25 366.
143 Schreiben des Arbeitslagers Allach, 19. 6. 1944, DaA 16 830.
144 Vgl. Tagbuch Post Uiteweer, n. d., DaA A 25 366.
145 Brief von Ludwig Bentel, 31. 5. 1967, DaA 8320.
146 Wrobel, Hausham, in: Benz/Distel, Ort des Terrors, Bd. 2, S. 346.
147 Bericht von Marian Kowalinski, 24. 5. 2002, DaA A 2678.
148 Für Saulgau vgl. Metzler, Geheime Kommandosache, S. 45.
149 Kammerunteroffizier SS-Oberscharführer Lauf in Kaufering I, vgl. Aussage Johann Eichelsdorfer, 29. 10. 1945, NARA Trials of War Criminals RG338 B289. Verwaltungsführer SS-Oberscharführer Jensen in Kaufering II, vgl. Aussage Otto Wilhelm Moll, 3. 11. 1945, NARA Trials of War Criminals RG338 RG289. Leiter der Kleiderkammer Hermann Zisch in Kaufering XI, vgl. Aussage Hermann Zisch, 2. 12. 1946, NARA Trials of War Criminals RG153 B202. SS-Unterscharführer Herbert Spaeth in Mühldorf M1, vgl. Aussage Herbert Spaeth, 12. 5. 1969, StAM Stanw 15 314.

die Wäsche der Häftlinge aber wurde zwischen Juli 1944 und April 1945 weder gewechselt noch gereinigt.[150] Dieser Mangel an Hygiene bedeutete für die körperlich bereits geschwächten Gefangenen ein hohes Risiko der Krankheitsübertragung. Ungeziefer und Läuse, die sich in der Kleidung festgesetzt hatten, erhöhten das Infektionsrisiko immens.[151]

Völlig unterschiedlich sind die Angaben über die Ausstattung der zur Verfügung gestellten Bekleidung. Nur in Ausnahmefällen erhielten Häftlinge in den kalten Monaten die sogenannte Winterbekleidung, jüdische Häftlinge waren grundsätzlich davon ausgenommen.[152] Im Außenkommando Steinhöring beispielsweise erkrankten Häftlinge, die sich nicht vor der Kälte schützen konnten.[153] Aus dem Außenlager Augsburg-Pfersee berichtete Herbert Slawinski:

„We only had our prisoner clothes, no underclothes. We had one work shirt, under pants, work pants and jacket, cap and wooden shoes. Only influential prisoners had socks and the other prisoners had rags taken from old cut up bags to use as socks. In the winter we were given coats made of the same material as the jacket was made of. It was very thin and not warm."[154]

Auch die Gefangenen im Außenlager Horgau verfügten über keine Unterwäsche.[155] Nach seinem Inspektionsbesuch im Außenlager Bäumenheim schrieb SS-Oberscharführer Karl Fuhrmann an den 1. Lagerarzt des KZ Dachau:

„Die Anzüge der Häftlinge sind zum Teil sehr abgerissen, die Versorgung mit Leibwäsche äußerst ungenügend, so dass eine wirksame Bekämpfung der Läuseplage nicht in Betracht gezogen werden kann. Es fehlt an Reservewäsche. Es wurden mir Wäschestücke gezeigt, welche nur noch Lumpen darstellen. Der dortige Lagerführer bittet um die Zusendung von 300 Stück Wäsche- und Kleidergarnituren, denn mit dem jetzigen Wäschestand ist es unmöglich der Verlausung wirksam zu begegnen. [...] Verlauste Häftlinge zur Zt. 50 %."[156]

150 Raim, KZ-Außenkommandos, S. 219.
151 Vgl. Kapitel 6.3.2. Krankheiten.
152 Vgl. Esseling, Juden, S. 112.
153 Aussage Hermann Rathering, 27. 8. 1947, Nbg. Dok. NO-5237.
154 Aussage Herbert Slawinski, 29. 5. 1947, NARA Trials of War Criminals RG338 B325.
155 Aussage Elisier Feinmesser, 9. 6. 1947, ebenda.
156 Schreiben Karl Fuhrmann, 23. 1. 1945, ebenda.

Sechs Wochen später hatten sich die Zustände weiter verschlechtert. „Das Arbeitslager Bäumenheim ist zur Zeit 100 % verlaust", hielt Dr. Hans Eisele, SS-Hauptsturmführer und Lagerarzt des KZ Dachau, am 9. März 1945 fest.[157]

Die Bekleidung der Häftlinge des Außenlagers Trostberg war im Winter 1944/45 so jämmerlich, dass Ersatz aus dem Stammlager bereitgestellt werden sollte. Doch der Zustand der Lieferung war ebenso schlecht, dass sich die Häftlinge aus Angst vor Krankheitsübertragung weigerten, die verlausten Textilien anzuziehen. Stattdessen kochten sie ihre eigenen Anzüge aus und warteten nackt, bis diese getrocknet waren.[158]

Die Situation für die Frauen in der Rüstungsindustrie war nicht besser. In den ersten Jahren erhielten sie ein blau-grau-gestreiftes formloses Kleid, eine Schürze, ein Kopftuch und eine kurze Jacke. Ab Herbst 1942 wurde bei der Bekleidung der Frauen wie im Konzentrationslager Dachau mit bemalter Zivilkleidung verfahren.[159] Ella Lingens, Häftlingsärztin im Frauenaußenlager München-Giesing, schrieb über die quälende Kälte, der die Frauen aufgrund mangelhafter Bekleidung, fehlender Decken und nicht vorhandenem Brennmaterial ausgesetzt waren.[160] Weiter litten Frauen, die trotz der Haftbedingungen noch Monatsblutungen bekamen, unter fehlenden Binden oder Einlagen.[161] Eine Ausnahme erfuhren die Jüdinnen im Außenlager Augsburg-Kriegshaber. Dort stellten die Michelwerke neben Kleidung und Schuhen auch Binden zur Verfügung.[162]

Neben den Kleidungsstücken war das Schuhwerk für Häftlinge besonders wichtig. Nachdem in Dachau seit 1942 keine Schuhe mehr ausgegeben wurden, waren die Gefangenen auf das angewiesen, was sie bei ihrer Einlieferung an den Füßen trugen. Nicht wenige hatten bei ihrer Ankunft in Dachau oder einem der Außenkommandos und -lager schon lange Deportationswege hinter sich, deshalb waren viele Schuhe bereits abgetragen oder der Jahreszeit nicht angemessen. Überwiegend verfügten Gefangene 1944 und 1945 nur noch über Holzschuhe oder Holländer und hatten keine Socken. Durch die Märsche zu

---

157 Ärztliche Besichtigung des Lagers Augsburg-Pfersee und Bäumenheim, 9. 3. 1945, ebenda.
158 Erinnerungen von Miroslav Kriznar, n. d., unveröffentlichtes Manuskript, DaA 36 276.
159 Vgl. Strebel, Ravensbrück, S. 189 f.
160 Lingens, Erinnerungen, S. 30.
161 Vgl. Raim, Frauen, S. 103.
162 Bericht der Betriebsärztin der Michelwerke, Januar 1945, PA Schalm.

den Arbeitsplätzen war das Schuhwerk verschlissen und die Haut durch das Holz aufgerissen und schrundig. Die Folge waren schmerzhafte, offene Wunden an den Füßen. Vor allem in den Wintermonaten und bei Regen war es schwer, unter diesen Bedingungen das von den Schlägen der Posten begleitete Marsch- und Arbeitstempo zu halten. Nach Angaben des ehemaligen Häftlingsarztes trugen manche Häftlinge des Außenlagers Kaufering XI im November 1944 keine Schuhe mehr:

> „At the beginning some of the prisoners were without shoes. I reported to camp commandant and asked him to produce shoes for the prisoners. After about three weeks they got wooden shoes, but for about three weeks they were going in November to work without shoes."[163]

Um sich mit allen Mitteln vor der Hitze und gegen die Kälte zu schützen, stahlen die Gefangenen Kleidung und Schuhe von Toten oder Selektierten für Invalidentransporte, aber auch von ihren Leidensgenossen.[164] Auf diese Vergehen standen harte Strafen.[165] Darüber hinaus war Kleidungsentzug eine von vielen Schikanierungs- und Disziplinierungsmaßnahmen der Lager-SS.[166] Häftlinge des Außenkommandos München Parteikanzlei mussten wegen verbotenen Biertrinkens in das Konzentrationslager Dachau zurückkehren und zur Strafe von früh bis 17 Uhr ohne Schuhe im Schnee stehen.[167]

Georg Florian, ein ehemaliger Wachposten, erklärte zum Mühldorfer Außenlager Mettenheim:

> „Die Zustände im Lager Mettenheim waren, soweit ich als Wachmann das beurteilen konnte, schlecht. Die Verpflegung der Häftlinge während des Tages war unzureichend, die Bekleidung bei einem großen Teil der Häftlinge so

---

163 Aussage Mikulos Fay [ehemaliger Häftlingsarzt], 19. 2. 1947, NARA Trials of War Criminals RG153 B207.
164 Aussage Engelbert Mangold, 7. 6. 1974, Staatsanwaltschaft München I Mü I 120 Js 18 815/75 a–c, Bd. 1; Illegaler Brief von Wilhelm Lechner an seine Frau Fanny, n. d., DaA 34 860/6; ebenso vgl. Freund, Arbeitslager Zement, S. 201 f.; Kooger, Rüstung unter Tage, S. 203.
165 Aussage Emil Mahl, 4. 11. 1952, StAM Stanw 34 468/1; Lagerbefehl Nr. 8/44, Arbeitslager Allach, 12. 12. 1944, DaA 9654.
166 Aussage Anton Weber, 23. 11. 1946, NARA Trials of War Criminals RG338 B300; Fritz, Stationen seines Lebens, S. 144.
167 Aussage Emil Mahl, 4. 11. 1952, StAM Stanw 34 468/1.

ungenügend, dass sie sich Papiersäcke zum Schutz vor Kälte um den Körper, insbesondere um Kopf und Füße gewickelt haben."[168]

Auch aus dem Außenlager Riederloh berichteten Häftlinge, dass sie versuchten, sich mit leeren Zementsäcken zu behelfen.[169] Die Wachmänner klopften mit Stöcken auf die Rücken der Häftlinge, um zu prüfen, ob unter den dünnen Jacken Papier raschelte. Stellten sie jemanden, der sich nach den herrschenden Lagerregeln der „Sabotage" schuldig gemacht hatte, verprügelten sie ihn oder schlugen ihn tot. Aus dem Außenlager Weißsee berichtete der Überlebende Heinrich Fritz:

> „Als ‚Kälteschutz' durften ‚Politische' ab Oktober – wenn sie Geld hatten – ein Blatt des ‚Völkischen Beobachters' (prominentes Naziblattl) kaufen und am Körper tragen, wobei genau kontrolliert wurde, ob es tatsächlich nur e i n Zeitungsblatt war."[170]

Aber nicht nur im Winter litten die Gefangenen unter der unzureichenden Bekleidung. Aus dem Außenlager Feldafing berichtete Bronislaw Misztal, dass die schweren Bauarbeiten unter freiem Himmel ohne Schutz vor praller Sonne und brutaler Hitze den Gefangenen besonders zusetzten.[171]

Aus keinem der Dachauer Außenkommandos und -lager ist ein Fall bekannt, in dem Häftlingen Arbeitsbekleidung oder adäquate Schutzbekleidung zur Verfügung gestellt worden wäre. Die Betriebsleitung der Fleischfabrik Wülfert bat im November 1942 um Bereitstellung von 30 neuen Garnituren Drillichanzüge für den Besuch einer lettischen Abordnung mit dem Zusatz: „Für einwandfreie Rücklieferung werden wir besorgt sein."[172] In der Unterfahlheimer Fischzuchtanlage waren Außenkommandogefangene gezwungen, mit Pinzetten gefrorene Forelleneier zu sortieren. Nach nur kurzer Zeit erlitten die Gefangenen an ihren Händen Erfrierungen.[173] Im sogenannten Sandkommando des Außenkommandos Fischhorn mussten Häftlinge in einem Flussbett mit bloßen Händen Lehm und Schlamm ausgraben.

---

168 Aussage Georg Florian, 4. 6. 1946, NARA Trials of War Criminals RG153 B190.
169 Römer, Für die Vergessenen, S. 170.
170 Fritz, Stationen meines Lebens, S. 144.
171 Aussage Bronislaw Misztal, 20. 10. 1969, BArchL B 162/16 423–16 424.
172 Schreiben der Hans Wülfert GmbH an Hauptscharführer Wolf, Abtl. Gefangenenkammer, KL Dachau, 19. 11. 1942, StAM SpK, Karton 2013 (Hans Wülfert).
173 Bericht von Conrad Klug, 5. 2. 1954, GAZJ Selters Dok 05/02/54.

„Wir arbeiteten von 6.00–18.00 Uhr, oft auch sonntags, mit riesengroßem Zwang. [...] Bei dieser Arbeit standen wir im Wasser, hatten Leinwandschuhe an, denn auf eine andere Art konnten wir keinen Sand gewinnen, weil es keine Hilfsmittel, wie z.B. Balken, Bretter oder entsprechende Maschinen, zur Arbeit gab."[174]

Kazimiera Stefanska, eine Überlebende des Frauenaußenlagers in den Münchner AGFA Werken, sagte zu gesundheitlichen Schäden, verursacht durch fehlende Schutzbekleidung, 1975 aus:

„Da ich während der Arbeit die von mir hergestellten Kapseln im Petroleum mit irgendwelcher ätzenden Flüssigkeit abspülen musste, reizte und trocknete mir diese Flüssigkeit die Schleimhäute der Nase aus, so, dass bei mir in der Nase Eiterabszesse entstanden. Gegen diese Erkrankung wurden keine Arzneimittel an uns verteilt und als ich einmal pro Woche ein kleines Stückchen Margarine erhielt, benutzte ich sie zum Schmieren des Nasenabszesses."[175]

Ein Beispiel aus dem Außenlagerkomplex Kaufering/Landsberg zeigt, dass auch von der OT-Oberbauleitung explizit geäußerte Defizite der Häftlingsbekleidung nicht behoben wurden. In einem Schreiben vom September 1944 mit „Betreff: Arbeitsleistung der Häftlinge" wurde die katastrophale Bekleidung und Verpflegungslage der Häftlinge in Kaufering und Landsberg klar eingeschätzt:

„Wie ihnen bereits bekannt, lässt die Arbeitskraft der Häftlinge in der letzten Zeit derart stark nach, dass damit zu rechnen ist, dass unser Baubetrieb durch diese Leistungsminderung erhebliche Störungen erleidet. Der Hauptgrund dürfte vor allem in der nicht ausreichenden Ernährung der Leute liegen. [...] Als zweiter Grund ist die mangelnde Ausrüstung der Leute mit Schuhwerk und Unterwäsche anzusehen. Ein großer Teil der Leute hat derart schlechte Schuhe, dass sie teilweise auf dem blanken Boden laufen, von Strümpfen kann überhaupt keine Rede sein. Als Unterwäsche steht den Leuten meist nur das zur Verfügung, was sie auf dem Leibe tragen. Zum Wechseln und Waschen ist nichts vorhanden."[176]

174 Aussage Franc Mlinarič, 11. 8. 1975, BArchL B 162/28 405.
175 Aussage Kazimiera Stefanska, 14. 3. 1975, BArchL B 162/16 347.
176 Schreiben Stroh, 30. 9. 1944, NARA Trials of War Criminals RG338 B207.

Von Seiten der OT oder der SS wurde nichts Grundlegendes unternommen, um diese Zustände zu beheben.

Auch Hinweise auf Einzelaktionen für eine Verbesserung der Bekleidungssituation in Außenkommandos und -lagern sind nur in seltenen Fällen überliefert. Wladislaus Krystofiak kam im Juli 1943 mit etwa 30 Häftlingen in das SS-Schulungslager nach Oberstdorf. Nach seinen Angaben erhielten alle Außenkommandohäftlinge auf Anweisung des Kommandoführers und Leiters des Schulungslagers, SS-Sturmführer Willi Baumgärtel zwei frische Unterhemden und Unterhosen, zwei Arbeitsanzüge, ein Paar kräftige Schuhe, drei Wolldecken und bunte Bettbezüge aus SS-Beständen.[177] Der Fall Georg Frey, Textilfabrikant in München, der den in seinem Unternehmen arbeitenden Außenkommandohäftlingen zu Weihnachten 1944 je ein Hemd schenkte, gehörte ebenfalls zu den Ausnahmen.[178]

Oft führten Kürzungen zur weiteren Verschlechterung. Im Mai 1943 verfügte das WVHA, dass alle Mützen einzuziehen und nur noch im Winter an Außenkommando- und Außenlagerhäftlinge zu vergeben seien.[179] Gefangene des Mühldorfer Außenlagers M1 waren seit Februar 1945 gezwungen, ihre Mäntel während der Arbeit auszuziehen, um sie zu schonen.[180]

## 6.3. Hygiene und medizinische Versorgung

### 6.3.1. Hygiene

In den bis Ende 1941 eingerichteten acht Außenkommandos waren Unterbringung und Sanitäranlagen für die Häftlinge primitiv, aber noch nicht prekär. Explizite Hinweise auf die Hygiene in Dachauer Außenkommandos und -lagern finden sich erst ab 1944. Dabei sind insbesondere zwei Entwicklungen auffällig. Entweder waren die hygienischen Verhältnisse schlecht, weil es überhaupt keine Vorkehrungen gab wie beispielsweise in den Außenkommandos Eschelbach[181] oder Fischhorn.[182] In letzterem diente ein Pferdetrog als Waschgelegenheit für

---

177 Aussage Wladislaus Krystofiak, 13. 8. 1966, StAM Stanw 34 654.
178 Aussage Philipp Busch, 1. 8. 1945, StAM SpK, Karton 448 (Georg Frey).
179 Schreiben des WVHA, Amtsgruppenchef D, 26. 5. 1943, BArchB NS 4 Da/16.
180 Schreiben des Lagers M1, 20. 2. 1945, BArchB NS 4 Da/29.
181 Aussage Grzegorz Miemirowicz, 28. 4. 1970, DaA 29 018/1.
182 Aussage Franz Mlinaric, 19. 4. 1976, BArchL B 162/28 405.

bis zu 150 Häftlinge. Oder es herrschten insbesondere in den großen Außenlagerkomplexen aufgrund von Überfüllung und Unterversorgung besonders unhygienische Verhältnisse. Dazu zählten vornehmlich die Außenlager der Untertageverlagerung und die Außenlager mit überwiegend jüdischen Häftlingen wie Riederloh und Burgau. In den Mühldorfer Außenlagern Mittergars und Ampfing gab es kein fließendes Wasser. Das angelieferte Wasser durfte nur zum Kochen verwendet werden.[183] Erst zwei Monate nach dem Eintreffen der ersten Häftlinge auf der Mühldorfer Baustelle befasste sich die OT-Bauleitung damit, Aborthäuschen errichten zu lassen.[184] Im Außenlager Kaufering IV standen für etwa 3000 Häftlinge nur zwei Latrinen zur Verfügung.[185]

Aber auch in Außenlagern, die für deutsche Rüstungsunternehmen eingerichtet worden waren, herrschten hygienische Missstände. Herbert Slawinski, in den Dachauer Prozessen zum Außenlager Augsburg-Pfersee befragt, gab an:

„There were very much lice and bugs and other bed insects, because we had changed the blankets between the two shifts. Thus the lice were distributed. The sanitary conditions were very bad in the whole camp. We ate in our beds because there was no other room provided."[186]

Im Außenlager Lauingen existierten zunächst keine Waschräume.[187] Nach durchgeführten Hygienemaßnahmen äußerte sich der 1. Lagerarzt des Konzentrationslagers Dachau anlässlich eines Inspektionsbesuches im März 1945 über die Missstände:

„Lauingen: Eine wesentliche Besserung der Häftlingsunterbringung soll endlich durch Umsiedlung in das neue Barackenlager erfolgen. Die bisherigen Unterkünfte im Keller unterhalb und neben den Fertigungswerkstätten wurden des Öfteren von Seiten des Lagerarztes beanstandet. Der Bau einer behelfsmäßigen Entlausungsanlage ist vorgesehen. Es fehlen ausreichende Waschgelegenheiten, was sich in der Läusebekämpfung bemerkbar macht."[188]

183 Raim, Dachauer KZ-Außenkommandos, S. 222.
184 Brief der Baustellenleitung der OT-Oberbauleitung „Weingut", 16. 9. 1944, NARA Trials of War Criminals RG123a/6, zit. nach ebenda, S. 221.
185 Abschlussvermerk der ZStL, 20. 8. 1976, BArchL B 162/15 421.
186 Aussage Herbert Slawinski, 29. 5. 1947, NARA Trials of War Criminals RG338 B325.
187 Römer, Für die Vergessenen, S. 105.
188 Vierteljahresbericht des 1. SS-Lagerarztes über den San. Dienst im KLD, 27. 3. 1945, DaA 32 768.

Trotz dieser Beanstandungen kam er zu dem mehr als schönfärberischen Schluss: „Die hygienischen und sanitären Verhältnisse können in jeder Hinsicht als gut bezeichnet werden."[189] Dagegen berichtete der Lauinger Arzt Dr. Felix Kirchner, zeitweise mit der medizinischen Versorgung der Häftlinge betraut, nach Kriegsende von Läuse- und Fleckfieberepidemien und zehn Prozent Tuberkuloseerkrankungen.[190]

*6.3.2. Krankheiten*

Ähnlich wie im Stammlager hatte sich vor allem ab 1944 die hygienische Situation in den großen Außenlagerkomplexen verschärft. Ursachen dafür waren neben dem Fehlen von Waschgelegenheiten die steigenden Belegungszahlen, die sich verschlechternde Verpflegung und die unzulängliche medizinische Versorgung. Diese Kombination hatte in Verbindung mit langen Arbeitszeiten und Misshandlungen die völlige Entkräftung der Häftlinge und rapide Ausbreitung von Infektionskrankheiten wie Typhus, Fleckfieber, Tuberkulose, Ruhr und Scharlach zur Folge. Bekannt sind derartige Epidemien aus den Außenlagern Allach BMW,[191] Trostberg,[192] Burgau,[193] Friedrichshafen,[194] Kottern,[195] Haunstetten[196] und Augsburg-Pfersee[197] sowie den Kauferinger und Mühldorfer Außenlagern.[198] Die Folgen von Ruhr und Typhus im Außenlager Riederloh waren so verheerend, dass das Außenlager im Januar 1945 geschlossen werden musste.[199]

Nicht unmittelbar tödlich für die Häftlinge waren Krätze, Läuse sowie Flöhe und Wanzen. Neben der Hand-zu-Hand-Ansteckung oder Tröpfchenübertragung konnte aber auch Ungeziefer Überträger von Krankheiten sein und war

189 Ebenda.
190 Römer, Für die Vergessenen, S. 109–112.
191 Amicale, Allach, S. 106 ff.
192 Miroslav Kriznar, unveröffentlichte Erinnerungen, n. d., DaA 36 267.
193 Testimony Linda Fishman, Yale University Fortunoff Video Archive HVT-668.
194 Friedrichshafen vor 50 Jahren, Sonderbeilage der Schwäbischen Zeitung Friedrichshafen, 27. 4. 1994, S. VII.
195 Terrenoire, Sursitaires de la morte, S. 142–153.
196 Brief von Edmond Falkuss an Gernot Römer, 28. 3. 1989, DaA A 130.
197 Aussage Herbert Slawinski, 29. 5. 1947, NARA Trials of War Criminals RG338 B325.
198 Raim, Dachauer KZ-Außenkommandos, S. 220–227.
199 Aussage Abraham Rozen, 3. 10. 1973, StAM Stanw 34 798/1.

daher von den Häftlingen gefürchtet. Seinen Bericht über das Außenlager Kottern überschrieb ein luxemburgischer Überlebender mit „Nach dem Abendessen auf Ungezieferjagd":

„Nach dem Abendessen hieß es sich sauber machen. Dann gings auf die Ungezieferjagd bis 9 Uhr. [...] Das Lager war außergewöhnlich voll Läuse und Flöhe. Hatten wir ein halbes Dutzend getötet, waren 20 andere an ihrer Stelle. Wenn wir zum Werk marschierten, krochen die Biester am Mantel hoch bis zum Kragen. Von den anderen Kleidungsstücken gar nicht zu reden. Die Zivilisten im Werk wagten sich nicht in unsere Nähe, aus Angst welche zu erwischen."[200]

Verletzungen, die sich die Häftlinge am Arbeitsplatz zuzogen und unter ausgewogenen Umständen gut therapierbar waren, konnten hier lebensgefährlich sein. Vor allem auf Baustellen untertage erhöhte sich die Gefahr von Lungenkrankheiten durch fehlende Lüftung und den andauernden Kontakt mit Zementstaub.[201] All diese Krankheiten führten unter den geschilderten Lebens- und Arbeitsbedingungen in den Dachauer Außenlagerkomplexen ohne medizinische Behandlung zum Tod.

In keinem Dachauer Außenkommando und -lager wurden Häftlinge medizinisch sachgemäß betreut. Kranke und Schwache wurden im Lageralltag als unnütz angesehen und als „Drückeberger" und „Saboteure" beschimpft. Medizinische Maßnahmen erhielten seit 1942 nur Erkrankte, für die innerhalb kurzer Zeit Aussicht auf Genesung und Kräftigung bestand. Die Übrigen wurden in andere Konzentrations- und Vernichtungslager abgeschoben. Auf diese Weise praktizierte die Lager-SS einen permanenten Selektionskreislauf.[202]

---

200 Jean Pierre Linsen, Kottern im Allgäu, in: Rappel, Luxemburg 1967, S. 125 ff., hier: S. 126.
201 Testimony Lajes Grunbaum, 31. 5. 1945, NARA Trials of War Criminals RG153 B225. Im Gegensatz zum Lager Dora sind für Dachauer Außenlager keine Krankmeldungen bekannt, die bei Lungenkrankheiten zwischen Fach- und Hilfsarbeitern differenzierten. Vgl. Wagner, Produktion des Todes, S. 370.
202 Miroslaw Kárný, „Vernichtung durch Arbeit". Sterblichkeit in den NS-Konzentrationslagern, in: Götz Aly u. a., Sozialpolitik und Judenvernichtung. Gibt es eine Ökonomie der Endlösung?, Berlin 1987, S. 133–158, hier: S. 137 f.

### 6.3.3. Krankenreviere

Um sich vor Ort einen Überblick über die Krankensituation zu verschaffen und Empfehlungen auszusprechen, unternahm der 1. Lagerarzt des KZ Dachau regelmäßig Inspektionsbesuche zu den Außenkommandos und -lagern.[203] Für die „Gefälligkeitskommandos" im Umfeld von SS- oder Parteifunktionären gibt es keine Hinweise für eigenständige Krankenreviere oder abgestelltes Pflegepersonal. Im Falle des Außenkommandos Steinhöring wurden die Häftlinge über das medizinische Personal des Lebensbornheimes versorgt. Eine ähnliche Praxis dürfte für viele Außenkommandohäftlinge zutreffen, die in SS-Kasernen oder Polizeischulen eingesetzt waren. Im Außenlager Ottobrunn war lediglich ein SS-Sanitätsdienstgrad für bis zu 600 Häftlinge zuständig. Bei schweren Fällen erfolgte die Rücküberstellung ins Stammlager.[204]

Während also die medizinische Versorgung in den SS-nahen Außenkommandos und -lagern überwiegend ohne Krankenreviere auskommen musste, stellt sich die Situation für externe kriegswirtschaftliche Arbeitgeber anders dar. Für die Außenkommandos für kriegswichtige Unternehmen im Großraum München liegen im Hinblick auf das Jahr 1942 keine entsprechenden Hinweise vor. Erst ab 1943 verfügten alle Außenkommandos und -lager mit mehr als 70 Häftlingen, die für kriegswichtige Unternehmen eingesetzt waren, über die Möglichkeit zur Krankenbehandlung vor Ort. In den Dachauer Außenlagern der Rüstungsindustrie waren teilweise SS-Ärzte oder Sanitätsdienstgrade vor Ort und auch die Versorgung der Krankenreviere mit Instrumenten, Verbandsmaterialien und Medikamenten oblag grundsätzlich der SS.[205] Die wenigen Angaben, die über die Ausstattung der Krankenreviere vorliegen, zeugen von vollkommen inadäquater Minimalausstattung. Das abgestellte Häftlingspersonal verfügte nicht immer über medizinische Vorbildung. Wie im Fall des Krankenreviers des Außenlagers Allach BMW verbesserte sich die Situation für kranke Gefangene erst mit dem Personalwechsel im Revier. Damals übernahmen unter anderen die französischen Ärzte Henri Jacques, Jean Prat, Henri Chrétien, und Henri Laffitte die Betreuung der Häftlinge.[206]

---

203 Unveröffentlichter Bericht von Ella Lingens, Häftling in Auschwitz Birkenau, n. d., DaA A 1156.
204 Aussage Karl Heinz Wehner, 13. 12. 1946, NARA Trials of War Criminals RG338 B320.
205 Vgl. Schulte, Zwangsarbeit und Vernichtung, S. 391.
206 Amicale, Allach, S. 108 ff.

Weitere Krankenreviere gab es in den Außenlagern Haunstetten,[207] Friedrichshafen,[208] Saulgau,[209] Kempten,[210] Gendorf,[211] Gablingen,[212] Lauingen,[213] Augsburg-Pfersee,[214] Kaufbeuren,[215] München-Giesing,[216] Blaichach[217] und Bäumenheim.[218] Von einigen Außenlagern ist bekannt, dass zivile Betriebsärzte die Versorgung der Häftlinge übernahmen und auch für medizinisches Zubehör sorgten.[219] So betreuten in den Augsburger Michelwerken Frau Dr. Hagen und eine Krankenschwester die überwiegend jüdischen Häftlingsfrauen.[220]

In Ausnahmefällen kam es zur Behandlung von KZ-Häftlingen in zivilen Krankenhäusern wie beispielsweise in Donauwörth,[221] Lauingen,[222] Weißenburg,[223] Murnau,[224] Friedrichshafen[225] und Augsburg.[226] Dabei handelte es sich meist um Notoperationen oder Behandlungen nach größeren Luftangriffen.

207 Römer, Für die Vergessenen, S. 88–91.
208 Aussage Peter Bartl, 1. 12. 1971, StAM Stanw 34 814/2.
209 Lageplan Außenlager Saulgau, 14. 8. 1943–22. 4. 1945, DaA 23 099. Darin eingezeichnet unter Block 1 das Revier im Häftlingslager.
210 Terrenoire, Sursitaires de la morte, S. 71–80.
211 Das Krankenrevier wurde 1944 eingerichtet, vgl. Aussage Iwan Ageew, 21. 10. 1969, BArchL B 162/4351.
212 Brief von Edmond Falkuss an Gernot Römer, 28. 3. 1989, DaA A 130.
213 Aussage Max Bauz, 19. 5. 1947, NARA Trials of War Criminals RG338 B325.
214 Aussagen Herbert Slawinski, 29. 5. 1947; Aussage Jerzy Skrzypek, 5. 8. 1947, beide: NARA Trials of War Criminals RG338 B325.
215 Lacombe, Kaufbeuren, S. 53 ff.
216 Lingens, Erinnerungen, S. 22–58.
217 Aussage Ernst Schuhmann, 17. 2. 1961, BArchL B 162/21 465.
218 Bericht des Besuchs von SS-Oberscharführer Karl Fuhrmann im Arbeitslager Bäumenheim, 23. 1. 1945, DaA 20 848.
219 Zu Lauingen vgl. Römer, Für die Vergessenen, S. 109–112; zu Wülfert vgl. Aussage Bernhard Huber, n. d., DaA Rau Papiere 26 815; zu Augsburg-Pfersee vgl. Erklärung Johann Kamienski, 5. 8. 1947, NARA Trials of War Criminals RG338 B325.
220 Gespräch mit Charlotte Keller, 11. 1. 2002, PA Schalm.
221 Vierteljahresbericht des 1. SS-Lagerarztes über den San. Dienst im KLD, 27. 3. 1945, DaA 32 768.
222 Bericht von Dr. Felix Kirchner, 2. 9. 1945, abgedruckt in: Römer, Für die Vergessenen, S. 109 ff.
223 Rechnung des Städtischen Krankenhaus Weißenburg an das KL Dachau, n. d., BArchB NS 4/Da 21.
224 Aussage Stefan Wynnychuk, 16. 10. 1974, BArchL B 162/2490.
225 Rechnung vom Karl-Olga-Krankenhaus Friedrichshafen an das KL Dachau für Verpflegung und Untersuchung von Häftlingen zwischen 30. 6. 1944 und 8. 9. 1944, 25. 8. 1944, BArchB NS 4/Da 21.
226 Rechnung des Städtischen Krankenhauses Augsburg an das KL Dachau, 22. 12. 1944, BArchB NS 4/Da 21.

Umgekehrt behandelte die Häftlingsärztin Ella Lingens im Außenlager München-Giesing heimlich auch Zivilisten und SS-Aufseherinnen:[227]

„Langsam begann ich sogar eine Art Zivilpraxis dazuzubekommen. Ein Arbeiter verunglückte auf einem benachbarten Bau, eine Frau hatte einen Fremdkörper im Auge, die ärztliche Versorgung der Zivilbevölkerung war völlig zusammengebrochen, weit und breit war kein Arzt, der helfen konnte, die Rettungsgesellschaft kam, wenn man sie überhaupt erreichen konnte, nach Stunden. So kamen die Leute aus der Umgebung ganz schüchtern zum Kommandanten gelaufen und baten ihn, mich konsultieren zu dürfen, was er auch wieder nicht abschlagen wollte. Noch jemand kam zu mir, und zwar heimlich, die Aufseherinnen. Es war ihnen streng verboten, aber sie hatten die verschiedensten Schmerzen und Beschwerden und keine Lust, wegen jeder Kleinigkeit nach Dachau zum SS-Arzt zu reisen."[228]

### 6.3.4. Quarantäne

Die katastrophale hygienische Situation im Stammlager Dachau wirkte sich unmittelbar auf Außenkommandos und -lager aus. Aufgrund einer im Stammlager verhängten Quarantäne im Januar 1943 konnten die Häftlinge nicht mehr zum Arbeitseinsatz in die Fleischfabrik Wülfert ausrücken, weshalb sich die Betriebsleitung zur Errichtung eines Außenkommandos entschied.[229] Bedrohlich dagegen wirkte es sich auf die Außenkommandos und -lager aus, wenn keine ausreichenden Quarantänemaßnahmen durchgeführt wurden. Übertragungen von Krankheiten und die Ausbreitung von Epidemien wurden von der Dachauer Lagerleitung billigend in Kauf genommen.[230] Edgar Kupfer-Koberwitz

---

227 Zur begrifflichen Problematik vgl. Kapitel 4.1.6. Zusammensetzung des Lagerpersonals.
228 Lingens, Erinnerungen, S. 32 f.
229 Aussage Bernhard Huber, n. d., DaA Rau Papiere 26 815.
230 Aussage Franz Blaha, 11. 1. 1946, abgedruckt in: Der Prozeß gegen die Hauptkriegsverbrecher vor dem Internationalen Gerichtshof Nürnberg, Sitzungsprotokolle, Bd. V, Nürnberg 1947, S. 199 f.; vgl. hierzu auch die antisemitische Stigmatisierung der jüdischen Häftlinge durch Heinrich Himmler, denen insbesondere der Vorwurf gemacht wurde, Typhus in die Konzentrationslager eingeschleppt zu haben. Harold Marcuse, Legacies of Dachau – The Uses and Abuses of a Concentration Camp 1933–2001, Cambridge 2001, S. 31.

notierte im Stammlager Dachau am 10. April 1943 in sein Tagebuch: „Gestern kamen wieder einige aus dem Revier. Es liegen noch Kranke am Typhus. – Dass die Quarantäne trotzdem aufgehoben ist, geschieht wohl wegen der Dringlichkeit der Arbeit."[231] In den Jahren 1944/45 spitzte sich die Situation aufgrund der Evakuierungstransporte aus anderen Konzentrationslagern weiter zu. Die vielen Kranken konnten zu diesem Zeitpunkt im überfüllten Stammlager nicht mehr isoliert werden oder wurden direkt in die Außenlagerkomplexe Allach, Kaufering/Landsberg und Mühldorf gebracht. Aus Angst vor Krankheitsübertragung verweigerten die Häftlinge des Außenlagers Trostberg Wechselwäsche aus dem Stammlager.[232] Als einer von vielen berichtete Karl Pold von der Bedrohung, in das für Seuchen und Überfüllung berüchtigte Stammlager Dachau rücküberstellt zu werden:

„Jeder Blaichacher Häftling hatte Angst, nach Dachau zurückgeschickt zu werden. Deshalb sagte sich jeder: Nur nicht krank werden und ins Revier kommen. Besserte sich der Gesundheitszustand nicht, schickten sie dich nach Dachau zurück, und es kann sein, dass du durch den Rauchfang gehst."[233]

Schon 1941 war die Gefahr des Übergreifens der Krankheiten von Häftlingen auf die SS-Wachmannschaften und das deutsche Lagerpersonal bekannt und gefürchtet.[234] Dass Häftlingsärzte dies bewusst nutzten und fälschlicherweise Typhus diagnostizierten, wohl wissend, dass eine mehrwöchige Quarantäne den Arbeitseinsatz der Häftlinge zum Erliegen bringen würde, ist für kein Dachauer Außenkommando oder Außenlager überliefert.[235] Der Werksarzt der Messerschmitt AG Dr. Silbernagl, der auch die Augsburger Häftlinge betreute, betrat im Februar 1945 das Außenlager nach den ersten aufgetretenen Fleckfieberfällen nicht mehr. Der Arbeitseinsatz wurde dennoch unvermindert fortgeführt.[236]

231 Kupfer-Koberwitz, Dachauer Tagebücher, S. 100.
232 Erinnerungen von Miroslav Kriznar, n. d., unveröffentlichtes Manuskript, DaA 36 276.
233 Aussage Karl Pold, zit. nach: Römer, Für die Vergessenen, S. 120. Für Ottobrunn vgl. Gespräch mit Hakoon Sörby, 12. 5. 2005, PA Schalm; für Haunstetten vgl. Wolfgang Kucera, Augsburg-Haunstetten, in: Benz/Distel, Ort des Terrors, Bd. 2, S. 284; für Allach BMW vgl. Aussage Joseph Dorcier, 16. 6. 1945, StAM Stanw 34 817/2.
234 Schreiben des Lagerarztes des KL Buchenwald, 15. 7. 1941, Nbg. Dok. NO-2367.
235 Langbein, Arbeit, S. 11.
236 Erklärung Johann Kamienski, 5. 8. 1947, NARA Trials of War Criminals RG338 B325.

Zumindest zeitweise wurden Häftlinge im KZ Dachau vor ihrer Überstellung in ein Außenkommando oder -lager isoliert.[237] Aber es gibt auch Fälle, in denen die jeweiligen Lagerführungen versuchten, die Gefahr der Krankheitsübertragung zu vermindern. Der Überlebende Heinz Baer berichtete, dass er erst nach sechs Wochen im Quarantäneblock des Außenlagers Allach BMW zur Arbeit eingesetzt wurde.[238] Es existierte also keine durchgängige Praxis der Isolierung vor Überstellungen in die Außenkommandos und -lager.

### 6.3.5. Arbeitseinsatz und Krankheit

Mangelnde Hygiene und Epidemien waren kein Ausschlusskriterium für Überstellungen und die Fortsetzung des Arbeitseinsatzes.[239] Darüber hinaus nahmen weder die SS-Lagerleitungen noch Betriebsleitungen oder deren zivile Meister Rücksicht auf den Gesundheitszustand der Gefangenen. Walther Wittchen, ehemaliger politischer Häftling in Kaufbeuren, identifizierte den zivilen Meister Anton Eigen in den Dachauer Prozessen:

„Er war dort der Schrecken wegen seiner unmenschlichen Art, die Häftlinge zu traktieren. […] Ich erinnere mich besonders eines Falles, in dem ein junger Franzose, ein Radio-Ingenieur, nach einer Operation und längerer Erkrankung sofort an den Schubkarren zu schwerster Arbeitsverrichtung gestellt wurde, obwohl vom Lager ausdrücklich aufgetragen war, diesen noch sehr schwachen Häftling zu schonen."[240]

Der Lagerführer des Außenlagers Friedrichshafen SS-Hauptsturmführer Georg Grünberg ließ sich von der Zeppelin GmbH eine Provision bezahlen, um möglichst viele Häftlinge auf die Baustellen zu schicken, auch wenn es sich dabei um „Schonkranke" handelte.[241] Betriebsleitungen verließen sich darauf, dass das KZ Dachau gesunde Häftlinge überstellte und betrachteten die Kranken-

---

237 Aussage Wilhelm Wecks, 22. 2. 1974, BArchL B 162/2490; Aussage Stephan Iwanowitsch Rozgon, 15. 1. 1970, BArchL B 162/2484.
238 Aussage Heinz Baer, 7. 4. 1969, StAM Stanw 34 817/1.
239 Aussage Zygmunt Pisarski, 20. 10. 1970, StAM Stanw 34 800; Aussage Wilhelm Wecks, 22. 2. 1974, BArchL B 162/2490.
240 Aussage Walther Wittchen, 15. 2. 1946, NARA Trials of War Criminals RG153 B212.
241 Bericht „Im Todeslager Überlingen" von Alfred Hübsch als Anlage zu seiner Vernehmung vom 18. 10. 1972, BArchL B 162/2484.

pflege nicht als ihre Aufgabe. So schickte im Mai 1944 die BMW-Werksleitung insgesamt 33 Häftlinge aus Allach als „nicht arbeitsfähig" in das Konzentrationslager Dachau zurück.[242] Die AGFA Kamerawerke in München-Giesing ergriffen keine Präventivmaßnahmen zum Arbeitsschutz für die mit Chemikalien hantierenden weiblichen KZ-Häftlinge.[243] Und auch um Arbeitsunfälle kümmerten sich Betriebsleitungen nicht.

Von 1943 bis zur Befreiung des Konzentrationslagers Dachau belegen Überstellungslisten kontinuierliche Häftlingsverschiebungen aufgrund von „Arbeitsunfähigkeit" aus Außenlagern.[244] Die meisten als solche gekennzeichneten Kranken kehrten aus den Außenlagern Allach BMW, Lauingen, Kottern, Augsburg-Pfersee, Weißsee und Eching nach Dachau zurück.

Aus den Außenlagern der Untertageverlagerung ist bekannt, dass der Gesundheitszustand der jüdischen Häftlinge nicht nur keine Rolle für deren Arbeitseinsatz spielte, sondern vielmehr der Tod der Gefangenen eine kalkulierte Größe war.[245] Trotz des vorhandenen medizinischen Materials stellte die Organisation Todt die Versorgung der KZ-Häftlinge nicht sicher.[246] Auch deswegen lässt sich für die jüdischen Häftlinge in Baukommandos der Untertageverlagerung von dem Prinzip der „Vernichtung durch Arbeit" sprechen.

### 6.3.6. Sterbelager

In der letzten Kriegsphase entstanden in Außenlagern neben Revieren vor Ort sogenannte Krankenlager.[247] Zu den größten Sterbelagern entwickelten sich seit

---

242 Werner, Kriegswirtschaft, S. 235.
243 Aussage Kazimiera Stefanska, 14. 3. 1975, BArchL B 162/16 347.
244. Vgl. Überstellungslisten des KL Dachau, 3. 5. 1942–25. 4. 1945; alle: DaA 35 672– 35 678, 35 920–35 921.
245 Zur Diskussion über „Vernichtung und Arbeit" vgl. Kapitel 1.2. Forschungsstand; zum Arbeitseinsatz von Kranken im ALK Mühldorf vgl. Aussage Franz Neubauer, 9. 6. 1947, NARA Trials of War Criminals RG153 B225; Aussage Lajes Grunbaum, 31. 5. 1945, NARA Trials of War Criminals RG338 B327.
246 Raim, Dachauer KZ-Außenkommandos, S. 233 ff.
247 Zur Entwicklung des KL Bergen-Belsen zu einem Sterbelager vgl. Kapitel 2.1. Entwicklungsgeschichte und Funktionswandel; Für die Entwicklung des AL Leitmeritz des KL Flossenbürg zum Sterbelager vgl. Miroslava Langhamerová, Leitmeritz (Litoměřice), in: Benz/Distel, Ort des Terrors, Bd. 4, S. 175–185. Jens-Christian Wagner beschrieb die Schonblöcke des Lagers Dora als „Lager im Lager", vgl. ders., Das Außenlagersystem des KL Mittelbau-Dora, in: Herbert/Orth/Dieckmann, Konzentrationslager, Bd. 2, S. 705–729, hier: S. 717.

dem Winter 1944/45 die Außenlager Kaufering IV und VII und im April 1945 das Außenlager Saulgau. Die Überfüllung des Krankenreviers im Stammlager Dachau führte außerdem zur Überstellung von Kranken in den Außenlagerkomplex Allach. All diese Orte entwickelten sich zu Sterbezonen, in denen die Versorgung der Kranken praktisch vollkommen eingestellt worden war.[248] Das Schicksal, das sie in den Sterbelagern erwartete, war unter den Häftlingen bekannt.[249]

Dass die medizinische Versorgung zu einem ganz wesentlichen Teil von der Haftkategorie des einzelnen Häftlings abhängig war, zeigen neben der Belegung der Sterbelager auch die wenigen Fälle von bevorzugten medizinischen Leistungen. Zahnbehandlungen und Brillenanpassungen waren selten und nur nicht-jüdischen Facharbeitern in der Rüstungsindustrie vorbehalten. In den erhaltenen Überstellungslisten sind zwischen 22. Mai und 24. November 1944 60 Häftlinge aufgeführt, die zur Brillenanpassung aus dem Außenlager Allach BMW nach Dachau gebracht wurden.[250] Für weitere zehn Häftlinge erfolgte die Rücküberstellung in das Stammlager aufgrund einer notwendigen Augenbehandlung aus den Außenlagern Augsburg-Pfersee, Trostberg und Allach.[251]

## 6.4. Arbeit

Dachauer Gefangene wurden zu verschiedenen Tätigkeiten in Land-, Haus- und Bauwirtschaft sowie in Produktionsprozessen herangezogen. Dabei ist zu berücksichtigen, dass in einer großen Zahl von Außenkommandos und -lagern nicht ausschließlich in einem Betätigungsfeld gearbeitet wurde. Vielfach bestanden vor Ort verschiedene Arbeitskommandos zur gleichen Zeit. Zum Beispiel waren im Außenkommando Hausham weibliche Gefangene sowohl in Landwirtschaft als auch im Haushalt eingesetzt, während die Mehrheit der männlichen Häftlinge zu Baumaßnahmen herangezogen wurde.[252] In der Allacher Porzellanmanufaktur[253] oder der Fleischfabrik Wülfert[254] waren Häftlinge in

---

248 Zum AL Kaufering IV vgl. Raim, Ende von Kaufering IV.
249 Testimony Abraham Baum, Yale University Fortunoff Video Archive HVT-180.
250 Vgl. Überstellungslisten des KL Dachau, 22. 5. 1944–24. 11. 1944, DaA 35 672, 35 674–35 677.
251 Ebenda.
252 Wrobel, Hausham, in: Benz/Distel, Ort des Terrors, Bd. 2, S. 344–347.
253 Knoll, Porzellanmanufaktur, S. 126 ff.
254 Sabine Schalm, Dachau (Fleischfabrik Hans Wülfert), in: Benz/Distel, Ort des Terrors, Bd. 2, S. 306–309.

die Fertigungskommandos sowie zu Baumaßnahmen oder Transportdiensten abgestellt.

### 6.4.1. Land- und Hauswirtschaft

Die ersten 160 Außenkommandohäftlinge arbeiteten im September 1933 in Gröbenried beim Torfstich zur Versorgung des Konzentrationslagers.[255] Seit 1937 waren zunehmend Gefangene in landwirtschaftlichen Betrieben der Deutschen Versuchsanstalt für Ernährung und Verpflegung (DVA)[256] eingesetzt. Dabei handelte es sich um die Außenkommandos Heppenheim,[257] Liebhof,[258] Unterfahlheim,[259] Hausham,[260] Pabenschwandt[261] und Dachau Pollnhof.[262]

Für ein weiteres SS-Unternehmen, den Deutschen Reichsverein für Volkspflege und Siedlerhilfe,[263] stellte das KZ Dachau im Juni 1942 20 Häftlinge zur Bewirtschaftung von Schloss Lind ab. Nur ein privates Unternehmen, der Gärtnereibetrieb von Franz Nützl im Münchner Ludwigsfeld, setzte ein landwirtschaftliches Außenkommando ein.[264] Neben dem Einsatz in SS-Unternehmen und der Gärtnerei Nützl waren einzelne Gefangene in „Gefälligkeitskommandos" für Privatpersonen in der Land- und Hauswirtschaft in den Außenkommandos Wurach, Fridolfing, Valepp Bauer Marx und Bad Oberdorf tätig. Frau Dr. Schweninger, Alois Rehrl, Ilse Heß und Johann Marx bekamen Häftlinge zugewiesen, die sie bei der Bewirtschaftung ihrer Güter oder Almen und im Haushalt unterstützten.

Zu unterscheiden davon sind Landwirtschaftseinsätze von Häftlingen aus Außenkommandos und -lagern, die kurzfristig und bedarfsorientiert eingerichtet waren. In zahlreichen Fällen wurden Gefangene nur tageweise an Bauern in der Umgebung von existierenden Außenkommandos und -lagern mit primär

---

255 Vgl. Schutzhaftgefangene beim Torfstechen, Amperbote Nr. 211 vom 7. 9. 1933, DaA A 2865. Vgl. Abbildung 3.
256 Vgl. Kaienburg, Wirtschaft der SS, S. 129 ff., 412 ff.
257 Ebenda, S. 778–781.
258 Sabine Schalm, Liebhof, in: Benz/Distel, Ort des Terrors, Bd. 2, S. 384 f.
259 Schalm, Unterfahlheim, S. 6–9; Kaienburg, Wirtschaft der SS, S. 822–828.
260 Kaienburg, Wirtschaft der SS, S. 791.
261 Ebenda, S. 830–835.
262 Sabine Schalm, Dachau (Pollenhof), in: Benz/Distel, Ort des Terrors, Bd. 2, S. 309 f.
263 Grundsätzlich vgl. Kaienburg, Wirtschaft der SS, S. 298–345.
264 Aussage Hans Hornung, 17. 7. 1946, StAM SpK 1261 (Franz Nütz).

anderem Arbeitseinsatz als Erntehelfer abgestellt und dafür Naturalien an Lager-SS und Häftlinge abgegeben.[265] Ein Beispiel für die Abstellung von Gefangenen als eine Art inoffizielle Gefälligkeit ist für das Außenkommando Heidenheim ungewöhnlich genau dokumentiert. Im Winter 1941/42 kämpfte die Gemeinde Heidenheim mit umfangreichen Schneemassen. In der dortigen Polizeischule befand sich seit Oktober 1941 ein etwa 50 Mann starkes Außenkommando, das zu verschiedenen Baumaßnahmen eingesetzt war. In einem Bericht des Stadtbaumeisters an den Heidenheimer Oberbürgermeister im Februar 1942 fanden auch die Häftlinge Erwähnung:

„In der Stadt selbst sind in erster Linie die Ortsdurchfahrtsstraßen sowie besonders verkehrswichtige Straßenstrecken frei gemacht worden. Für diese Arbeiten wurden alle verfügbaren Kräfte [...] eingesetzt; außerdem hat in entgegenkommender Weise die Polizeiausbildungsabteilung Heidenheim 32 Schutzhäftlinge der Stadt zur Verfügung gestellt."[266]

Der Bürgermeister revanchierte sich dafür mit einer Spende von 200 RM für eine Veranstaltung der Polizeischule, wie handschriftlich auf dem Bericht festgehalten wurde.

Vorwiegend hauswirtschaftliche Tätigkeiten verrichteten weibliche Häftlinge in den Außenkommandos Dachau Entomologisches Institut, Plansee und Schloss Itter und Männer im Außenkommando Oberföhring.[267] Während in Dachau die Zeuginnen Jehovas die Baracken des Entomologischen Instituts aufräumten und sauber hielten, waren die Frauen in Plansee und Schloss Itter zur Versorgung der dort internierten „Sonderhäftlinge" zuständig.

Bis zur Befreiung des Konzentrationslagers Dachau existierten 14 Außenkommandos für land- und hauswirtschaftliche Zwecke. Belegungsmäßig waren vor allem die Einsätze in der Landwirtschaft für die DVA von Bedeutung.[268] Die Ausführung maschinell rationalisierbarer Arbeitsabläufe durch Häftlinge lohnte sich, da wie anderen SS-Unternehmen auch, der DVA vergünstigte Häft-

---

265 Für das AK Markt Schwaben vgl. Aussage Josef Köstler, 1. 8. 1969, BArchL B 162/28 398.
266 Bericht über die Schneebeseitigung des Tiefbauamtes an den OB, 11. 2. 1942; StA Heidenheim Tätigkeitsberichte der städtischen Ämter 1941, zit. nach: Hoffmann, Verschwunden, S. 74.
267 Bericht von Kurt Ropelius, 1. 2. 1971, GAZJ Selters LB Ropelius, Kurt.
268 Vgl. Kaienburg, Wirtschaft der SS, S. 771–795.

lingsentgelte in Rechnung gestellt wurden. In diesen Außenkommandos war körperliche Schwerarbeit verlangt. Die Häftlinge mussten sich bei jeder Witterung auf den Feldern abmühen und größtenteils ohne technische Hilfsmittel oder Gerätschaften Erdarbeiten leisten. Kälte wie Hitze bedeuteten existenzielle Gefahren für die unterversorgten Häftlinge, die auch durch gelegentliche Lebensmitteldiebstähle nicht ausgeräumt werden konnten.[269] Über den SS-Angehörigen und Obergärtner des Gutes Liebhof Pavlik berichtete der Überlebende Urbanc Marjan:

„Was den Pavlik betrifft, kann ich nicht sagen, dass ich ihn gesehen hätte, jemanden zu erschießen. Er war aber sehr grob und malträtierte uns und wir mussten bei den schlechtesten Wetterbedingungen arbeiten, sogar damals als das Vieh wegen des schlechten Wetters im Stall war."[270]

Zwei Frauen aus dem Außenkommando Hausham erzählten, dass sie im Winter 1944 bei großer Kälte nur mit einer Handsäge einen Baum fällen mussten.[271] Abgesehen von der schweren Arbeit unter freiem Himmel konnten aber Einsätze in kleinen landwirtschaftlichen Außenkommandos die individuellen Lebensbedingungen verbessern.

### 6.4.2. Bombenentschärfung und Trümmerbeseitigung

Ab September 1942 wurden Dachauer Häftlinge zur Bombensuche und -entschärfung eingesetzt. Einzelheiten der Luftschutzmaßnahmen regelte das Luftschutzgesetz vom 26. Juni 1935.[272] Die Erstversorgung von sogenannten Fliegergeschädigten war Aufgabe von Stadtverwaltung und Parteidienststellen. Dagegen oblag die Beseitigung der Fliegerschäden dem örtlichen Polizeipräsidenten in seiner Funktion als Luftschutzleiter. Anfang 1941 waren die Bürgermeister zu „Leitern der Sofortmaßnahmen" erklärt worden. In Absprache mit den Rüstungskommandos der Wehrmacht ordneten sie Maßnahmen zur Behebung

---

269 Vgl. Kapitel 6.1.6. Tauschhandel und Diebstahl.
270 Aussage Urbanc Marjan, 21. 1. 1975, BArchL B 162/1908.
271 Garbe, Widerstand und Martyrium, S. 457; Berichte von Frieda Hopp, 31. 12. 2002, 21. 2. 2003, 29. 4. 2003, alle in: GAZJ Selters Memo NL.
272 RGBl., S. 827.

*Abb. 9: Großeinsatz des Sprengkommandos im Hof der Stielerschule. Häftlinge auf den Wagen, 1944.*

von Schäden an Verkehrseinrichtungen, Industriebetrieben und der Reichspost an.[273]

Die Beseitigung von Blindgängern in München war primär Aufgabe der Feuerwehr der Luftzeuggruppe VII. Deren Kommandeur, Generalmajor Sprunner von Merz, überwachte die Sprengkommandos, meist zusammengestellt aus einem hauptberuflichen Feuerwerker und einer Gruppe von Hilfsarbeitern. Mancherorts waren KZ-Außenkommandos eingerichtet worden, die in Sechsergruppen aufgeteilt an unterschiedlichen Orten Blindgänger sprengten oder entschärften. In München beispielsweise waren zwischen Juli 1944 und April 1945 in der Stielerschule am Bavariaring 100 Gefangene untergebracht, die zu ihren Einsätzen in das ganze Stadtgebiet ausrückten.[274] (Abb. 9)

Ein weiteres 85 Häftlinge starkes Katastrophenkommando war mit der gleichen Aufgabe betraut.[275] Ähnliches ist für Salzburg belegt, genaue Häftlingszahlen

273 In ihrer Studie zu Bombensuchkommandos in Köln beschrieb Karola Fings die Aufgaben- und Kompetenzverteilung im Luftschutz am Beispiel der Stadt Köln. Vgl. Karola Frings, Messelager Köln. Ein KZ-Außenlager im Zentrum der Stadt, Köln 1996, S. 35.
274 Sabine Schalm, München Bombensuchkommando, in: Benz/Distel, Ort des Terrors, Bd. 2, S. 398 ff.
275 Die Lokalisierung dieses Außenkommandos innerhalb Münchens ist nicht mehr möglich, seine Existenz ist allerdings zwischen Februar und April 1945 belegt. Vgl. ITS, Vorläufiges Verzeichnis, S. 84.

sind hierfür allerdings nicht bekannt.[276] Daneben existierten auch mobile Bombensuchkommandos wie im Fall von Ingolstadt. Mehrere Sechsergruppen entschärften Bomben und waren dafür tageweise in Gefängnissen, Gaststätten oder Privatunterkünften einquartiert.[277] Einerseits waren die als „Sprengkommando", „Bombensucher" oder „Katastropheneinsatz" betitelten Außenkommandos in großen Städten wie München und Salzburg zu finden, andererseits forderten einzelne Landräte kleine Gruppen von KZ-Gefangenen gerade in den letzten Kriegsmonaten 1945 an, wie Beispiele aus Neuburg an der Donau und Starnberg zeigen.

Vereinzelt gaben Überlebende an, dass die Rekrutierung für diese Kommandos freiwillig war.[278] Die Lager-SS hatte ihnen nach der zehnten Bombe die Entlassung in Aussicht gestellt.[279] Bekannt ist ein derartiger Entlassungsfall für einen Dachauer Häftling allerdings nicht. Über den Arbeitsablauf eines Münchner Bombensuchkommandos berichtete ein Überlebender:

> „Einer von uns begann, an der Fundstelle zu graben. Die anderen gingen in einiger Entfernung in Deckung. Nach zehn Minuten löste ihn der nächste ab, der daraufhin abermals nach zehn Minuten abgelöst wurde. Stieß man endlich auf den Blindgänger, begann die Tätigkeit des Feuerwerkers, der mit größter Vorsicht den tückischen Zünder entfernte. Während dieser Zeit warteten wir in geziemendem Abstand auf ein Zeichen der Entwarnung und zogen dann die entschärfte Bombe mit einem Seil aus dem Loch."[280]

In anderen Außenkommandos dagegen mussten die Häftlinge auch die Arbeit des Entschärfens übernehmen. Franz Brückl, ein Überlebender des Münchner Bombensuchkommandos in der Stielerstraße, berichtete über das hohe Risiko für die Häftlinge. Mindestens 15 Gefangene verunglückten in seinem Kommando pro Tag.[281] Die Leichenteile mussten in das Stammlager zurücktransportiert, und die Kommandos mit anderen Häftlingen von dort wieder aufgefüllt werden. Otto Oertel, zeitweise einem Bombenentschärfungskommando des

---

276  Albert Knoll, Salzburg Bombensuchkommando, in: Benz/Distel, Ort des Terrors, Bd. 2, S. 474.
277  Fegert, Luftangriffe, S. 83 ff.
278  Vgl. Hans-Günter Richardi, Bomber über München. Der Luftkrieg von 1939 bis 1945, dargestellt am Beispiel der „Hauptstadt der Bewegung", München 1992, S. 393.
279  Leserbrief von Hans Hugl, in: Süddeutsche Zeitung, 14. 12. 1967.
280  Oertel, Gefangener der SS, S. 254.
281  Richardi, Leben auf Abruf, S. 24.

*Abb. 10: Ein Bombensuchkommando bei der Arbeit in München-Großhadern, Ausgrabung von Teilen einer 10 Ztr. Sprengbombe durch Angehörige des KZ-Dachau im Beisein des Feuerwerkers der Luftwaffe, 21. Dezember 1942.*

Außenlagers Allach BMW zugeteilt, beschrieb das makabre Dilemma der Häftlinge gegenüber dem Lagerführer Jarolin:

> „Wie konnten wir dem Panzergeneral beweisen, dass wir einen Mann durch Unfall verloren hatten, wenn von ihm nichts mehr übrig geblieben war als kleine Fetzen? Wir kannten das Misstrauen Jarolins. So blieb uns nur, die winzigen Reste unseres Kameraden vom Baum zu sammeln. Eine grausige Arbeit. Schließlich fanden wir in einem Gebüsch noch Teile der Eingeweide. In einem leeren Kunstdüngersack trugen wir die Reste unseres Kameraden zum LKW und traten damit die Rückfahrt an."[282]

In den meisten Fällen verfügten die Gefangenen weder über Kenntnisse als Feuerwerker noch wurden Schutzvorkehrungen getroffen. Der Tod der Häftlinge war einkalkuliert, und der Einsatz von höchster Stelle durch einen Erlass von Adolf Hitler vom 12. Oktober 1940 legitimiert:

> „Ich ordne an, dass zur Beseitigung von Bomben (Blindgänger, Langzeitzünder) – soweit damit Gefahr für die Räumtrupps verbunden ist – nach Möglichkeit Insassen von Konzentrationslagern und Strafgefangene aller Art herangezogen werden."[283]

282 Oertel, Gefangener der SS, S. 262.
283 Anordnung Adolf Hitlers, 12. 10. 1940, DZOK R 1 178 (Original in: HStA Stuttgart E 151 c I Bü 1).

Das primäre Ziel war die Verschonung der deutschen Zivilbevölkerung. Ein Werksschutzangehöriger bei BMW Allach drückte dies in einem Gespräch mit Otto Oertel so aus:

„Früher hat man immer zehn Tage gewartet, ehe man einen Blindgänger ausgrub. Jetzt aber, da ihr das machen müsst, wartet man diese Zeit nicht mehr ab. Wenn nach zehn Tagen die Bombe nicht hochgegangen ist, dann tut sie es auch später nicht mehr. Es ist grausam, was man mit euch macht."

Weiter berichtete der Werksschutzangehörige, dass man bei BMW vor den KZ-Häftlingen bereits Fremdarbeiter zum Bombensuchen herangezogen hatte, „aber die braucht man jetzt nötiger in der Fertigung".[284]

Nach größeren Bombenschäden stellte das Stammlager Dachau auch Insassen zu Aufräumarbeiten ab. Nach einem Luftangriff auf München im Oktober 1944 kamen 18 Handwerker aus dem Konzentrationslager Dachau in die Münchner Höchlstraße zu Instandsetzungsarbeiten.[285] 50 weitere Häftlinge waren zwischen Januar und April 1945 mit der Schadensbehebung nach Treffern im Münchner Führer- und Verwaltungsbau beschäftigt. Ebenso kamen 217 Häftlinge im April 1945 am Rosenheimer Bahnhof zum Einsatz.[286] Im niederbayrischen Thansau beseitigten im Januar 1945 40 bis 50 Häftlinge die Zerstörungen nach einem Luftangriff auf einem von der Organisation Todt gepachteten Landgut.[287]

### 6.4.3. Bauwesen

Mehr als ein Drittel aller Dachauer Außenkommandos und -lager war zur Ausführung von Baumaßnahmen errichtet worden. In den von 1934 bis 1942 entstandenen bauwirtschaftlichen Außenkommandos waren zwischen sechs und 170 Häftlinge eingesetzt, die zu Renovierungsarbeiten an Häusern oder Feriendomizilen von SS- und Parteifunktionären herangezogen wurden wie beispielsweise in St. Gilgen für Lagerkommandant Hans Loritz, in Oberhaching für Schwester Pia oder in Valepp für Heinrich Himmler. Im Außenkommando

---

284  Zit. nach Oertel, Gefangener der SS, S. 256.
285  Bericht von Conrad Klug, 5. 2. 1954, GAZJ Selters Dok 05/02/54.
286  Veronika Diem, Rosenheim, in: Benz/Distel, Ort des Terrors, Bd. 2, S. 472 f.
287  Aussage Stanislaus Ciok, 19. 8. 1969, BArchL B 162/17 140.

*Abb. 11: Häftlinge des AK Oberstdorf-Birgsau mit Arbeitsgeräten vor der Hirtenhütte, Mai 1945.*

Sudelfeld Berghaus planierten Gefangene Zufahrtswege und führten Umbauten für ein SS-Genesungsheim aus, in Spitzingsee bauten sie eine SS-Skihütte aus, in St. Johann errichteten sie ein SS-Erholungsheim, in Bad Tölz, Ellwangen, Heidenheim, Radolfzell, Nürnberg und München bauten sie SS-Kasernen und in Schleißheim eine SS-Berufsschule, in Feldafing die Reichsschule der NSDAP und in Neustift die Hochgebirgsschule. Im Jahr 1943 wurden Häftlinge in das Allgäuer Oberstdorf abgestellt, um hier eine SS-Führerschule zu errichten (Abb. 11).

Anfang 1943 zeigten die Außenlagergründungen in München-Riem und Friedrichshafen eine neue Dimension von Baukommandos. Arbeitgeber in München war nun nicht mehr die SS, sondern die Organisation Todt, die 600 Gefangene, überwiegend Juden sowie Sinti und Roma, zu Ausbau und Nivellierung von Rollbahnen am Flugplatz Riem einsetzte. In Friedrichshafen errichteten zwischen 800 und 1200 Gefangene Produktionsanlagen der Zeppelinwerke für das geheime Raketenprogramm des Heeres, die V2/A4-Fertigung.[288]

Im Jahr 1944 erfolgten allein 34 Außenkommando- und Außenlagergründungen im Bauwesen mit mehr als 24 500 Häftlingen, die größten im Zusammenhang mit Verlagerungsprojekten des „Jägerstabes". Hier zwangen die OT und ihre Subunternehmer die Häftlinge unabhängig von Alter und Geschlecht

---

288 Vgl. Metzler, „Geheime Kommandosache", S. 13–41; Wagner, Produktion des Todes, S. 79–84.

zu Wasser- und Kanalarbeiten, Transporttätigkeiten, Straßen- und Eisenbahnbau, Errichten von Unterkünften und Aufräumarbeiten. Somit wurde die mit der Bauleitung von Verlagerungsprojekten beauftragte Organisation Todt der mächtigste Arbeitgeber von Dachauer Bauhäftlingen. Zwischen Februar 1943 und Kriegsende waren für OT-Baustellen neben den genannten weitere Außenlager in Karlsfeld, Überlingen, Landshut und Eching eingerichtet worden. Insgesamt handelte es sich um mehr als 35 500, vornehmlich jüdische Häftlinge.

### 6.4.4. Fertigung

Im Gegensatz zum Arbeitseinsatz in der Land- und Hauswirtschaft sowie auf Baustellen, der für Dachauer Häftlinge durchgängig nachweisbar ist, gestaltete sich die Entwicklung von sogenannten Produktionskommandos außerhalb des Konzentrationslagers Dachau anders. Erstmalig 1940 waren etwa 18 Häftlinge an der Herstellung von Porzellan in der Allacher Manufaktur beteiligt.[289] Im März 1942 reihte BMW Dachauer KZ-Häftlinge in seine Belegschaft ein.

Der Aufbau des Außenlagerkomplexes Allach BMW begann genau ein Jahr später.[290] Neben BMW erhielten zwei weitere privatwirtschaftliche Betriebe 1942 für ihre kriegswichtige Produktion Häftlinge aus dem KZ Dachau zugewiesen, wenn auch in wesentlich geringerem Umfang: im April die Firma Ehrengut in München sowie im August die Münchner Bartolith Werke.[291] Während in Allach der 801 Motor für ein Düsenflugzeug gefertigt wurde, produzierten zehn Häftlinge für die Firma Ehrengut Militärbarackenelemente und in den Bartolith Werken 70 bis 80 Gefangene Bauplatten aus Holzzementgemisch. Bis 1943 gab es nur vier Außenkommandos und -lager, deren Gefangene in Fertigungsprozessen eingesetzt waren. Allerdings lag die Gesamtzahl der dort eingesetzten Häftlinge schon höher als in den zahlreichen Baukommandos mit überwiegend sehr geringer Belegung.

Im Jahr 1943 entstanden weitere Produktionskommandos für die Fleischfabrik Hans Wülfert (Dachau), die Messerschmittwerke (Haunstetten, Kottern), die U. Sachse KG (Kempten) und Anorgana (Gendorf). An diesen Orten waren

---

289 Knoll, Porzellanmanufaktur, S. 116–133.
290 Werner, Kriegswirtschaft, S. 186 f.
291 Vgl. Beiträge von Sabine Schalm, München (Ehrengut) und München-Freimann (Bartolith Werke), in: Benz/Distel, Ort des Terrors, Bd. 2, S. 400 f., 435 ff.

Abb. 12: KZ-Häftlinge bei Arbeiten im BMW-Werk Allach an der Prüfstelle Schlusskontrolle, gestelltes Propagandabild, aufgenommen von einem BMW-Werksfotografen, 1944.

etwa 4830 Häftlinge eingesetzt, die, abgesehen von den Wülfert-Häftlingen, in der Rüstungsproduktion zum Einsatz kamen.[292] Ein Jahr später ist ein starker Anstieg von Produktionseinsätzen zu verzeichnen. An 14 neuen Außenkommando- und Außenlagerstandorten waren über 10 000 Häftlinge für Fertigungsarbeiten untergebracht. Etwas weniger als 7500 von ihnen produzierten für Messerschmitt in Augsburg, Bäumenheim, Fischen, Landsberg und Lauingen. Für BMW arbeiteten mehr als 1800 Häftlinge in Blaichach, Kaufbeuren, Stephanskirchen und Trostberg. Mit je 500 Häftlingsfrauen waren die Außenlager in Augsburg-Kriegshaber bei den Michelwerken und in München-Giesing für die AGFA Kamerawerke belegt. Obwohl ein deutlicher Anstieg von Häftlingen in der Fertigung beobachtet werden kann, gab es 1944 eine klare Dominanz der Baukommandos.

In den ersten vier Monaten des Jahres 1945 erfolgten nur noch vier Außenkommando- und Außenlagergründungen zu Produktionszwecken mit insgesamt knapp 350 Häftlingen für Klöckner Humboldt Deutz (Ulm), Messerschmitt (Burgau, Horgau) und das Institut für wehrwissenschaftliche Zweckforschung

---

292 Zu den Zahlenangaben hier und im Folgenden vgl. Kapitel 10.3.5. Belegung der Dachauer Außenkommandos und 10.3.6. Dachauer Außenlager.

(Lochau). Mehr als 1633, also mehr als viermal so viele, Gefangene waren dagegen in den neu eröffneten oder erstmals erwähnten Baukommandos des Jahres 1945 tätig.

### 6.4.5. Arbeitsbedingungen in Bau- und Fertigungskommandos

Sowohl in den Baukommandos als auch in den Produktionskommandos mussten Häftlinge körperlich schwer arbeiten, doch konnten sich Nischen bieten, die den Häftlingen beim Überleben halfen. Wird die Situation in den Baukommandos mit der in den Produktionskommandos gegenübergestellt, ergibt sich kein eindeutiges „besser oder schlechter".

In Produktionskommandos wie in der Porzellanmanufaktur Allach oder der Tischlerei Ehrengut in München waren Facharbeiter in der Fertigung eingesetzt und berichteten von guten Bedingungen.[293] Dagegen sagten Überlebende über den Arbeitseinsatz im Außenkommando Bartolith aus, dass ein brutales Arbeitstempo bei der Holzzementplattenfertigung herrschte. Sowohl von betrieblicher Seite als auch vom SS-Kommandoführer wurde zur Steigerung ihres Arbeitspensums Druck auf die Häftlinge ausgeübt. Infolgedessen und aufgrund der unzureichenden Verpflegung brachen Gefangene am Arbeitsplatz aus Erschöpfung zusammen.[294] Die hohe Zahl der Rücküberstellungen kranker Häftlinge und der dafür gestellten Neuzugänge macht den Charakter dieses Arbeitseinsatzes deutlich.[295]

Im Vergleich zu den Bunkerbaukommandos in Allach waren die Arbeitsbedingungen in den Produktionskommandos tendenziell besser, da die Arbeiten physisch nicht so auszehrend waren.[296] Stattdessen aber fürchteten die Häftlinge in der Fertigung die Qualitätskontrollen durch zivile Meister.

„Que nos camerades aient été contrôleurs de pièces, travailleurs sur machines-outils ou manutentionnaires, ils ont été confronté dans les Hallen au même personnel: SS, Kapos, civils allemands (dont certains portaient des macarons

---

293 Zur Porzellanmanufaktur Allach vgl. Gross, Zweitausend Tage Dachau, S. 153–344; zu München Ehrengut vgl. Aussage Boleslaw Maniuski, 30. 1. 1975, BArchL B 162/25 850.
294 Aussage Johann Leitameier, 9. 10. 1967, StAM Stanw 22 491.
295 Überstellungslisten des KL Dachau, 17. 11. 1942–18. 12. 1942; alle: DaA 35 674.
296 Amicale, Allach, S. 81.

nazis), qui tous rivalisaient de zèle. Les civils qui étaient mécontents de tel détenu le signalaient à un SS."[297]

Stand auch nur der Verdacht von „Sabotage" im Raum, folgten unberechenbare Strafen.[298]
Eine weitere Gefahr, mit der vor allem die Häftlinge der Produktionskommandos in den letzten beiden Kriegsjahren in immer bedrohlicherem Maße konfrontiert waren, ging von alliierten Luftangriffen aus. Davon besonders betroffen waren die Außenkommandos und -lager in und um die Ballungsräume München, Augsburg und Friedrichshafen.[299] Die Frauen des Außenlagers München-Giesing arbeiteten für die AGFA Kamerawerke unter ständiger Angst vor Luftangriffen. Sie waren den Bomben in den Fabrikhallen schutzlos ausgeliefert, während die deutschen Zivilangestellten bei Gefahr in Luftschutzräume flüchteten.[300] Durch die zahlreichen Angriffe auf München stand die Produktion in Giesing oft still und führte zu einer weiteren Erhöhung des Leistungsdrucks auf die Frauen.[301]

An allen Einsatzorten der Baukommandos mussten die Gefangenen unabhängig von der Witterung schwer arbeiten und waren Schikanen sowie Gewaltexzessen der Wachmannschaften ausgesetzt. Dennoch erfordern die vielfältigen Berichte Überlebender eine Differenzierung der grundlegend divergierenden Arbeitsbedingungen. In den frühen Außenkommandos bis einschließlich 1942 kam es aufgrund der geringen Belegung zu persönlichen Kontakten zwischen Lagerpersonal und den überwiegend nicht-jüdischen Häftlingen. Überlebende erinnerten sich noch recht genau an Namen und Details der einzelnen Kommandoführer und ihre Wachmänner. Bei Untertageverlagerungsbaustellen herrschte 1944 eine größere Anonymität, wie der Überlebende István Gábor beschrieb:

„Namentlich kann ich kein einziges Mitglied der Wache benennen, denn die Kluft zwischen Gefangenen und ihren Bewachern wurde dadurch ausgedrückt,

---

297 Ebenda, S. 84.
298 Aussage Eliahu Kaufmann, 22. 11. 1969, StAM Stanw 34 814/1. Vgl. Kapitel 6.6.1. Sabotage.
299 Abschrift der Totenbücher des KL Da und seinen AL aus dem Revier des KL Da, 11. 5. 1941–16. 4. 1945, DaA 22 662.
300 Der Streik der Zwangsarbeiterinnen, in: Süddeutsche Zeitung, 12. 1. 2005.
301 Lingens, Erinnerungen, S. 33 f.

dass wir Zahlen waren und sie die Inhaber irgendeiner militärischen Einteilung. Ich kann mich an keinen einzigen Namen erinnern."[302]

In den bauwirtschaftlichen Außenkommandos bis 1942 erhielten die Gefangenen keine üppigen Mahlzeiten, aber verglichen mit der physischen Ausbeutung und Unterernährung der jüdischen Bauhäftlinge in den Außenlagerkomplexen Kaufering/Landsberg und Mühldorf erlebten sie eine bessere Versorgung und ein humaneres Arbeitsumfeld. Daher forderten die Arbeitsbedingungen in den bauwirtschaftlichen Außenkommandos bis 1942 vergleichsweise wenige Todesopfer im Gegensatz zu den Untertageverlagerungsbaustellen 1944/1945.

Durch die Zustände in den 1943 gegründeten bauwirtschaftlichen Außenlagern in München-Riem und Friedrichshafen zeichnete sich eine Brutalisierung sowohl im Umgang mit den Häftlingen am Einsatzort als auch in der Versorgung der Außenlager ab. Überlebende berichteten hier erstmals vermehrt von Toten und Verletzten am Arbeitsplatz sowie von schweren Misshandlungen und Morden.

Die Gewaltspirale in den Baukommandos setzte sich in den Jahren 1944 und 1945 fort. Der enorme Leistungsdruck auf den OT-Baustellen, der aufgrund utopischer Baufristen weiter erhöht wurde, drückte sich im erbarmungslosen Antreiben der Gefangenen aus. Arbeiten mit Zement und Beton verlangten von den geschwächten Gefangenen schwerste körperliche Anstrengungen und führten zur völligen Entkräftung.[303] Der Ungar Sándor Sásdi, im November 1944 in das Mühldorfer Waldlager V/VI deportiert, sagte 1971 über die Arbeitsbedingungen auf der Hauptbaustelle aus:

„Dies war ein unterirdischer Bau, wo sich uns das Schrecklichste offenbarte. Einige Hundert haben hier gearbeitet. Unsere Aufgabe war 50 kg schwere Zementsäcke auf der Schulter zu tragen. Eine mir unbekannte Konstruktion brachte das zementähnliche Material in die Höhe. Wer nicht bis dort hinauf klettern konnte, wurde mit Spitzhacke und Schaufel von einem Mann, der wie ein Angehöriger der OT aussah (später stellte sich heraus, dass er wirklich einer war) geschlagen. [...] Der Schrecken steigerte sich, als man mich zur Nachtschicht, die mitternachts begann, einteilte. Zusehens vermehrte sich die Zahl der auf einen Haufen geworfenen Leichen. Der größte Teil der Toten war

---

302 Aussage István Gábor, 11. 9. 1971, StAM Stanw 31 503/4.
303 Raim, KZ-Außenkommandos, S. 193–203.

erschlagen worden, ein geringerer Prozentsatz wurde vom Hunger zu Tode gemartert."[304]

Jakob Feldmann, Überlebender des Außenlagers Karlsfeld OT, erinnerte sich an die Grausamkeiten im Bunkerbaukommando Sager & Woerner für eine BMW-Fertigungsanlage, als die Gefangenen schwere Zementsäcke im Laufschritt eine Anhöhe hinauf schleppen mussten. Waren sie nicht schnell genug, wurden die Häftlinge von Hunden gebissen und von SS-Angehörigen geschlagen.[305] Darüber hinaus waren Arbeitsunfälle an der Tagesordnung, wie ein Beispiel aus dem Außenlager Waldlager V/VI zeigt:

„Eines grässlichen Falles kann ich mich ebenfalls erinnern. Als beim Bau etwas entfernt von mir unter den Gefangenen das Brett brach, fielen infolge dessen mehrere in den flüssigen Zement. Die Arbeitsführer, die dies sahen, stellten die Arbeit nicht ein, sondern ließen weiterhin den flüssigen Zement aus dem dicken Schlauch auf meine unglücklichen Kameraden fließen. Sämtliche erstickten im Zement. In unserer Gegenwart nahm man sie nicht heraus, wie ich weiß verblieben sie auch im Zement."[306]

Sowohl für Bau- als auch Produktionskommandos gibt es Berichte ehemaliger Häftlinge, die ihre jeweilige Arbeit als einen wesentlichen Faktor für ihr Überleben anführten. Eine grundlegende Abweichung stellt der Typus Außenlager der Verlagerungsprojekte in den Jahren 1944/45 dar. Die Arbeitsbedingungen dort waren für die überwiegend jüdischen Gefangenen extrem lebensbedrohlich.

Der Befund der strikten Trennung von Bau- und Produktionslagern, den Jens-Christian Wagner für das Konzentrationslager Mittelbau-Dora festgestellt hat,[307] lässt sich für Dachau nicht uneingeschränkt bestätigen. In der Mehrheit der Dachauer Außenkommandos und -lager waren die Unterkünfte nicht gemäß den Arbeitskommandos unterteilt. Innerhalb des Allacher Außenlagerkomplexes existierte zwar eine Abgrenzung der jüdischen Bauhäftlinge für die

---

304 Aussage Sándor Sásdi, 8. 9. 1971, StAM Stanw 31 503/4.
305 Aussage Jakob Feldmann, 20. 5. 1970, StAM Stanw 34 814/1; Aussage Gabriel Rosenbaum, 12. 11. 1968, StAM Stanw 34 817/1.
306 Aussage Pál Marton, 13. 9. 1971, StAM Stanw 31 503/4; zu tödlichen Arbeitsunfällen im Allacher Bunkerbaukommando vgl. Aussage Eliahu Kaufmann, 22. 11. 1969, StAM Stanw 34 814/1.
307 Wagner, Produktion des Todes, S. 368.

OT-Bunkerbaustelle im Außenlager Karlsfeld OT,[308] allerdings waren auch dort Häftlinge untergebracht, die in der BMW-Fertigung arbeiteten.[309]

## 6.5. Strafen und Misshandlungen

Beschimpfungen, Erniedrigungen, Tritte und Schläge, Sanktionen und Repression gipfelten in den Dachauer Außenkommandos und -lagern in zahllosen willkürlichen Gewaltexzessen. Daneben existierte ein Strafenkanon, der auf einem scheinbar geregelten offiziellen Disziplinarwesen basierte. In Dachau trat am 1. Oktober 1933 die Disziplinar- und Strafordnung für das Gefangenenlager in Kraft, die Grausamkeiten und Mord im KZ als SS-interne Angelegenheit manifestierte und der Ahndung durch die Justiz entzog.[310] SS-Angehörige des Konzentrationslagers waren fortan disziplinarisch nur ihrem obersten Dienstherren, Reichsführer SS Heinrich Himmler, unterstellt und blieben im Falle von Körperverletzung oder Mord an KZ-Häftlingen von zivilrechtlicher Seite weitgehend unbehelligt.[311] Gemäß der Strafordnung oblag die vollziehende Strafgewalt gegenüber den KZ-Häftlingen dem SS-Lagerkommandanten. Dies schloss alle Außenkommando- und Außenlagergefangenen ein.

### 6.5.1. Disziplinar- und Strafordnung

Als Strafen vorgesehen waren strenger Arrest zwischen drei und 42 Tagen, verbunden mit 25 Stockhieben zu Beginn und, am Ende der Strafe, mit Strafarbeit oder Einzelhaft. Sogenannte Aufwiegler, Meuterer, Saboteure und Flüchtige erwartete die Todesstrafe. Als „Nebenstrafen" waren aufgeführt: Strafexerzieren, Prügelstrafe, Postsperre, Kostenzug, hartes Lager, Pfahlbinden, Verweis und Verwarnung.[312] Die Liste der strafwürdigen Vergehen umfasste unter

---

308 Aussage Mosche Kaufmann, 11. 1. 1970, Aussage Ernest Barminka, 7. 7. 1970; beide: StAM Stanw 34 814/1.
309 Aussage Bernat Davidovic, 25. 5. 1969, StAM Stanw 34 814/1.
310 Disziplinar- und Strafordnung für das Gefangenenlager, KL Dachau, Kommandantur, 1. 10. 1933, Nbg. Dok. PS-778. Zur Vorgeschichte und Bedeutung vgl. Zámečník, Das war Dachau, S. 35–43.
311 Vgl. Gruchmann, Bayerische Justiz, S. 415–428.
312 Verweise und Verwarnungen tauchen praktisch in den Berichten Überlebender nicht auf und waren in der Lagerrealität wohl nicht praktiziert worden.

anderem verspätetes Aufstehen nach dem Weckruf, Aufwiegelung der Gefangenen, grundloses Aufsuchen des Krankenreviers, Beschädigung der Bekleidungs- und Ausrüstungsstücke, Arbeits- und Befehlsverweigerung, Sabotage, Flucht und vieles mehr. Anlässe für offizielle wie willkürliche Strafen wurden immer gefunden, umgekehrt aber das jeweilige Strafmaß entgegen der suggerierten Ordnung keinesfalls einheitlich praktiziert.[313] Für die Häftlinge bedeutete dies, dass sie jederzeit willkürlichem Terror durch das SS-Lagerpersonal und gleichzeitig einer offiziellen Strafordnung ausgesetzt waren. In der Praxis gestaltete sich dies nach Stanislav Zámečník so, dass ein Häftling von einem SS-Angehörigen zunächst unmittelbar nach seinem „Vergehen" geschlagen oder misshandelt wurde, bevor sich dieser seine Nummer notierte, um den Gefangenen zur Strafmeldung zu bringen.[314]

Der Überlebende Karl Täubner schilderte aus dem Außenkommando Radolfzell die Misshandlung von fünf Häftlingen, nachdem diese sich einen weggeworfenen Zigarettenstummel geteilt hatten. Kommandoführer Seuss hatte sie dabei beobachtet und schlug zunächst mit Fäusten und einer Wurzel zu, bevor er Essensentzug verordnete. Weiter mussten die fünf Gefangenen während der Mittagszeit mit 20 bis 25 Pfund schweren Steinen mindestens eine Stunde Strafstehen. Darüber hinaus reichte Seuss Strafmeldungen an das Stammlager.[315]

Dieser offizielle Vorgang hatte zur Folge, dass die Meldung an den Lagerkommandanten ging, der über das Strafmaß befand. In besonderen Fällen, wie der Prügelstrafe an weiblichen Häftlingen, musste offiziell eine Genehmigung des Reichsführers SS eingeholt werden.[316] Ebenso war die Verhängung der Todesstrafe, wenn auch mit Ausnahmen im Falle der Arbeitsverweigerung,[317] formal an eine Genehmigung der IKL geknüpft. Nach Wochen oder Monaten erfolgte der Strafvollzug, der in einem Formblatt[318] dokumentiert wurde, das der Häftlingspersonalakte beigefügt wurde.[319]

313 Vgl. beispielhaft die Strafpraxis nach Fluchtversuchen im Kapitel 6.7.3. Bestrafung.
314 Zámečník, Das war Dachau, S. 43.
315 Aussage Karl Täuber, 27. 11. 1954, StAM Stanw 34 570/2.
316 Schreiben des WVHA Amt D, 2. 12. 1942, Nbg. Dok. NO-1518; Richtlinien zur Bekanntgabe an die Leiter der Politischen Abteilungen bei der Besprechung am 23. 3. 1944, Nbg. Dok. NO-1553; Schreiben des WVHA Amt D, 6. 10. 1944, Nbg. Dok. NO-1501.
317 Eidesstattliche Erklärung Hermann Pister, 3. 3. 1947, Nbg. Dok. NO-2327.
318 Vgl. Formblatt einer KL Strafverfügung und Vollzug, BArchB NS 3/440.
319 Zur Eintragung im Personalakt des österreichischen Häftlings Ludwig Soswinski vgl. Andrä u. a. (Hrsg.), Österreicher, S. 26.

Etwa ein halbes Jahr, nachdem die fünf Radolfzeller Häftlinge wegen verbotenen Rauchens von Kommandoführer Seuss verprügelt worden waren, erhielten sie im Konzentrationslager Dachau noch ihre offizielle Strafe: 25 Stockhiebe und 42 Tage Bunkerarrest.[320]

### 6.5.2. Strafpraxis

Die Berichte überlebender Außenkommando- und Außenlagerhäftlinge zeigen alle Formen der Bestrafungen. Eine Ausnahmeerscheinung in der Strafpraxis stellte das Außenkommando Heidenheim dar. Hier waren zwischen Oktober 1941 und November 1942 etwa 50 vornehmlich deutsche Gefangene für Bauarbeiten in der Polizeischule untergebracht. Aussagen von Überlebenden zeichneten ein einheitlich positives Bild, da es weder schwere Misshandlungen, Strafappelle noch Strafmeldungen gegeben habe.[321] Der Grund dafür ist weniger in der geografischen Entfernung zum Stammlager zu sehen[322] als vielmehr im Personal. Einzig der Kommandoführer, SS-Oberscharführer Josef Ruder, entstammte der Dachauer „Schule der Gewalt",[323] wohingegen die Bewacher der Häftlinge Polizeischüler aus Heidenheim waren und hier weniger auf Gewalt und Hass gegen die Gefangenen konditioniert worden waren. Darüber hinaus sind der Zeitraum des Bestehens und die geringe Belegung dieses Außenkommandos zu berücksichtigen. Dies trifft vereinzelt auch für andere Außenkommandos des Jahres 1941 mit bis zu 50 Gefangenen zu.

Andere Beispiele aus Münchner Außenkommandos zeigen dagegen, dass geringe Belegung allein noch keinen Rückschluss auf vermindertes Gewaltpotenzial der Kommandoführer und Wachmänner zulässt. SS-Unterscharführer Sauter verabreichte 1944 Anton Reya im Außenkommando München Lebensborn 25 Hiebe mit einem Gummischlauch, weil er Nägel gestohlen hatte, um sie bei einem Zivilisten gegen Brot einzutauschen.[324] Aus dem Außenkommando

---

320 Aussage Karl Täuber, 27. 11. 1954, StAM Stanw 34 570/2.
321 Hoffmann, Verschwunden, S. 13.
322 Für diese Annahme von Alfred Hoffmann ist kein Beleg zu finden. Vgl. ders., Heidenheim an der Brenz, in: Benz/Distel, Ort des Terrors, Bd. 2, S. 348. Ebenso argumentierte Georg Falser und spricht im Kontext des AK Neustift von einem „Dornröschenschlaf". Falser, Stubaital, S. 145.
323 Vgl. Richardi, Schule der Gewalt.
324 Eidesstattliche Erklärung Hermann Rathering, 27. 8. 1947, Nbg. Dok. NO-5237; Eidesstattliche Erklärung Johann Numberger, 7. 10. 1947; Ngb. Dok. NO-5441.

Sudelfeld Berghaus berichteten Zeugen Jehovas von Strafexerzieren, weil sie sich weigerten, ihrem Glauben abzuschwören.[325] Auch im Außenkommando Ulm[326] wurde die Prügelstrafe praktiziert, und im Außenkommando Hallein[327] waren Schläge mit Gummiknüppeln an der Tagesordnung.

Schwerwiegende Gewaltexzesse wurden vor allem aber aus den großen Außenlagerkomplexen überliefert. Dies gilt sowohl für OT-Außenlager wie auch für Außenlager der Rüstungsindustrie. Den Gefangenen des BMW Werkes Allach drohte für Materialausschuss die Todesstrafe. Stanisław Jurczak berichtete davon, dass das Abbrechen eines Bohrers zur Erhängung führte.[328] Der Überlebende Erwin Salamon sprach wie auch andere vom Strafkommando Dyckerhoff im Außenlagerkomplex Allach. Hier mussten die Häftlinge besonders schwere körperliche Arbeiten verrichten und waren extrem inhumanen Verhältnissen und verlängerten Arbeitszeiten ausgeliefert. Durch permanente Schläge und Misshandlungen wurden sie angetrieben und waren dem als sehr brutal geltenden SS- wie Häftlingsfunktionspersonal unterstellt. Viele Häftlinge starben infolge der grausamen Arbeitsbedingungen und Misshandlungen auf der Baustelle und konnten nur noch tot in die Unterkünfte zurückgeschleppt werden.[329] Der Luxemburger Jean Pierre Linsen musste im Strafkommando des Außenlagers Kottern in einer Kiesgrube im Laufschritt und bei strömendem Regen Schubkarren mit Kies beladen.[330] Aber nicht in allen Außenkommandos und -lagern gab es Strafkommandos oder -kompanien. Und in den wenigsten Fällen betitelte die Lager-SS diese Kommandos als solche. Unter den Häftlingen dagegen waren sie aufgrund ihrer hohen Sterblichkeitsrate bekannt und gefürchtet.

### 6.5.3. Strafvollzug

In den Außenkommandos und -lagern existierte keine durchgängige Praxis des offiziellen Strafvollzugs. Einerseits konnte vor Ort die Prügelstrafe vollzogen

---

325 Bericht von Willi Lehmbecker, 15. 4. 1971, GAZJ Selters LB Willi Lehmbecker; Aussage Hubert Mattischek, n. d., GAZJ Selters ZZ Mattischek, Hubert.
326 Aussage Maria Furlani, 8. 10. 1975, BArchL B 162/2491.
327 Wintersteller, Hallein, S. 8.
328 Aussage Stanisław Jurczak, 27. 9. 1968, Staatsanwaltschaft München I Mü I 120 Js 18 815/75 a–c, Bd. 2.
329 Aussage Joseph Dorcier, 16. 6. 1945, StAM Stanw 34 817/2.
330 Linsen, Kottern, S. 127.

werden, wie in den Außenlagern Augsburg-Pfersee[331] und Friedrichshafen,[332] wo im Lagerbereich zu diesem Zweck ein sogenannter Bock bereitstand. Andererseits zeugen Berichte davon, dass Häftlinge zum Strafvollzug in das Stammlager rücküberstellt wurden.[333] Im Außenlagerkomplex Allach erschien der Lagerführer des Hauptaußenlagers zum offiziellen Strafvollzug in den untergeordneten Außenlagern.[334] Willkürliche Misshandlungen erfolgten aber auch am Arbeitsplatz[335] oder auf dem Weg aus den Unterkünften oder auf dem Rückmarsch[336] dorthin.

Auch wenn Differenzierungen aufgrund der Vielfalt und Willkürlichkeit in den Außenkommandos und -lagern schwer fallen, so zeigt sich doch, dass nicht alle Häftlingsgruppen unter dem gleichen Disziplinierungs- und Schikanierungsdruck standen. Ausländische Häftlinge, die in der Fleischfabrik Wülfert wegen Mundraubes gestellt wurden, erhielten härtere Strafen als deutsche Gefangene.[337] Am auffälligsten ist die Brutalisierung gegenüber jüdischen Häftlingen der Untertageverlagerungsbaustellen.[338] Nahezu jeder Bericht eines Überlebenden thematisiert die ungeheuren Grausamkeiten, die dort Teil des Arbeits- und Lageralltages dieser Häftlingsgruppe darstellten, allerdings nicht nur von der Lager-SS drohten.[339] Die Bauleitung der Organisation Todt in Mühldorf forderte die beteiligten Baufirmen am 11. Oktober 1944 auf, die Arbeitszeiten der Häftlinge strikt einzuhalten. Sollten die Gefangenen die Baustellen vor 18 Uhr verlassen, würden sie durch die OT bestraft.[340]

---

331 Interview Arkadi Petrowitsch Polian, 7. 5. 1992, Auszüge abgedruckt in: Kucera, Fremdarbeiter, S. 96.
332 Interrogation Ludwig Grund, 19. 5. 1947, NARA Trials of War Criminals RG338 B324.
333 Für das AK Hallein vgl. Aussage Franciszek Pietrzak, 17. 1. 1975, Staatsanwaltschaft München I Mü I 320 Js ab 12 953/76. Für das AK St. Gilgen vgl. Lebensbericht von Paul Wauer, n. d., GAZJ Selters LB Wauer, Paul.
334 Aussage Mosche Kaufman, 11. 1. 1975, BArchL B 162/16 423–16 424.
335 Zum AL Allach BMW vgl. Vernehmung Michael Kulig, 14. 8. 1968, StAM Stanw 34 817/1.
336 Bericht „Im Todeslager Überlingen" von Alfred Hübsch als Anlage zur Vernehmung vom 18. 10. 1972, BArchL B 162/2484.
337 Erklärung E. Weinberger, 25. 8. 1947; Schreiben ehemaliger Häftlinge des Kdo Wülfert, 5. 7. 1945; beide: StAM SpK 2013 (Hans Wülfert).
338 Vgl. Raim, Dachauer KZ-Außenkommandos, S. 260 ff.
339 Vgl. Kapitel 5.2. Juden.
340 Schreiben der OT Baustellenleitung, 11. 10. 1944, BArchB NS 3/52.

## 6.5.4. Strafmaßnahmen durch Zivilisten

In Außenkommandos und -lagern finden sich zahlreiche Hinweise, dass auch Zivilisten aktiv an Strafmaßnahmen gegen Häftlinge beteiligt waren. Der Fleischfabrikant Hans Wülfert gestand vor der Münchner Spruchkammer ein, dass ihm die Konsequenzen seiner Strafmeldungen für die Gefangenen bekannt gewesen seien. Dies hielt ihn allerdings nicht davon ab, persönlich Fehlverhalten beim Dachauer Lagerkommandanten anzuzeigen. Ebenso duldete er, dass in seiner Schlachterei Ochsenziemer hergestellt wurden, mit denen Kommandoführer die Häftlinge misshandelten.[341] Wülferts Betriebsführer Bernhard Huber und dem Prokuristen Emil Kempter war es aufgrund ihrer guten Beziehungen zur Dachauer Lager-SS möglich, Einfluss auf das Strafmaß zu nehmen. Sie taten dies aber nur in wenigen Ausnahmefällen.[342] Durch Strafmeldungen und Rücküberstellung machten sich Zivilisten zu Komplizen der SS, derartiges ist bekannt aus dem Außenkommando Schwester Pia[343] sowie den Außenlagern Kaufbeuren,[344] Lauingen,[345] Haunstetten[346] und Augsburg-Pfersee.[347]

In einem Bericht der Bayerischen Landpolizei anlässlich der strafrechtlichen Überprüfung des Außenlagers Lauingen 1969 ist zu lesen:

„Als kurz nach der Errichtung des Lagers Häftlinge geschlagen wurden und dies von Büroangestellten der Fa. Ködel und Böhm bemerkt wurde, drohten mitten im Krieg die fast ausschließlich weiblichen Angestellten mit Streik, falls nochmals ein Häftling geschlagen werde. Daraufhin wurde die Prügelstrafe wenigstens nach außen hin eingestellt."[348]

Entgegen dieser Stellungnahme berichtete Jerzy Ryszard Soczewka davon, dass sein Vater noch im Februar 1945 mehrfach in der Fabrik geschlagen, ihm dabei seine Zahnprothese im Oberkiefer gebrochen wurde, und er einige Wochen

---

341 Vernehmung Hans Wülfert, 12. 10. 1948, StAM SpK, Karton 2013 (Hans Wülfert).
342 Erklärung Johann Sellitsch, 6. 8. 1947; Schreiben ehemaliger Häftlinge des Kdo Wülfert, 3. 7. 1945; beide: StAM SpK, Karton 2013 (Hans Wülfert).
343 Vernehmung Michael Gollackner, 16. 12. 1949, StAM Stanw 34 448.
344 Statement Viktor Klock, 9. 6. 1945, NARA Trials of War Criminals RG153 B214.
345 Vermerk der ZStL, 7. 10. 1976, BArchL B 162/16 463–16 464.
346 Interrogation Fritz Mökesch, 18. 6. 1947, NARA Trials of War Criminals RG338 B325.
347 Aussage Matthias Kreber, 12. 11. 1946, NARA Trials of War Criminals RG338 B310.
348 Bericht der Bayerischen Landpolizei Lauingen, 15. 8. 1969, BArchL B 162/16 463–16 464.

später nach Dachau rücküberstellt werden musste.[349] Auch in keinem anderen Bericht von Überlebenden aus Lauingen finden sich Hinweise auf die Streikaktion der Zivilarbeiterinnen.

Aber es waren auch Zivilisten, die Häftlinge am Arbeitsplatz schlugen, wenn sie zum Beispiel die Arbeiten nicht korrekt ausführten. Josef Neumann schilderte seine Erlebnisse mit dem Betriebsführer Norbert Seidl im Außenkommando Bartolith:

„Mit der Zeit wurden von uns immer höhere Arbeitsleistungen bei sinkendem Verpflegungssatz verlangt. Deshalb kam es wiederholt vor, dass Häftlinge ihre Arbeit nicht mehr erfüllen konnten und einfach zusammengebrochen sind. Auch mir erging es einmal so, wobei ich von Seidl mit der flachen Hand ins Gesicht geschlagen worden bin, dass mir die Nase blutete. Hierbei schrie er mich an und äußerte, dass ich keinen Schuss Pulver mehr wert sei, wenn ich nicht arbeiten würde. Während er auf die SS-Bewacher zeigte, äußerte er: ‚Die können Sie erschießen!' Weiter äußerte er sich, dass er mich mal ordentlich verprügeln würde, dann könne ich auch wieder arbeiten."[350]

Überlebende sagten in den Dachauer Prozessen auch gegen den Zivilmeister Anton Eigen wegen Übergriffen im Außenlager Kaufbeuren aus.[351] Ebenfalls bei der BMW Fertigung in Kaufbeuren wurde der Betriebsleiter Niedermeier gegen die Gefangenen aktiv:

„[...] when he first came to Kaufbeuren he ordered a punishment room built for the workers who needed punishment, but the Camp Commandant, Becker, opposed it. The names of the men to be punished were supported by Niedermeier's subordinates to him and by Niedermeier to his superiors."[352]

Schwere Vorwürfe erhob auch der Überlebende Alois Eisenhändler gegen Mitarbeiter der Baufirma Wayss & Freytag, einem Subunternehmen auf der Bunkerbaustelle in Ampfing.[353]

349  Aussage Jerzy Ryszard Soczewka, 4. 5. 1970, ebenda.
350  Aussage Josef Neumann, 26. 3. 1969, StAM Stanw 22 491.
351  Aussage Walther Wittchen, 15. 2. 1946; Aussage Kurt Brenner, 17. 12. 1946; beide: NARA Trials of War Criminals RG153 B212.
352  Statement Viktor Klock, 4. 6. 1945, NARA Trials of War Criminals RG153 B214.
353  Aktenvermerk über eine Aussage von Alois Eisenhändler, 21. 4. 1947, StAM Stanw 20 752.

Viel seltener stellten sich deutsche Zivilangestellte schützend vor Häftlinge wie im Fall eines namenlos gebliebenen Meisters in den Augsburger Messerschmittwerken.[354] Ebenso reichten Funktionshäftlinge Strafmeldungen bei der Lager-SS ein oder waren gezwungen, die Prügelstrafe an Mitgefangenen zu vollstrecken.[355]

## 6.6. Widerstand und Solidarität

Unter dem Begriff Widerstand im Konzentrationslager wird im weitesten Sinn jegliches resistente Verhalten zusammengefasst, das von den Gefangenen geplant oder unternommen wurde und sich gegen die Intentionen der Lagerführung richtete. Im Herrschaftsgefüge des KZ war aktiver politischer Widerstand, der sich den Sturz des NS-Regimes zum Ziel setzte, nicht umsetzbar.[356] Auf physische Gegenwehr und Verweigerung drohte der Tod, sei es durch Erschießen, Erhängen oder Misshandlungen. Dennoch findet sich in den Konzentrationslagern ein breites Spektrum individuellen oder kollektiven resistenten Handelns. Dies beinhaltet sowohl widerständiges Verhalten gegen die Lager-SS als auch darauf ausgerichtete Maßnahmen, die Moral der Mitgefangenen zu verbessern und zu ihrem Überleben beizutragen.[357] Akte zur Selbstbehauptung im Konzentrationslager werden als Gegenpol zum SS-Terror und dem Phänomen des sogenannten Muselmanns verstanden.[358]

Aus Sicht der Lager-SS sollte alles unterbunden werden, was sich gegen die vorgegebene Lagerdisziplin richtete. Die Politische Abteilung im Stammlager war zuständig für Nachforschungen und die Überwachung der Lagersicherheit. Hier leiteten Vernehmungsführer Verhöre, um tatsächliche und vermeintliche Widerstandstätigkeiten der Gefangenen aufzudecken. Dabei bedienten sie sich

---

354 Zeugenvernehmung Stanislaw Pekalski, 6. 5. 1975, Staatsanwaltschaft München Mü I 120 Js 18 815/75 a–c.
355 Vgl. Kapitel 4.3.1. Aufgaben und Zuständigkeiten.
356 Grundlegend vgl. Hermann Langbein, ... nicht wie die Schafe zur Schlachtbank. Widerstand in den nationalsozialistischen Konzentrationslagern 1938–1945, Frankfurt a. M. 1980; Kogon, Der SS-Staat, S. 344–350; Pingel, Häftlinge, S. 187–228.
357 Zur quellenkritischen Problematik von Erinnerungsliteratur im Bezug auf Widerstandstätigkeit im KL vgl. Zámečník, Das war Dachau, S. 318 f.
358 Vgl. Barbara Distel, Widerstand der Verfolgten, in: Wolfgang Benz/Walter H. Pehle (Hrsg.), Lexikon des deutschen Widerstandes, aktualisierte Ausgabe, Frankfurt a. M. 2001, S. 112–126, hier: S. 114.

auch freiwilliger wie erzwungener Spitzel unter den Häftlingen. In erster Linie ging es um sogenannte Gehorsams- und Arbeitsverweigerung, Aufwiegelung und Sabotage. Diese Delikte galten als Widerstand gegen die Staatsgewalt und wurden mit verschärfter Prügelstrafe und Exekution geahndet.[359]

### 6.6.1. „Sabotage"

„Sabotage" stand für die intendierte Vereitelung vorgegebener Ziele der SS und beinhaltete jedwedes Fehlverhalten am Arbeitsplatz. Sowohl das Produzieren von Ausschussware in Fertigungsprozessen wie auch Beschädigung oder Zerstörung von Arbeitsmitteln, Maschinen oder Waren wurde darunter zusammengefasst. Im Sprachgebrauch der Lager-SS allerdings konnte „Sabotage" darüber hinaus für eine Vielzahl an Übertretungen der Lagerordnung stehen. So berichtete ein italienischer Häftling des Außenlagers Kottern, dass er wegen unerlaubten Besitzes einiger Kartoffeln nach Vollzug der Prügelstrafe im Lager mehrere Stunden Strafstehen musste. Um seinen Hals hing ein Schild mit der Aufschrift „Dies ist ein Dieb und Saboteur".[360] Ein Karlsfelder Außenlagerhäftling hatte im Winter 1944 Teile einer Decke abgeschnitten, um seine wunden Füße in den Holzschuhen zu schützen. Zur Strafe musste er einen ganzen Tag barfuß mit einem Schild „Sabotage ist mein Tod" Strafstehen. Noch am gleichen Abend ließ der Lagerführer des Außenlagers Allach BMW Hunde auf den Gefangenen hetzen, die ihn so schwer verletzten, dass er verblutete.[361]

Zahlreiche Berichte und Dokumente zeugen von Misshandlungen oder Exekutionen aufgrund von „Sabotage". In den wenigsten Fällen sind die genauen Hintergründe, die zu den Bestrafungen führten, überliefert. Allein im Herbst 1944 sollen im Außenlager Allach BMW 14 Häftlinge wegen „Sabotage" hingerichtet worden sein.[362] Für die Außenkommando- und Außenlagerhäftlinge, die seit 1941 in kriegswichtigen Unternehmen zum Arbeitseinsatz kamen, war nach Hermann Langbein der Gedanke an Sabotage naheliegend.[363]

---

359 Vgl. Disziplinar- und Strafordnung für das Gefangenenlager, KL Dachau, Kommandantur, 1. 10. 1933, Nbg. Dok. PS-778; Eidesstattliche Erklärung Hermann Pister, 3. 3. 1947, Nbg. Dok. NO-2327; Schreiben des WVHA, Amtsgruppenchef D, 11. 4. 1944, Nbg. Dok. NO-1556.
360 Römer, Für die Vergessenen, S. 159 f.
361 Aussage Eliahu Kaufmann, 22. 11. 1969, StAM Stanw 34 814/1.
362 Aussage Michael Kulig, 14. 8. 1968, StAM Stanw 34 817/1.
363 Langbein, Widerstand, S. 320.

Auch von Dachauer Außenkommando- und Außenlagerhäftlingen sind spontane Einzelaktionen bekannt, um Arbeitsprozesse zu stören. Der Belgier Paul Brusson setzte mit zwei weiteren Gefangenen in der Allacher BMW-Fertigung Kabel zu kurz an und lockerte Maschinenteile.[364] Bei der Produktion von Kraftstoffbehältern für die V2-Waffen im Außenlager Friedrichshafen hatten zwei russische Häftlinge Löcher in die Aluminiumwannen gebohrt. Sie überlebten ihren Sabotageakt nicht.[365] Louis Terrenoire erwähnt in seinem Buch zu den Außenlagern Kempten und Kottern ebenfalls Versuche, die Fertigung zu behindern.[366] Voller Genugtuung berichtete Alberta Blaauw 1996 darüber, dass sie in den AGFA Kamerawerken in München Metallscheiben derartige Scharten zufügte, dass deren Einsatz unmöglich war, und Schrauben im Klo verschwinden ließen.[367] Im Außenlager Ottobrunn mischten Häftlinge Nägel und Schrott in den Baubeton.[368] Darüber hinaus finden sich in Erinnerungsberichten Andeutungen, dass die Häftlinge besonders langsam arbeiteten, einerseits um ihre Kräfte zu schonen, aber auch um Fertigungsprozesse zu beeinträchtigen.[369]

Die hohe Zahl an Exekutionen aufgrund sogenannter Sabotageakte hat per se jedoch noch keine Beweiskraft für deren Quantifizierbarkeit. Überwiegend handelte es sich um als solche deklarierte Delikte und nicht um organisierte und intendierte Sabotagen. Für das KZ Dachau schließt Stanislav Zámečník gezielte und strategische Sabotageaktionen von Kriegsproduktion wie beispielsweise im Buchenwalder Außenlager Schwerte[370] gänzlich aus.[371]

Dennoch fürchtete die SS wie auch die Betriebe das Sabotagepotenzial der Häftlinge. Nicht zuletzt deshalb war mit Wirkung vom 1. Januar 1943 die Ausgleichskasse für nicht versicherungsfähige Häftlingsschäden in den SS-Wirtschaftsbetrieben gegründet worden.[372] In einem Runderlass vom 26. Juni 1942

---

364 Testimony Paul Brusson, Yale University Fortunoff Video Archive HVT-2992.
365 Bericht von Antonio Garcia, 17. 4. 1968, StAM Stanw 34 826.
366 Terrenoire, Sursitaires de la morte, S. 51 f., 101.
367 Alberta Blaauw, Streik gegen den Hunger, in: Museums-Pädagogisches Zentrum München (Hrsg.), Das Unbegreifliche Berichten. Zeitzeugenberichte ehemaliger Häftlinge des KL Dachau, München 1997, S. 120.
368 Häftlingsbericht von Joop van Vonderen, 18. 11. 1991; NeuA 1625.
369 Aussage Ludwig Mack, 17. 10. 1956, StAM Stanw 34 588/2; Terrenoire, Sursitaires de la morte, S. 51.
370 Vgl. Langbein, Widerstand, S. 325.
371 Zámečník, Das war Dachau, S. 320.
372 Geschäftsanweisung für die Ausgleichskasse für nicht versicherungsfähige Schäden beim Stab W des SS-WVHA, Anlage des Schreibens des Chefs des WVHA, 9. 7. 1943, BArchB NS 3/619.

befahl Oswald Pohl den Austausch von Häftlingen aus einem Arbeitskommando nach sechs Monaten, um die Sabotage- und Fluchtgefahr zu verringern.[373] Trotz der kontinuierlichen Überstellungspraxis in und aus den Dachauer Außenkommandos und -lagern gibt es keine Hinweise, dass dieser Befehl konsequente Anwendung gefunden hat.

Mit ihrem besonders rigorosen Vorgehen gegen „Saboteure" verband die Lager-SS den Gedanken der allgemeinen Abschreckung. Aber auch von Seiten der Zivilangestellten in Betrieben ist bekannt, dass sie Sabotage fürchteten und auch unbegründete Strafmeldungen initiierten. Der Häftling Walter Lamek arbeitete zusammen mit einem russischen Gefangenen in der Allacher BMW Abteilung 28/29 an der Fertigung von Zylinderköpfen für Flugmotoren. Dabei ging einmal ohne das Zutun der Häftlinge eine Maschine kaputt. Trotzdem zeigte der deutsche Meister den russischen Häftling als „Saboteur" an, er wurde deshalb später gehängt.[374] Ähnlich erging es im Februar 1945 einem Häftling in den Augsburger Messerschmittwerken. Ein Einzelteil war schlecht bearbeitet, worüber sich ein Meister lautstark bei zwei SS-Wachmännern beklagte. Sie fielen noch am Arbeitsplatz über den Beschuldigten her und erschlugen ihn.[375]

### 6.6.2. Befehlsverweigerung

Ein außergewöhnlicher Fall einer offenkundigen Befehlsverweigerung stand in Verbindung mit dem deutschen Kommunisten Karl Wagner in seiner Funktion als Lagerältester des Außenlagers Allach BMW. Dieses Amt hatte er im April 1943 vom Dachauer Lagerkommandanten Weiss übertragen bekommen, nachdem er zuvor aus dem Außenkommando Neustift rücküberstellt worden war.[376] Wagner gelang es, die Situation der Häftlinge zu verbessern, indem er erreichte, dass weniger offizielle Strafmeldungen an die Kommandantur herangetragen wurden. Als er im Juli 1943 dem Allacher Lagerführer Jarolin den Vollzug der Prügelstrafe an einem sowjetischen Mitgefangenen verweigerte, war sich Karl Wagner der Konsequenzen bewusst:

---

373 Runderlass des Chefs des WVHA, 26. 6. 1942, Nbg. Dok. NO-2318.
374 Aussage Walter Lamek, 22. 5. 1969, StAM Stanw 34 817/1.
375 Aussage Zygmunt Lesniewski, 5. 11. 1974, Staatsanwaltschaft München I Mü I 120 Js 18 815/75 a–c, Bd. 2.
376 Grundsätzlich vgl. Wagner, Ich schlage nicht.

„In diesem Moment rechnete ich damit, abgeknallt zu werden. Ich riss meine Lagerältestenbinde vom Arm und warf sie auf den Bock. Jarolin aber drückte nicht ab, er gab lediglich den Befehl mich abzuführen. Ich wurde in den Arrestbau gebracht. 5 Tage lang saß ich im Allacher Bunker. Danach wurde ich nach Dachau gebracht und mit 6 Wochen Dunkelarrest bestraft. Anschließend erhielt ich 25 Stockhiebe."[377]

Obwohl Karl Wagners Befehlsverweigerung kein Einzelfall war, ordnet Hermann Langbein diese Handlungsweise als Ausnahmeerscheinungen ein, da sich immer schnell andere Gefangene fanden, die bereit waren, den Anordnungen der SS Folge zu leisten.[378] Karl Wagner erklärte sein Überleben mit der Unterstützung durch Kommunisten im Stammlager. Sie hätten den Lagerkommandanten Weiss davon überzeugen können, dass es sich um eine Intrige des Allacher Lagerführers Jarolin gehandelte habe, sich auf diesem Weg des von Weiss eingesetzten Lagerältesten zu entledigen. Für zahlreiche Opfer im Außenlagerkomplex Allach war die Todesstrafe aufgrund bedeutend geringerer Delikte verhängt worden.

### 6.6.3. Arbeitsverweigerung

Ähnlich rigoros wie auf Befehlsverweigerung reagierte die Lager-SS auf offenkundige Arbeitsverweigerung. Umso bemerkenswerter war der Streik weiblicher Gefangener im Frauenaußenlager München-Giesing. Um gegen die verringerten Essensrationen zu demonstrieren, verweigerten Holländerinnen die Zeitzünderproduktion am Fließband.

„Eine drehte das laufende Band ab, sie verschränkten die Arme, und als der Kommandant, gänzlich außer sich von einer zur anderen ging, und sie fragte, warum sie nicht arbeitete, erhielt er überall die Antwort: ,Weil wir nicht mehr wollen'."[379]

Ella Lingens, Ärztin im dortigen Krankenrevier, war sich bewusst, dass ein Streik glatter Selbstmord war:

377 Ebenda, S. 37.
378 Langbein, Widerstand, S. 225.
379 Lingens, Erinnerungen, S. 34.

„Ein Streik in einer Rüstungsfabrik, ein Streik von KZ-Häftlingen: Es war etwas so gänzlich Unerhörtes, etwas was in der langen Geschichte der KZ überhaupt noch nie vorgekommen war, zumindest versicherte das der Kommandant."[380]

Ein Aufstand russischer Kriegsgefangener in dem Flossenbürger Außenlager Mülsen St. Micheln beispielsweise hatte Anfang Mai 1944 zur Liquidierung des gesamten Kommandos geführt.[381] Doch die Situation in Giesing eskalierte nicht, der Lagerführer notierte sich 15 Namen von vermeintlich schuldigen Drahtzieherinnen und forderte die Frauen auf, ihm die Anstifterin des Streiks namentlich bekannt zu geben. Sollten sie sich weigern, drohe allen 15 Frauen die Todesstrafe. Vier Frauen wurden beim Lagerführer als Aufwieglerinnen denunziert, unter ihnen auch Ella Lingens. Es folgte eine offizielle Untersuchung, in deren Verlauf ein Gestapobeamter und SS-Vernehmungsführer Bach aus Dachau nach Giesing kamen und Verhöre führten. Ella Lingens wurde damit gedroht, sie „an die Wand zu stellen". Doch dazu kam es nicht mehr. Der Untersuchungsbericht war zwar noch nach Berlin geschickt, doch dessen Beantwortung sowie der Strafvollzug wohl vom Kriegsende eingeholt worden. Johanna Maria Vaders dagegen war als eine weitere „Rädelsführerin" des Streiks bereits im Januar 1945 für sieben Wochen in den Dachauer Bunker gesperrt worden.[382]

### 6.6.4. Illegale Nachrichten und Waren

Wesentlich verbreiteter waren das illegale Versenden von Botschaften, das Abhören der sogenannten Feindsender und das Verbreiten dieser Nachrichten. Über das Radiohören und das Näherrücken der Front schrieb der Dachau-Überlebende Oskar Hinckel:

„Das trug entscheidend dazu bei, die Widerstandskraft der Häftlinge zu erhalten und zu festigen. Die stärkste Zuversicht und Gewissheit, die Zerschlagung

---

380 Ebenda.
381 Abdruck der Jägerstabsbesprechung vom 2. 5. 1944 zu den Vorfällen in St. Michel, in: Langbein, Widerstand, S. 297; Ulrich Fritz, Mülsen St. Micheln, in: Benz/Distel, Ort des Terrors, Bd. 4, S. 204.
382 Riedel, Kerker, S. 46.

des Faschismus zu erleben. Diese Nachrichten waren für uns ebenso wichtig wie Essen und Trinken."[383]

Im Außenkommando Gendorf[384] und im Außenlager Kaufbeuren[385] verfügten Häftlinge über Radiogeräte, die die Gefangenen zumindest zeitweise mit Informationen versorgten. Häftlinge des Münchner Außenkommandos Parteikanzlei führten einen Tauschhandel mit NSDAP-Angehörigen. Sie organisierten Luxusgüter aus den Warenlagern des KZ Dachau und erhielten im Gegenzug Einsichtnahme in interne Berichte und Nachrichten.[386]

Widerständiges Verhalten in den Außenkommandos und -lagern trat vor allem beim Brief- und Lebensmittelschmuggel zutage. Zwar mussten alle Briefe offiziell die zentrale Postzensurstelle im Stammlager Dachau durchlaufen, aber in den Außenkommandos und -lagern boten sich immer wieder Möglichkeiten, diese zu unterlaufen. Beispiele hierfür finden sich in den Außenkommandos München Schwester Pia,[387] München-Sendling,[388] Neustift,[389] St. Lambrecht,[390] Dachau Fleischfabrik Wülfert[391] und den Außenlagern Ottobrunn,[392] Feldafing,[393] Friedrichshafen,[394] und Saulgau.[395] Zwei Häftlinge des Außenkommandos Salzburg SS-Oberabschnitt Alpenland hinterließen 1943 im Erzbischöflichen Palais eine Nachricht über die von ihnen durchgeführten Umbaumaßnahmen.[396] 1980 fand

---

383 Hinckel, Vom Jungkommunisten zum Antifalehrer, DaA 20 789.
384 Bericht von Janek Erbežnik, November 2000, DaA A 2993; Befragung Reinhold Staub, 29. 8. 1969, BArchL B 162/4351.
385 Lacombe, Kaufbeuren, S. 76.
386 Hans Schwarz, Wir haben es nicht gewusst, unveröffentlichtes Manuskript, n. d., DaA A 1960.
387 Aussage Rudolf Wirth, 21. 2. 1950, StAM Stanw 34 448/1.
388 Aussage Kazimierz Sliwa, 15. 1. 1975, Staatsanwaltschaft München I Mü I 320u Js 201 656/76.
389 Aussage Hugo Jakusch, Protokoll der öffentlichen Sitzung der Spruchkammer München, 21. 11. 1950, StAM Stanw 21 830.
390 Farkas, Geschichte(n), S. 88.
391 Ermittlungsbericht über Josef Bauer, 27. 8. 1948; Schreiben der Hans Wülfert GmbH an das Rüstungskommando München, 22. 11. 1943, beide: StAM SpK, Karton 2013 (Wülfert).
392 Aussage Alfred Kraus, 15. 6. 1965, StAM Stanw 34 655.
393 Aussage Tadeuz Etter, 21. 11. 1969, StAM Stanw 34 800.
394 Vernehmungsniederschrift aus dem AL Friedrichshafen von Karl Schuler, 3. 11. 1943, StAM Stanw 34 658.
395 Metzler, „Geheime Kommandosache", S. 158.
396 Häftlinge arbeiten im Palais, in: Rupertibote, 25. 5. 1975.

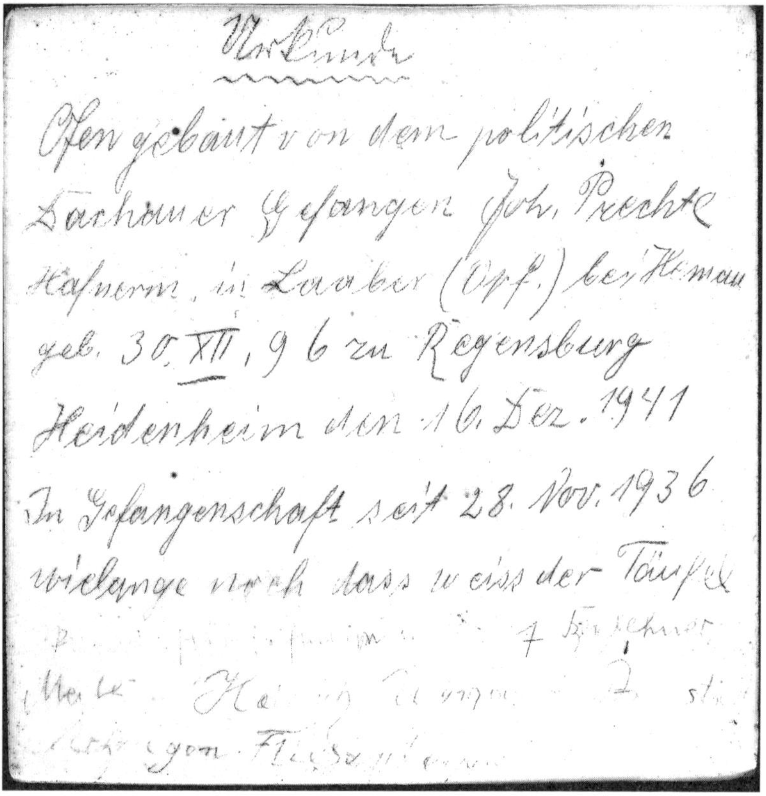

Abb. 13: *Kachel aus der Schlosshau-Siedlung,*
*Beschriftung: Urkunde, Ofen gebaut von dem politischen Dachau Gefangenen Joh. Prechtl Hafnerm. in Laaber (Opf.) bei Hemau, geb. 30. XII. 96 zu Regensburg, Heidenheim den 16. Dez. 1941, In Gefangenschaft seit 28. Nov. 1936, wie lange noch dass weiss der Täufel ...*

sich in einem Kachelofen der Schlosshau-Siedlung eine Wandfliese, in die drei Heidenheimer Außenkommandohäftlinge Hinweise auf ihre Gefangenschaft eingeritzt hatten.[397] Häftlinge des Außenlagers Überlingen erhielten Nachrichten aus dem Stammlager, die in Wäschetransporten versteckt waren.[398]

Lebensmittelschmuggel in und aus den Außenkommandos und -lagern konnte lfür den Einzelnen ebensrettend sein.[399] Nach eigenen Angaben überlebte Alexander Ehrmann seine Typhuserkrankung im Mühldorfer Außen-

---

397 Original in der KZ-Gedenkstätte Dachau, DaA O 142.
398 Bericht „Im Todeslager Überlingen" von Alfred Hübsch als Anlage zur Vernehmung vom 18. 10. 1972, BArchL B 162/2484.
399 Vgl. Kapitel 6.1.6. Tauschhandel und Diebstahl.

lagerkomplex dank seines Bruders, der für ihn trotz Lagerquarantäne Aspirin und Kaffee organisierte.[400]

In seinen Erinnerungen schilderte Karl Wagner, wie es gelang, bei regimekritischen Neustifter Einwohnern Unterstützung für die Häftlinge seines Kommandos zu finden. Daraus entwickelte sich eine für Dachauer Außenkommandos und -lager außergewöhnlich umfassende Solidaritätsaktion von Zivilisten. Von Ende 1942 bis zum Kriegsende führte Luise Kempf die illegale „Lebensmittelsammelstelle" im Neustifter Mesnerhaus, welche die Häftlinge wöchentlich mit zusätzlichen Rationen versorgte.[401] Im Gegenzug war es für Karl Wagner entscheidend, dass Informationen über die Gefangenen und ihr Leid nach außen getragen wurde. Dies gelang ihm auch deshalb, weil er 1942 als langjähriger deutscher politischer Häftling mit einer Funktionsposition zur Minderheit der besser gestellten Häftlinge zählte. Außerdem half es den politischen Häftlingen, dass sie in Parteikader- und Untergrundtätigkeiten Erfahrungen gesammelt hatten, die ihnen im Konzentrationslager zugute kamen.[402] Gleiches gilt auch für den österreichischen Kommunisten Josef Plieseis, dem am 23. August 1943 aus dem Außenkommando Hallein mit Hilfe von Zivilisten und politischen Freunden aus dem Salzkammergut die Flucht gelang.[403] Nach der erfolgreichen Flucht arbeitete Josef Plieseis im Salzkammergut am Aufbau einer Widerstandsgruppe und organisierte 1944 die Flucht von zwei weiteren Häftlingen aus dem Außenkommando Hallein.[404]

### 6.6.5. Solidarität

Neben Sabotage in Betrieben sowie auf Baustellen und resistentem Verhalten gegen die Lager-SS war die Solidarität unter den Gefangenen in verschiedensten Ausprägungsformen mögliches und wesentliches Element zur Selbstbehauptung. Der italienische Überlebende Teo Ducci fasste es so zusammen:

„Die Beziehungen unter uns Häftlingen waren weder einfach noch friedlich. Wir kamen aus unterschiedlichen Ländern mit verschiedenen Gewohnheiten und Kulturen. Man versuchte, sich in den verschiedensten Sprachen zu

---

400 Dwork, Kinder, S. 242, 247.
401 Wagner, Neustift, S. 12.
402 Joos, Leben auf Widerruf, S. 76.
403 Plieseis, Vom Ebro, S. 223–251.
404 Wintersteller, Hallein, S. 13 f.

verständigen und hatte unterschiedliche politische Meinungen. Es herrschte ein ständiges Durcheinander, in dem jeder Häftling mit sich alleine war. Und doch wurde die uns trennende Wand durchbrochen, denn die gemeinsame Not zwang uns zu Toleranz und Solidarität. Für die Nazis waren wir nur Nummern, und sie waren für uns nur gemeine Verbrecher, gegen die unsere Solidarität den Kern des Widerstandes bildete."[405]

Hilfe und Unterstützung für Mitgefangene hatten viele Facetten. Die Gefangenen litten neben der Angst vor Bestrafungen vor allem an der vollkommenen und intendierten Demoralisierung durch das SS-Lagerpersonal. Bereits bei der Einlieferung erfolgten der Entzug der menschlichen Würde und die Machtdemonstration der Lager-SS. Daher war es für jeden Gefangenen entscheidend, sich bei der Ankunft in einem Außenkommando oder Außenlager möglichst schnell an die vor Ort herrschenden Gepflogenheiten anzupassen. Hier ergab sich bereits eine erste solidarische Hilfe, Neuankömmlingen den Zugang zu leichteren Arbeitskommandos zu verschaffen.[406] Über eine ähnliche Unterstützung berichtete ein Warschauer Häftling aus dem Außenlager Lauingen:

„Einer der Kapos, höchstwahrscheinlich der Hilfskapo, war ein Pole (mit einem roten Winkel), ich glaube mit Vorname ‚Wacek', (der Nachname ist mir entfallen), der aus Warschau stammte und die deutsche Sprache gut beherrschte. Als er von mir erfuhr, dass ich ebenfalls aus Warschau stammte, brachte er mir eine zusätzliche Portion Suppe mit Klößen und Fleisch und schlug mir vor, an jedem der nachfolgenden Sonntage hinzukommen, dann würde ich immer eine zweite Portion Suppe bekommen."[407]

Zahlreiche Überlebende betonten den nationalen Zusammenhalt einzelner Häftlingsgruppen und verwiesen darauf, dass es hier zur Bildung von Solidargemeinschaften kam.[408] Im Außenlager Allach BMW organisierten die französischen Häftlinge im Krankenrevier wichtige Hilfsmaßnahmen. Unter dem Kapo Franz York taten seit Sommer 1944 ausgebildete französische Ärzte ihr Bestes, mit den nur sehr begrenzten medizinischen Mitteln die Leiden der Häft-

---

405  Teo Ducci, Solidarität, ein Licht in der Finsternis des Nazi-Terrors, in: Dachauer Hefte 7 (1991), S. 47–51, hier: S. 50.
406  Testimony Paul Brusson, Yale University Fortunoff Video Archive HVT-2992.
407  Aussage Stanislaw Kowalski, 10. 1. 1970, BArchL B 162/16 463–16 464.
408  Michelet, Freiheitsstraße, S. 96–105; Zámečník, Das war Dachau, S. 325.

linge zu lindern.[409] Seit August 1944 befanden sich 300 französische Häftlinge im Außenlager Kempten, die aufgrund der gemeinsamen Unterbringung eine Hilfsgemeinschaft aufbauen und ein französisches Komitee bilden konnten.[410] Es wurde geleitet von Henri Maurice und bestand im engeren Kreis aus etwa zehn Franzosen, darunter auch Louis Terrenoire. Eines der wichtigsten Anliegen des Komitees war die solidarische Verteilung des Essens. Die Geschwächten und Kranken sollten mehr erhalten, und die anderen von ihren Rationen abgeben. Dafür wurde ein „chef de table" benannt, der für die Verteilung zuständig war.[411]

Auch von polnischen Häftlingen sind Hilfsmaßnahmen für ihre Landsleute bekannt geworden. So gelang es polnischen Gefangenen aus einem nicht näher bestimmbaren Außenkommando in München, auf die Situation ihrer Landsleute im Stammlager einzuwirken. Der Blockschreiber Hnaupek stellte das Kommando aus Polen zusammen. Diesen Häftlingen gelang es, Briefe nach München zu schmuggeln und dort in Briefkästen zu werfen. Dieselben Gefangenen brachten polnische Bücher zurück ins Stammlager, die sie bei Bauarbeiten in Münchner Kellern gefunden hatten. Damit wurden zeitweise literarische Lesungen im KZ Dachau veranstaltet.[412] Aber auch Medikamente gelangten auf diesem Weg in das Krankenrevier des Stammlagers.[413]

Nationalitätenübergreifend aber gruppenspezifisch stellte sich die Solidargemeinschaft der Zeugen Jehovas dar, die durch vielfältige Hilfsleistungen untereinander offensichtlich wurde.[414]

Für die Räumungsphase der Außenkommandos und -lager im April 1945 verengten sich die solidarischen Handlungsmöglichkeiten aller Häftlinge, da sich die Häftlingshierarchien zunehmend auflösten und weniger Güter für Tauschhandlungen greifbar waren.

### 6.6.6. Selbstbehauptung

Nicht allen Häftlingsgruppen war es gleichermaßen möglich, widerständiges Verhalten zu entfalten. Vor allem die jüdischen Häftlinge in den Außenlagern

---

409 Amicale, Allach, S. 108–122.
410 Terrenoire, Sursitaires de la morte, S. 8.
411 Ebenda, S. 62.
412 Vgl. Kosmala, Polnische Häftlinge, S. 105.
413 Bericht von Fritz Pillwein, Oktober 1981, DaA 17 401.
414 Vgl. Kapitel 5.3. Zeugen Jehovas.

der Untertageverlagerung standen unter so brutalem Vernichtungsdruck, dass schlicht physische Kräfte für resistentes Verhalten fehlten. Einer Mehrzahl dieser Häftlinge war es weder zeitlich noch kräftemäßig möglich, organisatorische Strukturen zu entwickeln.[415] Hinzu kommt, dass die heterogene Zusammensetzung dieser Häftlingsgruppe solidarisches Handeln erschwerte. Umso bemerkenswerter erweist sich der Bericht von Peter B. aus dem Außenlager Ampfing.[416] 1945 ließ er sich mit 49 anderen im vollen Bewusstsein ob der drohenden Bestrafung den verordneten „Straßenhaarschnitt" quer rasieren. Dieses Verhalten erklärte er mit der Kriegsendstimmung, als Nachrichten vom Vormarsch der alliierten Truppen durchsickerten, und die Gefangenen neue Hoffnung auf Befreiung schöpfen ließ.

Neben den bereits genannten Formen des resistenten Verhaltens gegenüber den SS-Lagerführungen und Rüstungsbetrieben sowie solidarischem Handeln zählte die moralische Stärkung des Überlebenswillens zur Selbstbehauptung gegen den SS-Terror in den Außenkommandos und -lagern. Die französischen und belgischen Häftlinge des Außenlagers Kaufbeuren beispielsweise begingen den 11. November 1944 demonstrativ als Gedenktag des Sieges der Alliierten 1918 mit einem Liederabend. Über die Bedeutung schrieb der Überlebende Fabien Lacombe:

„Gesang und Lieder sind für die Häftlinge die beste Ablenkung. Es war ganz natürlich, dass sie trotz aller Verbote ihre Leiden durch Lieder lindern und ihre tiefsitzende Vaterlandsliebe, ihren Widerstand gegen die moralische Vernichtung zum Ausdruck bringen wollten."[417]

Auch wenn der Abend schnell von SS-Posten aufgelöst wurde, berichtete Lacombe von weiteren Gelegenheiten, an denen die Häftlinge sich Volkslieder und Nationalhymnen vorsangen.

Weihnachten 1944 feierten Häftlinge in zahlreichen Außenkommandos und -lagern, indem sie sich versammelten und die wenigen und hart abgesparten Vorräte miteinander teilten. Im Außenlager Kempten war die Weihnachtsfeier für die Häftlinge ein bewusster Akt gegen Niedergeschlagenheit und Verzweiflung. Bewacher hatten den Gefangenen für zwei Stunden eine Geige und ein Akkordeon

---

415 Raim, Dachauer KZ-Außenkommandos, S. 262 ff.
416 Videointerview Peter B.; Moses Mendelssohn Zentrum (Potsdam) Archiv der Erinnerung MMZ 049.
417 Lacombe, Kaufbeuren, S. 68.

überlassen.[418] Im Außenlager Überlingen gelang es Alfred Hübsch, vom Lagerführer die Erlaubnis für ein Varieté zu erhalten. Verschiedene Gefangene waren an der Programmzusammenstellung beteiligt, und an Weihnachten wurde im Wohnsaal des Blocks III eine Bühne aufgebaut und eine Vorstellung gegeben.[419]

Der ehemalige Häftlingsbibliothekar Viktor Matejka im Stammlager Dachau betonte die Bedeutung der kulturellen Veranstaltungen und der geistigen Auseinandersetzung mit Literatur im Konzentrationslager.

„Die Lagerbücherei gehörte auf jeden Fall zu den segensreichsten Einrichtungen im KZ. [...] Es sorgte also die Bücherei in erster Linie für geistige Nahrung, wenn schon die körperliche Nahrung miserabel war."[420]

Mehreren Häftlingen der Dachauer Lagerbücherei war es im Verlauf der Jahre gelungen, zusätzlich zu den offiziellen Beständen illegale Bücher einzuschmuggeln.[421] Auch wenn es keine selbststständigen Bibliotheken in Dachauer Außenkommandos und -lagern gab, so waren aus dem Stammlager Bücher auch dorthin gelangt.[422] Der französische Überlebende Albert Fuchs erinnerte sich unter anderem an das Drama Egmont von Johann Wolfgang von Goethe oder an Gedichte von Robert Browning, die den Weg aus Dachau in das Außenlager Landsberg fanden und von besonderer Bedeutung für die Gefangenen waren.[423]

Der Wunsch nach individueller Selbstvergewisserung zeigt sich nicht nur in Versuchen, die Außenwelt von ihrem Schicksal in Kenntnis zu setzen, sondern unter anderem in Form von Porträtzeichnungen. Michaela Haibl wies auf die Bedeutung von Zeichnungen für das Überleben in Konzentrationslagern hin: „Die Zeichnungen waren bildlich gewordene Lebenszeichen, wo andere Briefe und Gedichte schrieben oder ihr Menschsein im sorgfältigen Umgang mit den Mitgefangenen bewiesen."[424] Eine der wenigen erhalten gebliebenen

---

418 Terrenoire, Sursitaires de la morte, S. 118–130.
419 Bericht „Im Todeslager Überlingen" von Alfred Hübsch als Anlage zur Vernehmung vom 18. 10. 1972, BArchL B 162/2484.
420 Viktor Matejka, Widerstand ist alles, Notizen eines Unorthodoxen, 3. Auflage, Wien 1993, S. 89.
421 Ebenda, S. 89–93.
422 Grundsätzlich vgl. Torsten Seela, Bücher und Bibliotheken in nationalsozialistischen Konzentrationslagern, München u. a. 1992, S. 95–100.
423 Fuchs, Landsberg-Sur-Lech, S. 169 f.
424 Michaela Haibl, „Überlebensmittel" und Dokumentationsobjekt, in: Dachauer Hefte 18 (2002), S. 42–64, hier: S. 43.

*Abb. 14: Selbstporträt von Wilhelm Lechner im Außenlager Haunstetten, 1943.*

Zeichnungen aus den Außenlagern ist das Porträt von Henry Laffitte aus Allach vom 9. April 1945.[425] Hermann Riemer berichtete in seinen Erinnerungen, dass er seine Mitgefangenen im Außenlager Allach BMW porträtiert hatte.[426] Im Außenlager Haunstetten gelang dem aus München stammenden Wilhelm Lechner ein Selbstporträt vor einem Spiegel (Abb. 14).[427]

---

425 Abgedruckt auf dem Buchumschlag von: Amicale, Allach.
426 Riemer, Sturz ins Dunkel, S. 161.
427 Selbstporträt von Wilhelm Lechner im AL Haunstetten, 1943, DaA O 472.

## 6.7. Flucht

Eine der wesentlichen Aufgaben der SS-Wachmannschaften war die Fluchtverhinderung von Gefangenen. Dafür war die sogenannte Postenkette mit starker Bewachung bestimmende Maßnahme in Außenkommandos und -lagern.[428] Im Juli 1938 richtete das Reichsjustizministerium eigens eine Abteilung ein, die sich ausschließlich mit „Erschießungen auf der Flucht" beschäftigte, da den Posten, „die in Ausübung ihrer Pflicht"[429] einen fliehenden Gefangenen erschossen hatten, Straffreiheit gewährt wurde.[430] Auf Anordnung des Reichsführers SS Heinrich Himmler waren ihm persönlich alle Fluchten aus Konzentrationslagern zu melden. Dabei sollten enthalten sein: Stand der Ermittlungen, Klärung der Schuldfrage, der Abschlussbericht, eine Skizze mit dem Fluchtweg und die Mitteilung über die eventuelle Wiederergreifung.[431] Mit der Berichterstattung und Einleitung der Fahndungsmaßnahmen waren Gestapo- oder Kriminalpolizeibeamte der Politischen Abteilung in Konzentrationslagern betraut.[432] Zur Ergreifung eines entflohenen Häftlings konnten sie neben den SS-Lagermannschaften auch kommunale Dienststellen einschalten.[433]

Im Falle einer Flucht aus einem Außenkommando oder Außenlager musste der Lager- oder Kommandoführer zunächst das Stammlager Dachau benachrichtigen. Für den 22. März 1943 meldete beispielsweise der Lagerführer des Außenlagers Augsburg-Pfersee SS-Obersturmführer Bock die Flucht des sowjetischen „Schutzhäftlings" Dimitri Furman.[434] Während eines Luftangriffs auf den Augsburger Hauptbahnhof war Furman geflohen, was erst nach

---

428 Eigenbericht und -erlebnisse von Georg Greyerhahn, n. d.; Leo Baeck Institute (New York) ME 862.
429 Dienstvorschriften für die Begleitpersonen und Gefangenenbewachung, KL Dachau, Kommandantur, 1. 10. 1933, Nbg. Dok. PS-778.
430 Schreiben des Führers der SS-Totenkopfverbände und Konzentrationslager an die Kommandanten der KL, 27. 7. 1938, DaA 33 916.
431 Schreiben der IKL, 26. 4. 1941, DaA 7116; Richtlinien zur Bekanntgabe an die Leiter der Politischen Abteilungen bei der Besprechung am 23. 3. 1944, Nbg. Dok. NO-1553.
432 Günther Kimmel, Das KL Dachau – Eine Studie zu den nationalsozialistischen Gewaltverbrechen, in: Broszat/Fröhlich; Bayern, S. 370.
433 Im Falle des AK Königsee war die Polizei beteiligt. Heinrich Weigand und Bertram Buchheit waren nach ihrer Festnahme im örtlichen Gefängnis eingesperrt, bevor sie nach Dachau rücküberstellt wurden, Aussage Heinrich Weigand, 19. 8. 1969, BArchL B 162/17 141.
434 Schreiben des SS-Arbeitslagers Augsburg-Pfersee an die Kommandantur des KL Dachau, n. d., DaA 7432.

Ende des Fliegeralarms bemerkt worden war. Nach ersten Suchmaßnahmen wurde zunächst der Lagerführer des Außenlagers verständigt, der seinerseits den Bericht für die Kommandantur Dachau verfasste und die fernmündliche Berichterstattung übernahm.

Fluchtversuche und gelungene Fluchten von KZ-Häftlingen am Arbeitsplatz bedeuteten vielfach Produktionsausfälle, wenn Suchmaßnahmen eingeleitet und Gefangene mehrere Stunden durch Appelle oder Strafstehen von ihren Tätigkeiten abgezogen wurden. Grundsätzlich haftete das WVHA für diese aufgetretenen „Schäden". Ausschließlich für die SS-eigenen Wirtschaftsunternehmen war auch dafür 1943 die sogenannte Ausgleichskasse eingerichtet worden.[435] In der Regel erfolgten nach Fluchtversuchen und Fluchten Inspektionsbesuche[436] vor Ort zur Prüfung der Sicherheitsmängel.[437] Im Rahmen derartiger Dienstkontrollen wurden gegebenenfalls die Arbeitsplätze inspiziert und dann über das Weiterbestehen des Arbeitseinsatzes entschieden. Im Falle des Außenkommandos München Ehrengut führte die Flucht eines Häftlings Mitte 1942 zum Abzug aller Häftlinge.[438]

Neben den Schriftwechseln der Stammlagerkommandantur und des WVHA sind in Überstellungslisten Hinweise zum Fluchtverhalten der Gefangenen enthalten. Darin finden sich Häftlinge, die aus den Außenkommandos und -lagern in das Stammlager mit der Begründung „Flucht", „Fluchtversuch" oder „Fluchtverdacht" rücküberstellt wurden. Weiter listen Abgangsbücher Gefangene als „Abgänge durch Flucht" auf. Diese SS-Dokumente stellen jedoch keine Spiegelung der tatsächlichen Fluchtrealität dar. So datiert die erste derartige Eintragung vom 10. Juni 1942 aus dem Außenkommando Bad Tölz.[439] Andere Quellen dagegen belegten schon im November 1941 einen Fluchtversuch aus dem Außenkommando Radolfzell.[440] Die Angabe „auf der Flucht erschossen" in KZ-Akten verfälscht außerdem den Versuch der Quantifizierung von Fluchten,

---

435 Mindener Bericht, Das SS-WVHA und die unter seiner Dienstaufsicht stehenden wirtschaftlichen Unternehmungen, n. d., Nbg. Dok. NO-1573; Grundlegend vgl. Kaienburg, Wirtschaft der SS, S. 1055.
436 Runderlass des Chefs des WVHA, 26. 6. 1942, Nbg. Dok. NO-2318.
437 Niederschrift über die Dienstkontrolle beim SS-Arb. Kdo Wülfert vom 20. 3. 1945, 22. 3. 1945, StAM SpK, Karton 2013 (Hans Wülfert). Vgl. dazu die Aussage des damaligen Kommandoführers Heinrich Palme, 7. 11. 1946, NARA Trials of War Criminals RG153 B202.
438 Aussage Bolesław Maniuski, 30. 1. 1975, BArchL B 162/25 850.
439 Überstellungsliste des KL Dachau, 10. 6. 1942, DaA 35 673.
440 Vgl. Achim Fenner, Radolfzell, in: Benz/Distel, Ort des Terrors, Bd. 2, S. 469. Die Flucht eines jugoslawischen Häftlings aus dem AK München Ehrengut ist für Mitte 1942 belegt, vgl. Aussage Bolesław Maniurski, 30. 1. 1975, BArchL B 162/25 850.

da dies häufig nur eine Tarnung für Mord darstellte.[441] Der Überlebende Leon Udeski beschrieb für ein Mühldorfer Außenlager die gängige Praxis von SS-Wachmännern, einem Häftling seine Mütze vom Kopf zu reißen, sie hinter die Postenkette zu werfen und ihn aufzufordern, die Mütze aufzuheben. Übertrat der Häftling daraufhin die Postenkette, wurde er „auf der Flucht erschossen".[442]

Trotz der defizitären Quellenlage zeigt sich eine zunehmende Tendenz von tatsächlichen oder angeblichen Fluchten beziehungsweise Fluchtversuchen gegen Kriegsende.[443] Auch erste Ergebnisse zur Quantität von Fluchten aus den Dresdener Außenkommandos und -lagern des Konzentrationslagers Flossenbürg bestätigen dies.[444] Die zunehmende Zahl von Flüchtigen veranlasste schon im Juni 1943 das WVHA zu einem Schreiben an die Lagerkommandanten, in dem von der „Beunruhigung" Heinrich Himmlers die Rede ist, und dieser den verstärkten Einsatz von Suchhunden empfahl.[445]

### 6.7.1. Geglückte Fluchten

Ausgangspunkt von Fluchten waren bereits die Häftlingstransporte in die oder aus den Außenkommandos oder -lagern. Im März 1941 sah sich die IKL dazu veranlasst, die Lagerkommandanten auf diese Schwachstelle in der Bewachung gesondert hinzuweisen.

> „Wie bereits mit hiesigem Fernschreiben vom 12. 3. 1941 befohlen, ist in Zukunft bei Überstellungen von Häftlingen (Transporte über 20 km) in jedem Fall ein aktiver SS-Führer als Führer des Transports zu beauftragen. Dem Reichsführer SS habe ich gemeldet, dass nach wie vor alles Notwendige veranlasst worden ist, um Fluchtversuche zu verhindern."[446]

---

441 Für AL München-Riem vgl. Aussage Sylvester Lampert, 29. 5. 1974, StAM Stanw 34 677; Einstellungsverfügung der Staatsanwaltschaft München I, 1. 2. 1977, Staatsanwaltschaft München, Mü I 320 u Js 200 272/77, Bd. 4; für AL Friedrichshafen vgl. Aussage Jan Oczkowski, 1. 6. 1970, BArchL B 162/2479–2482.
442 Aussage Leon Udeski, 6. 8. 1971, StAM Stanw 31 503/3.
443 Überstellungslisten des KL Dachau, 1. 11. 1942–30. 9. 1944, DaA 35 674, 35 672.
444 Vgl. Veränderungsmeldungen 1945, Meldungen über aus den Außenlagern geflohene Häftlinge 1944–1945, Centre des recherches et d'etudes historiques de la seconde guerre film 14368++. Für diesen Quellenhinweis danke ich Ulrich Fritz.
445 Schreiben des WVHA, Amtsgruppe D, 20. 6. 1943, BArchB NS 3/426.
446 Schreiben des Inspekteur der KL, 13. 3. 1941, BArchB NS 19/3213.

Fluchten von Dachauer Häftlingen während Transporten sind bislang nur für die Endphase bekannt. So entkamen drei oder vier Häftlinge am 16. Januar 1945 aus dem Außenkommando Radolfzell bei der Überstellung in das Außenlager Leonberg des KZ Natzweiler.[447]

Der Bericht der geglückten Flucht des Österreichers Josef Plieseis gewährt detaillierte Einblicke in Planung und Durchführung. Plieseis wurde im Januar 1942 in das Konzentrationslager Dachau gebracht und war schon damals fest zur Flucht entschlossen. Im Revier riet ihm ein Häftling:

> „Du musst sehen, dass du auf ein Außenkommando kommst [...] dort kannst du am ehesten Verbindungen mit denen da draußen anknüpfen, dich einiger Helfer versichern und so verschwinden, ehe sie ihren ganzen Suchapparat angesetzt haben. Hier aus Dachau kommst du nicht raus."[448]

Als im Sommer 1943 im Schutzhaftlager 30 Handwerker für ein Außenkommando im österreichischen Hallein, unweit seiner Heimat Ischgl, gesucht wurden, meldete sich Plieseis. Dort lernte er den zivilen Vorarbeiter Josef Hofer kennen, über den er Kontakt zu politischen Freunden im Salzkammergut aufnehmen konnte. Mit Hilfe weiterer Ortsansässiger gelang es ihm, unbemerkt seinen Bruder in einem nahen Bauernhaus zu treffen und mit ihm den Fluchtplan zu besprechen. Die Halleinerin Agnes Primocic besorgte Lebensmittel, Zivilkleider und eine Karte, bevor es Josef Plieseis am 20. August 1943 gelang, sich während einer Arbeitspause aus einem Heustadel davonzustehlen. Im nahen Wald wartete ein Freund, mit dem er den Aufstieg in die Berge antrat. Nachdem das Verschwinden entdeckt worden war, hatten zwei SS-Posten zunächst die Baustelle abgesucht, dann aber Großalarm ausgelöst. Die Flüchtigen versteckten sich derweilen in einer Baumkrone und konnten ihre Verfolger beobachten:

> „Erst waren es zwei SS-Männer, die dort drüben vom Dorfe her über die Wiesenhänge marschierten, dann aber tauchten drei Suchpatrouillen in dem Blickfelde auf, die sich aber alle glücklich mehr nach Norden hielten. Hinter einem Wäldchen hervor brach ein ganzer Pulk SS-Reiter, fächerte aus und begann, über die Wiesen und Felder zu traben."[449]

---

447 Fenner, Radolfzell, in: Benz/Distel, Ort des Terrors, Bd. 2, S. 469.
448 Plieseis, Vom Ebro, S. 223.
449 Ebenda, S. 251.

*Abb. 15: Zeichnung von Josef Plieseis aus dem Jahr 1946.*

Die folgenden zwei Tage blieben Josef Plieseis und sein Freund in den Bergen. Trafen sie auf Zivilisten, fielen sie aufgrund ihres einheimischen Dialekts nicht auf. Nach der erfolgreichen Flucht arbeitete Josef Plieseis am Aufbau einer Widerstandsgruppe im Salzkammergut und organisierte 1944 zusammen mit Agnes Primocic die Flucht von zwei weiteren Häftlingen aus dem Außenkommando Hallein: Alfred Hammerl und Leo Jensa.[450]

Die Schweizer Grenze war für Häftlinge der Allgäuer und bodenseenahen Außenkommandos und -lager das Ziel von Fluchtversuchen. Mit einem entwendeten Boot erlangten zwei Häftlinge aus dem Außenkommando Radolfzell am 15. November 1943 ihre Freiheit am anderen Ufer des Bodensees.[451] In der

---

450 Wintersteller, Hallein, S. 13 f.
451 Fenner, Radolfzell, in: Benz/Distel, Ort des Terrors, Bd. 2, S. 469.

*Abb. 16: Wassilii Sklerenko (li) und Adam Puntschart (re) nach der gelungenen Flucht aus dem AL Überlingen in Schaffhausen, Schweiz, 30. März 1945.*

Nacht vom 21. auf den 22. März 1945 flohen der Österreicher Adam Puntschart und der Ukrainer Wassily Sklarenko aus dem Außenlager Überlingen.[452] Am 26. März 1945 erreichten sie Schaffhausen in der Schweiz.[453] Vier Tage später dokumentiert ein Foto die erfolgreiche Flucht (Abb. 16).[454]

Wie im eingangs geschilderten Falle des russischen Häftlings Dimitri Furman aus dem Außenlager Augsburg-Pfersee standen viele Fluchten zwischen 1944 und 1945 im Zusammenhang mit alliierten Luftangriffen. Die Häftlinge konnten sich die allgemeine Verwirrung und die Unüberschaubarkeit zu Nutze machten. Bekannt sind Fluchtversuche dieser Art aus den Außenlagern Friedrichshafen[455] im April 1944, Überlingen[456] und Neuburg an der Donau[457] im

---

452 Puntschart, Heimat ist weit, S. 137–146; Kurzprotokoll von Adam Puntschart, 1971, DaA 8539.
453 Schreiben der Polizeikommando Schaffhausen, 1. 3. 1946, DaA 8886/7.
454 Foto von Wassili Sklerenko und Adam Puntschart, 30. 3. 1945, DaA F 1798.
455 Aussage Wladyslaw Hudy, 9. 12. 1969, StAM Stanw 34 455.
456 Kurzprotokoll von Adam Puntschart, 1971, DaA 8539.
457 Direktor, Neuburg, in: Benz/Distel, Ort des Terrors, Bd. 2, S. 451.

Februar 1945, Bäumenheim[458] im März 1945, Kottern,[459] München-Riem[460] und Weißsee[461] im April 1945.

Besonders häufig flohen Gefangene auf Evakuierungsmärschen wenn Außenkommandos oder -lager geschlossen wurden. Das Bewusstsein des unmittelbaren Kriegsendes war ebenso wie die Angst vor Liquidierung in letzter Minute für viele Häftlinge Anstoß, zu diesem Zeitpunkt einen spontanen und individuellen Fluchtversuch zu unternehmen. Während der Evakuierung des Außenlagers München-Riem Ende April 1945 ließ sich Engelbert Mangold zusammen mit einem anderen Häftling in der Marschkolonne zurückfallen und versteckte sich in einer Scheune, bis amerikanische Soldaten sie befreiten.[462] Ruth Deutscher konnte sich vom Evakuierungsmarsch aus dem Außenlager Türkheim absetzen und versteckt halten.[463] Vor allem ortsunkundige Häftlinge, die nicht über deutsche Sprachkenntnisse verfügten, hatten Schwierigkeiten, sich zurecht zu finden. Eindringlich schilderte der Litauer Zwi Katz, Überlebender des Außenlagers Kaufering I, seinen Schrecken, sich in eine Scheune mit Soldaten und von dort zurück in die Marschkolonne verlaufen zu haben:

„Allmählich gewöhnen sich meine Augen an die Finsternis, und erst jetzt bemerke ich zu meinem jähen Schrecken, dass ich hier nicht alleine bin! Auch Umrisse von Stahlhelmen sind zu sehen; es sind deutsche Soldaten. Von Panik ergriffen laufe ich den Abhang hinunter zurück auf den Weg [...]. Verstört und entsetzt begreife ich nun, dass ich zurück in die Häftlingskolonne geraten bin, aus der ich entwichen war und die hier zum Übernachten lagert."[464]

Aus den hier zugrunde liegenden Quellen sind 60 geglückte Fälle aus 22 Außenkommandos oder -lagern bekannt. Entscheidend für das Gelingen eines solchen Unternehmens war, schnellstmöglich Zivilkleidung zu beschaffen und sich der auffälligen Häftlingsbekleidung zu entledigen. Dies gelang durch illegalen

---

458 Römer, Für die Vergessenen, S. 96 f.
459 Nikolai Jatschenko, Es darf sich nicht wiederholen, Erinnerungen eines ehemaligen Häftlings im KL Stutthof u. Dachau, n. d., S. 37 f., DaA 20 225.
460 Aussage Julian Ciok, 14. 6. 1974, Staatsanwaltschaft München Mü I 320 u Js 200 272/77, Bd. 1.
461 Fritz, Stationen meines Lebens, S. 143.
462 Aussage Engelbert Mangold, 7. 6. 1974, Staatsanwaltschaft München Mü I 120 Js 18 815/75 a–c, Bd. 1.
463 Römer, Für die Vergessenen, S. 31 f.
464 Katz, Von den Ufern, S. 140.

Tauschhandel mit OT-Angehörigen im Falle des Mühldorfer Waldlagers V/VI.[465] Der deutsche Meister Mattfeld organisierte für einige Frauen des Außenlagers Burgau neben Lebensmitteln auch polnische Zwangsarbeiterinnenabzeichen.[466] Ebenfalls mit Unterstützung einer deutschen Zivilistin fand ein flüchtiger Häftling des Außenlagers Ottobrunn eine Unterkunft in München.[467] Aber auch Kontakte zu ausländischen Zwangsarbeiterinnen im Außenlager Kaufbeuren[468] oder zu Kriegsgefangenen im Außenlager Allach BMW[469] konnten zur Beschaffung von Zivilkleidung beitragen.

Alle geglückten Fluchten, die bekannt sind, legen den hohen Stellenwert offen, den Hilfe von außen bei der Fluchtvorbereitung und Durchführung einnahm. Die drei Österreicher Josef Plieseis, Alfred Hammerl und Leo Jensa profitierten davon, dass die Lagerführung in Dachau keine Anstrengungen unternahm, die Überstellung von Häftlingen in Außenkommandos und -lager zu verhindern, die ursprünglich in denselben Gebieten beheimatet waren.

### 6.7.2. Gescheiterte Fluchten

Einzigartig und gut vorbereitet war der Befreiungsplan, den die Gefangenen des Außenkommandos Schloss Itter schmiedeten. Sie hatten sich aus dem Stammlager Dachau Schlaftabletten organisiert und wollten die SS-Wachmänner damit betäuben, um dann in SS-Uniformen und einem gefälschten Marschbefehl zusammen mit den prominenten „Sonderhäftlingen" in die Schweiz zu fliehen. Die Umsetzung dieses Planes scheiterte am Widerstand der „Sonderhäftlinge" und wurde aufgegeben.[470]

Am 13. Februar 1945 erschoss der Kommandoführer des Außenkommandos Neustift, SS-Unterscharführer Otto Dertinger, den Gefangenen Otto Konvalin während der Rücküberstellung in das Stammlager. Angeblich habe Konvalin einen Fluchtversuch unternommen.[471]

---

465 Schreiben des KL Waldlager V, 9. 3. 1945, BArchB NS 4 Da/29.
466 Römer, Für die Vergessenen, S. 28 f.
467 Inga und Martin Wolf, Ottobrunn, in: Benz/Distel, Ort des Terrors, Bd. 2, S. 463.
468 Römer, Für die Vergessenen, S. 130 f.
469 Testimony Paul Brusson, Yale Fortunoff Video Archive HVT-2992.
470 Zvonimir Čučković, Zwei Jahre auf Schloss Itter, unveröffentlichtes Manuskript, n. d., DaA 20 134.
471 Aussage Hans Jackusch, 2. 8. 1962, StAM Stanw 21 830.

In einigen Außenkommandos und -lagern versuchten Häftlinge durch Tunnel oder vorhandene Kanalisation zu entkommen, wie neun Häftlinge aus dem Außenkommando Friedrichshafen im Sommer 1943. Nach einigen Tagen wurden fünf wieder aufgegriffen und drei sofort auf dem Appellplatz erschossen, die zwei anderen wurden 14 Tage eingesperrt und „verschwanden" danach.[472] Im August 1944 versuchten ein Pole und ein Russe in einem aus der Werkshalle führenden Kanal zu fliehen. Sie wurden allerdings entdeckt und mussten aus dem Kanalrohr wieder heraussteigen. Der Russe wurde sofort vor Ort erschossen, der Pole auf dem Appellplatz des Außenlagers.[473]

Vor allem aber misslangen viele der spontan unternommenen Fluchtversuche während Luftangriffen wie der von Nikolai Jatschenko:

„Etwas fiel auf mich, um mich herum Stöhnen und Jammern, in Rauch und Hitze sehe ich nichts. Endlich, beim genauen Hinsehen, merke ich ein Fenster und vermute, dass ich an die Wand geschleudert wurde. Es zog mich nach der frischen Luft und der Kühle des Flüsschens. Ich ertastete einen Stein, warf ihn gegen den Fensterrahmen, und der flog leicht heraus. Dann sprang ich, ohne zu denken, von der 2. Etage hinunter, hinter mir – noch jemand, immer wieder. Das Flüsschen ist nicht tief: man kann leicht laufen oder schwimmen. Die Strömung überwindend schwamm ich flussaufwärts. Wenn doch bloß Schilf käme, wo man sich verstecken könnte! Nur einen Tag in Freiheit bleiben! Mal laufe ich durch brusthohes Wasser, mal schwimme ich – nicht gerade kräftig [...]. Endlich sind da Sträucher, ich krieche durch sie ans Ufer, hebe den Kopf und gerate direkt den Soldaten der Division ‚Edelweiß' in die Hände."[474]

### 6.7.3. Bestrafung

Dass Nikolai Jatschenko dennoch überlebte und über den Fluchtversuch berichten konnte, ist ungewöhnlich. Flucht zählte im Konzentrationslager zu den schwerwiegendsten Vergehen und wurde in der Regel mit dem Tod bestraft.[475]

---

472 Aussage Michael Doujak, 28. 10. 1969; Aussage Gabriel Pibal, 11. 11. 1969; beide: BArchL B 162/2479–2482.
473 Aussage Josef Lukojc, 20. 5. 1969, BArchL B 162/2479–2482.
474 Nikolai Jatschenko, Es darf sich nicht wiederholen, Erinnerungen eines ehemaligen Häftlings im KL Stutthof u. Dachau, n. d., S. 37, DaA 20 225.
475 Rundschreiben der IKL, 26. 1. 1944 und 11. 4. 1944, BArchL ZStL Dokumenten Sammlung Verschiedenes, Ordner 311.

Schon seit Mai 1933 war in den „Sonderbestimmungen" für das Wachpersonal nachzulesen: „Bei Fluchtversuchen von Gefangenen darf die Wach- und Begleittruppe ohne Anruf von der Schusswaffe Gebrauch machen."[476] Angehörige der Dachauer SS-Wachmannschaften bestätigten in Nachkriegsprozessen, diesen Schießbefehl erhalten zu haben.[477] Am 8. Dezember 1944 meldete der Kompanieführer des Außenlagers Waldlager V/VI an den Dienststellenleiter des Einsatzes SS-Sturmbannführer Langleist einen vereitelten Fluchtversuch:

„Am 7. 12. 1944 22. 25 Uhr hat der SS-Rottenführer Ritter auf Postenstand 6 im Judenwaldlager V den fluchtverdächtigen Häftling Nr. 124 800 Graf, Samu Geb. 30. 8. 1901, der sich innerhalb des Drahtschlauches befand und auf Abruf nicht stehen blieb, erschossen. Um Weiterleitung an die Kommandantur Dachau wird gebeten."[478]

Aus mindestens 19 Außenkommandos und -lagern sind Erschießungen oder Erhängungen nach gescheiterten Fluchtversuchen überliefert. Viele davon fanden außerhalb der Lagergrenzen statt, während die Hinrichtungen von wieder ergriffenen Häftlingen entweder in den Außenkommandos und -lagern oder im Stammlager durchgeführt wurden. In selteneren Fällen fanden Erhängungen nach gescheiterten Fluchtversuchen auch am Arbeitsplatz auf dem jeweiligen Werksgelände statt oder gar wie im Salzburger Aufräumkommando im Städtischen Volksgarten.[479]

Mit der Zunahme der Fluchtversuche ab 1943 ist eine sich verändernde Strafpraxis festzustellen.[480] Nicht mehr alle wieder ergriffenen Häftlinge wurden sofort ermordet, sondern zunächst brutalen Misshandlungen in den Außenkommandos und -lagern unterzogen. In den Außenlagern Kempten und Allach BMW wurden die Rückkehrer mit einem Schild „Ich bin wieder da" oder „Ich bin zurück im Lager" verhöhnt, bevor sie mit Grausamkeiten drangsaliert wurden.[481] Im Außenlager Ottobrunn wurde ein italienischer Häftling mit einer halben

476 Sonderbestimmungen, Mai 1933, Nbg. Dok. 920 D.
477 Interrogation Robert Lenz, 23. 9. 1946; Interrogation Alois Lang, 3. 10. 1946; beide: NARA Trials of War Criminals RG153 B188; Interrogation Johann Kraft, 1. 10. 1946, NARA Trials of War Criminals RG153 B189.
478 Schreiben des Kompanieführers Waldlager V, 8. 12. 1944, StAM Stanw 15 314.
479 Das Ende des KZ-Häftlings 66 698, in: Salzburger Nachrichten, 19. 7. 1945.
480 Zámečník, Das war Dachau, S. 131 f.
481 Zu Kempten vgl. Terrenoire, Sursitaires de la morte, S. 91. Zu Allach vgl. Amicale, Allach, S. 106. Zu Dachau vgl. Interview Joseph Rovan, 19. 6. 1996, DaA 31 851.

Stunde Pfahlhängen bestraft.[482] Im Mühldorfer Waldlager V/VI wurden mindestens zwei Gefangene mehrere Stunden kopfüber an den Füßen aufgehängt,[483] im Außenlager Saulgau zeugen Berichte ebenfalls von brutalen Misshandlungen.[484]

Wurden die wieder ergriffenen Häftlinge in den Außenkommandos und -lagern nicht bereits vor Ort erschlagen oder getötet, dann folgte in der Regel die Rücküberstellung in das KZ Dachau. Hier erwarteten die Häftlinge 25 Doppelschläge mit dem Ochsenziemer, 42 Tage Dunkelzelle mit nur jedem vierten Tag warmer Verpflegung. Hatten die Häftlinge auch dies überlebt, wurden sie entweder erhängt oder mit dem sogenannten Fluchtpunkt gekennzeichnet und in die Strafkompanie oder in ein „Himmelfahrtskommando" eingewiesen.[485] Die letzten beiden Optionen bedeuteten Brutalität und höchste Lebensgefahr. Enrico Piccaluga beschrieb seinen Leidensweg nach der Ergreifung am 2. Januar 1945 bis zur Rückkehr in Dachau zehn Tage später:

„Wir sind vier aus dem Lager von Mühldorf Entflohene, wir wurden wieder aufgegriffen und in das Lager von Trostberg gebracht, mit Stöcken geschlagen, gefoltert und schließlich ins Lager von Mühldorf zurückgeschickt, wo wir erneute Folter erwarten müssen, um anschließend wieder nach Dachau verbracht zu werden, wo uns die eigentliche Strafe für die Flucht erwartet (Strafkompanie und schließlich Tod durch Erhängen). [...] Da ist die Ankunft am Bahnhof in Mühldorf und schließlich die Kilometer der Qual, der Stockschläge an den schmerzhaftesten Stellen, sozusagen ein Spiel für abnormale Sadisten, eine ständige Neuerfindung von grundlosen Bosheiten und Grausamkeiten, ohne irgendeine menschliche Rechtfertigung. Es gibt keine Befehle von übergeordneten Personen. [...] Wie gottgewollt stopfte man uns in einen Bunker, der für eine Person bemessen war, und vergaß uns dort, in Erwartung des angekündigten Todesurteils."[486]

Enrico Piccaluga überlebte alle Folterungen nach seiner misslungenen Flucht, wurde nach dem Aufenthalt in der Strafkompanie in das Außenlager Kottern überstellt und Ende April 1945 befreit.

---

482 Aussage Alfred Kraus, 15. 6. 1965, StAM Stanw 34 655.
483 Aussage Sándor Sásdi, 8. 9. 1971; Aussage Pál Benkö, 3. 9. 1971; beide: StAM Stanw 31 503/4.
484 Aussage Bogdan Leon Jankowiak, 30. 1. 1970, StAM Stanw 31 503/1.
485 Bericht Giovanni Melodia, n. d., DaA 30 345.
486 Bericht Enrico Piccaluga, 1985, DaA 30 292.

Fluchtpunkte wurden von der Vernehmungsstelle des Konzentrationslagers Dachau verhängt. Der Häftling musste auf Brust- und Rückenseite seiner Kleidung einen roten Stoffpunkt tragen und erhielt einen Vermerk in seiner Personalakte.[487] Die lebensgefährlichen Auswirkungen dieser offensichtlichen Stigmatisierung innerhalb der Lagerhierarchie führten dazu, dass Häftlinge darum bemüht waren, den Fluchtpunkt wieder loszuwerden. Jossif Jankowskij kam nach einem Fluchtversuch in die Strafkompanie des Stammlagers und erhielt dort den Fluchtpunkt. Als er am 17. August 1944 auf Transport nach Mauthausen kam, nutzte er die erste Gelegenheit und vertauschte seine Kleidung mit der eines anderen Häftlings.[488]

Laut einer Anordnung der Kommandantur in Dachau vom 20. November 1944 war der Aufenthalt von Häftlingen mit Fluchtpunkten in Außenkommandos und -lager untersagt:

„Häftlinge, die von einem Außenkommando aus geflüchtet sind und nach Wiederergreifung zum alten Außenkdo. oder einem anderen Akdo. zurückgebracht werden, sind sofort nach dem KL Dachau zu überstellen. Überstellung hat auch bei Häftlingen, bei denen Fluchtverdacht, Fluchtvorbereitung bzw. Fluchtversuch vorliegt, zu erfolgen, da solche Häftlinge auf Akdo. ebenfalls nicht mehr beschäftigt werden dürfen. Es ist grundsätzlich verboten, dass sich Häftlinge mit Fluchtpunkten auf Außenkommandos befinden."[489]

Zum Zeitpunkt dieses Schreibens allerdings existierte im Salzburger Land das Außenlager Weißsee, in dem besonders viele Häftlinge mit einem Fluchtpunkt eingesetzt waren. Diese Sonderstellung begründete sich auf die äußerst unzugängliche geografische Lage in einem Steinbruch, von dem angenommen wurde, dass weitere Fluchten unter besonders scharfer Bewachung unmöglich wären. Etwa 450 Häftlinge mussten in Weißsee von Frühjahr 1944 bis Dezember 1944 für das Elektrizitätswerk der Reichsbahndirektion München einen Stausee bauen. 32 von ihnen waren mit dem Fluchtpunkt gekennzeichnet.[490]

---

487 Schreiben des KL Dachau, Abtl. III Vernehmungsstelle, 12. 1. 1945, DaA 1022.
488 Erinnerungen von Jossif Jankowskij, n. d., DaA 33 597/2.
489 Schreiben der Kommandantur des KL Dachau an Waldlager V, 20. 11. 1944, BArchB NS 4 Da/29.
490 Fluchtpunkte im Lager, KL Dachau, 14. 11. 1944, DaA 1017/154; Liste der Häftlinge mit Fluchtpunkt, welche in Aussenkommandos beschäftigt sind, 10. 11. 1944, DaA 1016/155.

Und auch hier gab es Fluchtversuche, allein 22 sind zwischen 1. September und 26. Oktober 1944 in Überstellungslisten belegt. Für sieben von ihnen endeten sie tödlich.[491] Wie viele dieser Fluchtversuche tatsächlich stattfanden oder nicht getarnte Morde waren, ist ebenso unbekannt wie ihr Ausgang. Ein weiterer Häftling mit Fluchtpunkt wurde im November 1944 im Außenlager Blaichach eingesetzt.[492]

Fluchten oder Fluchtversuche wirkten sich aber auch auf die zurückgebliebenen Häftlinge aus. Wie im Fall von Saulgau war kollektives Strafstehen bis zur Wiederergreifung eines Flüchtigen eine häufige Praxis.[493] Aus dem Außenlager Haunstetten flüchteten 1943 zwei Häftlinge. Nikolaj Powstjonoj schrieb dazu: „Einen Tag und eine Nacht lang hat man uns durch die Gegend gejagt, weder zu trinken noch zu essen gegeben und zwar so lange bis sie die Flüchtlinge erwischt haben. Es ist unvorstellbar, was man mit ihnen gemacht hat."[494] Mitte Januar 1945 fehlte nach Beendigung der Arbeit im Mühldorfer Waldlager V/VI ein Gefangener beim Appell. Während der vierstündigen Suche mussten alle Häftlinge des Lagers bei minus 15 Grad im Freien stehen.[495]

## 6.8. Briefkontakte und Besuche

Für Dachauer Außenkommando- und Außenlagerhäftlinge gab es legale wie illegale Möglichkeiten, mit dem Umfeld außerhalb des jeweiligen Kommandos bzw. Lagers in Verbindung zu treten. Allerdings standen diese nicht allen Häftlingsgruppen gleichermaßen offen und variierten auch an den unterschiedlichen Standorten. Einem Teil der Häftlinge war es gestattet, Briefe an Angehörige und Bekannte zu schreiben.[496] Wer in welcher Frequenz Schreiberlaubnis erhielt, war in der Dachauer Lagerordnung festgehalten. Sowjetische Kriegsgefangene, italienische Häftlinge und „Nacht-und-Nebel-Häftlinge" unterlagen ebenso der „Postsperre" wie alle Gefangenen der Strafkompanie. Deutsche

---

491 Überstellungslisten des KL Dachau, 2. 9. 1944–26. 10. 1944; alle: DaA 35 672, 35 673, 35 675.
492 Fluchtpunkte im Lager, KL Dachau, 14. 11. 1944, DaA 1017/154; Liste der Häftlinge mit Fluchtpunkt, welche in Aussenkommandos beschäftigt sind, 10. 11. 1944, DaA 1016/155.
493 Aussage Bogdan Leon Jankowiak, 30. 1. 1970, StAM Stanw 31 503/1.
494 Brief von Nikolaj Powstjonoj, n. d., DaA 29 165.
495 Aussage Miklós Davidovics, 1. 9. 1971, StAM Stanw 31 503/4.
496 Grundsätzlich vgl. Mozdzan, Postverkehr.

Häftlinge, abgesehen von Juden, „Asozialen" und „Berufsverbrechern", nahmen eine Sonderstellung ein. Für sie galten sowohl bei der Häufigkeit wie auch Form Erleichterungen. Doch wie bei allen Häftlingsbelangen im Konzentrationslager bestand keinerlei Anspruch auf Einhaltung der Vorschriften, und so konnte die Schreiberlaubnis jederzeit willkürlich entzogen werden. Formal durchliefen Briefe die zentrale Zensurstelle im Stammlager Dachau oder vor Ort eingerichtete Dienststellen. Nachweislich sind Zensurstellen für die Außenkommandos Feldafing, Nürnberg, Radolfzell und die Außenlager Haunstetten und Augsburg-Pfersee, Friedrichshafen, Kaufbeuren und Allach BMW. In Hopfgarten (Tirol) und München existierten Sammeladressen.[497]

In den Zensurstellen erfolgte die Schwärzung von beanstandeten Inhalten oder der Einzug der Briefe. Vergeblich sucht der Leser in den zensierten Briefen nach inhaltlichen Details über den Aufenthaltsort oder gar den Arbeitseinsatz in Außenkommandos und -lager.[498] Ein konkreter Hinweis kann die in der vorgedruckten Datumszeile ausgestrichene Ortsangabe „Dachau 3K" sein, die in manchen Fällen mit dem Außenkommando- oder Außenlagerort versehen wurde. Und im Absenderplatzhalter sind neben Namen und Häftlingsnummer die Bezeichnung des auswärtigen Einsatzortes angegeben. Doch vor allem zwischen den Zeilen vermitteln diese Briefe Einblicke in die Lebensumstände in den Außenkommandos und -lagern. Die eindringlichen Bitten von Janek Erbežnik aus dem Außenlager Gendorf an seinen Vater, ihm doch wöchentlich Lebensmittel zu schicken, lassen kaum Zweifel über die mangelhafte Ernährung des Schreibers zu.

„Ich bin glücklich, dass ihr so für mich sorgen. [...] An den Feiertagen denke ich nichts, darum aber mehr an Euch, an die Brüder und an das Haus. [...] Besonders bitte ich euch um Fett und Fleisch, weil ich das sehr gut brauchen kann. [...] Schickt mir auch etwas Knoblauch, Gewürz, Zwieback und dies, was ich im letzten Brief geschrieben habe. Dann bitte ich, dass ihr mir mehrmals frisches Brot schickt, wenn es möglich ist, jede Woche."[499]

---

497 Ebenda, S. 102–106.
498 Im Archiv der KZ-Gedenkstätte Dachau ist eine Sammlung legaler Briefe von Häftlingen erhalten.
499 Legaler Brief von Janek Erbežnik, 12. 3. 1944, DaA 34 431/3. Im Original ist dieser Brief in fehlerhaftem Deutsch verfasst. Zur besseren Verständlichkeit wurden sprachliche Korrekturen vorgenommen.

Mehr ungeschönte Details gelangten über den illegalen Weg an Freunde und Angehörige. Wilhelm Lechner ließ seine Frau wissen, dass er in den Augsburger Messerschmittwerken eingesetzt war. Seine Arbeit, schrieb er, sei nicht so gefährlich: „Meine anderen Kameraden sind zum Teil beim Bombenblindgänger suchen und ausgraben. Das ist etwas gefährlicher, sind schon welche drauf gegangen."[500] Nach der Bombardierung Haunstettens folgte ein detaillierter Bericht über die Zerstörung des Lagers und die Plünderungen durch Mitgefangene.[501] Briefschmuggel entwickelte sich in vielen Außenkommandos und -lagern zu einer gängigen Praxis, für die in den meisten Fällen die Hilfe von Lagerpersonal oder Zivilisten notwendig war. Konkrete Hinweise dafür gibt es unter anderem aus den Außenkommandos St. Lambrecht, Feldafing, Fleischfabrik Wülfert und den Außenlagern Ottobrunn und Saulgau.[502]

Bereits am 11. Dezember 1942 wies ein Erlass des WVHA die Lagerkommandanten auf diese Sicherheitslücke hin und forderte schärfste Überwachung:

„Wie durch den Sicherheitsdienst vertraulich festgestellt worden ist, ist es Schutzhäftlingen, die auf Arbeitsstellen außerhalb des Lagers eingesetzt sind, in letzter Zeit mehrfach gelungen, unter Mithilfe anderer Personen Briefe an ihre Angehörigen zu schmuggeln, die nicht die Briefkontrolle passiert haben. [...] Die Lagerkommandanten werden gebeten, die auf den Außenarbeitsstellen tätigen Zivilpersonen, die mit Häftlingen zu tun haben und auch die Häftlinge selbst, insbesondere solche, die als fanatische Kommunisten oder Funktionäre bekannt sind, schärfstens überwachen zu lassen. Bekanntgewordene Durchstechereien sind hierher zu melden, damit die Abwehrstellen des Reichssicherheitshauptamtes entsprechend verständigt werden können."[503]

De facto änderte sich allerdings nichts daran, dass die Gefangenen auf diesem Wege weiter Kontakt mit Familien und Bekannten aufnahmen. Da an vielen Einsatzorten von KZ-Häftlingen auch zivile Zwangsarbeiter verpflichtet waren, kam es hier ebenfalls zu Berührungspunkten am Arbeitsplatz oder aufgrund

---

500 Illegaler Brief von Wilhelm Lauchner an seine Frau Fanny, n. d., DaA 34 860/5.
501 Illegaler Brief von Wilhelm Lauchner an seine Frau Fanny, n. d., DaA 34 860/6.
502 Vgl. Kapitel 6.6.4. Illegale Nachrichten und Waren.
503 Schreiben des WVHA an die Lagerkommandanten der KL, 11. 12. 1942; IfZ München Fa 506/12.

gemeinsam genutzter Infrastruktur wie beispielsweise Küchen. Zwangsarbeiter beförderten heimlich Briefe, übermittelten Nachrichten oder besorgten Essen.[504] Im Außenlager Friedrichshafen schrieben zwei Häftlinge im Herbst 1943 Liebesbriefe an „Ostarbeiterinnen". Nach der Entdeckung wurden beide Gefangenen verhört und mit Stockhieben bestraft.[505]

In vereinzelten Ausnahmefällen gelang es überwiegend deutschen oder österreichischen Angehörigen, Häftlingen an die Außenkommando- oder Außenlagerstandorte nachzureisen und sie hier zu treffen. Diese Besuche waren nicht offiziell genehmigt, sondern fanden entweder mit der stillschweigenden oder erkauften Duldung des Lagerpersonals statt oder waren heimlich durch die Unterstützung von Zivilisten zustande gekommen. Aus dem Außenkommando Neustift berichtete der ehemalige Kapo Karl Wagner von dem Besuch einer Polin, unterstützt durch einen Mesner am Ort.[506] Die Tochter von Wilhelmine Hoffmann besuchte ihre Mutter im Außenkommando Hausham.[507] Fotos von Lagerältesten der Außenlager Kaufbeuren und Kaufering III dokumentieren den Besuch ihrer Ehefrauen.[508] Dagegen erinnerte sich Stane Šinkovek aus Jugoslawien, dass an einem Sonntag im Sommer 1943 seine Familie nach Unterfahlheim angereist war. Voller Wut habe der Kommandoführer die Familie fortgeschickt, ohne dass Šinkovek mit ihnen sprechen konnte.[509] Mehr Unterstützung fand Zvonimir Čučković bei seinem Kommandoführer SS-Hauptsturmführer Sebastian Wimmer auf Schloss Itter, nachdem Čučković für ihn erfolgreich einen Motor repariert hatte:

„Bei der Rückfahrt auf das Schloss, gab Wimmer mir 30 RM und sagte, ich darf meine Frau und meinen Sohn für ein paar Tage nach Itter kommen lassen. Wimmer hat sein Wort gehalten, meine Frau und mein Sohn waren

---

504 Zum AL Friedrichhafen vgl. Tholander, Fremdarbeiter, S. 258 f.
505 Vernehmungsniederschrift aus dem AL Friedrichshafen von Karl Schuler, 3. 11. 1943; Vernehmungsniederschrift aus dem AL Friedrichshafen von Otto Jung, 3. 11. 1943; Strafverfügung aus dem KL Dachau für Otto Jung, n. d.; alle StAM Stanw 34 658.
506 Wagner, Neustift, S. 19 ff; Bericht von Paul Gleirscher, 1978/79, DaA 15 589.
507 Eidesstattliche Erklärung Wilhelmine Hoffmann, 15. 8. 1947, GAZJ Selters Dok 16/12/49 (2).
508 Foto von Kurt Brenner mit seiner Frau und Sohn, 22. 11. 1944, abgedruckt in: Römer, Für die Vergessenen, S. 134; Foto von Victor Nečas, Lagerältester in Kaufering III, aufgenommen von seiner Frau am Bahndamm Kaufering III anlässlich eines Besuchs, DaA F 600.
509 Stane Šinkovec, Dachau, Ljubljana 1981, o. S.

5 Tage auf Schloss Itter, sie wohnten beim Starnnacherbauer im Dorf Itter. Ich durfte jeden Abend das Schloss alleine verlassen und morgens um 6 Uhr musste ich wieder am Schloss sein."[510]

Diese Beispiele stehen für die wenigen Einzelfälle, bei denen es sich immer um privilegierte Häftlinge handelte. Grundsätzlich gestaltete sich der Kontakt nach außen für Häftlinge der Außenkommandos und -lager im Vergleich zum Stammlager leichter, da sich mehr Schnittpunkte mit lagerfremden Personengruppen ergaben. Entscheidend waren aber nicht allein jene Berührungspunkte, sondern die Bereitschaft dieser Menschen, die Häftlinge bei ihren Bemühungen zu unterstützen.

### 6.9. Tote

Aussagen zur Sterblichkeit in den Dachauer Außenkommandos und -lagern sind aufgrund der Quellenlage nur sehr eingeschränkt möglich. Es existiert keine Primärüberlieferung, in der alle Todesopfer des Konzentrationslagers Dachau mit Angabe ihres Sterbeorts enthalten sind und damit eine Identifizierung aller Toten aus Außenkommandos und -lagern zuließe. Vielmehr verbirgt sich in den Statistiken der Dachauer Todesopfer eine große Zahl aus Außenkommandos und -lagern. Darüber hinaus gilt zu berücksichtigen, dass bis Kriegsende Rücküberstellungen von arbeitsunfähigen und kranken Häftlingen aus den Außenkommandos und -lagern in das Stammlager erfolgten. Wenn sie den Transport überlebten, erreichten viele von ihnen Dachau mehr tot als lebendig und verstarben hier kurz darauf. Die Zuordnung dieser Verstorbenen ist heute nicht mehr nachvollziehbar. Darüber hinaus schoben Lagerführer in Kauferinger und Mühldorfer Außenlagern kranke und entkräftete Gefangene in sogenannten Invalidentransporten entweder über Dachau, aber auch direkt in Vernichtungslager nach Osten ab, in denen sie ermordet wurden. So erfolgte beispielsweise im Oktober 1944 die Deportation von 296 Häftlingen des Außenlagers Kaufering III nach Auschwitz.[511] Diese werden in den Statistiken als Tote des Vernichtungslager Auschwitz gezählt. Sie waren aber Opfer der inhumanen Verhältnisse in

---

510 Zvonimir Čučković, Zwei Jahre auf Schloss Itter, unveröffentlichtes Manuskript, n. d., DaA 20 134. Im Original ist dieser Bericht in fehlerhaftem Deutsch verfasst. Zur besseren Verständlichkeit wurden sprachliche Korrekturen vorgenommen.
511 Vgl. Raim, Dachauer KZ-Außenkommandos, S. 235 f.

Kaufering III, die zu ihrer Selektion und der Ermordung in Auschwitz führten. Ebenfalls nicht mehr zuzuordnen sind Todesopfer, die aufgrund eines in einem Außenkommando oder Außenlager begangenen „Vergehens" zum Strafvollzug in das Stammlager rücküberstellt und hier exekutiert wurden.

Eine eindeutige Verfahrensweise im Umgang mit verstorbenen Häftlingen gab es in den Außenkommandos und -lagern nicht. Tendenziell war die Mehrheit der Toten von dort bis 1944 in das Stammlager zurückgebracht und auch hier beurkundet worden. Bis 31. März 1939 war das Standesamt der Gemeinde Prittelbach für Sterbefälle im Konzentrationslager Dachau zuständig. Danach übernahm das Standesamt der Stadt Dachau diese Aufgabe, bis am 1. Juni 1941 ein lagereigenes Standesamt Dachau II eingerichtet wurde.[512] Die Totenlisten aller Standesämter dieser Zeit befinden sich heute in der Stadtverwaltung Dachau und enthalten als Sterbeort ohne Unterschied den Vermerk Dachau.

Die Verstorbenen der Außenlagerkomplexe Kaufering und Mühldorf wurden anfangs überwiegend in das Stammlager gebracht, später sammelte man sie vor Ort in Totenbaracken, bis ein Totenkommando sie dort abholte und in Massengräbern beisetzte.[513] Neben Rückführungen in das Stammlager Dachau und Massengräbern von KZ-Häftlingen gab es auch einzelne Beisetzungen auf zivilen Friedhöfen der Umgebung wie beispielsweise in Augsburg,[514] Bäumenheim,[515] Blaichach[516] und Burgau.[517] Im Krematorium in Lindau erfolgte im Dezember 1943 und März 1944 die Einäscherung von drei Gefangenen der Außenlager Friedrichshafen und Saulgau.[518] Tote aus dem Außenlager Überlingen wurden auf dem örtlichen Friedhof beigesetzt, in das Krematorium Konstanz überführt oder in einem Massengrab verscharrt.[519] Für Beisetzungen

---

512 Schreiben des Landrats an den Bürgermeister der Stadt Dachau, 20. 5. 1941, StAM LRA 128 088.
513 Raim, Dachauer KZ-Außenkommandos, S. 231. Vgl. zu den KZ-Friedhöfen in Bayern: Bayerische Verwaltung der staatlichen Schlösser, Gärten und Seen (Hrsg.), KZ-Friedhöfe und -Gedenkstätten in Bayern. „Wenn das neue Geschlecht erkennt, was das alte verschuldet ...", Regensburg 2011.
514 Eidesstattliche Erklärung Eugen Scheu und Wilhelm Eberhardt, 20. 8. 1947, NARA Trials of War Criminals RG338 B325.
515 Römer, Für die Vergessenen, S. 97.
516 Auf dem Friedhof Blaichach befindet sich ein Grab, dessen Inschrift fünf Außenlagerhäftlinge nennt.
517 Aktenvermerk, 8. 3. 1945, DaA 15 008.
518 Vgl. Vermerke im Totenbuch Dachau III des Revier des KL Dachau, 4. 12. 1943, 27. 12. 1943, 17. 3. 1944; alle DaA 22 662.
519 Burger, Stollen, S. 28–31.

und Einäscherungen vor Ort sind Hintergründe und Entscheidungsgrundlagen nicht überliefert.

Im Jahr 2002 hielt der Internationale Suchdienst in Arolsen für das Konzentrationslager Dachau 32 099 beurkundete Todesfälle fest. Davon waren in Standesämtern der Gemeinden mit dort befindlichen Außenlagern 705 Toten nachweislich.[520] Diese Zahl ist für alle Dachauer Außenkommandos und -lager unrealistisch.[521] Unberücksichtigt blieben hier unter anderem die Tausenden Tote aus den Außenlagern der Verlagerungsprojekte. Neueste Forschungen konnten für das KZ Dachau insgesamt 41 505 Tote ermitteln, namentlich bekannt sind 33 205 Opfer. Hinzu kamen weitere 8300 unbekannt, gebliebene Toten.[522]

In der Verwaltung des KZ Dachau wurden verschiedene Totenbücher geführt. So existierte in der Dachauer Schreibstube eines für den Zeitraum zwischen 11. Mai 1941 und 22. Mai 1945.[523] Tschechische Geistliche fertigten kurz nach der Befreiung eine Abschrift. Das Original ist verloren. Dieses Totenbuch enthält neben Namen und Häftlingsnummer auch Angaben zu Block und Sterbetag. Tote aus den Außenkommandos und -lagern wurden teilweise statt mit Dachauer Block- mit den jeweiligen Außenkommando- oder Außenlagerortsangaben versehen. Die Außenlagerkomplexe Kaufering/Landsberg und Mühldorf erhielten die Kürzel FP 21159 und FP 27451 für die Feldpostnummer. Diese Aufzeichnungen sind ein wesentliches Dokument für die Untersuchung der Todesopfer in den Außenkommandos und -lagern. Gleichzeitig bleibt zu berücksichtigen, dass bei der Abschrift Ungenauigkeiten auftraten. Vor allem für den Zeitraum ab 1944 stand das Außenkommando beziehungsweise Außenlager als Überschrift über einer Gruppe von Namen. Heute ist nicht immer eindeutig nachvollziehbar, welcher Name der letzte einer Gruppe ist.[524] Unter Berücksichtigung dieser Einschränkungen ergeben sich aus der Abschrift des Totenbuches 8323 Tote in Außenkommandos und -lagern:

---

520 Diese Angaben stammen aus der zweiten überarbeiteten Auflage der Monografie von Stanislav Zámečník: Stanislav Zámečník, Das war Dachau, überarbeitete 2. Auflage, S. 398.
521 Zámečník, Das war Dachau, S. 399.
522 Gedenkbuch für die Toten des Konzentrationslagers Dachau, S. 9.
523 Abschrift von insgesamt zehn Totenbüchern des KL Dachau, 11. 5. 1941–22. 5. 1945, DaA 22 662.
524 Es gibt aber auch Unterstreichungen, die verschiedene Gruppen von einander abgrenzen. Vor allem für die Totenlisten aus den ALK Kaufering und Mühldorf waren die Toten nach aufsteigenden Häftlingsnummern aufgeführt.

| Einsatzort | Tote | Einsatzort | Tote |
|---|---|---|---|
| Allach | 61 | Lauingen | 95 |
| Augsburg | 282 | Mühldorf | 1545 |
| Augsburg-Pfersee | 21 | München | 5 |
| Bad Tölz | 2 | München AGFA | 2 |
| Bäumenheim | 47 | München Bombensuchkdo. | 3 |
| Blaichach | 2 | München Lebensborn | 1 |
| Burgau | 14 | München-Riem | 18 |
| Fischhorn | 1 | München Sprengkdo. | 4 |
| Friedrichshafen | 44 | Neustift | 1 |
| Gablingen | 2 | Ottobrunn | 2 |
| Gendorf | 3 | Radolfzell | 2 |
| Germering | 28 | Riederloh | 407 |
| Haunstetten | 58 | Rothschwaige | 1 |
| Heppenheim | 1 | Salzburg | 6 |
| Karlsfeld | 241 | Saulgau | 18 |
| Kaufbeuren | 2 | Schleißheim | 1 |
| Kaufering | 5160 | Schloss Lind | 1 |
| Kempten | 7 | Trostberg | 1 |
| Kottern | 8 | Überlingen | 129 |
| Landshut | 84 | Weißsee | 11 |
| **Gesamt** | | | **8323** |

Die einhellige Vermutung, dass diese Zahl nicht vollständig ist, konnte Albert Knoll 2011 belegen. Seine Recherchen zum Gedenkbuch für die Toten des KZ Dachau ergaben 9896 Opfer für alle Dachauer Außenkommandos und -lager. Von den Todesmärschen lassen sich derzeit lediglich 545 Tote belegen. Diese geringe Zahl der Todesmarschopfer entspricht jedoch nicht der Realität. Insbesondere die Frage nach den Opferzahlen im Außenlagerkomplex Kaufering/Landsberg hat die Forschung intensiv beschäftigt.[525] Die aktuellste Übersicht

---

[525] Vgl. Ergebnisprotokoll der Expertenrunde vom 8. 11. 2009 zur Fragestellung der Gesamtzahl der Häftlinge und der Totenzahl der Kauferinger Außenlager mit Ludwig Eiber, Albert Knoll, Edith Raim, Dirk Riedel, Sabine Schalm, DaA 41866. Bei Edith Raims Angaben zu den Toten des Lagerkomplexes Kaufering/Landsberg ist zu berücksichtigen, dass sie auch Todesopfer hinzuzählt, die aus den Kauferinger Lagern im Zuge von Selektionen nach Auschwitz transportiert und hier ermordet wurden. Ihre Argumentationslinie folgt dem Verständnis, dass diese Menschen zwar in einem anderen Lager starben jedoch dies nur in Folge der inhumanen Verhältnisse in Kaufering. Darum addiert Raim die aus Kaufering nach Auschwitz deportierten und dort getöteten zu den in den elf Lagern verstorbenen Menschen. Ebenso bezieht sie die Opfer

bietet dazu das Gedenkbuch. Demnach starben im Außenlagerkomplex Kaufering/Landsberg „[…] in der Zeit vom 18. Juni 1944 bis 27. April 1945 etwa 6100 Gefangene, weitere 3700 Häftlinge wurden in den sicheren Tod nach Auschwitz, Bergen-Belsen und Flossenbürg transportiert. Nach der Räumung der Kauferinger Lager Ende April 1945 starben schätzungsweise 2400 Häftlinge auf den Todesmärschen."[526]

Aber auch für andere Außenkommandos und -lager ist das Totenbuch nicht vollständig. Dies ergab der Namensabgleich von Verstorbenen aus Augsburg, Überlingen und Burgau, für die Aufstellungen von Verstorbenen in örtlichen Verwaltungen erhalten blieben. Darüber hinaus bringen die Hefte aus der Totenkammer des KZ Dachau, die zwischen 1. Januar 1944 und 22. Mai 1945 geführt wurden, ebenfalls keine Klarheit.[527] In diesem sogenannten Sezierbuch sind zwischen 1. Januar 1944 und 26. April 1945 insgesamt nur 181 Tote aus sieben Außenlagern verzeichnet. Vor allem aber die Aussagen und Berichte Überlebender legen nahe, dass es in vielen Fällen über die vorhandenen Statistiken hinaus namenlos gebliebene Opfer von Entkräftung, Misshandlungen und Exekutionen gegeben hat.[528]

Die Frage, wie viele Menschen in den Dachauer Außenkommandos und -lagern ihr Leben ließen, wird abschließend nicht mehr zu beantworten sein, da die Quellenlage dafür keine ausreichende Handhabe liefert. Auch die Nachkriegsgeschichte mit Umbettungen und Rückführungen der Toten verkompliziert die Quantifizierung der Toten zusätzlich.

Den größten Anteil unter den Opfern bildeten jüdische Häftlinge in den Außenlagerkomplexen der Verlagerungsprojekte Kaufering/Landsberg und Mühldorf. Hier starben zwischen Mitte 1944 und Kriegsende mehr als 8100 Menschen. Im Vergleich dazu starben in Außenkommandos unter 50 Häftlingen nur vereinzelt Gefangene. Und auch in der zeitlichen Entwicklung der Mortalitätsrate lassen sich Differenzierungen vornehmen. Im zweiten Halbjahr 1942 lag nach Auskunft des WVHA die durchschnittliche Sterblichkeits-

---

der Tieffliegerangriffe und Evakuierungsmärsche aus den Kauferinger Lagern ein. Vgl. Raim, Dachauer KZ-Außenkommandos, S. 243 ff. Dieser Argumentation folgt die aktuelle KZ-Forschung nicht, sondern berücksichtigt ausschließlich die im Außenlagerkomplex Kaufering/Landsberg gestorbenen Häftlinge.

526 Gedenkbuch für die Toten des Konzentrationslagers Dachau, S. 11.
527 Hefte aus der Totenkammer des KL Dachau, 1. 1. 1944–22. 5. 1945, DaA 5645, 24 175.
528 Als Beispiel hier Riederloh: Überlebende sprechen von 850 bis 1000 Toten, beurkundet bislang nur 472. Vgl. Zeugenvernehmung Izchak Tennenbaum, 13. 11. 1969; Zeugenvernehmung Abraham Herzberg, 16. 11. 1969; beide: StAM Stanw 34 798/1.

rate in den Konzentrationsstammlagern bei 9,89 Prozent und erreichte damit einen Höhepunkt.[529] Verglichen damit war die Mortalität in den damals existierenden Dachauer Außenkommandos wesentlich geringer. Bis dato gab es erst 36 Außenkommandos, von denen 14 bis Jahresende 1942 bereits wieder geschlossen wurden. In der Abschrift des Totenbuches des Konzentrationslagers Dachau sind in dieser Zeit drei Tote aus den Außenkommandos Radolfzell, Heppenheim und Schloss Lind, sowie ein Häftling mit dem Vermerk München verzeichnet. Trotz aller Vorbehalte wegen der Unvollständigkeit des Totenbuches deckt sich diese Tendenz mit Berichten von Überlebenden. Im Jahr 1942 waren die Überlebenschancen in Außenkommandos besser als im Stammlager. Eine hohe Sterblichkeit außerhalb des Stammlagers Dachau setzte erst 1944 in den Außenlagern der Untertageverlagerung ein und offenbart vor allem für die jüdischen Häftlinge einen besonderen Vernichtungsdruck. Für Häftlinge in Rüstungsbetrieben zeichnete sich mit der Zunahme alliierter Luftangriffe eine andere Art der Lebensgefahr ab. Die Lageranlagen oder Werksgebäude in Friedrichshafen, Ulm, Augsburg, Gablingen, Bäumenheim, Kempten, München, Stephanskirchen, Trostberg wurden Ziel von Luftangriffen.[530] Festgehalten im Totenbuch des KZ Dachau sind mehr als 500 Opfer im Zusammenhang mit Bombenangriffen, tatsächlich liegt die Zahl jedoch höher.[531] Weiter ist aus den Bombensuchkommandos die hohe Sterblichkeit bekannt.[532]

## 6.10. Überleben

Angaben für eine Analyse der Überlebenschancen in den Außenkommandos und -lagern stammen von einer Häftlingsminderheit, die sich erfolgreich gegen die Vernichtungsstrategien der SS durchsetzte. So wichtig und erkenntnisfördernd diese Dokumente sind, so bilden sie doch nur Ausschnitte des komplexen Ganzen ab. Vor allem deutsche politische Häftlinge machten nach dem Krieg Angaben zu ihren Überlebensstrategien, wesentlich weniger bekannt sind

---

529 Schreiben des Chef des WVHA Oswald Pohl an den RFSS mit 2 Anlagen, 30. 9. 1943, Nbg. Dok. NO-1010.
530 Vgl. Kapitel 3.2.2. Außenkommando und Außenlagerschließungen.
531 Zámečník, Das war Dachau, überarbeitete 2. Auflage, S. 399.
532 Vgl. Kapitel 6.4.2. Bombenentschärfung und Trümmerbeseitigung. Der ehemalige Häftling Franz Brückl sprach von mindestens 15 Todesopfern pro Tag im Außenkommando München Bombensuchkommando.

Berichte von anderen nicht-privilegierten Häftlingsgruppen.[533] Dennoch lassen sich Tendenzen offen legen, die in den Dachauer Außenkommandos und -lager entscheidende Parameter für das Überleben sein konnten.

### 6.10.1. Parameter des kollektiven Überlebens

Grundlegend für das Überleben in den Außenkommandos und -lagern war die Infrastruktur des Lagergeländes.[534] In den Außenkommandos bis 1942 waren die Gefangenen im Regelfall in überdachten Gebäuden vor Regen und Kälte geschützt, wohingegen sie anderenorts ihre Unterkünfte erst selbst errichten mussten. Größe und Baugestalt der Schlafstätten und sanitären Anlagen hatten entscheidenden Einfluss auf die hygienischen Verhältnisse, die sich unmittelbar auf Krankheitsübertragungen und deren Regenerationsmöglichkeiten auswirkten. Vor 1941 gab es in den Außenkommandos keine Massenunterkünfte. Erst mit den Außenlagern für die OT und die Rüstungsindustrie setzte in dieser Hinsicht eine Verschlechterung ein, die in den Außenlagern der Untertageverlagerung ihren menschenunwürdigen Höhepunkt erreichte.

In Verbindung mit der Lagerinfrastruktur stand auch die Bekleidungs-[535] und Verpflegungsfrage.[536] Während in vielen Außenkommandos gar keine oder nur primitive Vorkehrungen zur Reinigung getroffen waren, die Wäsche aber gelegentlich nach Dachau gebracht wurde, existierten in den Außenlagern der Rüstungsindustrie meist Wäschereien am Ort. In den Kauferinger und Mühldorfer Außenlagerkomplexen wurde die Kleidung überhaupt nicht gereinigt und keine Wechselwäsche ausgegeben. Die Verpflegungssätze in den Außenkommandos und -lagern waren zwar zentral festgelegt, aber wie viel davon die Gefangenen vor Ort tatsächlich erhielten, hing vom Ausmaß der Korruption des SS-Lagerpersonals, der Funktionshäftlinge und der Betriebsangehörigen ab. Die sich bis Dezember 1944 verschlechternde Verpflegungslage im Stammlager Dachau drückte sich unmittelbar in ausbleibenden Lebensmittellieferungen für Außenkommandos und -lager aus. Vor allem in Außenlagern der Untertageverlagerung, aber auch in anderen Außenlagern für die Rüstungsindustrie ver-

---

533 Vgl. Lutz Niethammer, Häftlinge und Häftlingsgruppen im Lager, in: Herbert/Orth/Dieckmann, Konzentrationslager, Bd. 2, S. 1046–1052.
534 Vgl. Kapitel 3.6. Lagertopografien.
535 Vgl. Kapitel 6.2. Bekleidung.
536 Vgl. Kapitel 6.1. Verpflegung.

hungerten Gefangene. Tendenziell war die Verpflegung in den kleinen landwirtschaftlichen Außenkommandos reichhaltiger.

In welchem Grad das Straf- und Disziplinarwesen in den Außenkommandos und -lagern praktiziert wurde, entschied sich maßgeblich durch die Haltung und Gewaltbereitschaft des SS-Lagerpersonals vor Ort.[537] Lager- und Kommandoführer konnten Prügelstrafen und Exekutionen anordnen und vollziehen, mussten es aber nicht. Ob Strafmeldungen aufgenommen und an das Stammlager weitergeleitet wurden, entschied die Lagerleitung vor Ort. Auch die Einflussnahme von Zivilisten an den Arbeitsplätzen durch Strafmeldungen und gewalttätige Übergriffe ist in diesem Kontext zu sehen.

In seiner Studie „Die Ordnung des Terrors" stellte Wolfgang Sofsky soziologische Strukturen in der Häftlingszwangsgesellschaft dar. Die daraus resultierenden Machtverhältnisse wirkten sich entscheidend auf das Überleben in Außenkommandos und -lagern aus. Nationalität und Haftkategorie waren grundlegend innerhalb der von der SS vorgegebenen Hierarchisierung der Gefangenen. Bis 1935 wurden in Dachau überwiegend deutsche politische Häftlinge interniert, die aufgrund ihrer homogenen Zusammensetzung enge Gruppengefüge ausbildeten. Bis zum Kriegsende zählten sie zu der durch die SS am stärksten protegierten Häftlingsgruppe, was sich vor allem in der Besetzung von Funktionsstellen niederschlug und ihren Überlebenskampf in den Dachauer Außenkommandos und -lagern entscheidend beeinflusste.[538] Sie waren wichtige Akteure bei der Vergabe von Arbeitsplätzen sowohl im Stammlager als auch in den Außenkommandos und -lagern. Ihr Status bedeutete für sie selbst Schutz vor Arbeit, Witterung und Krankheit sowie den Zugang zu lebenserhaltenden Waren und Gütern. Sie konnten auch andere Häftlinge an ihren Privilegien teilhaben lassen oder durch Einflussnahme auf Namenslisten Leben retten. Für die Außenkommandos und -lager zeigt sich, dass sich das System der Funktionshäftlinge vor allem seit 1944 auch für nicht-deutsche Häftlingsgruppen öffnete und damit neue Überlebensmöglichkeiten sowohl im individuellen als auch im kollektiven Rahmen schuf. In diesen Fällen waren vor allem Deutschkenntnisse eine entscheidende Grundvoraussetzung.

„Kriminelle" Häftlinge dagegen waren zu keiner Zeit eine dominante Häftlingsgruppe.[539] In den Außenkommandos und -lagern traten sie nur in einzel-

---

537 Vgl. Kapitel 6.5. Strafen und Misshandlungen.
538 Vgl. Kapitel 4.3. System der Funktionshäftlinge.
539 Vgl. Kapitel 5.4. „Kriminelle".

nen Funktionsstellen in Erscheinung, verfügten aber nicht über eine kollektive Gruppensolidarität. Sie profitierten von den für Funktionspersonal üblichen Privilegien und im Einzelfall darüber hinaus von engen Kontakten zu SS-Führern, die sie als persönliche Überlebensstrategie nutzen konnten.

Zeugen Jehovas zeichneten sich in Dachauer Außenkommandos und -lagern durch ihre starke Gruppensolidarität aus.[540] Für diese Häftlingsgruppe lassen sich grundlegend verbesserte Überlebenschancen in den Außenkommandos bis 1941 im Vergleich zum Stammlager festhalten. Entscheidend dafür war, dass sich die SS-Führung bis zu einem gewissen Maße auf ihre Verweigerungshaltung einließ und sich Heinrich Himmler persönlich mit der Arbeitsethik dieser Gefangenen nicht nur auseinandersetzte, sondern diese auch gezielt zum Vorteil des Regimes nutzen wollte. Nach 1941 zeichnete sich auch für die im Stammlager inhaftierten Zeugen Jehovas eine graduelle Verbesserung ihrer Haftsituation ab, in dessen Folge sich die unterschiedlichen Überlebenschancen zwischen Außenkommandos und Stammlager annäherten.

Mit dem starken Zustrom ausländischer Häftlinge nach Kriegsbeginn verschob sich das Nationalitätengefüge der Inhaftierten im Stammlager Dachau. Gemäß der nationalsozialistischen Rassenideologie existierte auch in den Außenkommandos und -lagern eine Lagerhierarchie, in der Deutsche und Österreicher über ausländischen Häftlingen aus Westeuropa standen. Ihnen folgten Südeuropäer und „Protektoratsangehörige", weiter abgestuft rangierten Polen und Osteuropäer. Einflussreiche nationale Solidargemeinschaften lassen sich unter Österreichern in dem Außenkommando Porzellanmanufaktur Allach, den Polinnen und Holländerinnen im Außenlager München-Giesing und Franzosen in den Außenlagern Kempten, Kottern und Allach BMW feststellen.[541] Sie agierten vor allem bei der gerechten Verteilung der Nahrungsmittel und in den Krankenrevieren. Besonders die Unterbringung in getrennten Nationalitätenblöcken förderte die Kollektive und Hilfsmaßnahmen unter den Häftlingen. Nur in Ausnahmefällen überschritten Hilfsmaßnahmen Nationalitäten- oder Kollektivgrenzen.[542]

Die Phase zwischen 1942 und 1944 war in den Konzentrationslagern vor allem durch die immense Zunahme der Häftlinge, der Überfüllung der Lager und den immer katastrophaleren hygienischen Verhältnissen gekennzeichnet.

---

540 Vgl. Kapitel 5.3. Zeugen Jehovas.
541 Vgl. Kapitel 6.6. Widerstand und Solidarität.
542 Vgl. auch Falk Pingel, Individuelle und kollektive Überlebensstrategien im Konzentrationslager, in: Streibl/Schafranek, Überleben, S. 102.

Für die Außenkommandos des Jahres 1942 konnte nachgewiesen werden, dass die Sterblichkeit dort wesentlich unter jener der Konzentrationsstammlager lag.[543] Zu diesem Zeitpunkt bedeutete daher der Aufenthalt in einem Dachauer Außenkommando erhöhte Überlebenschancen.

Im Jahr 1944 hatte sich dies vollkommen verändert. Mit der Eröffnung der Außenlager der Verlagerungsprojekte gerieten vorwiegend Juden unter besonderen Vernichtungsdruck.[544] Ihre Überlebensstrategie in den Außenlagern der Untertageverlagerung war, den Tag zu überstehen. Eine Gruppenstrategie konnte sich angesichts der brutalen Verhältnisse hier überhaupt nicht entwickeln. Außerdem hatten sie bedingt durch Funktionsstellen kaum Zugang zu Schutzräumen.

Für Frauen und Minderjährige zeigt sich in den Außenkommandos und -lagern, dass sie prozentual einen geringen Teil der Gesamtbelegung darstellten.[545] Die Mehrzahl von ihnen waren Juden aus Osteuropa. In der Lagerhierarchie zählten sie zu den unterprivilegierten Häftlingen. Sie befanden sich überwiegend in den Außenlagern der Verlagerungsprojekte und waren hier der höchsten Sterblichkeit in den Dachauer Außenkommandos und -lagern ausgesetzt. Weniger als ein Prozent der weiblichen Häftlinge gelangte in Außenkommandos und profitierte dort von besseren Arbeits- und Lebensbedingungen. In den Außenlagern dagegen bedeutete ihre verminderte Zugangsmöglichkeit zu Funktionsposten eine kollektive Benachteiligung im Vergleich zu männlichen Gefangenen.

Die letzte Phase der Räumung und Evakuierung der Außenkommandos und -lager im April 1945 offenbarte für das Überleben noch einmal eine vollkommen veränderte Situation.[546] Nun waren die wesentlichen vorher angelegten Organisationsstrukturen wirkungslos geworden. Das Chaos der Endphase des KZ-Systems war für alle Häftlingsgruppen besonders lebensbedrohlich. Die Rückkehr in das vollkommen überfüllte und von Seuchen befallene Stammlager barg für alle Außenkommando- und Außenlagerhäftlinge große Gefahren. Hinzu kam die Bedrohung, durch alliierte Luftangriffe verletzt oder getötet zu werden.

Auf den Evakuierungstransporten und -märschen verloren die bislang gültigen Parameter der Nationalität und der Haftkategorie an Bedeutung. Funktionshäftlinge und nicht privilegierte Gefangene, die nicht mehr gehfähig waren,

---

543 Vgl. Kapitel 6.9. Tote.
544 Vgl. Kapitel 5.2. Juden.
545 Vgl. Kapitel 5.5. Frauen und Kapitel 5.6. Minderjährige.
546 Vgl. Kapitel 3.2.3. Räumung im April 1945.

wurden ohne Unterschied erschossen. Zu berücksichtigen ist jedoch, dass sich Funktionshäftlinge per se in einer besseren körperlichen Konstitution befanden. Aber auch Kontakte zu einflussreichen Gefangenen, die vorher so lebenswichtig waren, spielten kaum mehr eine Rolle. Einmal unterwegs waren Güter für Tauschhandel zur Verbesserung der individuellen Situation nicht mehr verfügbar. In den Außenkommandos oder -lagern verbliebene Häftlinge wurden teilweise ganz ohne Versorgung zurückgelassen oder wie im Außenlager Kaufering IV ermordet. Dem gegenüber stehen die Außenkommandos und -lager, deren Führungspersonal sich gegen die Evakuierung entschieden oder deren Räumung nicht mehr vollzogen wurden. Diesen Häftlingen blieb das Leid der Evakuierungsmärsche erspart.[547]

### 6.10.2. Parameter des individuellen Überlebens

Neben den Wandlungsprozessen, die sich innerhalb des KZ-Systems vollzogen und sich auch auf das kollektive Überleben in den Dachauer Außenkommandos und -lagern niederschlugen, wirkten sich individuelle Faktoren vielfältig aus. So spielte die Haftdauer des Einzelnen eine wesentliche Rolle innerhalb des Lageralltags. Mit einer niedrigen Häftlingsnummer war sowohl im KZ Dachau als auch in seinen Außenkommandos und -lagern ein gesteigertes Ansehen und Prestige verbunden. Neuzugänge waren immer bevorzugte Opfer von Schikane und Brutalitäten. „Auch wenn sich die materielle Lage absolut gar nicht verbesserte, im Vergleich zu den Neuen ging es den Alten immer besser."[548] Auch darum war es das Bestreben vieler Häftlinge, das ihnen bekannte Außenkommando oder Außenlager sowie einen guten Arbeitsplatz nicht verlassen zu müssen.[549] Ella Lingens fasste dies zusammen:

> „Für den Häftling bedeutete die Versetzung, dass für ihn alles, was ihn bis dahin umgeben hatte, wie mit einem Schlag ausgelöscht, wie vom Abgrund verschlungen war, dass er keine Möglichkeit hatte nur mehr das geringste von seinen Freunden zu erfahren, und dass ihm seine grenzenlose Einsamkeit und seine Sehnsucht nach menschlichem Kontakt schmerzhaft zu Bewusstsein kam."[550]

---

547 Vgl. Kapitel 3.2.4. Befreiung.
548 Sofsky, Ordnung des Terrors, S. 142.
549 Interview mit Joseph Rovan, 19. 6. 1996, DaA 31 851; Michelet, Freiheitsstraße, S. 73.
550 Lingens, Erinnerungen, S. 27.

Andererseits sahen Häftlinge gerade in der Überstellung in ein Außenkommando oder -lager einen Weg, an einem anderen Ort ihre Situation zu verbessern.[551] Für den Einzelnen war entscheidend, wie schnell er oder sie nach seiner Ankunft Kontakt zu Funktionshäftlingen aufnehmen konnte und wie starr die Arbeitskommandos besetzt waren.

Mit der Ausweitung des Arbeitseinsatzes avancierte für die Häftlinge die Erhaltung der eigenen Arbeitsfähigkeit zu einem dominanten Faktor des Überlebens, denn Krankheit und Schwäche bedeuteten Selektion und Tod. Im Jahr 1943 befanden sich mehr Gefangene in Außenkommandos und -lagern als im Stammlager. Damit erfuhr das Ringen um ein gutes Arbeitskommando in einem Außenkommando oder -lager immer größere Bedeutung.[552] Ob der Arbeitsplatz überdacht oder dem Unbill der Witterung ungeschützt ausgesetzt war, hatte für die Gefangenen große Auswirkungen. Für einzelne war die Aussicht, in der freien Natur der Berge arbeiten zu können, eine positive und ermutigende Erfahrung, gleichzeitig bedeutete aber der Winter in den Außenkommandos des Alpenvorlandes oder Österreichs eine zusätzliche Belastung für die unterernährten und unzureichend bekleideten Gefangenen. Die zunehmende kilometermäßige Entfernung von der Machtzentrale Dachau dagegen steht in keiner unmittelbaren Korrelation zum Überleben der Häftlinge.[553] Wenn man die geografische Lage von Außenkommandos und -lagern als einen Faktor im Überlebenskampf berücksichtigen will, so ausschließlich im Sinne der jeweiligen klimatischen Verhältnisse ohne entsprechende Funktionsbekleidung wie im Falle des Außenkommandos Fischbachau und des Außenlagers Weißsee.

Vielfach existierten auch durch die Jahreszeiten bedingte saisonale Außenkommandos. Diese waren vor allem in der Landwirtschaft, verbunden mit der Möglichkeit zusätzliches Essen zu organisieren, durchaus begehrt unter den Gefangenen. Gleichzeitig aber bedeutete ein solcher Kurzaufenthalt, dass nach Rückkehr das neuerliche „Hocharbeiten" im Stammlager oder in den Außenkommandos und -lagern bevorstand. Vor allem die fachliche Qualifizierung eines Gefangenen gewann an Bedeutung, ebenso der persönliche Mut Einzelner, sich als Spezialisten auszugeben.

In den kleinsten Außenkommandos auf Guts- und Bauernhöfen boten sich für eine geringe Zahl von Gefangenen trotz der manuellen Arbeiten Schutz-

---

551 Jean Nedelec, Historique De Dachau. „Mémoires" du camerade Nedelec Jean (matricule 48 622), n. d., unveröffentlichte Erinnerungen, DaA 830.
552 Vgl. Kapitel 6.4. Arbeit.
553 Vgl. Kapitel 3.4. Geografische Ausdehnung.

räume, wenn sie als Teil des Hauspersonals versorgt wurden. Für sie bedeutete die Rücküberstellung in das überfüllte Stammlager mit kursierenden Krankheiten und geringeren Verpflegungsrationen eine Verschlechterung der Haft. Tendenziell gingen Baukommandos mit schwerer körperlicher Arbeit einher und bedeuteten in Verbindung mit Mangelernährung schnelleren physischen Verfall als in Produktionskommandos in einer beheizten Fabrikhalle. Die meisten Dachauer Außenkommando- und Außenlagerhäftlinge waren zu Bauarbeiten eingesetzt, wobei vor allem bis 1942 keine derart inhumanen Verhältnisse herrschten wie auf den später entstandenen Bunker- oder Stollenbaustellen. Aber auch die Produktionskommandos bargen lebensgefährliche Bedrohungen wie beispielsweise Sabotagevorwürfe, ungeschützten Kontakt mit chemischen Substanzen und alliierte Luftangriffe. Besonders hohe Verluste wiesen die Bombensuch- und Aufräumkommandos auf. Gleichgültig an welchem Arbeitsplatz ein Gefangener zum Einsatz kam, sein Überleben stand immer damit in Verbindung, ob und zu welchem Grad es ihm gelang, Kräfte zu sparen und inwieweit es ihm möglich war, ein schlechtes Arbeitskommando wieder zu verlassen.

Für das individuelle Überleben ebenso entscheidend war, ob und in welchem Umfang zusätzliche Lebensmittel organisiert werden konnten und ob der Empfang von Lebensmittelpaketen gestattet war. Für privilegierte Häftlinge in den Außenkommandos und -lagern war die geistig kulturelle wie religiöse Auseinandersetzung ein wichtiges Instrument für die Selbstvergewisserung und gegen die Demoralisierung.[554]

Ein wesentlicher Unterschied zum Stammlager lag jedoch in der Öffnung der Außenkommandos und -lager über die Lagergrenzen hinaus. Durch eine geringere Abschottung zur Außenwelt wie beispielsweise am Arbeitsplatz entstanden Kontakte zu Zivilisten und ausländischen Zwangsarbeitern. Auch wenn umfangreiche Hilfsmaßnahmen die Ausnahme blieben, erhielten einzelne Gefangene auf diesem Wege Lebensmittel, Kleidung oder Nachrichten zugesteckt, die ihnen das Überleben erleichterten. Gleiches gilt auch für Fluchtversuche, die tendenziell aus den Außenkommandos und -lagern leichter durchzuführen waren als aus dem Stammlager Dachau.[555] Doch sicherte die geglückte Flucht nur einer kleinen Minderheit der Außenkommando- und Außenlagerhäftlinge das Überleben. Für manche Gefangenen aber lag allein in dieser Perspektive ein Mittel gegen Demoralisierung.

---

554 Vgl. Kapitel 6.6.6. Selbstbehauptung.
555 Vgl. Kapitel 6.7. Flucht.

Die geringsten Überlebenschancen hatten die Insassen der Außenlager der Verlagerungsprojekte. Die überwiegend jüdischen Häftlinge aus Osteuropa waren in Hinblick auf alle aufgeführten Faktoren dem höchsten Vernichtungsdruck ausgesetzt. Verschmutzung, Enge, Überanstrengung, Unterversorgung und Misshandlungen führten für rund die Hälfte der dort Inhaftierten zum Tod. Gleichzeitig aber zeigt sich, dass es für alle anderen Außenkommandos und -lager keine eindeutige Kausalkette des Überlebens gab, die für alle Häftlinge in gleichem Maße zutraf. Allein die Berücksichtigung von individuellen Schwächen und Stärken, Qualifikationen und physischer wie psychischer Konstitution der Gefangenen sowie dem „Faktor Zufall" widersprechen der Vorstellung eines für alle Häftlinge gleichermaßen „guten" Außenkommandos oder Außenlagers. Davon abgesehen ist die Bewertung eines Außenkommandos und -lagers durch Überlebende immer auch im Kontext ihrer Hafterfahrung zu sehen, da die zuvor oder danach durchlittenen Erfahrungen als Bewertungsrahmen berücksichtigt werden müssen.[556]

## 6.11. Resümee

Grundsätzlich erfolgte die Verwaltung der Verpflegung der Außenkommandos und -lager zentral durch das Stammlager Dachau. In den Außenkommandos war der Kommandoführer auch für die Verpflegung der Häftlinge verantwortlich, während in den großen Außenlagern und Außenlagerkomplexen dem Stammlager unterstellte Verpflegungsverwalter tätig waren. Die Zubereitung der Verpflegung orientierte sich primär an den örtlichen Gegebenheiten und konnte sowohl in externen als auch lagereigenen Küchen vorgenommen werden. Spätestens ab 1939 litten Dachauer Häftlinge an unzureichender Ernährung, die ab 1942/43 durch Lebensmittelpakte und Prämienscheine etwas kompensiert, aber für die Mehrheit der Gefangenen keinesfalls entscheidend verbessert wurde. Die realen Essensrationen sowohl in den Außenkommandos als auch in den Außenlagern entsprachen aufgrund von Korruption durch SS-Lagerpersonal, Betriebsleitungen und Funktionshäftlingen den Soll-Verpflegungssätzen keineswegs. Als Folge der permanenten Unterversorgung waren Schwarzhandel und Diebstahl von Lebensmitteln ein Teil des Häftlingsalltags, der in den Außenkommandos

---

556 Vgl. hierzu die Bewertung der Verpflegungssituation von Überlebenden aus dem AL Rothschwaige, Kapitel 6.1.7. Verbesserte Ernährungslage.

und -lagern mit rigorosen Strafen sowohl von Seiten des SS-Personals als auch von den Häftlingen untereinander geahndet wurde. Vor allem seit Dezember 1944 gerieten die Lebensmittellieferungen aus dem Stammlager ins Stocken, was vor Ort zu selbstständigen Lebensmittelkäufen führte. Auch wenn die Verpflegung in den kleinsten und kleinen Außenkommandos zeitweise besser war, bleibt festzuhalten, dass für die überwiegende Mehrzahl der Häftlinge in Außenkommandos und -lagern die gezielte Unterversorgung zur zunehmenden Entkräftung und vor allem in den Baukommandos der OT zum Tod führte. Ein flächendeckendes Engagement zur dauerhaften Verbesserung der Ernährungssituation der Häftlinge unterblieb sowohl von ziviler und betrieblicher Seite aus als auch von der Organisation Todt oder der SS. Beispiele des individuellen Eingreifens einzelner Akteure zur Verbesserung der Ernährungssituation waren Randerscheinungen.

Vor Einführung der blau-weiß gestreiften Häftlingsbekleidung 1937/38 trugen die Häftlinge in Außenkommandos Zivilkleidung. Danach waren die Gefangenen außerhalb des Stammlagers mit Drillichanzügen eingekleidet und somit deutlich erkennbar. Aufgrund von Textilmangel entsprach das offizielle Ausstattungssoll durch das WVHA jedoch zu keinem Zeitpunkt der Realität. Für die Außenkommandos und -lager allerdings wurde damals strenger als im Stammlager auf die Ausstattung der Häftlinge mit Drillichanzügen geachtet. Spätestens ab August 1944 musste Zivilkleidung, die mit Ölfarbe gekennzeichnet war, für Außenkommando- und Außenlagerhäftlinge ausreichen. Nur in wenigen Ausnahmen durften meist Bibelforscherhäftlinge unmarkierte Zivilkleidung tragen. Im Gegensatz zur Organisation der Verpflegung blieb die Bekleidung bis Kriegsende ausschließlich im Verantwortungsbereich der SS. Die Mehrzahl der Außenkommandos wurde wöchentlich mit Wäschetransporten aus Dachau versorgt, während in den Außenlagern der Rüstungsindustrie meist vor Ort die Wäsche gewaschen wurde. Die Situation in den Außenlagerkomplexen der Untertageverlagerung war auch in Bezug auf die Häftlingsbekleidung am schlimmsten. Hier wurde zeitweise keine Wechselwäsche zur Verfügung gestellt. Obwohl der Lager-SS, Betriebsleitungen und OT-Dienststellen die jämmerliche Bekleidungssituation bekannt war, erfolgten keine nennenswerten Verbesserungen. Ebenso wenig wurden Schutzbekleidung oder Hilfsmittel ausgegeben. Stattdessen verfolgte die Lager-SS die verzweifelten Versuche der Häftlinge, sich durch Zementsäcke oder Zeitungspapier vor der Witterung zu schützen, mit brutalen Strafen.

Die Missachtung elementarer hygienischer Grundregeln und Quarantänemaßnahmen führte in Verbindung mit Mangelernährung und auszehrender körperlicher Arbeit zu schwerwiegenden Infektionskrankheiten. In keinem Dachauer Außenkommando und Außenlager war eine adäquate medizinische Versorgung gewährleistet. Grundsätzlich war in Außenkommandos und -lagern nur eine reduzierte Erst- oder Wundversorgung gegeben. Auch von betrieblicher Seite wurden keine umfassenden medizinischen Maßnahmen angeboten, stattdessen wurden Kranke abgeschoben und Ersatz angefordert. Teilweise wurden Gefangene bei schwerwiegenden Erkrankungen bis 1944 in das Häftlingskrankenrevier des Konzentrationslagers Dachau rücküberstellt und dort behandelt. Jüdische Häftlinge vor allem aus den OT-Außenlagerkomplexen Kaufering/Landsberg und Mühldorf wurden nicht nach Dachau zurückgebracht und auch vor Ort praktisch nicht versorgt. An einzelnen Außenlagerstandorten entwickelten sich seit Winter 1944/45 Kranken- und Sterbelager, in denen die Gefangenen ohne Versorgung dem Tod überlassen wurden.

Der Arbeitseinsatz der Dachauer Häftlinge passte sich den jeweiligen zeitlichen Gegebenheiten an und zeigt daher ein sehr wechselvolles Gesamtbild. Neben Außenkommandos in Land-, Haus- und Bauwirtschaft gab es seit 1940 auch Arbeitseinsätze in Fertigungsprozessen. Erste Häftlingseinsätze für deutsche Wirtschaftsbetriebe sind seit 1942 im Großraum München nachweisbar. Ebenfalls seit dieser Zeit waren Dachauer Häftlinge zu Bombenentschärfung und Trümmerbeseitigung nach alliierten Angriffen eingesetzt. Bis Ende 1944 weitete sich der Arbeitseinsatz von Häftlingen für die Rüstungsindustrie mit Schwerpunkt Luftrüstung im süddeutschen Raum aus. Seit Mitte 1944 jedoch lag der quantitative Schwerpunkt des Arbeitseinsatzes von Dachauer KZ-Häftlingen in Baumaßnahmen der Verlagerungsprojekte.

Im Alltag der Außenkommandos und -lager waren offizielle wie willkürliche Disziplinierungsmaßnahmen an der Tagesordnung. In besonderem Maße waren unterprivilegierte Häftlingsgruppen diesen Übergriffen ausgesetzt. Neben der Lager-SS beteiligten sich aber auch OT-Angehörige, Betriebsleitungen und Zivilisten an Strafmeldungen und Gewaltexzessen.

Sowohl in Dachauer Außenkommandos als auch in Außenlagern gab es Formen des spontanen, individuellen Protestes sowie der situationsbezogenen Arbeits- und Befehlsverweigerung, die sich über alle Alters-, Geschlechter- und Nationalitätengrenzen zogen. Von geplanten und kollektiven Sabotageaktionen ist aus Dachauer Außenkommandos und -lagern jedoch nichts bekannt. Ebenso finden sich keine Hinweise für ein aus dem Stammlager verzweigtes Netz einer Widerstandsorganisation in die Außenkommandos und -lager. Illegaler Brief-, Nachrichten-, Medikamenten- und Lebensmittelhandel war jedoch eine gängige

Praxis, von dem auch Gefangene des Stammlagers profitieren konnten. Solidargemeinschaften gelang es in unterschiedlichen Formen, die Situationen vor Ort erträglicher zu gestalten oder einzelne Häftlinge vor drohender Überstellung in ein anderes Konzentrationslager oder Arbeitskommando zu bewahren. Zur Verteidigung der geistigen Gesundheit und der Demonstration des seelischen Widerstandes beschäftigten sich Häftlinge, soweit es ihnen möglich war, sowohl einzeln als auch kollektiv mit Musik, Literatur oder Kunst.

Fluchtversuche wurden über Geschlechter-, Alters- und Nationalitätengrenzen hinweg unternommen. Besonders waren die Flüchtenden auf Hilfe von außen angewiesen. Sprachbarrieren und mangelnde Ortskenntnisse waren zwei wesentliche Parameter für das Scheitern einer Flucht, aber kein Grund für einzelne Häftlinge, dieses Unternehmen nicht zu wagen. Gegen Kriegsende nahmen einerseits die Fluchtversuche zu, andererseits wurden seit 1943 nicht mehr alle wieder ergriffenen Häftlinge sofort getötet. In diesen Fällen zog dies aber nach wie vor brutalste Konsequenzen nach sich. Selbst für diejenigen, die Misshandlungen als Rückkehrer überlebten, bedeutete die Stigmatisierung durch einen Fluchtpunkt eine immense Gefahr im weiteren Überlebenskampf. Fluchten und Fluchtversuche waren keine Alltagserscheinung in den Außenkommandos und -lagern.

Einem Teil der Gefangenen wurde eine offizielle Schreiberlaubnis gewährt – allerdings unter strengen Zensurauflagen. Eng verknüpft mit resistentem Verhalten in den Dachauer Außenkommandos und -lagern war die Möglichkeit der illegalen Kontaktaufnahme nach außen, oft mit Unterstützung von Zivilisten oder Duldung durch das SS-Lagerpersonal. In wenigen Einzelfällen gelang es Häftlingen, ihre angereisten Angehörigen am Einsatzort zu treffen.

Genaue Angaben zu den Todesopfern in den Außenkommandos und -lagern lässt die rudimentäre Quellenlage bislang nicht zu. Die Mehrheit der Opfer waren Juden. In den Außenkommandos mit weniger als 50 Häftlingen sind nur einzelne Todesfälle bekannt. Tendenziell stellten sich 1942 die Überlebenschancen in den Dachauer Außenkommandos besser dar als in den Konzentrationsstammlagern. Mit der Errichtung der Außenlager für die Rüstungsindustrie 1943 waren die dort eingesetzten Häftlinge verstärkt alliierten Luftangriffen ausgesetzt. In den Außenlagern der Untertageverlagerung herrschte aufgrund der gezielten Mangelversorgung der Gefangenen eine Mortalität von knapp 50 Prozent. Auch die im letzten Kriegsjahr zahlreich eingesetzten Bombensuchkommandos forderten viele Todesopfer. Eine einheitliche Verfahrensweise im Umgang mit verstorbenen Häftlingen in Außenkommandos und

-lagern ist nicht erkennbar. Bis 1944 war die Mehrzahl der Toten in das Stammlager zurückgebracht worden. Dies gilt auch noch für die Anfangsphase der Außenlagerkomplexe Kaufering/Landsberg und Mühldorf. Erst aufgrund der hohen Sterblichkeit wurden die Verstorbenen vor Ort in Massengräbern verscharrt. An anderen Orten erfolgten Beisetzungen auch auf zivilen Friedhöfen.

Überleben in Außenkommandos und -lagern war an eine Vielzahl von Faktoren geknüpft. Eine eindimensionale Bewertung, die für alle Häftlinge eines Außenkommandos oder -lagers gleichermaßen Gültigkeit besaß, lässt sich nicht vornehmen. Sowohl kollektive als auch individuelle Parameter spielten für das Überleben in wechselseitigen Beziehungen eine entscheidende Rolle. Lagerinfrastruktur, Arbeitsplatz, Lagerpersonal, Verpflegung, Bekleidung, Haftkategorie, Geschlecht, Zeitpunkt des Aufenthalts in einem Außenkommando und -lager, persönliche Voraussetzungen, Qualifikation, individuelle Hafterfahrung und Zufälle müssen berücksichtigt werden.

## 7. Schlussbetrachtung

Die eingangs eingeführte Begriffsdifferenzierung nach Außenkommandos und -lagern des KZ Dachau erweist sich durch die Befunde der Arbeit als sinnvoll und hilfreich. So zeigt sich, dass mehr als doppelt so viele Dachauer Außenkommandos wie Außenlager existierten, dort jedoch weniger als 5,5 Prozent aller nicht im Stammlager untergebrachten und zur Zwangsarbeit eingesetzten Häftlinge inhaftiert waren. Während ein Teil der Außenkommandogründungen mit persönlichen Interessen von höheren SS- und Parteigrößen in Verbindung stand, unterlag die Entstehung der Dachauer Außenlager ab 1943 einem formalisierten bürokratischen Vorgang, dem sich Arbeitgeber von KZ-Häftlingen zu unterziehen hatten.

Die Chronologie legt offen, dass Dachauer Außenkommandos als eine Vorstufe von Außenlagergründungen im Jahr 1943 angesehen werden können. Dies beinhaltet jedoch nicht, dass es zu einer Ablösung der Organisationsform des Häftlingsarbeitseinsatzes kam, denn Außenkommandos bestanden nicht nur über 1943 hinaus, sondern wurden auch bis April 1945 neu gegründet. Die geografische Ausdehnung von Außenkommandos und -lagern dagegen zeigt kein strukturelles Muster. Ein solches tritt allerdings bei der Belegung sehr eklatant zutage. Die Mehrheit der Außenkommandos war mit weniger als 50 Häftlingen belegt, in Außenlagern gab es überwiegend mehr als 500 Häftlinge. Als eine weitere Entwicklungsstufe sind die sechs Außenlagerkomplexe zu sehen, die einen Zusammenschluss von Außenlagern unter Führung eines Hauptaußenlagers für insgesamt mehrere tausend Gefangene darstellten. Allein die Größenordnung der Außenlager erforderte Veränderungen in der Lagertopografie. Während Außenkommandos bis 1942 ausschließlich in vorhandenen Gebäuden untergebracht waren, begann danach die Errichtung von eigenständigen Baulichkeiten für die Gefangenen.

Nicht nur die Dimension der Außenkommandos und -lager, auch die Organisationsstrukturen des Lagerführungspersonals vor Ort offenbaren deutliche

Unterschiede. In den Außenkommandos regelten die Kommandoführer als oberste Instanz auch Verpflegungs- und Bekleidungsfragen weniger autonom und waren enger an das Stammlager gebunden. In den Außenlagern dagegen waren den Lagerführern meist Verwaltungsführer unterstellt.

Auffallend ist, dass die SS als Arbeitgeber keine Außenlager unterhielt, sondern ausschließlich Häftlinge in Außenkommandos beschäftigte. Gleiches gilt für Arbeitseinsätze in klein- und mittelständischen Betrieben. Entgegengesetzt verhält es sich mit der Rüstungsindustrie. Für die Aufrechterhaltung und Steigerung ihrer Fertigungsprozesse erfolgten überwiegend Außenlagergründungen. In den belegungsmäßig größten Außenlagerkomplexen waren Gefangene für Baumaßnahmen der Organisation Todt im Einsatz.

Die Häftlingsgesellschaft der Außenkommandos und -lager rekrutierte sich zu einem großen Teil aus dem Stammlager Dachau und entsprang nicht einer nationalitätenspezifischen Zuweisungspraxis durch die Lager-SS. Es bestanden jedoch für einzelne Häftlingsgruppen Auffälligkeiten bei der Überstellung wie beispielsweise für Juden, weibliche Häftlinge, Minderjährige und Zeugen Jehovas.

Die Analyse der Existenzbedingungen in den Außenkommandos und -lagern lässt keine eindimensionale Kategorisierung nach „besseren Außenkommandos" und „schlechteren Außenlagern" zu, da für die Bewertung der Lebens- und Arbeitsbedingungen weitreichendere Parameter wie Lagerinfrastruktur, Arbeitsplatz, Verpflegung, Bekleidung, Haftkategorie, Geschlecht, Zeitpunkt des Aufenthalts, persönliche Voraussetzungen, Qualifikationen, individuelle Hafterfahrung und Zufälle berücksichtigt werden müssen. Bemerkenswert jedoch ist, dass sich die Überlebensbedingungen in den Dachauer Außenkommandos 1942 tendenziell besser darstellten als in den Konzentrationsstammlagern. Dies veränderte sich grundlegend mit der Errichtung von Außenlagern für die Rüstungsindustrie und insbesondere mit den Außenlagern der Verlagerungsprojekte, in denen eine Sterblichkeit von knapp 50 Prozent herrschte.

Auch in der Endphase unterschieden sich Außenkommandos von Außenlagern. Mehrheitlich wurden Außenkommandos geschlossen oder die Häftlinge in andere Lager evakuiert. Außenlagerkomplexe hingegen wurden vor allem Sammelorte für andere evakuierte Gefangene, die entweder hier in Kranken- oder Sterbelagern ohne Versorgung blieben oder weiter auf Todesmärsche geschickt wurden.

Die kontinuierliche Zunahme der Häftlinge in Außenkommandos und -lagern des KZ Dachau führte zu Veränderungen im Stammlager. So waren seit 1943 mehr Gefangene außerhalb des Stammlagers untergebracht und zum Arbeitseinsatz abgestellt. Dachau war damit vor allem Drehscheibe für Häftlingsarbeitskräfte geworden. In diesem Kontext steht beispielsweise die Einrichtung eines Frauenkrankenreviers in Dachau, das innerhalb des Männerlagers für die weiblichen Häftlinge der Außenkommandos und -lager vorgesehen war. Dauerhaft hielt sich diese Häftlingsgruppe jedoch nicht im Stammlager auf.

Außenkommandos und -lager waren allerdings nicht nur eine Fortentwicklung innerhalb des KZ-Systems. Sie gewährten zivilen Deutschen Einblicke und führten zu zahlreichen Schnitt- und Berührungspunkten. Damit öffnete sich das KZ-System zunehmend der Zivilgesellschaft. Während Hilfsmaßnahmen für die Häftlinge Ausnahmeerscheinungen blieben, zeugen zahllose Berichte Überlebender von gewaltsamen Übergriffen. Die Durchsicht der entsprechenden Akten der Münchner Staatsanwaltschaften offenbart, dass die Vielzahl der in Außenkommandos und -lagern verübten Straftaten von Lagerpersonal wie Zivilisten in keinem Verhältnis zu den ausgesprochenen Verurteilungen steht. Dies verdeutlicht einmal mehr den undifferenzierten Umgang mit den Dachauer Außenkommandos und -lagern in der deutschen Nachkriegsgeschichte.

# 8. Dank

Die vorliegende Arbeit ist die überarbeitete Version einer 2008 erfolgreich abgeschlossenen Dissertation am Zentrum für Antisemitismusforschung der Technischen Universität Berlin. Das Projekt wurde von vielen Menschen gefördert, getragen und unterstützt. Der Anstoß für die Thematik kam von meinem wissenschaftlichen Betreuer und Erstgutachter Prof. Dr. Wolfgang Benz. Ihm danke ich, dass er mir eine Chance zur eigenen Entfaltung gegeben und mich mit unerschütterlichem Optimismus – „Das machen Sie schon" – begleitet hat. Für ihre Freundlichkeit und Unaufgeregtheit danke ich meiner Zweitgutachterin Prof. Dr. Stefanie Endlich.

Besonders dankbar bin ich Dr. Stanislav Zámečník, der mich in Gesprächen nicht nur an seinen Erinnerungen teilhaben ließ, sondern auch immer ein fachkundiger Ansprechpartner war. Ebenso geht mein Dank an Dr. Barbara Distel, dass sie mir ein offenes Arbeitsfeld an der KZ-Gedenkstätte Dachau ermöglichte und mir mit ihren großen Detailkenntnissen viele Impulse gab. Ihrer Nachfolgerin Dr. Gabriele Hammermann danke ich sehr für Ihre Unterstützung bei der Realisierung der zweiten überarbeiteten Auflage. Ebenso unterstützten mich alle Mitarbeiter der KZ-Gedenkstätte Dachau über Jahre unkompliziert in meinen Bemühungen, insbesondere der Archivar Albert Knoll, der niemals müde würde, meine immer neuen Fragen kompetent und geduldig zu beantworten. Darüber hinaus ist die Realisierung der fachkundigen und freundlichen Hilfe einer Vielzahl von Archivmitarbeitern geschuldet. Hervorzuheben sind Dr. Christoph Bachmann vom Bayerischen Hauptstaatsarchiv München und Robert Bierschneider vom Staatsarchiv München, die mich von der ersten Stunde an begleiteten und großartige Quellenfunde für mich ermöglichten. Großzügige Unterstützung erhielt ich auch von Dr. Andreas Heusler vom Stadtarchiv München und von Johannes Wrobel vom Geschichtsarchiv der Zeugen Jehovas in Selters. Dr. Angelika Königseder sei besonders für ihre inhaltlichen Anregungen gedankt.

Die Arbeit wurde durch Stipendien der Stadt Reinheim, dem Verein Gegen Vergessen – Für Demokratie e. V. und der Rosa Luxemburg Stiftung ermöglicht. Die Veröffentlichung erfolgte mit freundlicher Unterstützung des Zentrums für Antisemitismusforschung Berlin, der Vereinigung der Verfolgten des Naziregimes – Bund der Antifaschistinnen und Antifaschisten (VVN-BdA) Landesverband Bayern, der Rosa Luxemburg Stiftung, der Lagergemeinschaft Dachau, des Memento e. V., des Kurt-Eisner-Vereins für politische Bildung in Bayern e. V., dem Förderverein des Kreismuseums Lodron-Haus Mühldorf und der Gemeinde Kaufering. Durch die Unterstützung der Bayerischen Landeszentrale für politische Bildungsarbeit konnte die zweite Auflage realisiert werden. Allen Förderern sei für das erbrachte Vertrauen gedankt.

Am Ende steht der Dank an meine Familie und enge Freunde, die mich in meinem Vorhaben gestützt haben. Ganz besonders aber möchte ich meinem Mann, Matthias Holz, dafür danken, dass er mich fortwährend ermutigt hat, meinen Weg zu verfolgen und mich dabei emotional getragen und inhaltlich begleitet hat.

# 9. Quellen- und Literaturverzeichnis

## 9.1. Quellen

*Air Photo Library, University Keele (GB)*
   Luftbilder

*Archiv der KZ-Gedenkstätte Dachau*
   Außenkommandos
   Erinnerungsberichte
   Fotos
   Häftlingsdatenbank
   Häftlingsnationalitäten
   Interviews
   SS
   Transporte
   Unveröffentlichte Manuskripte
   Zeichnungen

*Archiv der KZ-Gedenkstätte Neuengamme*
   Häftlingsberichte

*Bayerisches Hauptstaatsarchiv, München*
   Landesentschädigungsamt
   Ministerialbehörden
   OMGUS

*BMW-Archiv, München*
   UA
   Interviewsammlung

*Bundesarchiv, Berlin*
  NS 1
  NS 3
  NS 4/Da
  NS 7
  NS 19
  NS 31
  NS 33
  R 3
  R 58
  Slg. Schumacher

*Bundesarchiv, Ludwigsburg*
  Ermittlungsakten der Zentralen Stelle Ludwigsburg

*Dokumentationszentrum Oberer Kuhberg e. V., Ulm*
  Erinnerungsberichte
  Sammlungen

*Geschichtsarchiv der Zeugen Jehovas, Selters*
*Geschichtsarchiv der Zeugen Jehovas, Belgien*
*Geschichtsarchiv der Zeugen Jehovas, Amsterdam*
  Erinnerungsberichte

*Institut für Zeitgeschichte, München*
  Nürnberger Dokumente

*Leo Baeck Institute, New York (USA)*
  Erinnerungsberichte

*Lokalbaukommission München*
  Weißenseestraße

*Moses Mendelssohn Zentrum, Potsdam*
  Interviewsammlung

*National Archives and Records Administration, Washington D. C. (USA)*
  Trials of War Criminals RG 153
  Trials of War Criminals RG 338
  Trials of War Criminals RG 123
  Trials of War Criminals Cases not Tried

*Public Records Office, London (GB)*
  AIR 51
  HS
  WO
  Strategic Bombing Surveys

*Stadtarchiv München*
  Bürgermeister und Rat
  Stadtverteidigung

*Staatsanwaltschaft München*
  Ermittlungsakten

*Staatsarchiv München*
  Gestapo
  Landratsämter
  NSDAP
  Oberfinanzdirektion
  Oberforstdirektion
  Polizeidirektion
  Spruchkammerakten
  Staatsanwaltschaften
  Vermögenskontrollakten
  Wiedergutmachungsakten

*US Holocaust Memorial Museum, Washington D. C. (USA)*
  Erinnerungsberichte
  Trials of War Criminals „Cases Not Tried"

*Yale University, New York (USA)*
  Fortunoff Video Archive

## 9.2. Literatur

Abgeleitete Macht – Funktionshäftlinge zwischen Widerstand und Kollaboration. Beiträge zur Geschichte der nationalsozialistischen Verfolgung, Heft 4, hrsg. von KZ-Gedenkstätte Neuengamme, Bremen 1998.

Albertus, Heinz, Buchenwalder Antifaschisten. Biographische Skizzen, Weimar-Buchenwald 1987.

Amicale des Anciens de Dachau (ed.), Allach Kommando de Dachau, Paris 1982.

Ayaß, Wolfgang, „Asoziale" im Nationalsozialismus, Stuttgart 1995.

Baganz, Carina, Erziehung zur „Volksgemeinschaft"? Die frühen Konzentrationslager in Sachsen 1933–1934/37, Berlin 2005.

Bakels, Floris B., Nacht und Nebel. Der Bericht eines holländischen Christen aus deutschen Gefängnissen und Konzentrationslagern, Frankfurt a. M. 1982.

Bamberger, Edgar/Ehmann, Annegret (Hrsg.), Kinder und Jugendliche als Opfer des Holocaust, Heidelberg 1995.

Bauer, Yehuda, The Death Marches January – May 1945, in: Marrus, Michael (ed.), The Nazi Holocaust. Historical Articles on the Destruction of European Jews, Vol. 9, Westport 1989.

Bayerische Landeszentrale für politische Bildungsarbeit (Hrsg.), Spuren des Nationalsozialismus. Gedenkstättenarbeit in Bayern, München 2000.

Bayerische Verwaltung der staatlichen Schlösser, Gärten und Seen (Hrsg.), KZ-Friedhöfe und -Gedenkstätten in Bayern. „Wenn das neue Geschlecht erkennt, was das alte verschuldet …", Regensburg 2011.

Ben-Dor, David, Die schwarze Mütze. Geschichte eines Mitschuldigen, Leipzig 2000.

Benz, Wolfgang, Dr. med. Sigmund Rascher – Eine Karriere, in: Dachauer Hefte 4 (1988), S. 190–214.

– Mitglieder der Häftlingsgesellschaft auf Zeit, „Die Aktionsjuden" 1938/39, in: Dachauer Hefte 21, (2005), S. 179–196.

Benz, Wolfgang/Distel, Barbara (Hrsg.), Dachauer Hefte 9 (1993) Die Verfolgung von Kindern und Jugendlichen.

– Dachauer Hefte 12 (1996), Lebenswelt und Umfeld.
– Dachauer Hefte 15 (1999), KZ-Außenlager.
– Dachauer Hefte 23 (2007), Nationalitäten im KZ.
– Terror ohne System. Die ersten Konzentrationslager im Nationalsozialismus 1933–1945, Berlin 2001.

- Herrschaft und Gewalt. Frühe Konzentrationslager 1933–1939, Berlin 2002.
- Instrumentarium der Macht, Frühe Konzentrationslager 1933–1937, Berlin 2003.
- Der Ort des Terrors. Geschichte der nationalsozialistischen Konzentrationslager, Bd. 1: Die Organisation des Terrors, München 2005.
- Der Ort des Terrors. Geschichte der nationalsozialistischen Konzentrationslager, Bd. 2: Frühe Lager, Dachau, Emslandlager, München 2005.
- Der Ort des Terrors. Geschichte der nationalsozialistischen Konzentrationslager, Bd. 4: Flossenbürg, Mauthausen, Ravensbrück, München 2006.
- Der Ort des Terrors. Geschichte der nationalsozialistischen Konzentrationslager, Bd. 5: Hinzert, Auschwitz, Neuengamme, München 2007.
- Der Ort des Terrors. Geschichte der nationalsozialistischen Konzentrationslager, Bd. 6: Natzweiler, Groß-Rosen, Stutthof, München 2007.

Benz, Wolfgang/Graml, Hermann /Weiß, Hermann (Hrsg.), Enzyklopädie des Nationalsozialismus, München 1998.
- /Königseder, Angelika (Hrsg.), Das Konzentrationslager Dachau. Geschichte und Wirkung nationalsozialistischer Repression, Berlin 2008.

Berger, Karin/Holzinger, Elisabeth/Podgornik, Lotte/Trallori, Lisbeth N. (Hrsg.), Der Himmel ist Blau. Kann sein. Frauen im Widerstand, Österreich 1938–1945, Wien 1985.

Berger, Sam, Die unvergesslichen Sechseinhalb Jahre meines Lebens 1939–1945, Frankfurt a. M. 1985.

Bergner, Gabriele, Aus dem Bündnis hinter Stacheldraht. Italienische Häftlinge im KZ Dachau 1943–1945. Deportationen und Lebensbedingungen, Hamburg 2002.

Birn, Ruth Bettina, Die Höheren SS- und Polizeiführer. Himmlers Vertreter im Reich und in den besetzten Gebieten, Düsseldorf 1986.

Black, Peter, Ernst Kaltenbrunner. Vasall Himmlers: Eine SS-Karriere, Paderborn 1991.

Boberach, Heinz, Die Überführung von Soldaten des Heeres und der Luftwaffe in die SS-Totenkopfverbände zur Bewachung von Konzentrationslagern 1944, in: Militärgeschichtliche Mitteilungen 34 (1983), S. 185–190.

Boelcke, Willi A. (Hrsg.), Deutschlands Rüstung im Zweiten Weltkrieg. Hitlers Konferenzen mit Albert Speer 1942–1945, Frankfurt a. M. 1969.

Braham, Randolph L., The Uniqueness of the Holocaust in Hungary, in: ders./Vago, Béla (ed.), The Holocaust in Hungary. Forty Years later, New York 1985, S. 177–190.

Brauer, Gernot, Lodenfrey in der NS-Zeit, München 2003.

Brenner, Hans, Zur Rolle der Außenkommandos des KZ Flossenbürg im System der staatsmonopolitischen Rüstungswirtschaft des faschistischen deutschen Imperialismus und im antifaschistischen Widerstandskampf 1942–1945, Diss., Dresden 1982.

Broszat, Martin/Fröhlich, Elke (Hrsg.), Bayern in der NS-Zeit, Bd. II: Herrschaft und Gesellschaft im Konflikt, München 1979.

Botz, Gerhard, Binnenstruktur, Alltagsverhalten und Überlebenschancen in Nazi-Konzentrationslagern, in: Streib, Robert/Schafranek, Hans (Hrsg.), Strategie des Überlebens, Häftlingsgesellschaften in KZ und GULAG, Wien 1996, S. 45–71.

Buchheim, Hans/Broszat, Martin/Jacobsen, Hans-Adolf/Krausnick, Helmut (Hrsg.), Anatomie des SS-Staates, 6. Auflage, München 1994.

Bütow, Tobias/Bindernagel, Franka, Ein KZ in der Nachbarschaft. Das Magdeburger Außenlager der Brabag und der „Freundeskreis Himmler", Köln 2003

Buggeln, Marc, Arbeit und Gewalt. Das Außenlagersystem des KZ Neuengamme, Göttingen 2009.

Burger, Oswald, Nationalsozialismus in Überlingen und Umgebung. Materialien, Friedrichshafen 1984.

- Zeppelin und die Rüstungsindustrie am Bodensee, Teil 1 & 2, in: 1999, Zeitschrift für Sozialgeschichte des 20. und 21. Jahrhunderts (1987), Heft 1, S. 8–49 und Heft 2, S. 52–87.

- Der Stollen, 5. Auflage, Überlingen 2003.

Buser, Verena, Überleben von Kindern und Jugendlichen in den Konzentrationslagern Sachsenhausen, Auschwitz und Bergen-Belsen, Berlin 2011.

Daxheimer, Andreas (Hrsg.), Spurensicherung. Ottobrunn im 3. Reich, Ottobrunn 1986.

Demps, Laurenz, Zum weiteren Ausbau des staatsmonopolistischen Apparates der faschistischen Kriegswirtschaft in den Jahren 1942 bis 1945 und zur Rolle der SS und der Konzentrationslager im Rahmen der Rüstungsproduktion, dargestellt am Beispiel der unterirdischen Verlagerung von Teilen der Rüstungsindustrie, Diss., Berlin (Ost) 1970.

Dirksen, Hans-Hermann, Martha Knie – Das Zeugnis einer Frau aus Vorpommern (1900–1953), in: Zeitgeschichte regional. Mitteilungen aus Mecklenburg-Vorpommern 7 (2003), Heft 2, S. 63–76.

Distel, Barbara (Hrsg.), Frauen im Holocaust, Gerlingen 2001.

- Widerstand der Verfolgten, in: Benz, Wolfgang/Pehle, Walter Hans (Hrsg.), Lexikon des deutschen Widerstandes, Frankfurt am Main 2001, S. 112–126.
- Frauen in den Konzentrationslagern, in: Der Ort des Terrors. Geschichte der nationalsozialistischen Konzentrationslager, Bd. 1: Die Organisation des Terrors, München 2005, S. 195–209.

Dittrich, Rudolf, Vom Werden, Wesen und Wirken der Organisation Todt, Osnabrück 1998.

Drobisch, Klaus/Wieland, Günther, System der NS-Konzentrationslager 1933–1939, Berlin 1993.

Ducci, Teo, Solidarität. ein Licht in der Finsternis des Nazi-Terrors, in: Dachauer Hefte 7 (1991), S. 47–51.

Dwork, Debórah, Kinder mit dem gelben Stern. Europa 1933–1945, München 1994.

Eiber, Ludwig, KZ-Außenlager in München, in: Dachauer Hefte 12 (1996), S. 58–80.
- Außenlager des Konzentrationslagers Dachau. Bestandsaufnahme – Perspektiven, in: Bayerische Landeszentrale für politische Bildungsarbeit (Hrsg.), Spuren des Nationalsozialismus, S. 111–121.
- Hitlers Bunker – Hitlers Gefangene: Die KZ-Lager bei Landsberg: in: Dotterweich, Volker/Filser, Karl (Hrsg.), Landsberg in der Zeitgeschichte. Zeitgeschichte in Landsberg, München 2010, S. 311–349.

Eichholtz, Dietrich/Schumann, Wolfgang (Hrsg.), Anatomie des Krieges, Bern 1969.

Ellger, Hans, Zwangsarbeit und weibliche Überlebensstrategien. Die Geschichte der Frauenaußenlager des Konzentrationslagers Neuengamme 1944/45, Berlin 2007.

Enderle, Hans, Oberfahlheim mit Glasenhart – Unterfahlheim. Zwei Dörfer und ihre Geschichte in alter und neuer Zeit, Langenau u. a. 1987.

Endlich, Stefanie, Die äußere Gestalt des Terrors. Zu Städtebau und Architektur der Konzentrationslager, in: Der Ort des Terrors. Geschichte der nationalsozialistischen Konzentrationslager, Bd. 1: Die Organisation des Terrors, München 2005, S. 210–229.
- /Kaiser, Wolf, KZ-Häftlinge in der Reichshauptstadt. Außenlager in Berlin, in: Dachauer Hefte 12 (1996), S. 230–254.

Engelhardt, Kerstin, Frauen im Konzentrationslager Dachau, in: Dachauer Hefte 14 (1998), S. 218–244.

Erpel, Simone (Hrsg.), Im Gefolge der SS: Aufseherinnen des Frauen-KZ Ravensbrück. Begleitband zur Ausstellung, Berlin 2007.

Ervin-Deutsch, Ladislaus, Nachtschicht im Arbeitslager III in Kaufering, in: Dachauer Hefte 2 (1986), S. 79–122.

– Palaver. Zwischen Befreiung und neuem Leben, in: Dachauer Hefte 13 (1997), S. 181–199.

Esseling, Marco, Juden als Häftlingsgruppe in Konzentrationslagern. Verhaftungen von Juden und ihre Stellung im Lager bis 1942 unter besonderer Berücksichtigung des KZ Dachau, Magisterarbeit, München 1995.

Falser, Günter, Die NS-Zeit im Stubaital, Innsbruck 1996.

Farkas, Anita, Geschichte(n) ins Leben holen. Die Bibelforscherinnen des Frauenkonzentrationslagers St. Lambrecht, Graz 2004.

Fear, Jeffrey, Die Rüstungsindustrie im Gau Schwaben 1939–1945, in: VfZ 35 (1987), Heft 2, S. 193–216.

Fegert, Hans, Luftangriffe auf Ingolstadt. Geheime historische Dokumente, Fotos und Zeitzeugenberichte aus den Jahren 1939 bis 1945, Kösching 1989.

Frings, Karola, Messelager Köln. Ein KZ-Außenlager im Zentrum der Stadt, Köln 1996.

– Krieg, Gesellschaft und KZ: Himmlers SS-Baubrigaden, Paderborn 2005.

Frei, Norbert/Steinbacher, Sybille (Hrsg.), Ausbeutung – Vernichtung – Öffentlichkeit. Studien zur Geschichte des nationalsozialistischen Lagersystems, München 2000.

Freund, Florian/Perz, Bertrand, Das KZ in der Serbenhalle. Zur Kriegsindustrie in der Wiener Neustadt, Wien 1987.

– Arbeitslager Zement. Das Konzentrationslager Ebensee und die Raketenrüstung, Wien 1989.

Friedensforum Ellwangen (Hrsg.), Vernichtung und Gewalt. Die KZ-Außenlager Ellwangen, Ellwangen 1987.

Friedmann, Filip/Hołuj, Tadeusz, Oświęcim, Warszawie 1946.

Fritz, Heinrich, Stationen meines Lebens, Wien 1990.

Fröbe, Rainer, „Vernichtung durch Arbeit?" KZ Häftlinge in Rüstungsbetrieben an der Porta Westfalica in den letzten Monaten des Zweiten Weltkrieges, in: Meynert, Joachim/Klönne, Arno (Hrsg.), Verdrängte Geschichte, Verfolgung und Vernichtung in Ostwestfalen 1933–1945, Bielefeld 1986, S. 221–320.

– /Füllberg-Stolberg, Claus/Gutmann, Christoph/Keller, Rolf/Obenaus, Herbert/Schröder, Hans Hermann, Konzentrationslager in Hannover. KZ-

Arbeit und Rüstungsindustrie in der Spätphase des Zweiten Weltkrieges, Bde. I & II, Hildesheim 1985.

Fuchs, Albert, Un commando de Dachau, Landsberg-Sur-Lech, in: Témoignages Strasbourgeois: De l'université aux camps de concentration, Paris 1947, S. 157–176.

Ganor, Solly, Das andere Leben. Kindheit im Holocaust, Frankfurt a. M. 1997.

Garai, Jehuda, Pécs, Auschwitz, Kaufering. Stationen einer verlorenen jüdischen Jugend, Berlin 2006.

Garbe, Detlef, Zwischen Widerstand und Martyrium. Die Zeugen Jehovas im „Dritten Reich", München 1997.

Gelpernas, Dimitrijus, Landsberg – Kaufering – Augsburg: Städte wie alle anderen? Bericht eines aus Litauen Deportierten, in: Dachauer Hefte 12 (1996), S. 255–277.

Georg, Enno, Die wirtschaftlichen Unternehmungen der SS, Stuttgart 1963.

Gidron, Henrik Mordechai, Befreiung und Rückkehr nach Ungarn. Bericht eines Vierzehnjährigen, in: Dachauer Hefte 21 (2005), S. 153–178.

Goldschmitt, Franz, Zeugen des Abendlandes, Saarlouis 1947.

Gordon, Harold, The Last Sunrise. A True Story. Autobiography of a Ten-Year Old Boy in Nazi Concentration Camps Surviving Wold War Two, Salinas (California) 1989.

Grieger, Manfred, „Vernichtung durch Arbeit" in der deutschen Rüstungsindustrie, in: Heß, Torsten/Seidel, Thomas A. (Hrsg.), Vernichtung durch Fortschritt am Beispiel der Raketenproduktion im Konzentrationslager Mittelbau, Bad Münstereifel 1995.

Grode, Walter, Die „Sonderbehandlung 14 f 13" in den Konzentrationslagern des Dritten Reiches, Frankfurt a. M. 1987.

Gross, Karl Adolf, Zweitausend Tage Dachau. Erlebnisse eines Christenmenschen unter Herrenmenschen und Herdenmenschen, München o. J.

Gruberová, Eva/Zeller, Helmut, Geboren im KZ. Sieben Mütter, sieben Kinder und das Wunder von Kaufering I, München 2011.

Gruchmann, Lothar, Die bayerische Justiz im politischen Machtkampf 1933/34. Ihr Scheitern bei der Strafverfolgung von Mordfällen in Dachau, in: Broszat, Martin/Fröhlich, Elke (Hrsg.), Bayern in der NS-Zeit, Bd. II: Herrschaft und Gesellschaft im Konflikt, München 1979., S. 415–428.

Gruner, Wolf, Der geschlossene Arbeitseinsatz deutscher Juden. Zur Zwangsarbeit als Element der Verfolgung 1938–1943, Berlin 1997.

Haiplik, Reinhard, Pfaffenhofen unterm Hakenkreuz. Stadt und Landkreis zur Zeit der nationalsozialistischen Herrschaft, 2. erweiterte Auflage, Pfaffenhofen/Ilm 2005.

Hammermann, Gabriele, Die Dachauer Außenlager um Mühldorf, in: Dachauer Hefte 15 (1999), S. 77–98.

- Zwangsarbeit für den „Verbündeten". Die Arbeits- und Lebensbedingungen der italienischen Militärinternierten in Deutschland 1943–1945, Tübingen 2002.

Hayes, Peter, Die IG Farben und die Zwangsarbeit von KZ-Häftlingen im Werk Auschwitz, in: Kaienburg, Hermann (Hrsg.), Konzentrationslager und deutsche Wirtschaft 1939–1945, Opladen 1996., S. 129–148.

Haibl, Michaela, „Überlebensmittel" und Dokumentationsobjekt, in: Dachauer Hefte 18 (2002), S. 42–64.

Heider, Angelika, Mücken-Fliegen-Flöhe. Das Entomologische Institut des „SS-Ahnenerbe" in Dachau, in: Dachauer Hefte 15 (1999), S. 99–115.

Henke, Klaus-Dietmar, Die amerikanische Besetzung Deutschlands, München 1995.

Herbert, Ulrich, Arbeit und Vernichtung. Ökonomisches Interesse und Primat der „Weltanschauung" im Nationalsozialismus, in: ders. (Hrsg.), Europa und der Reichseinsatz. Ausländische Zwangsarbeiter, Kriegsgefangene und KZ-Häftlinge in Deutschland 1938–1945, Essen 1991, S. 384–426.

- /Orth, Karin/Dieckmann, Christoph (Hrsg.), Die nationalsozialistischen Konzentrationslager, Bde. 1 & 2, Frankfurt a. M. 2002.

Herz,Oskar Gefängnis, KZ, Kriegsgefangenschaft 1936–1949, Erlangen 1983.

Herzog, Robert, Die Volksdeutschen in der Waffen-SS, Tübingen 1955.

Hesse, Hans (Hrsg.), „Am mutigsten waren immer wieder die Zeugen Jehovas". Verfolgung und Widerstand der Zeugen Jehovas im Nationalsozialismus, Bremen 2000.

- /Harder, Jürgen, Und wenn ich lebenslang in einem KZ bleiben müsste ... Die Zeuginnen Jehovas in den Frauenkonzentrationslagern Moringen, Lichtenburg und Ravensbrück, Essen 2001.

Heusler, Andreas, Ausländereinsatz. Zwangsarbeit für die Münchner Kriegswirtschaft 1939–1945, München 1996.

Hilberg, Raul, Die Vernichtung der europäischen Juden, erweiterte Auflage, Frankfurt a. M. 1990.

Hoffmann, Alfred, Verschwunden, aber nicht vergessen. KZ-Nebenlager in der Polizeischule Heidenheim. Eine Dokumentation, Heidenheim 1996.

Holzhaider, Hans, „Schwester Pia" Nutznießerin zwischen Opfern und Tätern, in: Dachauer Hefte 10 (1994), S. 101-114.

Hornung, Walter, Dachau. Eine Chronik, Zürich 1936.

Huber, Gabriele, Die Porzellanmanufaktur Allach-München GmbH – eine „Wirtschaftsunternehmung" der SS zum Schutz der „deutschen Seele", Marburg 1992.

Huber, Josef (Hrsg.), Eschenried. Eine Dorfgeschichte. Von Torfstechern, Wilderern und Golfspielern, Haarbach 2004.

Internationaler Suchdienst (Hrsg.), Vorläufiges Verzeichnis der Konzentrationslager und deren Außenkommandos sowie anderer Haftstätten unter dem Reichsführer SS in Deutschland und deutsch-besetzten Gebieten (1933-1945), Arolsen 1979, für das Konzentrationslager Dachau S. 64-99.

Jäckel, Eberhard, Frankreich in Hitlers Europa. Die deutsche Frankreichpolitik im Zweiten Weltkrieg, Stuttgart 1966.

Jacobeit, Sigrid, Zur Arbeit weiblicher Häftlinge im Frauen-KZ Ravensbrück, in: Kaienburg, Hermann (Hrsg.), Konzentrationslager und deutsche Wirtschaft 1939-1945, Opladen 1996, S. 199-211.

Jež, Anton, Der Stollen war unser Unglück und unser Glück. Erinnerungen an das KZ-Außenkommando Überlingen/Aufkirch, in: Dachauer Hefte 15 (1999), S. 46-53.

Joos, Joseph, Leben auf Widerruf, 2. Auflage, Olten (Schweiz) 1946.

Jureit, Ulrike, Erinnerungsmuster. Zur Methodik lebensgeschichtlicher Interviews mit Überlebenden der Konzentrations- und Vernichtungslager, Hamburg 1999.

Kaienburg, Hermann, Vernichtung durch Arbeit. Der Fall Neuengamme. Die Wirtschaftsbestrebungen der SS und ihre Auswirkungen auf die Existenzbedingungen der KZ-Gefangenen, Bonn 1990.

– (Hrsg.), Konzentrationslager und deutsche Wirtschaft 1939-1945, Opladen 1996.

– Die Wirtschaft der SS, Berlin 2003.

Kalmar, Rudolf, Zeit ohne Gnade, Wien 1946.

Kárný, Miroslav, Waffen-SS und Konzentrationslager, in: Jahrbuch für Geschichte 33 (1986), S. 231-261.

– „Vernichtung durch Arbeit". Sterblichkeit in den NS-Konzentrationslagern, in: Aly, Götz/Heim, Susanne/Kárný, Miroslav (Hrsg.), Sozialpolitik und Judenvernichtung. Gibt es eine Ökonomie der Endlösung?, Berlin 1987, S. 133-158.

Kater, Michael H., Die Ernsten Bibelforscher im Dritten Reich, in: VfZ 17 (1969), S. 181–218.

Katz, Zwi, Todesmarsch von Kaufering ins Ungewisse, in: Dachauer Hefte 18 (2002), S. 200–211.

– Von den Ufern der Memel ins Ungewisse. Eine Jugend im Schatten des Holocaust, Zürich 2002.

Kautsky, Benedikt, Teufel und Verdammte. Erfahrungen und Erkenntnisse aus sieben Jahren Konzentrationslager, Wien 1948.

Kimmel, Günther, Das KL Dachau – Eine Studie zu den nationalsozialistischen Gewaltverbrechen, in: Broszat, M./Fröhlich, E. (Hrsg.), Bayern in der NS-Zeit, Bd. II: Herrschaft und Gesellschaft im Konflikt, München 1979, S. 349–413.

Klausch, Hans-Peter, Antifaschisten in SS-Uniform. Schicksal und Widerstand der deutschen politischen KZ-Häftlinge. Zuchthaus- und Wehrmachtgefangenen in der SS-Sonderformation Dirlewanger, Bremen 1993.

Klee, Ernst, „Euthanasie" im NS-Staat. Die Vernichtung „lebensunwerten Lebens", Frankfurt a. M. 1983.

Klein, Erhard, Jehovas Zeugen im KZ Dachau. Geschichtliche Hintergründe und Erlebnisberichte, Bielefeld 2001.

Klewitz, Bernd, Die Arbeitssklaven der Dynamit Nobel. Ausgebeutet und Vergessen. Sklavenarbeiter und KZ-Häftlinge in Europas größten Rüstungswerken im 2. Weltkrieg, Schalkmühle 1986.

Klinkhammer, Lutz, Deportationen aus Italien nach Deutschland 1943–1945, in: Gertrich, Andreas/Hirschfeld, Gerhard/Sonnabend, Holger (Hrsg.), Ausweisung und Deportation. Formen der Zwangsmigration in der Geschichte, Stuttgart 1995, S. 141–166.

Kluwe, Sigbert E., Glücksvogel – Leos Geschichte, Baden-Baden 1990.

Knoll, Albert, Die Porzellanmanufaktur München-Allach. Das Lieblingskind von Heinrich Himmler, in: Dachauer Hefte 15 (1999), S. 116–133.

– Die Anfangsphase des KZ Dachau in der zeitgenössischen Presse, in: Dachauer Hefte 17 (2001), S. 21–41.

Knop, Monika, Spanienkämpfer im antifaschistischen Widerstand im KZ Sachsenhausen, Oranienburg 1986.

Körte, Mona, Zeugnisliteratur. Autobiographische Berichte aus den Konzentrationslagern, in: Benz, Wolfgang/Distel, Barbara, Der Ort des Terrors. Bd. 1: Die Organisation des Terrors, München 2005, S. 329–344.

Kogon, Eugen, Der SS-Staat. Das System der deutschen Konzentrationslager, München 1946.

- /Langbein, Hermann/Rückerl, Adalbert (Hrsg.), Nationalsozialistische Massentötungen durch Giftgas, Frankfurt a. M. 1983.

Kooger, Björn, Rüstung unter Tage. Die Untertageverlagerung von Rüstungsbetrieben und der Einsatz von KZ-Häftlingen in Beendorf und Morsleben, Berlin 2004.

Kosmala, Beate, Polnische Häftlinge im Konzentrationslager Dachau 1939–1945, in: Dachauer Hefte 21 (1995), S. 94–113.

Kucera, Wolfgang, Fremdarbeiter und KZ-Häftlinge in der Augsburger Rüstungsindustrie, Augsburg 1996.

Kühle, Barbara, Stärker als der Tod. Erlebnisse gemeinsamen Widerstandskampfes und internationaler Solidarität mit sowjetischen Kriegsgefangenen und Zwangsverschleppen im KZ Sachsenhausen gegen die Vernichtungsstrategie des faschistischen deutschen Imperialismus, Oranienburg 1987.

Kupfer-Koberwitz, Edgar, Die Mächtigen und die Hilflosen. Als Häftling in Dachau, Bd. 1, Stuttgart 1957.

- Dachauer Tagebücher. Die Aufzeichnungen des Häftlings 24 814, München 1997.

KZ-Gedenkstätte Dachau (Hrsg.), Gedenkbuch für die Toten des Konzentrationslagers Dachau, Dachau 2011.

Lacombe, Fabien, Kaufbeuren. Außenkommando von Dachau. Tagebuchaufzeichnungen, Blöcktach 1995.

Landauer, Hans, Österreichische Spanienkämpfer in deutschen Konzentrationslagern, in: Dachauer Hefte 8 (1992), S. 170–180.

- /Hackl, Erich, Lexikon der österreichischen Spanienkämpfer 1936–1939, Wien 2003.

Langbein, Hermann, ... nicht wie die Schafe zur Schlachtbank. Widerstand in den nationalsozialistischen Konzentrationslagern 1938–1945, Frankfurt a. M. 1980.

- Arbeit im KZ-System, in: Dachauer Hefte 2 (1986), S. 3–12.

Levi, Primo, Die Untergegangenen und die Geretteten, Wien 1990.

Lingens, Ella, Als Ärztin in Auschwitz und Dachau. Erinnerungen, in: Dachauer Hefte 4 (1988), S. 22–58.

- Gefangene der Angst. Ein Leben im Zeichen des Widerstandes, Frankfurt a. M. 2003.

Linsen, Jean Pierre, Kottern im Allgäu, in: Rappel, Luxemburg 1967, S. 125 ff.

Lorenzen, Till, BMW als Flugmotorenhersteller 1926–1940. Staatliche Lenkungsmaßnahmen und unternehmerische Handlungsspielräume, München 2008.

Lukas, Richard C., Did the children cry? Hitler's war against Jewish and Polish children 1939–45, New York 1994.

Lustig, Oliver, KZ-Wörterbuch, Bukarest 1987.

Mannheimer, Max, Spätes Tagebuch. Theresienstadt – Auschwitz – Warschau – Dachau, Zürich 2000.

Marcuse, Harold, Legacies of Dachau – The Uses and Abuses of a Concentration Camp 1933–2001, Cambridge 2001.

Maršálek, Hans, Die Geschichte des Konzentrationslagers Mauthausen. Dokumentation, Wien 1974.

Matejka, Viktor, Widerstand ist alles, Notizen eines Unorthodoxen, 3. Auflage, Wien 1993.

– Anregung ist Alles. Das Buch Nr. 2, Wien 1991.

Metzler, Georg, Geheime Kommandosache. Raketenrüstung in Oberschwaben, Das Außenlager Saulgau und die V2 (1943–1945), Bergatraute 1996.

Michelet, Edmond, Die Freiheitsstraße, Dachau 1943–1945, Paris 1955.

Mitscherlich, Alexander/Mielke, Fred (Hrsg.), Medizin ohne Menschlichkeit. Dokumente des Nürnberger Ärzteprozesses, Frankfurt a. M. 1960.

Mommsen, Hans/Grieger, Manfred, Das Volkswagenwerk und seine Arbeiter im Dritten Reich, Düsseldorf 1996.

Morsch, Günter, Oranienburg – Sachsenhausen, Sachsenhausen – Oranienburg, in: Herbert/Orth/Dieckmann, Die nationalsozialistischen Konzentrationslager, Bd. 1, S. 111–134.

Mozdzan, Jan J., Der Postverkehr mit dem Konzentrationslager Dachau 1933–1945, Düsseldorf 1984.

Mühldorfer, Friedbert, Traunstein. Widerstand und Verfolgung 1933 bis 1945, Ingolstadt 1992.

Müller, Peter, Das Bunkergelände im Mühldorfer Hart. Rüstungswahn und menschliches Leid, Mühldorf 1999.

Nestler, Ludwig/Schulz, Friedel, Die faschistische Okkupationspolitik in Frankreich (1940–1944), Berlin 1990.

Neugebauer, Wolfgang, Dachau: Eine österreichische Kolonie, in: Sotriffer, Kristin (Hrsg.), Das Grössere Österreich. Geistiges und Soziales Leben von 1880 bis zur Gegenwart, Wien 1982, S. 343–346.

Niethammer, Lutz (Hrsg.), Der „gesäuberte" Antifaschismus. Die SED und die roten Kapos von Buchenwald. Dokumente, Berlin 1994.

Norseth, Helge, Gefangen und doch frei. Der Weg eines jungen Norwegers durch norwegische und deutsche KZs, Stuttgart 1995.

Oertel, Otto, Als Gefangener der SS, hrsg. v. Stefan Appelius, Oldenburg 1990.

Österreicher im Widerstand gegen Hitler. Die Ankunft der ersten österreichischen Häftlinge im Konzentrationslager Dachau vor sechzig Jahren, Ausstellungskatalog bearbeitet von Andrä, Simon/Mittler, Dietrich/Richardi, Hans-Günter, Dachau 1998.

Orth, Karin, Das System der Konzentrationslager. Eine politische Organisationsgeschichte, Zürich 1999.

- Die Konzentrationslager-SS. Sozialstrukturelle Analysen und biographische Studien, Göttingen 2000.
- Gab es eine Lagergesellschaft? „Kriminelle" und politische Häftlinge im Konzentrationslager, in: Frei, Norbert/Steinbacher, Sybille (Hrsg.), Ausbeutung – Vernichtung – Öffentlichkeit. Studien zur Geschichte des nationalsozialistischen Lagersystems, München 2000, S. 109–133.

Ost, Eugène, Die Malaria-Versuchsstation im Konzentrationslager Dachau, Dachauer Hefte 4 (1988), S. 174–189.

Paul, Christa, Zwangsprostitution. Staatlich errichtete Bordelle im Nationalsozialismus, Berlin 1994.

Perz, Bertrand, Kinder und Jugendliche im Konzentrationslager Mauthausen und seinen Außenlagern, in: Dachauer Hefte 9 (1993), S. 71–90.

- Wehrmacht und KZ-Bewachung, in: Mittelweg 36 (1995), Heft 4, S. 69–82.
- „… müssen zu reißenden Bestien erzogen werden". Der Einsatz von Hunden zur Bewachung in den Konzentrationslagern, in: Dachauer Hefte 12 (1996), S. 139–158.

Petzina, Dieter, Autarkiepolitik im Dritten Reich. Der nationalsozialistische Vierjahresplan, Stuttgart 1968.

Pingel, Falk, Häftlinge unter SS-Herrschaft. Widerstand, Selbstbehauptung und Vernichtung im Konzentrationslager, Hamburg 1978.

Pfingsten, Gabriele/Füllberg-Stolberg, Claus, Frauen in Konzentrationslagern – geschlechtsspezifische Bedingungen des Überlebens, in: Herbert, Ulrich/Orth, Karin/Dieckmann, Christoph (Hrsg.), Die nationalsozialistischen Konzentrationslager, Bd. 2, Frankfurt a. M. 2002, S. 911–938.

Plieseis, Sepp, Vom Ebro zum Dachsein, Linz 1946.

Plöchinger, Stefan (Hrsg.), Vergessen? Verdrängt? Verarbeitet?, München 1996.

Der Prozeß gegen die Hauptkriegsverbrecher vor dem Internationalen Militärgerichtshof in Nürnberg, Bd. VI, Nürnberg 1947.

Pryce-Jones, David, Paris in the Third Reich. A History of the German Occupation 1940–1944, New York 1981.

Poller, Walter, Arztschreiber in Buchenwald, Hamburg 1946.

Puntschart, Adam, Die Heimat ist weit ... Erlebnisse im Spanischen Bürgerkrieg, im KZ, auf der Flucht, hrsg. v. Oswald Burger, Weingarten 1983.

Quatember, Wolfgang, Ein KZ Außenkommando von Dachau in Bad Ischl, in: Zeitschrift des Vereins Widerstandsmuseum Ebensee, Nr. 55, Dezember 2001.

Rahe, Thomas, Die Bedeutung der Zeitzeugenberichte für die historische Forschung zur Geschichte der Konzentrations- und Vernichtungslager, in: Beiträge zur Geschichte der nationalsozialistischen Verfolgung in Norddeutschland (1995), Heft 2, S. 84–98.

– „Höre Israel": jüdische Religiosität in nationalsozialistischen Konzentrationslagern, Göttingen 1999.

Raim, Edith, Die Dachauer KZ-Außenkommandos Kaufering und Mühldorf. Rüstungsbauten und Zwangsarbeit im letzten Kriegsjahr 1944/45, Landsberg/Lech 1992.

– Frauen in den Dachauer KZ-Außenlagern Kaufering. Nationalsozialistische Vernichtungspolitik gegenüber Jüdinnen; in: Bayrischen Landeszentrale für politische Bildungsarbeit, Spuren des Nationalsozialismus, S. 87–110.

– Das Ende von Kaufering IV, in: Dachauer Hefte 20 (2004), S. 139–156.

Richardi, Hans-Günter, Schule der Gewalt. Das Konzentrationslager Dachau 1933–1934, München 1983.

– Leben auf Abruf. Das Blindgängerbeseitigungs-Kommando aus dem KL Dachau in München 1944/45, Dachau 1989.

– Der gerade Weg. Der Dachauer Häftling Karl Wagner, in: Dachauer Hefte 7 (1991), S. 52–86.

– Bomber über München. Der Luftkrieg von 1939 bis 1945, dargestellt am Beispiel der „Hauptstadt der Bewegung", München 1992.

Riedel, Dirk, Der „Wildpark" im KZ Dachau und das Außenlager St. Gilgen. Zwangsarbeit auf den Baustellen des KZ-Kommandanten Loritz, in: Dachauer Hefte 16 (2000), S. 54–70.

– Die ungarischen Häftlinge des KZ Dachau, in: Benz/Königseder, Das Konzentrationslager Dachau, S. 269–283.

– Kerker im KZ Dachau. Die Geschichte der drei Bunkerbauten, Dachau 2002.

– Ordnungshüter und Massenmörder im Dienst der „Volksgemeinschaft": Der KZ-Kommandant Hans Loritz, Berlin 2010.

– Lagerführung und Wachmannschaften der Kauferinger Außenlager, in: Benz, Angelika/Vulesica, Marija (Hrsg.), Bewachung und Ausführung.

Alltag der Täter in nationalsozialistischen Konzentrationslagern, Berlin 2011, S. 146–158.

Riemer, Hermann E., Sturz ins Dunkel, München 1947.

Römer, Gernot, Für die Vergessenen. KZ-Außenlager in Schwaben – Schwaben in Konzentrationslagern. Berichte, Dokumente, Zahlen und Bilder, Augsburg 1984.

Rost, Nico, Goethe in Dachau, hrsg. v. Kohn, Hein/Schartl, Werner, Hamburg 1981.

Ryn, Zdzsław/Kłodziński, Stanisław, An der Grenze zwischen Leben und Tod. Eine Studie über die Erscheinung des „Muselmanns" im Konzentrationslager, in: Die Auschwitz Hefte, Texte der polnischen Zeitschrift „Przegląd Lekarski" über historische, psychische und medizinische Aspekte des Lebens und Sterbens in Auschwitz, Bd. 1, hrsg. v. Hamburger Institut für Sozialforschung, Weinheim/Basel 1987, S. 89–154.

Savosnick, Robert, Ich wollte nicht sterben, in: Dachauer Hefte 22 (2006), S. 127–145.

Schalm, Sabine, Unterfahlheim: Fischzuchtanlage der SS und Außenlager des KZ Dachau, in: Mitteilungen des Dokumentationszentrum Oberer Kuhberg e. V., Nr. 40 (2003), S. 6–9.

- Bei Magirus in Ulm: Ein Außenlager des KZ Dachau, in: Mitteilungen des Dokumentationszentrum Oberer Kuhberg e. V., Nr. 41 (2004), S. 6 ff.
- /Königsdorfer, Dagmar/Lechner, Silvester, Denkmalwürdig? Denk mal würdig! Nachtrag zum Bericht in den Mitteilungen 40 zum KZ-Außenlager Unterfahlheim, in: Mitteilungen des Dokumentationszentrum Oberer Kuhberg e. V., Nr. 41 (2004), S. 8 f.
- KZ-Häftlinge in der Nachbarschaft, in: dies./Bösl, Elsbeth (Hrsg.), Sendling 1933–1945. Beiträge zur Geschichte des Stadtteils im Nationalsozialismus, Augsburg 2005, S. 33–36.
- Schwester Pia: Karriere einer Straßenbahnbekanntschaft – Fürsorgeschwester der Waffen SS im Konzentrationslager Dachau, in: Schubert-Lehnhardt, Viola (Hrsg.), Frauen als Täterinnen im Nationalsozialismus, Bd. 2, Gerbstedt 2006, S. 52–67.
- Außenkommandos und -lager des KZ Dachau, in: Benz, Wolfgang/Königseder, Angelika (Hrsg.), Das Konzentrationslager Dachau. Geschichte und Wirkung nationalsozialistischer Repression, Berlin 2008, S. 53–69.
- /Gruberová, Eva, „Sie gaben uns wieder Hoffnung". Schwangerschaft und Geburt im KZ-Außenlager Kaufering I, Ausstellungskatalog, hrsg. v. KZ-Gedenkstätte Dachau, Dachau 2010.

Schley, Jens, Nachbar Buchenwald: Die Stadt Weimar und ihr Konzentrationslager 1937–1945, Köln 1999.

Schmidt, Alexander, Eine unauffällige Geschichte. KZ-Außenlager in der Region Nürnberg, in: Dachauer Hefte 15 (1999), S. 153–173.

Schneeweiß, Josef, Aus Konzentrationslagern und Kerkern, in: Danimann, Franz/Pepper, Hugo (Hrsg.), Österreich im April '45, Wien 1985, S. 39–42.

Schreiber, Gerhard, Die italienischen Militärinternierten im deutschen Machtbereich 1943–1945. Verraten – Verachtet – Vergessen, München 1990.

Schubert, Maximiliane, Blindgängerbeseitigung durch KZ-Häftlinge, in: Fegert, Hans, Luftangriffe auf Ingolstadt. Geheime historische Dokumente, Fotos und Zeitzeugenberichte 1939 bis 1945, Kösching 1989, S. 84 f.

Schulte, Jan Erik, Zwangsarbeit und Vernichtung: Das Wirtschaftsimperium der SS. Oswald Pohl und das SS-Wirtschafts-Verwaltungshauptamt 1933–1945, Paderborn 2001.

Schwartz, Johannes, Handlungsoptionen von KZ-Aufseherinnen. Drei alltags- und geschlechterspezifische biographische Fallstudien, in: Kramer, Helgard (Hrsg.), NS-Täter aus interdisziplinärer Perspektive, München 2006, S. 349–374.

Schwarz, Gudrun, Die nationalsozialistischen Lager, Frankfurt a. M. 1990.

– „... möchte ich nochmals um meine Einberufung als SS-Aufseherin bitten." Wärterinnen in den nationalsozialistischen Konzentrationslagern, in: Distel, Frauen im Holocaust, S. 331–352.

Seckendorf, Martin, Die Okkupationspolitik des deutschen Faschismus in Jugoslawien, Griechenland, Albanien, Italien und Ungarn (1941–1945), Berlin 1992.

Seela, Torsten, Bücher und Bibliotheken in nationalsozialistischen Konzentrationslagern, München u. a. 1992.

Seidler, Franz W., Die Organisation Todt. Bauten für Staat und Wehrmacht 1938–1945, Bonn 1998.

Seiler, Dietmar, Die SS im Benediktinerstift. Aspekte der KZ-Außenlager St. Lambrecht und Schloß Lind, Graz 1994.

Šinkovec, Stane, Dachau, Ljubljana 1981.

Skriebeleit, Jörg, Flossenbürg-Stammlager, in: Benz/Distel, Der Ort des Terrors, Bd. 3, S. 17–66.

Sofsky, Wolfgang, Die Ordnung des Terrors: Das Konzentrationslager, Frankfurt a. M. 2004.

Sokola, Rozalija (Hrsg.), 30. April 1945 Ende und Anfang. Vom KZ-Außenlager Allach zur Siedlung München-Ludwigsfeld, München 2005.

Sommer, Robert, Das KZ-Bordell. Sexuelle Zwangsarbeit in nationalsozialistischen Konzentrationslagern, Diss., Lübeck 2009.

Spitzlberger, Georg, Das Außenkommando Landshut des Konzentrationslagers Dachau, in: Verhandlungen des Historischen Vereins für Niederbayern, Landshut 1988–1989, S. 151–162.

Spoerer, Mark, Zwangsarbeit unter dem Hakenkreuz. Ausländische Zivilarbeiter, Kriegsgefangene und Häftlinge im Deutschen Reich und im besetzten Europa 1939–1945, Stuttgart/München 2001.

Steegmann, Robert, Struthof. Le KL-Natzweiler et ses kommandos: une nébuleuse concentrationnaire des deux côtés du Rhin 1941–1945, Strasbourg 2005.

Steinbacher, Sybille, Dachau – Die Stadt und das Konzentrationslager in der NS-Zeit. Die Untersuchung einer Nachbarschaft, Frankfurt a. M. 1993.

Stiftung Brandenburgische Gedenkstätte (Hrsg.), Die Außenlager des Konzentrationslagers Sachsenhausen und Ravensbrück. Vorträge und Manuskripte des Workshops vom 17. und 18. 10. 2003 in der Internationalen Jugendbegegnungsstätte Ravensbrück, o. O. 2004.

Strasser, Johannes, Die Österreichischen Häftlinge im Konzentrationslager Dachau, in: Dachauer Hefte 23 (2007), S. 86–95.

Strebel, Bernhard, Das KZ Ravensbrück, Geschichte eines Lagerkomplexes, Paderborn 2003.

Streibl, Robert/Schafranek, Hans (Hrsg.), Strategie des Überlebens, Häftlingsgesellschaften in KZ und GULAG, Wien 1996.

Streim, Alfred, Sowjetische Gefangene in Hitlers Vernichtungskrieg. Berichte und Dokumente 1941–1945, Heidelberg 1982.

Streit, Christian, Keine Kameraden. Die Wehrmacht und die sowjetischen Kriegsgefangenen 1941–1945, Stuttgart 1978.

Strezelcki, Andrzej, Endphase des KL Auschwitz. Evakuierung, Liquidierung und Befreiung des Lagers, Oświęcim 1995.

Szita, Szabolcs, Todesmärsche ungarischer Juden, in: Mihok, Brigitte (Hrsg.), Ungarn und der Holocaust. Kollaboration, Rettung und Trauma, Berlin 2005, S. 115–128.

Taege, Christin, Allach – Ein Außenlager des Konzentrationslagers Dachau, in: Landeshauptstadt München (Hrsg.), Verdunkeltes München. Geschichtswettbewerb 1985/86, München 1987, S. 98–107.

Tas, Leo van der, Overleven in Dachau. Ervaringen in duitse Gevangenschap, Kampen 1985.

Terrenoire, Louis, Sursitaires de la morte lente, chrétiens et communistes organisent une opération-survie dans un camp nazi, Paris 1976.

Tholander, Christa, Fremdarbeiter 1939 bis 1945. Ausländische Arbeitskräfte in der Zeppelin-Stadt Friedrichshafen, Essen 2001.

Tichauer, Erwin R., Ich ergebe mich. Das Ende einer KZ-Haft in Ampfing, in: Dachauer Hefte 13 (1997), S. 92–98.

Timpke, Henning, Dokumente zur Gleichschaltung des Landes Hamburg, Frankfurt a. M. 1994.

Tuchel, Johannes, Konzentrationslager. Organisationsgeschichte und Funktion der „Inspektion der Konzentrationslager" 1934–1938, Boppard 1991.

Turner, Henry A., Unternehmer unter dem Hakenkreuz, in: Gall, Lothar/Pohl, Manfred (Hrsg.), Unternehmen im Nationalsozialismus, München 1998, S. 15–23.

- Die Kommandanten des Konzentrationslagers Dachau, in: Dachauer Hefte 10 (1994), S. 69–90.

Tuvel, Sara, Die Näherin. Erinnerungen einer Überlebenden, München/Wien 1998.

Das Unbegreifliche Berichten. Zeitzeugenberichte ehemaliger Häftlinge des KL Dachau, hrsg. v. Museums-Pädagogisches Zentrum München, München 1997.

Volgger, Friedl, Mit Südtirol am Scheideweg. Erlebte Geschichte, Innsbruck 1984.

Wachtturm Bibel- und Traktat-Gesellschaft (Hrsg.), Jehovas Zeugen in Gottes Vorhaben, Wiesbaden 1960.

- Jahrbuch der Zeugen Jehovas 1974, Wiesbaden 1974.

Wagner, Andreas, Todesmarsch. Die Räumung und Teilräumung der Konzentrationslager Dachau, Kaufering und Mühldorf Ende April 1945, Ingolstadt 1995.

Wagner, Jens-Chrisian, Produktion des Todes. Das KZ Mittelbau-Dora, Göttingen 2001.

- Noch einmal: Arbeit und Vernichtung. Häftlingseinsatz im KL Mittelbau-Dora 1943–1945, in: Frei, Norbert/Steinbacher, Sybille (Hrsg.), Ausbeutung – Vernichtung – Öffentlichkeit. Studien zur Geschichte des nationalsozialistischen Lagersystems, München 2000, S. 11–41.

Wagner, Karl, Erinnerungen an Neustift. Beitrag zur Geschichte des antifaschistischen Widerstandes 1942 bis 1945 in Neustift/Stubai, Karlsruhe 1979.

- Ich schlage nicht. Beitrag zur Geschichte des antifaschistischen Widerstandes 1943 im KZ-Außenlager Dachau-Allach, Karlsruhe 1990.

Wagner, Patrick, Volksgemeinschaft ohne Verbrechen, Konzeptionen und Praxis der Kriminalpolizei in der Zeit der Weimarer Zeit und des Nationalsozialismus, Hamburg 1996.

- „Vernichtung der Berufsverbrecher". Die vorbeugende Verbrechensbekämpfung der Kriminalpolizei bis 1937, in: Herbert, Ulrich/Orth, Karin/Dieckmann, Christoph (Hrsg.), Die nationalsozialistischen Konzentrationslager, Bd. 1, Frankfurt a. M. 2002, S. 87–110.

Walter, Verena, Kinder und Jugendliche als Häftlinge des KZ Dachau, in: Benz, Wolfgang/Königseder, Angelika (Hrsg.), Das Konzentrationslager Dachau. Geschichte und Wirkung nationalsozialistischer Repression, Berlin 2008, S. 183–192.

Wegner, Bernd, Hitlers politische Soldaten: Die Waffen-SS 1933–1945. Leitbild, Struktur und Funktion einer nationalsozialistischen Elite, Paderborn 2006.

Weigelt, Andreas, Judenmord im Reichsgebiet, Lieberose: Außenlager des KZ Sachsenhausen, Berlin 2011.

Weiler, Eugen, Die Geistlichen in Dachau sowie in anderen Konzentrationslagern und Gefängnissen. Nachlass von Pfarrer Emil Thoma, erweitert und hrsg. v. Pfarrer E. Weiler, Mödling 1971.

Weinmann, Martin, Das nationalsozialistische Lagersystem, Frankfurt a. M. 1990.

Welzer, Harald/Moller, Sabine/Tschuggnall, Karoline, „Opa war kein Nazi". Nationalsozialismus und Holocaust im Familiengedächtnis, Frankfurt a. M. 2002.

Wenck, Alexandra-Eileen, Zwischen Menschenhandel und „Endlösung": Das Konzentrationslager Bergen-Belsen, Paderborn 2000.

Werner, Constanze, Kriegswirtschaft und Zwangsarbeit bei BMW, München 2006.

Wintersteller, Wolfgang, KZ Dachau – Außenlager Hallein, Hallein 2003.

Wittmann, Max, Weltreise nach Dachau. Ein Tatsachenbericht nach den Erlebnissen des Weltreisenden und ehemaligen politischen Häftlings Max Wittmann, hrsg. v. Erich Kunter, Stuttgart 1946.

Wolfe, Robert, A Short History of the Berlin Document Center, in: The Holdings of the Berlin Document Center. A Guide to the Collections, Berlin 1994, S. XI–XXII.

Wolff, Martin, 12 Jahre Nacht – Stationen eines Lebensweges, Siegen 1983.

Wolochowski, Dmitro, Zwei Erzählungen, in: Dachauer Hefte 17 (2001), S. 157–161.

Wrobel, Johannes, Die Verfolgung der Zeugen Jehovas im Nationalsozialismus – Rezeption, Rezension, Interpretation, in: Religion – Staat – Gesellschaft. Zeitschrift für Glaubensformen und Weltanschauungen (2003), Bd. 4/1, S. 115–150.

Wysocki, Georg, Arbeit für den Krieg. Herrschaftsmechanismen in der Rüstungsindustrie des „Dritten Reiches". Arbeitseinsatz, Sozialpolitik und staatspolizeiliche Repression bei den Reichswerken „Hermann Göring" im Salzgitter-Gebiet 1937/38 bis 1945, Braunschweig 1992.

Zámečník, Stanislav, Kein Häftling darf lebend in die Hände des Feindes fallen. Zur Existenz des Himmler-Befehls vom 14./18. April 1945, in: Dachauer Hefte 1 (1985), S. 219–231.

– Erinnerungen an das „Revier" im Konzentrationslager Dachau, in: Dachauer Hefte 4 (1988), S. 128–143.

– Das „Baumhängen" und die umstrittenen Fotografien aus Sicht des ehemaligen Häftlings, in: Dachauer Hefte 14 (1998), S. 289–293.

– Zur Geschichte des Konzentrationslagers Dachau. Ein Beitrag zu den Materialien für die Neugestaltung der Ausstellung, in: Räume – Medien – Pädagogik. Kolloquium zur Neugestaltung der KZ-Gedenkstätte Dachau, hrsg. v. Haus der Bayerischen Geschichte, Augsburg 1999, S. 71–103.

– Das frühe Konzentrationslager Dachau, in: Benz/Distel, Terror ohne System, S. 13–39.

– Das war Dachau, Luxemburg 2002.

Zarusky, Jürgen, Von Dachau nach nirgendwo. Der Todesmarsch der KZ-Häftlinge im April 1945, in: Bayerische Landeszentrale für politische Bildungsarbeit, Spuren des Nationalsozialismus, S. 42–63.

– Die „Russen" im KZ Dachau. Die Bürger der Sowjetunion als Opfer des NS-Regimes, in: Dachauer Hefte 23 (2007), S. 105–139.

Zimmermann, Michael, Rassenutopie und Genozid. Die nationalsozialistische „Lösung der Zigeunerfrage", Hamburg 1996.

Zipfel, Friedrich, Kirchenkampf in Deutschland 1933–1945. Religionsverfolgung und Selbstbehauptung der Kirchen in der nationalsozialistischen Zeit, Berlin 1965.

Zofka, Zdenek, Allach – Sklaven für BMW. Zur Geschichte eines Außenlagers des KZ Dachau, in: Dachauer Hefte 2 (1986), S. 68–78.

– „… erinnert nichts mehr an die Geschichte". Das KZ-Außenlager Burgau, in: Bayerische Landeszentrale für politische Bildungsarbeit, Spuren des Nationalsozialismus, S. 122–129.

# 10. Anhang

## 10.1. Abkürzungen

| | |
|---|---|
| Abb. | Abbildung |
| AbK | Arbeitskommando |
| AK | Außenkommando |
| AL | Außenlager |
| BArchB | Bundesarchiv Berlin |
| BarchL | Bundesarchiv Ludwigsburg |
| BayHStA | Bayerisches Hauptstaatsarchiv, München |
| BV | „Befristeter Vorbeugehäftling"/„Berufsverbrecher" |
| DaA | Archiv der KZ-Gedenkstätte Dachau |
| DVA | Deutsche Versuchsanstalt für Ernährung und Verpflegung |
| DZOK | Dokumentationszentrum Oberer Kuhberg e.V., Ulm |
| GAZJ | Geschichtsarchiv der Zeugen Jehovas, Selters |
| GB | Großbritannien |
| Hrsg. | Herausgeber |
| hrsg. v. | herausgegeben von |
| IfZ | Institut für Zeitgeschichte, München |
| IKL | Inspektion der Konzentrationslager |
| KL/KZ | Konzentrationslager |
| NAL | „Nicht aus dem Lager"/„Nicht Außenlager" |
| NARA | National Archives and Records Administration, Washington D. C. (USA) |
| Nbg. Dok. | Nürnberger Dokumente (Prozessunterlagen) |
| n. d. | nicht datiert |
| NeuA | Archiv der KZ-Gedenkstätte Neuengamme |
| N. N. | Nomen Nescio, lat. Redewendung für eine unbekannte Namens-/Größenangabe |
| OForst | Oberforstdirektion |
| o. J. | ohne Jahr |

| | |
|---|---|
| o. O. | ohne Ort |
| OT | Organisation Todt |
| PA | Privatarchiv |
| PRO | Public Records Office, London (GB) |
| PSV | „Polizeilicher Sicherungsverwahrter" |
| RFSS | Reichsführer SS |
| RG | Record Group |
| RGBl. | Reichsgesetzblatt |
| RM | Reichsmark |
| RSHA | Reichssicherheitshauptamt |
| SA | Sturmabteilung |
| Slg. | Sammlung |
| SpK | Spruchkammer |
| SS | Schutzstaffel |
| StA | Staatsarchiv |
| StadtA | Stadtarchiv |
| StAM | Staatsarchiv München |
| Stanw | Staatsanwaltschaft |
| USHMM | US Holocaust Memorial Museum, Washington D. C. (USA) |
| WVHA | Wirtschafts- Verwaltungshauptamt |
| ZStL | Zentrale Stelle der Landesjustizverwaltungen, Ludwigsburg |

## 10.2. Abbildungen

Abb. 1: KZ-Häftlinge auf dem Todesmarsch. Private Aufnahme am Straßenrand in Grünwald, 29. April 1945. *PA Marion Koch*

Abb. 2: Jubelstimmung nach der Befreiung. Häftlinge des AL Allach BMW stehen dicht gedrängt auf einem hölzernen Wachturm am Lagerzaun, darunter auch einige US-Soldaten, aufgenommen von US-Soldaten, 30. April 1945. *Imperial War Museum, London (GB), EA 64554*

Abb. 3: Schutzhaftgefangene beim Torfstechen. *Amperbote Nr. 211 vom 7. September 1933*

Abb. 4: Lageplan des Zweigwerks München Bartolith, 1943. *StAM Stanw 22 491*

Abb. 5: Lageplan SS-Arbeitslager Allach gezeichnet von dem ehemaligen Häftling Henri Gayot, 30. April 1945. *DaA A 85*

Abb. 6: Erdbaracken in Kaufering IV (Hurlach), z. T. zerstört, Lagerzaun, aufgenommen kurz nach der Befreiung von US-Soldaten, 1945. *NARA III-SC-205465*

Abb. 7: Viktor Nečas, Lagerältester in Kaufering III in Häftlingsbekleidung und mit der Armbinde des Lagerältesten, Pfeife rauchend am Bahndamm von Kaufering III, aufgenommen während eines Besuchs seiner Ehefrau, vor dem 26. April 1945. *DaA F 600*

Abb. 8: Jüdische Häftlingsfrauen mit ihren im Außenlager Kaufering I geborenen Kindern, aufgenommen am 1. Mai 1945 bei der Befreiung in Dachau. *NARA SC-205488*

Abb. 9: Großeinsatz des Sprengkommandos im Hof der Stielerschule. Häftlinge auf den Wagen, 1944. *PA Andreas Heusler, Nachlass Karl Nakel*

Abb. 10: Ein Bombensuchkommando bei der Arbeit in München-Großhadern, Ausgrabung von Teilen einer 10 Ztr. Sprengbombe durch Angehörige des KZ-Dachau im Beisein des Feuerwerkers der Luftwaffe, 21. Dezember 1942. *StadtA München, Zweiter Weltkrieg Fotos, Luftangriff am 21. 12. 1942, Nr. 37*

Abb. 11: Häftlinge des AK Oberstdorf-Birgsau in Häftlingsbekleidung mit Arbeitsgeräten vor der Hirtenhütte, Mai 1945. *PA Andrzej Burzawa*

Abb. 12: KZ-Häftlinge bei Arbeiten im BMW-Werk Allach an der Prüfstelle Schlusskontrolle in der Halle A, im Hintergrund ein Wachposten, gestelltes Propagandabild, aufgenommen von einem BMW-Werksfotograf, 1944. *BMW-Archiv München UF/335/1*

Abb. 13: Kachel aus der Schlosshau-Siedlung, Beschriftung: „Urkunde, Ofen gebaut von dem politischen Dachau Gefangenen Joh. Prechtl Hafnerm. in Laaber (Opf.) bei Hemau, geb. 30. XII. 96 zu Regensburg, Heidenheim den 16. Dez. 1941, In Gefangenschaft seit 28. Nov. 1936, wie lange noch dass weiss der Täufel ..."
1980 wurde beim Abbruch eines Kachelofens in der Schloßhau-Siedlung diese beschriftete Ofenkachel entdeckt. Seit 1983 Dauerleihgabe des Heimat- und Altertumsverein Heidenheim/Brenz in der KZ-Gedenkstätte Dachau. *DaA O142*

Abb. 14: Selbstporträt von Wilhelm Lechner im AL Haunstetten, 8. August 1943. Dauerleihgabe von Robert Lechner in der KZ-Gedenkstätte Dachau. *DaA O472*

Abb. 15: Zeichnung von Josef Plieseis, gezeichnet von R. Fojtek. Diese Zeichnung ist das Buchcover von Plieseis Erinnerungen, die 1946 veröffentlicht wurden. *Sepp Plieseis, Vom Ebro zum Dachsein, Linz 1946*

Abb. 16: Wassilii Sklerenko (li.) und Adam Puntschart (re.) nach der gelungenen Flucht aus dem AL Überlingen in Schaffhausen, Schweiz, aufgenommen von der Schweizer Grenzpolizei, 30. März 1945. *DaA F 1798*

## 10.3. Tabellen

Für Quellenangaben zu den Statistiken der Außenkommandos und -lagern vgl. Wolfgang Benz/Barbara Distel (Hrsg.), Der Ort des Terrors. Geschichte der nationalsozialistischen Konzentrationslager, Bd. 2: Frühe Lager, Dachau, Emslandlager, München 2005, S. 283–529.

### 10.3.1. Dachauer Außenkommandos

| | |
|---|---|
| AK Augsburg Bibelforscher | AK München RFSS Adjutantur |
| AK Bad Ischl Umsiedlerlager | AK München Reichskriminalpolizeiamt |
| AK Bad Oberdorf | AK München-Sendling Architekt Bücklers |
| AK Bad Tölz SS-Junkerschule | AK München Schuhhaus Meier |
| AK Dachau Entomologisches Institut | AK München Schwester Pia |
| AK Dachau Pollnhof | AK München Sprengkommando |
| AK Dachau Wülfert | AK München SS-Oberabschnitt Süd, Möhlstraße |
| AK Ebersberg | AK München SS-Standortkommandantur Bunkerbau |
| AK Ellwangen | AK Neuburg a. d. Donau |
| AK Eschelbach | AK Neustift |
| AK Feldafing | AK Nürnberg |
| AK Fischbachau | AK Oberstdorf-Birgsau |
| AK Fischhorn | AK Pabenschwandt |
| AK Freising | AK Passau-Oberilzmühle |
| AK Fridolfing | AK Pfaffenhofen a. d. Ilm |
| AK Garmisch-Partenkirchen | AK Plansee |
| AK Gröbenried Gut Dinkler | AK Porzellanmanufaktur Allach |
| AK Halfing-Brüningsau | AK Radolfzell |
| AK Hallein | AK Rosenheim |
| AK Hausham | AK Salzburg Aufräumkommando |
| AK Heidenheim | AK Salzburg Bombensuchkommando |
| AK Heppenheim | AK Salzburg Oberabschnitt Alpenland |
| AK Hof-Moschendorf | AK Salzburg Polizeidirektion |
| AK Ingolstadt | AK Salzburg Sprengkommando |
| AK Königsee | AK Schlachters |
| AK Liebhof | AK Schleißheim |
| AK Lochau | AK Schloss Itter |
| AK Markt Schwaben | AK Schloss Lind |

| | |
|---|---|
| AK München Bartolith | AK Seehausen |
| AK München Bergmannschule | AK Sonthofen |
| AK München Bombensuchkommando | AK Spitzingsee |
| AK München Chemische Werke | AK Starnberg |
| AK München Ehrengut | AK Steinhöring |
| AK München-Freimann SS-Standortverwaltung | AK St. Gilgen |
| AK München Gestapo | AK St. Johann |
| AK München Großschlachterei Thomae | AK St. Lambrecht |
| AK München Höchlstraße | AK Sudelfeld Berghaus |
| AK München Katastropheneinsatz | AK Sudelfeld Luftwaffe |
| AK München Königinstraße | AK Thansau |
| AK München Lebensborn | AK Traunstein |
| AK München Leopoldstraße | AK Ulm |
| AK München Lodenfrey | AK Unterfahlheim |
| AK München Mannschaftshäuser | AK Valepp |
| AK München Nützl | AK Valepp Bauer Marx |
| AK München-Oberföhring | AK Weilheim |
| AK München Parteikanzlei | AK Woxfelde |
| AK München RFSS | AK Wurach |

*10.3.2. Dachauer Außenlager*

| | |
|---|---|
| AL Allach BMW | AL Kaufering Lager VIII |
| AL Augsburg-Kriegshaber Michelwerke | AL Kaufering Lager IX |
| AL Augsburg-Pfersee | AL Kaufering Lager X (Utting) |
| AL Bäumenheim | AL Kaufering Lager XI (bei Landsberg) |
| AL Blaichach | AL Kempten |
| AL Burgau | AL Kottern |
| AL Eching | AL Landsberg Fliegerhorst |
| AL Fischen | AL Landshut |
| AL Friedrichshafen | AL Lauingen |
| AL Gablingen | AL Mühldorf-Ampfing Waldlager V/VI |
| AL Gendorf | AL Mühldorf-Mettenheim M1 |
| AL Germering | AL Mühldorf-Mittergars |
| AL Haunstetten | AL Mühldorf-Thalham |
| AL Horgau | AL München-Giesing AGFA Kamerawerke |

| | |
|---|---|
| AL Karlsfeld OT | AL München-Riem SS-Fahr- & Reitschule |
| AL Kaufbeuren | AL Ottobrunn |
| AL Kaufering Lager I (Landsberg) | AL Riederloh |
| AL Kaufering Lager II | AL Rothschwaige |
| AL Kaufering Lager III | AL Saulgau |
| AL Kaufering Lager IV (Hurlach) | AL Stephanskirchen |
| AL Kaufering Lager V (Utting) | AL Trostberg |
| AL Kaufering Lager VI (Türkheim) | AL Überlingen |
| AL Kaufering Lager VII (Erpfting) | AL Weißsee |

*10.3.3. Außenlagerkomplexe des KL Dachau*

| | |
|---|---|
| ALK Allach | Hauptaußenlager Allach BMW mit untergeordneten Außenlagern Karlsfeld OT, Rothschwaige |
| ALK Allgäu | Außenlager Kempten, Kaufbeuren, Kottern, Blaichach, Fischen unter der Oberaufsicht des Hauptfeldwebels der Wehrmacht Georg Boczanski, beschäftigt im Fliegerhorst Kaufbeuren |
| ALK Bodensee | Hauptaußenlager Friedrichshafen mit untergeordnetem Außenlager Saulgau, 08/1944 Zerstörung des AL Friedrichshafen, Eröffnung des AL Überlingen am 2.9.1944, war nun Hauptaußenlager mit untergeordnetem Außenlager Saulgau |
| ALK Kaufering/Landsberg | Hauptaußenlager Kaufering I mit untergeordneten Außenlagern Kaufering II-XI |
| ALK Mühldorf | Hauptaußenlager Mühldorf-Mettenheim (M1) mit untergeordneten Außenlagern Ampfing (Waldlager V/VI), Mittergars, Thalham |
| ALK Schwaben | Hauptaußenlager Augsburg-Pfersee mit untergeordneten Außenlager Gablingen, Horgau, Bäumenheim |

*10.3.4. Arbeitskommandos von Dachauer Außenkommandos und -lagern*

| |
|---|
| AbK Augsburg Oberbürgermeister des AL Augsburg-Pfersee |
| AbK Augsburg Reichsbahnbetriebsamt des AL Augsburg-Pfersee |
| AbK Bad Ischl Sägewerk des AK Bad Ischl Umsiedlerlager |
| AbK Bayrischzell des AK Sudelfeld Berghaus |
| AbK Gmund a. Tegernsee des AK Bad Tölz |
| AbK Kempten Oberbürgermeister des AL Kempten |
| AbK Landsberg Dynamit AG des ALK Kaufering/Landsberg |
| AbK München-Freimann Dyckerhoff & Widmann des AK München-Freimann SS-Standortkommandantur |
| AbK München Oberbürgermeister des AK München Katastropheneinsatz |
| AbK München SS-Standortkommandantur Kabelbau des AK SS-Standortkommandantur Bunkerbau |
| AbK Salzburg Schürich des AK Salzburg Alpenland |
| AbK Schleißheim Aufräumkommando des AK Schleißheim |
| AbK Stephanskirchen Chiemgauer Vertriebsgesellschaft des AL Stephanskirchen |
| AbK Tutzing des AK Feldafing |
| AbK Zangberg des AL Mühldorf-Mettenheim M1 |

*10.3.5. Keine Außenkommandos und -lager des KL Dachau*

Sowohl in den KL-Akten wie in der Literatur kommt es zu Doppelnennungen oder zur Auflistung von Standorten über die oben geführte Liste hinaus. Nach deren Überprüfung handelt es sich dabei jedoch nicht um eigenständige Außenkommandos oder Außenlager des KL Dachau. Soweit dies möglich war, werden diese Standorte hier aufgeführt und ihre Zuordnung vorgenommen.

| |
|---|
| Ampermoching, Innenkommando des KL Dachau |
| Dachau Präzifix, Innenkommando des KL Dachau, Produktion und teilweise Unterkunft auf dem Gelände des SS-Übungs- und Ausbildungslagers |
| Emmerting, identisch mit dem AL Gendorf |
| Feldmoching, Innenkommando des KL Dachau |
| Innsbruck I Reichstraßenbauamt, geplantes Arbeitskommando des AK Neustift, nicht realisiert |
| Innsbruck SS-Sonderlager, ausschließlich Übernachtungsort bei Evakuierung des KL Dachau, kein Häftlingsarbeitseinsatz |
| Allach OT, identisch mit AL Karlsfeld OT |

| |
|---|
| München-Freimann Reichsbahnausbesserungswerk, Innenkommando des KL Dachau |
| München Reichsbahn, 500 Häftlingen bildeten die 13. SS-Eisenbahnbaubrigade und unterstand seit 1. 1. 1945 dem KL Sachsenhausen |
| München-Riem OT, identisch mit AL München-Riem SS Reit- & Fahrschule |
| München RFSS Hauptkasse, Innenkommando des KL Dachau |
| München-Schwabing, identische mit AK München Schwester Pia |
| Neumarkt, kein AK oder AL des KL Dachau |
| Ötztal, Ziel eines Evakuierungstransportes aus dem KL Dachau am 23. 4. 1945, kein Häftlingsarbeitseinsatz |
| Stuttgart, keine AK oder AL des KL Dachau |
| St. Wolfgang identisch mit dem AK St. Gilgen |

*10.3.6. Chronologie der Dachauer Außenkommandos und -lager*

| Außenkommandos und -lager | Erste Erwähnung/ Eröffnung | Letzte Erwähnung/ Schließung |
|---|---|---|
| AK Gröbenried Gut Dinkler | 09/1933 | N. N. |
| AK München Schwester Pia | 1937 | 04/1945 |
| AK Sudelfeld Berghaus | 1938 | 05/1945 |
| AK St. Gilgen | 1938 | Sommer 1942 |
| AK St. Johann | 04/1940 | 06/1941 |
| AK Bad Tölz SS-Junkerschule | Sommer 1940 | 05/1945 |
| AK Porzellanmanufaktur Allach | 1940 | 04/1945 |
| AK Nürnberg | 05/1941 | 06/1943 dann AK des KL Flossenbürg |
| AK Radolfzell | 05/1941 | 01/1945 |
| AK Ellwangen | 07/1941 | 10/1942 |
| AK Heidenheim | 10/1941 | 11/1942 |
| AK Schleißheim | 10/1941 | 04/1945 |
| AK Spitzingsee | 10/1941 | 12/1941 |
| AK München-Freimann SS-Standortverwaltung | 11/1941 | 04/1945 |
| AK Bad Ischl Umsiedlerlager | 02/1942 | 12/1942 |
| AK Augsburg Bibelforscher | 03/1942 | 06/1942 |
| AK München-Sendling Architekt Bücklers | 03/1942 | 12/1942 |
| AK Feldafing | 04/1942 | 01/1945 |
| AK München Ehrengut | 04/1942 | 09/1942 |

| Außenkommandos und -lager | Erste Erwähnung/ Eröffnung | Letzte Erwähnung/ Schließung |
|---|---|---|
| AK St. Lambrecht | 05/1942 | 11/1942 dann AK des KL Mauthausen |
| AK München Lebensborn | 06/1942 | 07/1944 |
| AK Schloss Lind | 06/1942 | 11/1942 dann AK des KL Mauthausen |
| AK Heppenheim | 06/1942 | 12/1942 Wiedereröffnung 1943 dann AK des KL Natzweiler |
| AK Liebhof | 07/1942 | 04/1945 |
| AK München Bartolith | 08/1942 | 07/1943 |
| AK München Großschlachterei Thomae | 08/1942 | 11/1942 |
| AK Valepp | 09/1942 | 04/1945 |
| AK München RFSS | 10/1942 | 04/1945 |
| AK Neustift | 10/1942 | 05/1945 |
| AK Passau-Oberilzmühle | 10/1942 | 11/1942 dann AK des KL Mauthausen |
| AK Traunstein | 10/1942 | 02/1943 |
| AK Halfing-Brüningsau | 11/1942 | 05/1945 |
| AK München Mannschaftshäuser | 11/1942 | 11/1942 |
| AK Salzburg Oberabschnitt Alpenland | 12/1942 | 04/1945 |
| AK München Gestapo | 1942 | 04/1945 |
| AK München Parteikanzlei | 1942 | Sommer 1942 Wiedereröffnung 09/1944-04/1945 |
| AK Dachau Wülfert | 01/1943 | 04/1945 |
| AK München Nützl | 01/1943 | 04/1945 |
| AL München-Riem SS-Fahr- & Reitschule | 02/1943 | 04/1945 |
| AL Haunstetten | 02/1943 | 04/1944 |
| AL Allach BMW | 03/1943 | 04/1945 |
| AL Friedrichshafen | 04/1943 | 09/1944 |
| AK Seehausen | 05/1943 | 04/1945 |
| AK Hallein | 06/1943 | 05/1945 |

| Außenkommandos und -lager | Erste Erwähnung/ Eröffnung | Letzte Erwähnung/ Schließung |
|---|---|---|
| AK Oberstdorf-Birgsau | 07/1943 | 04/1945 |
| AK Unterfahlheim | 07/1943 | 04/1945 |
| AL Saulgau | 08/1943 | 04/1945 |
| AL Kempten | 09/1943 | 04/1945 |
| AL Kottern | 10/1943 | 04/1945 |
| AL Gendorf | 10/1943 | 04/1945 |
| AK Fridolfing | 11/1943 M 05/1944 F | 05/1944 M 05/1945 F |
| AK Hausham | 11/1943, zuvor AK des KL Ravensbrück | 04/1945 |
| AK München Königinstraße | 1943 | N. N. |
| AK Sudelfeld Luftwaffe | 01/1944 | N. N. |
| AL Germering | 01/1944 | 09/1944 |
| AL Gablingen | 01-02/1944 | 04/1944 |
| AL Lauingen | 03/1944 | 04/1945 |
| AL Weißsee | Frühjahr 1944 | 12/1944 |
| AK München-Oberföhring | 04/1944 | 04/1945 |
| AK Schlachters | 04/1944 | 04/1945 |
| AL Augsburg-Pfersee | 04/1944 | 04/1945 |
| AK München Lodenfrey | 05/1944 | 04/1945 |
| AL Kaufbeuren | 05/1944 | 04/1945 |
| AL Ottobrunn | 05/1944 | 04/1945 |
| AK München SS-Oberabschnitt Süd Möhlstraße | 06/1944 | 04/1945 |
| AL Kaufering Lager I (Landsberg) | 06/1944 | 04/1945 |
| AL Kaufering Lager III | 06/1944 M 02/1945 F | 04/1945 |
| AL Rothschwaige | 06/1944 | 04/1945 |
| AL Karlsfeld OT | 06/1944 | 04/1945 |
| AK Ingolstadt | 07/1944 | 04/1945 |
| AK München Bombensuchkommando | 07/1944 | N. N. |
| AK München Sprengkommando | 07/1944 | 07/1944 |
| AK München SS-Standortkommandantur Bunkerbau | 07/1944 | 04/1945 |
| AL Blaichach | 07/1944 | 04/1945 |
| AL Landsberg Fliegerhorst | 07/1944 | 04/1945 |
| AL Landshut | 07/1944 | 04/1945 |

| Außenkommandos und -lager | Erste Erwähnung/ Eröffnung | Letzte Erwähnung/ Schließung |
|---|---|---|
| AL Mühldorf-Mettenheim M1 | 07/1944 | 04/1945 |
| AL Bäumenheim | 08/1944 | 04/1945 |
| AL Kaufering Lager II | 08/1944 | 04/1945 |
| AL Mühldorf-Ampfing Waldlager V/VI | 08/1944 M 01/1945 F | 04/1945 M&F |
| AL Augsburg-Kriegshaber Michelwerke | 08/1944 | 04/1945 |
| AL Fischen | 08/1944 | 04/1945 |
| AK Dachau Entomologisches Institut | 09/1944 | 04/1945 |
| AK Fischbachau | 09/1944 | 01/1945 |
| AK Fischhorn | 09/1944 | 05/1945 |
| AK Hof-Moschendorf | 09/1944 | 09/1944 dann AK des KL Flossenbürg |
| AK Königsee | 09/1944 | 09/1944 |
| AK Markt Schwaben | 09/1944 | 04/1945 |
| AK Plansee | 09/1944 | 04/1945 |
| AK Steinhöring | 09/1944 | 04/1945 |
| AL Kaufering Lager IV (Hurlach) | 09/1944 | 04/1945 |
| AL Kaufering Lager VII (Erpfting) | 09/1944 | 04/1945 |
| AL Kaufering Lager X (Utting) | 09/1944 | 04/1945 |
| AL München-Giesing AGFA Kamerawerke | 09/1944 | 04/1945 |
| AL Riederloh | 09/1944 | 01/1945 |
| AL Überlingen | 09/1944 | 04/1945 |
| AK München Höchlstraße | 10/1944 | 12/1944 |
| AK Schloss Itter | 10/1944 zuvor AK des KL Ravensbrück | 05/1945 |
| AK Valepp Bauer Marx | 10/1944 | 05/1945 |
| AK Woxfelde | 10/1944 | 04/1945 |
| AL Kaufering Lager VI (Türkheim) | 10/1944 M 01/1945 F | 04/1945 M&F |
| AL Kaufering Lager IX | 10/1944 | 04/1945 |
| AL Kaufering Lager XI (bei Landsberg) | 10/1944 | 04/1945 |
| AL Trostberg | 10/1944 | 04/1945 |
| AK München Chemische Werke | 11/1944 | 04/1945 |
| AK München Schuhhaus Meier | 11/1944 | 02/1945 |
| AK Salzburg Bombensuchkommando | 11/1944 | N. N. |

| Außenkommandos und -lager | Erste Erwähnung/ Eröffnung | Letzte Erwähnung/ Schließung |
|---|---|---|
| AL Kaufering Lager VIII | 11/1944 | 04/1945 |
| AL Mühldorf-Mittergars | 11/1944 | 04/1945 |
| AL Stephanskirchen | 11/1944 | 04/1945 |
| AK Eschelbach | 12/1944 | 04/1945 |
| AK Garmisch-Partenkirchen | 12/1944 | 04/1945 |
| AK München Bergmannschule | 12/1944 | 04/1945 |
| AK Pabenschwandt | 12/1944 zuvor AK des KL Ravensbrück | 04/1945 |
| AK Salzburg Polizeidirektion | 12/1944 | 04/1945 |
| AK München RFSS Adjutantur | 01/1945 | 04/1945 |
| AK München Reichkriminalpolizeiamt | 01/1945 | 04/1945 |
| AK Pfaffenhofen a. d. Ilm | 01/1945 | N. N. |
| AK Salzburg Sprengkommando | 01/1945 | 04/1945 |
| AK Starnberg | 01/1945 | N. N. |
| AK Thansau | 01/1945 | 01/1945 |
| AK Ulm | 01/1945 | 03/1945 |
| AL Horgau | 01/1945 | 04/1945 |
| AL Mühldorf-Thalham | 01/1945 | 04/1945 |
| AK Wurach | 02/1945 | 04/1945 |
| AL Burgau | 02/1945 M 03/1945 F | 04/1945 M&F |
| AK Freising | 02/1945 | N. N. |
| AK München Katastropheneinsatz | 02/1945 | 04/1945 |
| AK Neuburg a. d. Donau | 02/1945 | 03/1945 |
| AK Sonthofen | 02/1945 | 03/1945 |
| AK Weilheim | 02/1945 | 04/1945 |
| AK Dachau Pollnhof | 03/1945 | 04/1945 |
| AK Ebersberg Oberbürgermeister | 03/1945 | N. N. |
| AK Bad Oberdorf | 03/1945 | 04/1945 |
| AK Lochau | 03/1945 | 04/1945 |
| AK München Leopoldstraße | 03/1945 | N. N. |
| AL Kaufering Lager V (Utting) | 03/1945 | 04/1945 |
| AK Rosenheim | 04/1945 | 04/1945 |
| AK Salzburg Aufräumungskommando | 04/1945 | 04/1945 |
| AL Eching | 04/1945 | 04/1945 |

## 10.3.7. Belegung der Dachauer Außenkommandos

| Außenkommandos bis 50 Häftlinge | Belegung |
|---|---|
| AK Augsburg Bibelforscher | 5 M |
| AK Bad Oberdorf | 1 M |
| AK Dachau Entomologisches Institut | 4 F |
| AK Dachau Pollnhof | 7 M |
| AK Ebersberg | 1 M |
| AK Ellwangen | 35 M |
| AK Eschelbach | 40 M |
| AK Fischbachau | 20 M |
| AK Freising | 1 M |
| AK Fridolfing | 1 M, 4 F |
| AK Garmisch-Partenkirchen | 14 M |
| AK Halfing-Brüningsau | 10 M |
| AK Hausham | 14 M, 10 F |
| AK Heidenheim | 50 M |
| AK Heppenheim | 20 M |
| AK Ingolstadt (verschiedene Einsätze) | Je ca. 6 M |
| AK Königsee | 20 M |
| AK Liebhof | 6 M |
| AK Lochau | 20 M |
| AK Markt Schwaben | 19 M |
| AK München Bartolith | 20 M |
| AK München Bergmannschule | 10 M |
| AK München Chemische Werke | 32 M |
| AK München Ehrengut | 10 M |
| AK München-Freimann SS-Standortverwaltung | 27 M |
| AK München Gestapo | 50 M |
| AK München Höchlstraße | 18 M |
| AK München Lebensborn | 40 M |
| AK München Leopoldstraße | 9 M |
| AK München Lodenfrey | 30 M |
| AK München Mannschaftshäuser | 7 M |
| AK München-Oberföhring | 7 M |
| AK München Parteikanzlei | 40 M |
| AK München RFSS | 14 M |
| AK München RFSS Adjutantur | 50 M |
| AK München Reichkriminalpolizeiamt | 12 M |
| AK München-Sendling Architekt Bücklers | 40 M |

| Außenkommandos bis 50 Häftlinge | Belegung |
|---|---|
| AK München Lebensborn | 40 M, 2 F |
| AK München Schuhhaus Meier | 12 M |
| AK München Schwester Pia | 14 M |
| AK München SS-Oberabschnitt Süd Möhlstraße | 10 M |
| AK München SS-Standortkommandantur Bunkerbau | 10 M |
| AK Neuburg a. d. Donau | 6 M |
| AK Neustift | 50 M |
| AK Oberstdorf-Birgsau | 30 M |
| AK Pabenschwandt | 10 F |
| AK Passau-Oberilzmühle | 30 M |
| AK Pfaffenhofen a. d. Ilm | 1 M |
| AK Plansee | 14 M, 18 F zuletzt bis zu 100 M |
| AK Salzburg | 15 M |
| AK Salzburg Oberabschnitt Alpenland | 25 M |
| AK Schlachters | 8 M |
| AK Schloss Itter | 27 M Zuletzt 7 M, 8 F |
| AK Schloss Lind | 20 M |
| AK Sonthofen | 2 M |
| AK Spitzingsee | 6 M |
| AK Starnberg | 6 M |
| AK Steinhöring | 27 M, ca. 20 F |
| AK St. Gilgen | 9 M |
| AK St. Johann | 20 M |
| AK Sudelfeld Luftwaffe | 25 M |
| AK Thansau | 50 M |
| AK Traunstein | 20 M |
| AK Ulm | 40 M |
| AK Unterfahlheim | 25 M |
| AK Valepp Bauer Marx | 1 M |
| AK Weilheim | 3 M |
| AK Woxfelde | 1 M |
| AK Wurach | 1 M |

| Außenkommandos mit mehr als 50 Häftlingen | Belegung |
|---|---|
| AK Bad Ischl Umsiedlerlager | 60 M |
| AK Feldafing | 30–100 M |
| AK Hallein | 90 M |
| AK Hof-Moschendorf | 100 M |
| AK München Bombensuchkommando | 100 M |
| AK München Katastropheneinsatz | 85 M |
| AK München Nützl | 92 M |
| AK München Sprengkommando | 66 M |
| AK Nürnberg | 58 M |
| AK Porzellanmanufaktur Allach | 93 M |
| AK Salzburg Polizeidirektion | 90 M |
| AK Seehausen | 65 M |
| AK St. Lambrecht | 56 M |
| AK Valepp | 70 M |
| AK Bad Tölz SS-Junkerschule | 172 M |
| AK Dachau Wülfert | 320 M |
| AK Fischhorn | 150 M |
| AK Gröbenried Gut Dinkler | 160 M |
| AK Radolfzell | 113 M |
| AK Rosenheim | 217 M |
| AK Schleißheim | 60–150 M |
| AK Sudelfeld Berghaus | 150 M |

*10.3.8. Belegung der Dachauer Außenlager*

| Außenlager mit weniger als 500 Häftlingen | Belegung |
|---|---|
| AL Fischen | 250 M |
| AL Gendorf | 250 M |
| AL Germering | 250 M |
| AL Horgau | 309 M |
| AL Kaufbeuren | 300 M |
| AL Landsberg Fliegerhorst | 350–430 M |
| AL Saulgau | 443 M |
| AL Stephanskirchen | 250 M |
| AL Weißsee | 450 M |
| AL Kaufering Lager X (Utting) | 400 M |
| AL Mühldorf-Mittergars | 300 M |
| AL Mühldorf-Thalham | 200 M |

| Außenlager mit 500 bis 1000 Häftlingen | Belegung |
|---|---|
| AL Augsburg-Kriegshaber Michelwerke | 500 F |
| AL Bäumenheim | 500 M |
| AL Blaichach | 700 M |
| AL Eching | 500 M |
| AL Gablingen | 1000 M |
| AL Karlsfeld OT | 750 M<br>Ende April 1945 1046 F<br>aus Evakuierungstransport |
| AL Kempten | 500 M |
| AL Kottern | 1000 M |
| AL Landshut | 500 M |
| AL München-Giesing AGFA Kamerawerke | 500 F |
| AL Ottobrunn | 600 M |
| AL Rothschwaige | 500 M |
| AL Trostberg | 800 M |
| AL Überlingen | 800 M |
| AL Kaufering Lager V (Utting) | 600 M |

| Außenlager mit mehr als 1000 Häftlingen | Belegung |
|---|---|
| AL Allach BMW | 4500 M |
| AL Augsburg-Pfersee | 2000 M |
| AL Burgau | 120 M, 1000 F |
| AL Friedrichshafen | 1200 M |
| AL Haunstetten | 2695 M |
| AL Kaufering Lager I (Landsberg) | 3000–5000 M, 200 F |
| AL Kaufering Lager II (Stoffersberg) | 2000 M, N. N. F. |
| AL Kaufering Lager III (Kaufering) | 2000 M, 339 F |
| AL Kaufering Lager IV (Hurlach) | 3000 M, N. N. F |
| AL Kaufering Lager VI (Türkheim) | 2500 M, 1000 F |
| AL Kaufering Lager VII (Erpfting) | 3000 M, 272 F |
| AL Kaufering Lager XI (bei Landsberg) | 3000 M, N. N. F |
| AL Lauingen | 3000 M |
| AL Mühldorf-Ampfing Waldlager V/VI | 2000 M, 250 F |
| AL Mühldorf-Mettenheim M1 | 2000 M, 500 F |
| AL München-Riem SS-Fahr- & Reitschule | 600–1500 M |
| AL Riederloh | 1300 M |

## 10.4. Register

### 10.4.1. Orts- und Lagerregister

Allach  49, 52, 63, 64, 67, 75, 80–84, 88, 90 f., 95–98, 103, 106 f., 112, 114, 116 ff., 120, 123 f., 126, 128, 130, 134, 136 f., 139–141, 143 f., 148, 151, 154, 162, 165 ff., 169 f., 187, 190, 202, 208, 211, 214, 218, 220, 225, 228, 233, 235, 238–241, 247 f., 250 ff., 255, 259 f., 264–267, 272 f., 276, 284, 286, 290, 296, 301, 343–348, 354 f.

Ampermoching  346

Augsburg  49, 56 ff., 62 f., 66, 74, 82, 89 f., 96, 99, 103, 106 f., 120, 122, 126 f., 132, 139, 141, 147 f., 166 f., 171, 176, 180 f., 188, 190, 193, 200, 207, 209, 211 f., 214, 218 f., 226 f., 232 f., 236, 238, 240 f., 251, 253, 260 f., 263, 266, 277, 282, 294, 296 f., 343–347, 349–352, 355

Augsburg-Kriegshaber  82, 89, 132, 190, 193, 227, 251, 344, 350, 355

Augsburg-Pfersee  49, 62, 66, 82, 90, 96, 107, 126 f., 132 f., 139, 166, 200, 207, 209, 211, 214, 218 f., 226 f., 232 f., 236, 240 f., 260 f., 277, 282, 290, 296, 344 ff., 349, 355

Auschwitz  30, 32 ff., 37, 71, 107, 112, 132, 164, 171 ff., 188, 193, 197 f., 200, 203, 220, 293 f.

Bad Ischl  74, 252, 258, 331, 343, 346 f., 354

Bad Oberdorf  68, 87, 93, 111, 122, 181 ff., 220, 242, 343, 351 f.

Bad Tölz  64, 66, 92, 164, 214, 249, 278, 296, 343, 346 f., 354

Bad Wiessee  65

Bäumenheim  61, 63, 82, 89, 99, 126 f., 132, 148, 166, 211, 214, 226 f., 236, 251, 283, 296 f., 344 f., 350, 355

Bayrischzell  346

Bergen-Belsen  34, 171, 174, 176, 193, 200, 202, 240

Blaichach  66, 84, 89, 99, 126, 128, 136, 139, 167, 211 f., 225, 236, 238, 251, 289, 294, 296, 344 f., 349, 355

Buchenwald  29 f., 33 f., 42, 72, 184, 188 f., 199, 208, 265

Burgau  63, 78, 82, 90, 96 ff., 126 f., 193 f., 202, 209, 222, 232 f., 251, 284, 294, 296, 338, 344, 351, 355

Dachau  11–16, 18–25, 28, 30, 34 f., 39–100, 102–133, 135–146, 148 f., 151–155, 158–169, 171–193, 195–209, 211 f., 215, 217–221, 223–229, 231–244, 246 ff., 250 ff., 255–258, 260–275, 277–280, 283–290, 292–309, 311 ff., 315 f., 343–348, 350 ff., 354, 364

Donauwörth  66, 236

355

Ebersberg 57, 78, 83, 87, 343, 351
Eching 67, 78, 89 f., 98, 214, 240, 250, 344, 351, 355
Ellwangen 60, 73, 92, 110, 163, 249, 324, 343, 347, 352
Emmering 64
Emmerting 346
Erpfting 82, 345, 350, 355
Eschelbach 152, 214, 222, 231, 343, 351 f.
Eurasburg 64

Feldafing 62, 65, 121, 135, 152, 211, 215, 229, 249, 290 f., 343, 346 f., 354
Feldmoching 346
Fischbachau 79, 181 f., 304, 343, 350, 352
Fischen 68, 84, 98, 115, 126 f., 211, 251, 344 f., 350, 354
Fischhorn 69, 93, 98, 229, 231, 296, 343, 350, 354
Flossenbürg 29 f., 61, 72, 75, 77, 127, 182, 188 f., 240, 268, 347, 350
Freising 78, 83, 87, 343, 351 f.
Fridolfing 54, 69, 74, 87, 93, 111, 122, 181 ff., 188, 191, 242, 343, 349, 352
Friedrichshafen 49, 61, 76 f., 84, 90, 96, 98, 106 f., 126, 128 f., 149, 166, 207, 212 f., 233, 236, 239, 249, 253 f., 260, 265, 269, 279, 285, 290, 292, 294, 296 f., 344 f., 348, 355

Gablingen 61, 77, 89, 98, 126 f., 133, 186, 207, 219, 236, 296 f., 344 f., 349, 355

Garmisch-Partenkirchen 67, 93, 141, 149, 190, 214, 343, 351 f.
Gauting 64
Geislingen 194
Gendorf 64, 75, 98, 126, 129, 214, 236, 250, 269, 290, 296, 344, 346, 349, 354
Germering 76 f., 98, 126, 129, 147, 296, 344, 349, 354
Gmund am Tegernsee 346
Gräfelfing 64
Gröbenried 69 f., 80, 242, 343, 354
Groß-Rosen 30, 33 f.
Grünwald 65

Halfing-Brüningsau 54, 66, 93, 116, 122, 180, 182, 343, 348, 352
Hallein 68, 74, 94, 143, 162, 186, 209, 259 f., 271, 280 f., 337, 343, 348, 354
Haunstetten 49, 56, 61, 75, 77, 82, 90, 97, 99, 126 f., 133, 136, 140 f., 147, 207, 233, 236, 238, 250, 262, 276, 289 ff., 296, 344, 348, 355
Hausham 21, 67, 92, 180, 182 ff., 188 f., 191 f., 211, 220, 224 f., 241 f., 244, 292, 343, 349, 352
Heidenheim 58, 72, 74, 165, 214, 216, 243, 258, 270, 343, 347, 352
Heppenheim 61 f., 85, 94, 242, 296 f., 343, 352
Hof-Moschendorf 77, 85, 144, 343, 350, 354
Horgau 63, 78, 82, 96, 98, 126 f., 136, 143, 148, 174, 200, 202, 214, 226, 251, 345, 351, 354
Hurlach 82, 101, 345, 350, 355

Ingolstadt 83, 116, 214, 246, 343, 349, 352
Innsbruck 346

Karlsfeld 64, 76, 80, 89, 98, 124, 128, 137 f., 141, 173, 194, 250, 255 f., 264, 296, 345 f., 349, 355
Kaufbeuren 49, 63, 82 ff., 99, 112, 126, 128, 212, 219, 236, 239, 251, 261 f., 269, 274, 284, 290, 292, 296, 345, 349, 354
Kaufering 20, 47, 49, 52, 62 f., 65, 76, 78, 82 f., 86, 89 f., 94, 101 ff., 106 f., 112, 120 f., 123 f., 127, 132, 134, 137 f., 140, 142, 145, 154, 164, 167 f., 171, 173 ff., 188, 194 ff., 199–202, 205, 207, 209 f., 212, 214, 217 f., 222, 225, 228, 230, 232 f., 241, 254, 283, 292–297, 299, 307, 309, 316, 344 ff. 349 ff., 354 f., 364
Kempten 62, 66, 75, 84, 89, 91, 98 f., 126, 128, 138, 141 f., 144, 153, 167, 169 f., 211, 215, 219, 236, 250, 265, 273 f., 286, 296 f., 301, 344 ff., 349, 355
Königsee 77, 92, 122, 277, 343, 350, 352
Kottern 62, 66, 75, 89, 91, 98, 126 f., 144, 148, 151, 166 f., 211, 218, 222, 233 f., 240, 250, 259, 264 f., 283, 287, 296, 301, 344 f., 349, 355
Krailing 64

Landsberg am Lech 20, 32, 49, 52, 63, 65, 76, 78, 82 f., 89, 94, 100, 103, 120, 123, 126 f., 129, 132, 137, 139, 164, 166, 168, 171, 173, 175, 194–197, 201 f., 205, 221, 225, 230, 238, 251, 254, 275, 295 ff., 307, 309, 344 ff., 349 f., 354 f.
Landshut 66, 76, 89, 144, 173, 175, 250, 296, 344, 349, 355
Lauingen 63, 82, 90, 98 f., 126 f., 143, 152, 211, 232, 236, 240, 251, 261 f., 272, 296, 344, 349, 355
Leutstetten 64
Lindau 294
Lochham 64
Lochau 68, 109 f., 116, 252, 343, 351 f.

Majdanek 32 f., 197, 199
Markt Schwaben 57, 62, 99 f., 109 f., 116, 163, 218, 243, 344, 347, 350, 352
Mauthausen 30, 33, 42, 72, 74, 188, 199, 288, 348
Meitingen 66, 82
Mittelbau-Dora 22, 32, 34, 128, 136, 167, 240, 255
Mittenwald 64
Mühldorf 14, 20, 32, 49, 52, 63 ff., 76, 78, 82 f., 89 f., 94, 100 f., 103, 106 f., 116, 123 f., 127, 132, 137, 142, 144, 147, 154, 164, 167 f., 171, 173 ff., 194 ff., 199 f., 202, 205, 209 f., 214, 216, 225, 228, 231 f., 238, 240, 254, 260, 270, 279, 284, 287, 289, 293–296, 307, 309, 316, 344 ff., 350 f. 354 f., 364
Mühldorf-Ampfing (Waldlager V/VI) 57, 64, 90, 96, 100, 115 f., 139, 142, 144, 195 f., 202, 203, 209 f., 216, 219, 232, 254 f., 262, 274, 284, 286–289, 344 f., 350, 355

357

Mühldorf-Mettenheim (M1) 49, 64, 68, 82, 90, 101, 142, 147, 183, 191, 195, 200, 203, 205, 210, 219, 225, 228, 231, 344 ff., 350, 355
Mühldorf-Mittergars S, 64, 82, 89, 114, 195, 232, 344 f., 351, 355
Mühldorf-Thalham 64, 82, 89, 195, 344 f., 351, 354
München 39, 49, 54–57, 59, 62, 64 f., 68, 70 f., 73 ff., 77, 81, 83, 85 f., 88–91, 93 ff., 97 f., 100, 103, 108 f., 115 f., 122–27, 129, 132, 135, 137, 142, 147 f., 150, 154, 161 ff., 167 f., 173 f., 181 ff., 186, 188, 190, 193, 202, 209, 213 f., 217, 219, 221, 227 f., 231, 235 f., 240, 245, 246–54, 258, 265, 267, 269, 273, 276, 278 f., 283, 288, 290, 296 ff., 301, 208, 343–355
München-Freimann 55, 186, 213, 250, 344, 346 f., 352
München-Giesing 81, 89, 100, 129, 137, 164, 188, 190, 202, 227, 236 f., 240, 251, 253, 267 f., 301, 345, 350, 355
München-Oberföhring 62, 181 f., 243, 344, 352
München-Pasing 63 f.
München-Riem 49, 65, 68, 75, 90 f., 124, 129, 135 f., 167 f., 173, 209, 214, 219, 249, 254, 279, 283, 296, 345, 347 f., 355
München-Schwabing 347
München-Sendling 18, 73, 93, 97, 149, 214, 269, 343, 347, 352

Natzweiler 30, 33, 61, 75, 83, 127, 169, 194, 280, 348

Neckarelz 62
Neuburg a. d. Donau 100, 116, 149, 213, 246, 282, 343, 351, 353
Neuengamme 30, 34, 188, 199, 216
Neumarkt 347
Neustift 69, 109 f., 149, 152, 162, 186, 190, 214, 218, 222, 249, 258, 266, 269, 271, 284, 292, 296, 343, 346, 348, 353
Nürnberg 61, 75, 92, 163, 249, 290, 343, 347, 354
Nussdorf 66

Oberjoch 66
Obermeitingen, 82
Obermenzing 64
Oberstdorf-Birgsau 68, 74, 93, 96 f., 110, 115, 163, 221, 231, 249, 343, 349, 353
Ötztal 347
Ottobrunn 65, 89, 100, 114, 145, 148 f., 167, 186, 214, 221 f., 235, 238, 265, 269, 284, 286, 291, 296, 345, 349, 355

Pabenschwandt 56, 93, 110, 181 ff., 188 f., 191 f., 224, 242, 343, 351, 353
Passau 61, 74, 125, 343, 348, 353
Penzberg 64
Pfronten 66
Pfaffenhofen a. d. Ilm 83, 87, 129, 343, 351, 353
Planegg 64
Plansee 56, 67, 93, 109, 148, 186, 188 f., 191, 215, 225, 243, 343, 350, 353
Plaszów 33

Poing 65

Radolfzell 58, 79, 92, 111, 121, 214, 249, 257 f., 278, 280 f., 290, 296 f., 343, 347, 354
Ravensbrück 29, 34, 47, 56, 71, 132, 164, 171, 176, 180, 182, 188 f., 192 f., 349 ff.
Riederloh 78, 90, 115, 126, 129, 136, 142, 149, 173, 175 f. 212 f., 229, 232 f., 296 f., 345, 350, 355
Rosenheim 88, 248, 343, 351, 354
Rothschwaige 63, 76, 80, 89, 124, 173, 217, 220, 296, 345, 349, 355

Sachsenhausen 29 f., 61, 77, 91, 120, 188, 347
Salzburg 69, 83, 86, 103, 108, 245 f., 269, 286, 288, 296, 343, 346, 348, 350 f., 353 f.
Saulgau 62, 68, 75, 84, 89, 96, 98, 102, 126, 128, 12, 167, 186, 202, 214, 225, 236, 241, 269, 287, 289, 291, 294, 296, 345, 349, 354
Schlachters 68, 92, 109 f., 222, 343, 349, 353
Schleissheim 68, 92, 111, 136, 214, 249, 296, 343, 346 f., 354
Schloss Itter 56, 69, 93, 97 f., 109, 188 f., 191, 221, 243, 284, 292 f., 343, 350, 353
Schloss Lind 61, 74, 85, 93, 163, 242, 296 f., 344, 348, 353
Schwabhausen 63
Seefeld 64
Seehausen 66 f., 74, 96, 126 f., 148, 163, 212, 215, 344, 348, 354

Seeshaupt 65
Sonthofen 78, 344, 351, 353
Spitzingsee 73, 92, 135, 180, 213, 249, 344, 347, 353
Stadtwaldhof 82
Staltach 64
Starnberg 64, 78, 83, 116, 246, 344, 351, 353
Steinhöring 62, 181 ff., 191, 235, 344, 350, 353
Stephanskirchen 61, 66, 83, 126, 128, 209, 225, 297, 345 f., 351, 354
Stoffersberg 82
Stuttgart 347
Stutthof 33 f., 90, 201
St. Gilgen 59, 61, 71 ff., 92 f., 109, 116, 122, 149, 160, 180 f., 200, 211, 213, 248, 260, 344, 347, 353
St. Johann 60, 73, 92, 96, 134, 143, 249, 344, 347, 353
St. Lambrecht 61, 74, 85, 93, 109, 152, 269, 291, 344, 348, 354
St. Wolfgang 347
Sudelfeld 59, 69, 72, 92, 160, 163 f., 180 f., 183, 190, 211, 221, 249, 259, 344, 346 f., 349, 353 f.

Thansau 54, 93, 124, 248, 344, 351, 353
Traunstein 75, 344, 348, 353
Trostberg 61, 63, 83, 89, 126, 128, 136, 167, 215, 227, 233, 238, 241, 251, 287, 296 f., 345, 350, 355
Türkheim 63, 68, 82, 283, 345, 350, 355
Tutzing 65, 346

Überlingen 49, 52, 76, 84, 89, 98, 101, 107, 123 f., 139, 167 f., 186, 209,

214, 250, 260, 270, 275, 282, 296,
    345, 350, 355
Ulm  21, 62, 78 f., 124, 126, 149, 163,
    168, 183, 214, 251, 259, 297, 344,
    351, 353
Unterfahlheim  21, 60, 62, 74, 143,
    149, 179 f., 183, 190, 201, 213, 218,
    224, 229, 242, 292, 344, 349, 353
Untermenzing  64
Utting  63, 89 f., 344 f., 350 f., 354 f.

Valepp  47, 53 f., 59 f., 68, 87, 92 f.,
    111, 122, 140, 180 ff., 211, 242,
    248, 344, 348, 350, 353 f.

Waakirchen  64
Wasserburg  66
Weilheim  78, 83, 344, 351, 353
Weißsee  59, 77, 85, 89, 229, 240, 283,
    288, 296, 304, 345, 349, 354
Wolfratshausen  64 f.
Woxfelde  77, 85, 87, 344, 350, 353
Wurach  54, 87, 122, 242, 344, 351, 353

Zangberg  346

## 10.4.2. Firmenregister
*(inkl. Institutionen, SS-Einrichtungen, OT, einzelne Arbeitgeber u. ä.)*

AGFA Kamerawerke (IG Farben) 65, 81, 89, 119, 126, 129, 132, 177, 180, 188, 193, 214, 230, 240, 251, 253, 265, 296, 345, 350, 355

Allgäuer Weberei und Spinnerei 98 f.

Alois Rehrl 111, 122, 182, 191, 242

Anorgana (IG Faben) 75, 126, 129, 250

Architekt Karl Bücklers 81, 93, 125, 343, 347, 352

Bartolith Werke 55, 58, 75, 81, 94 f., 125, 134, 161, 209, 211, 213, 250, 252, 262, 344, 348, 352

Bayerische Motorenweke (BMW) 15, 23, 75 f., 80, 82 ff., 89 f., 94 ff., 103, 112, 116 ff., 124, 126 ff., 130 ff., 148, 151, 154, 166 f., 170, 194, 208, 216, 219, 240, 248, 250 f., 255 f., 259, 262, 265 f., 344, 348, 355

Chemische Werke Otto Bärlocher 77, 81, 125, 344, 350, 352

Chiemgauer Vertriebsgesellschaft 346

Deutsche Ausrüstungswerke GmbH (DAW) 51 f.

Deutsche Reichsbahn 76, 89, 288, 346 f.

Deutsche Versuchsanstalt für Ernährung und Verpflegung GmbH (DVA) 83, 183, 242

Deutscher Reichsverein für Volkspflege und Siedlerhilfe e. V. 122, 242

Dornierwerke GmbH 23, 76, 89, 98, 103, 126, 128, 221

Dr. Schweninger 122, 242

Dyckerhoff & Widmann 143, 259, 346

Dynamit AG 90, 126, 129, 175, 195, 212, 346

Eleonore von Brüning 122

Feinmechanische Werkstätten Ing. G. Tipecska 74, 127, 212, 215

Firma Ehrengut 59, 73, 81, 94, 108, 115 f., 125, 163, 211, 214, 250, 252, 278, 344, 347, 352

Firma Födel & Böhm 99

Fleischfabrik Hans Wülfert GmbH 48, 54 ff., 58, 62, 74, 80, 88, 108, 125, 131, 150 ff., 162, 219, 221, 229, 236, 241, 250 f., 260 f., 269, 278, 291, 343, 348, 354

Gärtnerei Franz Nützl 57, 74, 81, 109, 115, 125, 134, 142, 211, 219, 242, 344, 348, 354

Großschlachterei Thomae 73, 86, 125, 344, 348

Grunow 93

Hans Loritz 61, 72 f., 92, 122, 181, 248

Heinrich Himmler 53 f., 70, 72, 109, 122, 181, 191, 248, 277, 300

IG Farben 31, 37, 75, 129, 132

Ilse Hess 68, 111, 122, 242
Ingenieurbüro Arno Fischer 125
Insitut für Wehrwissenschaftliche Zweckforschung 110, 251
IVECO (Magirus-Deutz) 125

Johann Marx 47, 53 f., 68, 87, 93, 111, 122, 131, 242, 344, 350, 353
Josef Bautz AG 128

Karl Dönitz 122
Keller u. Knappich (Kuka) 82, 126, 193
Klöckner-Humboldt-Deutz Motoren AG 124 ff., 251
Kuno-Werke 176 f., 193

Landmaschinenfabrik Dechenreiter 99
Lebensborn e.V. 62, 77, 108, 122, 142, 163, 235, 296, 344, 348, 352
Leonhard Moll 221 f.
Luftfahrtforschungsanstalt München (LFM) 221
Luftschiffbau Zeppelin GmbH 75, 84, 89, 100, 126, 128 f., 150, 212 f., 239, 249

Magirus 21, 62, 79, 124 f., 168
Messerschmitt AG -23, 56 f., 75, 82 ff., 89 f., 96, 99, 103, 120, 126 f., 129, 132 f., 147, 154, 174, 193, 200, 209, 212, 218, 238, 250 f., 266, 291
Michelwerke 82, 89, 126, 132, 171, 188, 193, 227, 236, 251, 344, 350, 355
Musikverlag Ed. Bote u. G. Bock 77, 85, 125
Organisation Todt (OT) 32, 47, 52, 64, 75 f., 78, 80, 82, 89 f., 96, 98, 100, 103 f., 116, 121, 123 f., 128, 131 f., 137 f., 141, 154, 168, 173, 175, 193 ff., 204, 206, 209 f., 220, 230 ff., 240, 248 ff., 254 ff., 259 f., 284, 299, 306 ff., 312, 345 ff., 349, 355

Philipp Holzmann 221 f.
Polensky & Zöllner 138
Porzellanmanufaktur Allach GmbH (PMA) 52, 88, 162, 241, 250, 252, 301, 343, 347, 354
Präzifix GmbH 46, 127, 130, 346

Rapp & Schüle 216

Sägewerk Ehrengut 59, 73, 81, 94, 108, 115 f., 125, 163, 211, 214, 250, 252, 278, 344, 347, 352
Sager & Woerner 255
Schürich 346
Schuhaus Eduard Meier 77, 81, 125, 343, 350, 353
Schwester Pia (Eleonore Bauer) 20, 54, 57, 70 f., 92, 111, 122, 151, 160, 211, 220 f., 248, 261, 269, 343, 347, 353

Textilunternehmen Lodenfrey 23, 68, 77, 81, 124 f., 151, 190, 214, 221, 231, 344, 349, 352
Tuchfabrik Ernst Feller 99

U. Sachse KG 89, 98, 128, 250

Wayss & Freytag 57 f., 262

Zahnradfabrik Friedrichshafen AG 128

## 10.4.3. Personenregister

Amann, Max 54
Armonville, Richard de 143
Aumeier, Hans 107

Bach, Willi 268
Baer, Heinrich 219
Baer, Heinz 112, 239
Bärlocher, Otto 81
Bauer, Eleonore (Schwester Pia) 20, 54, 57, 70 f., 92, 111, 122, 151, 160, 211, 220 f., 248, 261, 269, 343, 347, 353
Baum, Max 148
Baumgärtel, Willi 110, 221, 231
Biedermann, Hermann 58
Birnfeld, Channa 137
Blaauw, Alberta 265
Blancke, Max 63
Blum, Leon 114
Bochner, Gerhard 218
Bock (SS-Obersturmführer) 277
Boczanski, Georg 84, 345
Boehm (Postenführer) 120
Böttcher, Franz 112
Brisk, Joshua 199 f., 212, 218
Brüning, Eleonore von 122
Brusson, Paul 140, 151, 218, 265, 272, 284
Bücklers, Karl 81, 93, 125, 343, 347, 352

Calenberg, Hermann 107 f.
Chanoch, Daniel 201
Chrétien, Henri 235
Cizař, Richard 197
Čučković, Zvonimir 69, 98, 109, 221, 284, 292 f.

Danos, Eva 171
Demmel (Baurat) 56
Dertinger, Otto 109, 294
Deutscher, Ruth 283
Dönitz, Karl 122
Döring, Ilse 71
Domagała, Jan 138, 165
Dornhekter, Willy Friedrich 145 f.
Dorsch, Franz Xaver 32, 123 f.

Eberl, Sebastian 138
Ehrengut, Maximilian 59, 73, 94, 115, 211, 214
Ehrmann, Alexander 200, 270
Eicke, Theodor 28, 36, 39 f., 48, 70, 72, 113
Eigen, Anton 239, 262
Eisele, Hans 227
Eisenhändler, Alois 262
Erbežnik, Janek 269, 290
Erfurt (SS-Obersturmführer) 109
Etter, Tadeusz 215, 269

Fakler (Kreisbaumeister) 56 f.
Falkuss, Edmond 133, 139, 212, 218, 233, 236
Fay, Mikulos 138, 210, 228
Feldmann, Jakob 255
Ferber (Regierungsbaurat) 56
Filliböck, Sylvester 207
Fischer, Arno 125
Florian, Georg 228 f.
Floryn, Léon Edouard 60, 69, 183
Förschner, Otto 107
Forche, Hildegard 151 f.

Frank (SS-Oberscharführer) 207
Franzen, Klaus Heinrich 121
Freilinger (Architekt) 57
Freimann (jüdischer Häftling) 57
Frey, Friedrich 68, 182, 220
Frey, Georg 68, 125, 151, 221, 231
Frick, Wilhelm 35
Fritsch, Lorenz 142
Fritz (SS-Hauptsturmführer) 207
Fritz, Heinrich 228 f., 283
Fuchs, Albert 275
Fuhrmann, Karl 226, 236
Furman, Dimitri 277, 282

Gábor, Isrván 253 f.
Garzo, András 199
Gayot, Henri 97
Gerdes, Brutus 63
Geyer (Regierungsrat) 56 f.
Giesler, Hermann 123
Giesler, Paul 123
Glücks, Richard 36 f.
Gödecke, Karl 151 f.
Gollackner, Michael 151, 261
Gordon, Harold 140
Grein, Georg 99, 215
Grünberg, Georg 76, 84, 107, 239
Grunbaum, Tobias 136, 143, 174, 202
Gurr, Sofie 192 f., 224

Hagen (Werksärztin) 236
Hainzinger, Alois 152 f.
Hammer, Alfred 281, 284
Hammler (SS-Hauptsturmführer) 60
Handke, Hedwig 71
Hedel, Kurt 59, 191
Heller, Christian 143

Henschel (SS-Unterscharführer) 144
Hertha, Willi 223
Heß, Ilse 68, 111, 122, 242
Himmelreich (Architekt) 57
Himmler, Heinrich 15, 20, 28, 30 ff.,
  34, 39, 53 f., 70, 72, 77, 109, 113,
  117 f., 122, 146, 169 f., 172, 180 f.,
  191, 194 f., 214, 237, 248, 256, 277,
  279, 300
Hinckel, Oskar 146, 268 f.
Hinterseer, Johann 114
Hitler, Adolf 28, 30 ff, 37, 70, 114, 117,
  124, 161, 168, 170, 173, 178, 194,
  199, 204, 247
Hnaupek, Walter 138, 273
Höß, Rudolf 197
Hofer, Josef 280
Hoffmann, Wilhelmine 67, 183,
  191 f., 211, 220, 224, 292
Hofmann, Karl 68
Hopp, Frieda 191, 244
Hoschke, Richard 145
Huber, Bernhard 236 f., 261
Hübsch, Alfred 139, 160, 209, 239,
  260, 270, 275

Iserlis Boris Tobias 137

Jacques, Henri 235
Jakobowitz, Henry 203
Jakusch, Bruno 109
Jakusch, Hugo 160, 269
Jankowskij, Jossif 166, 288
Jaremtschuk, Kuzma 222
Jarolin, Josef 107, 148, 247, 266 f.
Jatschenko, Nikolai 151, 166, 218,
  283, 285

Jauk, Franz 68, 109
Jensa, Leo 281, 284
Joos, Joseph 184, 271
Josiger, Willi Kurt 121
Jurczak, Stanisław 259

Kašák, Karel 197
Kaltenbacher, Hans 47
Kaltenbrunner, Ernst 62 f.
Kapp, Karl 97, 141
Karl, Gustav Alfred 97
Kastner, Johann 120, 220
Katz, Zwi 283
Kaufmann, Eliahu 253, 255 f., 264
Kempf, Luise 152, 271
Kempter, Emil 361
Kessler (Bauingenieur) 57
Kirchner, Felix 152, 233, 236
Kirsch, Johann 112
Klug, Conrad 60, 67, 143, 179, 190, 214, 229, 248
Knie, Martha 69, 79, 183, 191 f.
Knie, Wilhelm 191
Knoll, Christian 141
Knoll, Max 142
Kogon, Eugen 17, 31, 35, 133, 136, 157, 159, 184, 208, 263
Konvalin, Otto 284
Kowalski, Stanislaw 272
Kozen, Hugo 144
Krämer, Gertrud 191
Kratzmeier (Brennmeister) 162
Krausz, Jenö 199
Krieglmaier, Josef 54, 68
Kriznar, Miroslav 83, 215, 27, 233, 238
Krystofiak, Wladislaus 97, 115, 221, 231
Kullik, Johann 193

Kunter, Erich 208
Kupfer-Koberwitz, Edgar 171, 179, 237 f.
Kuprian, Alois 152

Lacombe, Fabien 10, 16, 236, 269, 274
Laffitte, Henri 141, 169, 235, 276
Lamek, Walter 266
Landauer, Hans 162
Langbein, Hermann 140, 238, 263 ff., 267 f.
Langleis, Walter Adolf 107, 286
Laufer, Choskiel 136, 202
Lechner, Wilhelm 228, 276, 291
Leitameier, Johann 134, 161, 209, 213, 252
Leutze, Fritz 207
Levi, Primo 11 f., 145
Lhost (Häftlingsarzt) 141
Liebehenschel, Arthur 71
Lingens, Ella 100, 119, 132, 137, 164, 189, 193, 227, 235 ff., 253, 267 f., 303
Linsen, Jean Pierre 234, 259
Lohmaier (Major) 56
Loritz, Hans 41, 61, 72 f., 92, 122, 181, 223, 248
Lühring, Reinhold 58, 181
Lustig, Oliver 198, 200, 329

Mahl, Emil 59 f., 228
Makowski, Ber 199
Mangold, Engelbert 228, 283
Marcinkowski, Jan 138
Marjan, Urbanc 244
Marton, Pál 255
Marx, Johann 47, 53 f., 68, 111, 122, 131, 242, 344, 350, 353

Marx, Käthe 54
Matejka, Viktor 69, 98, 275
Mattfeld (Meister) 284
Maurer, Gerhard 37.
Maurice, Henri 273
Meier, Eduard 125
Meislinger, Ady 143
Metzler, Wilhelm 136, 143, 174, 202
Michelet, Edmond 139, 159, 169, 171, 272, 303
Milar, Michael 202
Milch, Erhard 130
Misztal, Bronislaw 66, 229
Möderl, Stephan 142
Mois, Arditti 115
Mose (SS-Sturmbannführer) 109
Moser, Hans 81

Nečas, Viktor 134, 232
Neumann, Josef 211, 262
Niedermeier (Betriebsleiter) 262
Nützl, Franz 57, 74, 134, 142, 211, 219, 242

Oertel, Otto 60, 134, 143, 160, 246 ff.

Palme, Heinrich 108, 114, 278
Parson, Joseph Jean 219
Pavlik (SS-Anghöriger) 244
Pedro, John 209
Piccaluga, Enrico 287
Pichner, Franz 207
Pirker, Franz 162
Plieseis, Josef 162, 209, 271, 280 f., 284
Plöttner, Kurt Friedrich 68, 109 f.
Pohl, Oswald 31 f., 36 f., 42, 51, 53 f., 182, 194 f., 214, 216, 266, 297

Polacek, Josef 137
Pold, Karl 238
Powstjonoj, Nikolaj 289
Prat, Jean 235
Prechtl, Johann 270
Primocic, Agnes 68, 280 f.
Puntschart, Adam 101, 282

Quirsfeld, Eberhardt von 110, 218

Rabe, Hermann 207
Rascher, Sigmund 43, 187
Redwitz, Michael 71
Rehrl, Alois 111, 122, 182, 191, 242
Remmele, Josef 109
Renz, Willi 217
Respondek, Pawel 59 f., 182
Reya, Anton 258
Riemer, Hermann E. 276
Röder, Karl Adam 111, 113, 223
Rohner, Ignatz 142
Rohr, Johann 142
Ropelius, Kurt 182, 243
Rose, Ferdinand 135
Roston, Irena 177, 194
Ruder, Josef 221, 258
Rühmer, Karl 183, 224
Rüstl, Karl 139, 212

Salamon, Erwin 217, 220, 259
Sásdi, Sándor 254 f, 287
Sauckel, Fritz 38, 52
Sauter (SS-Unterscharführer) 108, 258
Scheiter (SS-Unterscharführer) 112
Schmidt (Architekt) 57
Schneider (SS-Unterscharführer) 112
Schnitzler, Alfons 109

Schoerer (SS-Oberscharführer)  207
Schweninger Dr. (Wurach)  122, 242
Schwester Pia -> Bauer, Eleonore
Seidl, Christian  55, 131, 209, 213
Seidl, Norbert  58, 75, 262
Seuss, Josef  257 f.
Silbernagl (Werksarzt)  238
Šinkovek, Stane  292
Sklerenko, Wassilii  282
Slawinski, Herbert  120, 136, 141, 200, 209, 226, 232 f., 236
Soczewka, Jerzy Ryszard  261 f.
Soldan, Karl  162
Sorge, Gustav  120
Speer, Albert  31, 38, 123
Sprunner von Merz (Generalmajor) 245
Starck (Polizeipräsident)  56
Stargardt, Max  114 f.
Stefanska, Kazimiera  177, 194, 230, 240
Steiner, Erwin  115
Stern, Mor  100
Stirnweis, Kurt Konrad  65
Stone, Gisela  137
Strauß, Emil Georg von  130
Studer, Josefine  180
Stutz-Zenner, Theodor  94, 99, 108, 115, 211

Täubner, Karl  257
Talens, Albert  142
Terrenoire, Louis  66, 138, 141, 144, 153, 170, 233, 236, 265, 273, 275, 286
Thoenes, Katharina  182
Todt, Fritz  123
Trenkle, Franz Xaver  109
Trost, Franz Xaver  137, 142
Tscherniawski, Chaim  145

Udeski, Leon  279
Udet, Ernst  130
Überschar, Wolfgang  62
Unrecht, Josef  142, 144
Uznansky, Simon  202

Vaders, Johanna Maria  268
Volggler, Friedl  140 f.
Volkmar, Horst  107
Volpert, Max  197

Wäckerle, Hilmar  39
Wagner, Karl  144, 149, 152, 160, 190, 222, 266 f., 271, 292
Wauer, Paul  93, 116, 140, 160, 181, 211, 213, 260
Wechs (Hauptmann)  56
Weiss, Martin Gottfried  91, 107, 266 f.
Weiter, Eduard  107
Westerbarkey, Ferdinand  143
Wicensky, Gregor  201
Widmaier (Bürgermeister)  56 f.
Wimmer, Sebastian  109, 292
Witt, Heinrich  107, 112
Wittchen, Walther  239, 262
Wörner, Eugen  130
Wolf, Auguste  183
Wülfert, Hans  54 ff., 58, 74, 80, 125, 131, 229, 237

York, Franz  272

Zámečník, Stanislav  15, 47, 71, 136, 143 f., 163, 171, 208, 257, 265, 295, 315
Zieliński, Józef  138
Zill, Egon  60

## 10.5. Karten

### 10.5.1. Evakuierungsmärsche

Die Karte basiert auf den Ergebnissen von Andreas Wagner, Todesmarsch. Die Räumung und Teilräumung der Konzentrationslager Dachau, Kaufering und Mühldorf Ende April 1945, Ingolstadt 1995.

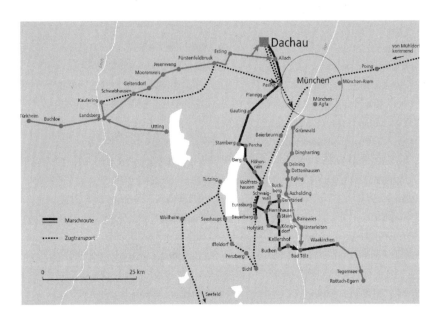

Quelle: Comité International de Dachau (Hrsg.), Katalog zur Ausstellung „Konzentrationslager Dachau 1933 bis 1945", München 2005, S. 201.